知识的视野与思想的视野：

明清哲学高端论集

吴根友 主编

岳麓書社·长沙

序　言

吴根友

这本论文集是明清哲学高端论坛“知识视野与思想视野里的明清哲学研究”部分参会论文的结集，文集涉及的内容极其广泛，很难“一言以蔽之”是关于什么主题的论文集。但在方法论上，却贯穿着比较哲学的方法与视野。近十几年来，我在做比较哲学研究的过程中，越来越发现“视野”之于哲学研究的重要性，故当时以知识视野与思想视野为明清哲学研究的双眼，以拓展现当代明清哲学与学术研究的领域。

作为学者，一生都要致力于做的事情就是：不断增加新知识，不断学习、吸收新思想。我把此两件事情提升为一种学术化的表达，即拓展自己的知识视野与思想视野。所有的新思想都是知识，但并非所有的知识都直接地、现成地属于思想。不过，就现代哲学认识论的角度看，一些新的知识经过量的积累，会慢慢改变我们对一些问题，尤其是对人生、对世界的看法。因此，从长远的角度看，新知识的增加有益于哲学思想的改变。新的人生观与世界观，总是与新的知识体系有关。哲学与宗教、艺术的思维不同，它是一种理性的认识，追求清晰与明白。而在认知上达到清晰与明白，就必须将认识建立在科学认知的基础上。宗教与艺术，有时要依赖于直觉。但作为理性思维的典型形式，哲学思维主要依赖于理性认知。即使是哲学上的直觉，也是依托哲学理性思维之上，然后超越理性思维的结果，傅山将老子“绝学无忧”一句中的“绝学”理解为“绝河”之绝，即经过而超越，可以作为哲学思维中的直觉与理性关系的一种妙解。否则，哲学的直觉就与痴人说梦没有什么区别了。就中国传统哲学而言，哲学理性思维不只是单向度地依赖科学，尤其是自然科学的认知，它同时也依赖于人类社会的实践知识与理论总结。一些重大的社会事件，不断地刷新着传统中国人的哲学思维。相较于西方传统社会哲学而言，重大社会实践与变革对于传统中国哲学思维的改变往往更为直接，也更为重要。而“明清之际”中国社会出现的一系列重大历史事件与传统中国哲学思想出现的质的变化，似乎只有“周秦之际”的历史时期及其出现的思想变化可以与之相媲美。直到今天，我们社会的一些新思想、新社会秩序的萌芽状态都可以追溯到明清之际。

作为中国马克思主义历史科学的一个重要学术概念——“明清之际”，是有自己特定的历史内容的，它就是指明代万历到五四运动这样一个大跨度的历史时期，大约三百年的历史时间。学术史上与之相适应的另一个概念就是“周秦之际”，其具体的历史内容即是指春秋末到秦统一六国为止，大约有五百年时间。这两个“之际”都是中国历史酝酿着巨大变革的历史时期，其社会现实与思想界的具体倾向都表现为“新的突破旧的，死的拖住活的”的一种纠缠状态。周秦之际主要表现旧的诸侯贵族与新的地主、军功之士之间的斗争，政治上则表现为西周的封建制与六国中正在形成的郡县制之间的斗争。最后是地主、军功阶层的胜利，郡县制成为主流政治，封建制退为次要的补充性的制度。明清之际则表现为旧的以地主官绅为基础的皇权官僚专制政治向着以工商业为基础的现代知识与技术精英为主体的民主政治过渡，其简明的表述方式则为早期现代工商业阶层的兴起，他们要用商业的计算理性与手工业的技术理性冲击传统农业社会的道德理性与品级社会制度。这一特定的历史时间，中国化的马克思主义学者从思想运动的角度将其称之为中国的“早期思想启蒙”时代。由于“明清之际”经历了两件重大的历史事件：一是耶稣会士来华，中国与西方开始大范围的经贸与文化接触；一是以清代明的巨大政治动荡。而这两件事情在具体的历史时空中又是长期地交织在一起的，因此，研究明清之际的思想与学术变化，就显得格外的困难与复杂。至今，学术界对于明清之际的社会、思想的具体认识与具体结论，均存在着很大的差异，这就需要我们以更大的耐心与更开阔的知识与思想的视野来研究这一复杂历史时期的社会与思想现象。

以萧萐父先生为代表的珞珈中国哲学，在重视中国哲学的全面性、整体性的同时，对于现代新儒家、出土文献中的哲学思想、明清之际哲学等领域尤为关注，特别是对明清之际哲学的研究，经过几代人的努力已经成为一个极具特色的学术领域。本论文集在坚持“明清早期启蒙说”的思想前提下，更加重视明清之际学术与思想的复杂性，对于此领域研究中的“一得之见，相反之论”，均给予高度的重视，以异贞同，求同存异，从而展现历史变化、发展的方向性与多元性、丰富性的统一。中华民族在经过近百年的浴火重生后，要实现现代化的华丽转身，重新回到世界文化的主流位置，就必须要认真研究属于自己民族特点的现代化道路。而明清之际的学术与思想的研究，是完成这一伟大历史任务中的一个有机的环节。明清之际已经出现的五教（儒、道、释、伊斯兰、耶）并存而融通的思想、文化局面，以及相互竞争与融合的思想经验，对于今天多元文化共存、交流与融通，亦将提供有益的思想启示。

是为序。

目录

儒家学说与德国早期启蒙运动

李文潮

明末清初[①]，欧洲在文化方面的一个重大事件是发现了中国。随着天主教特别是其中的耶稣会传教活动在东方的进展，中国作为一个高度文明的国家越来越受到欧洲精神界的关注。[②]事实上最晚到了17世纪初，对中国文化的诸多领域欧洲已经有了详细的第一手的资料：从历史、风俗习惯、中国学者文人的嗜好怪癖、神秘的汉语、图画一般的中文、瓷器的绚丽、多妻制的诱惑、溺杀女婴的罪恶、儒家的经典、道家的长生不老丹、针灸脉经、风水八卦，直至长城的高度宽度。把这些单一的报道拼起来，便出现了一幅有关中国社会的五彩缤纷的图画，一幅与哥伦布发现的土著美洲完全不同但同时又相得益彰互对互补的景象：这里是与欧洲文明匹配甚或在某些领域领先的千年古国，那里是风光奇异的原始的尚未开化的质朴。在未来的几个世纪里（甚或到现在），这两个遽然不同但又互补互映的视角与主题将是欧洲评价与想象非欧社会与文化的两只极有力的翅膀。[③]

---

①文中第一以及第四部分中的主要内容曾以《不识吾主亦可幸福？》为题发表在吴根友主编的《多元范式下的明清思想研究》一书中。参见：多元范式下的明清思想研究［M］．吴根友，主编．北京：生活·读书·新知三联书店，2011：111-126.

②参见：韩琦．中国科学技术的西传及其影响［M］．石家庄：河北人民出版社，1996．张国刚，吴莉苇．启蒙时代欧洲的中国观——一个时代的巡礼与反思［M］．上海：上海古籍出版社，2006．张西平．中国与欧洲早期宗教和哲学交流史［M］．北京：东方出版社，2001.

③URS BITTERLI. Die “Wilden” und die “Zivilisierten”: Grundzüge einer Geistes-und Kulturgeschichte der europäisch-überseeischen Begegnung［M］. 3rd ed. München（Beck），2004.

这一系列发生在“他乡”的文化发现不可能不反馈到“本土”产生影响。欧洲各式各样的学界人物对当时关于中国的报道的激烈争论就是一个非常明显的例子，而其中作用相当深远的一点是欧洲对孔子之人格及学说的接受与评价。在基督教的文化氛围内，被中国人（甚或整个亚洲人）奉为道德表率至圣先师的孔夫子这一名字给不少在华传教士以及他们在自己本土的读者带来了一个困惑而棘手的问题，这就是异教徒们的道德问题，亦即这些并不认识基督福音的人的灵魂能否得到拯救的问题：苏格拉底、柏拉图、孔夫子等非基督教哲人们在自己的学说与生活中显然体现了一种高尚的道德生活，其灵魂理应得到基督教意义上的拯救；但如果承认了这一点，则无疑等同于承认没有基督福音个体亦可幸福生活。[①]而建立在孔子学说之上的据说数千年一直稳定平和的儒家国家体制则是对基督教关于（基督）信仰与道德之间的关系的一大挑战[②]，迫使欧洲基督教学者对这一国家体制之所以能够稳定的原因提出新的解释：要么承认人类理性完全可以独立于（基督教）宗教信仰而自主存在，要么承认所谓的“自然神学”[③]。而对于基督教所自称代表的“天启”宗教来说，与理性自主一样，“自然神学”同样是个非常棘手的问题。实际上到了三百年后的今天，我们在考察西方对中国的诠释中仍然不难看到当时使用的某些模式、偏见以及误解遗留下来的影响与痕迹。

---

①STOLLE G. Historie der Heydnischen Morale［M］. Jena: Pohl, 1714. Franciscus de la Mothe le Vayer, De la Vertu des Payens［M］. Paris : Sommaville, 1642. 第二版，1647.

②LE COMTE L. Nouveaux Mémoires sur l'état présent de la Chine［M］. Paris : Jean Anisson, 1696（II）: 119; Li Wenchao. Die christliche China-Mission im 17. Jahrhundert, Verständnis, Unverständnis, Mißverständnis［M］. Stuttgart: Steiner, 2000（= Studia Leibnitiana Supplementa 32）: 342-345.

③就其概念讲，自然神学（Thealogia naturalis）是经院哲学高峰时期出现的。首次使用这个词的是个叫作莱蒙杜斯·撒蒙杜斯（Raimundus Sabundus）的西班牙人。此人写了一本书，书名就叫*Thealogia naturalis*。作者享有身后之誉，因为到了15世纪的下半叶，这本书才引起轰动，相继被译为多种文字。这个概念的内容，可以简单地归结为两点：每个人，只要他愿意仔细地观察一下自然界以及自然界的运动，均可依赖自己的天性，在某种程度上认识上帝的存在，因为上帝的智慧，同样表现在世界的运转与自然规律中。这当然同时意味着，这是第二点，在宇宙中万物不但有其作用因，亦有其目的因，所有一切都是按照一定的计划互相联在一起的。

在这篇文章中，作者意欲把这一广阔的历史背景限制在德国启蒙运动早期上，主要目的是介绍德国当时的四位思想家对孔子其人及其学说的不同阐释。他们是莱布尼茨（G. W. Leibniz，1646—1716）、托马修斯（Christian Thomasius，1655—1728）、沃尔夫（Christian Wolff，1690—1753）以及毕尔封格（G. Bernhard Bilfinger，1693—1750）。

一、介绍孔子及其学说的两部巨著

为了招募新的传教士、争得罗马方面同意使用汉文在中国举行宗教礼仪，受耶稣会中国传教团的委托，比利时传教士柏应理（Philippe Couplet，1624—1692）作为中国副教区的代理人在后来将在伦敦帮助英国学者托马斯·海德（Thomas Hyde）研究中国文字语言的华人沈福宗的陪同下于1681年返回到欧洲。在柏应理一行的行李中，据说有400多本在华传教士们用中文写成的著作作为送给梵蒂冈图书馆的礼物；另外还有大量的手稿，目的是为了能够在欧洲得到出版发表，其中包括南怀仁的《欧洲天文学》（拉丁文，1687年刊印）[①]、安文思的《中国新史》（葡萄牙文，法文版1688年）[②]、卜弥格的《中国医学》（拉丁文，1686年刊印）等等。1682年10月，柏应理一行在荷兰登陆，在安特卫普，柏应理多次与巴勒布罗赫（Daniel Papebroch，1644—1714）会谈，此人是《圣者档案》杂志（Acta Sanctorum）的主编，与莱布尼茨保持着频繁的书信来往。在巴黎和柏林等地，柏应理结识了另外一些对中国有研究或者感兴趣的人士，其中包括1685年来华传教的洪若翰（Jean de Fontaney）、巴黎皇家图书馆馆员特维诺（Melchisédech Thévenot）、法国学者皮克（Louis Picquet）、编辑出版《中医事例》的医生克莱尔（Andreas Cleyer）、德国选帝侯威廉的宫廷医生门采尔（Christian Mentzel）以及对中文汉字颇有研究的东方学家米勒（Andreas Müller）等人；在柏林，柏应理还拜见了选帝侯威廉，通过耶稣会士、路易十四的忏悔神父拉雪茨（De La Chaise）的引荐，于1684年9月15日在凡尔赛宫拜见了法国皇帝路易十四。据说路易皇帝表示乐意大力支持柏应理实现自己的诸多计划。以报道宫廷消息秘闻见长的法国《优雅信使

①魏若望. 南怀仁［M］. 北京：社会科学文献出版社，2001.

②安文思. 中国新史［M］. 何高济，李申，译. 郑州：大象出版社，2004.

报》（*Mercure Galant*）当即在9月号上以书信的形式专门报道了此事。在阿姆斯特丹出版的《学者共和国通讯》（*Nouvelles de la république des lettres*，页428-429）则在1686年的4月刊登了有关柏应理的凡尔赛之行的详细消息。

柏应理欧洲之行的一个重要贡献当然是1687年《中国哲学家孔子》一书的刊印[①]，从而完成了耶稣会在华传教士们数十年来的一个梦想 。这部长达550页的献给法国皇帝路易十四的大开本精装羊皮书囊括了儒家“四书”中《大学》《中庸》《论语》三书的拉丁文翻译（共267页）。长达95页的《引言》之后是一幅精美的孔子画像（页116）和一份详细的《孔子生平》（页117-124）。正文之后是柏应理撰写的《中国古代君主世系》（共8页，载黄帝以下2457年间的86位帝王世系）以及一年前已经单独发表过的记载公元前2952年至耶稣诞生后1683年的《中国历史编年》（共125页）。尽管如此，这部巨著只是原有手稿的一部分。1706年，曾在巴黎皇家图书馆里工作过一段时间的一位名叫埃蒙（Jean Aymon，1661—约1734）的法国人携带了该馆收藏的大量手稿逃往荷兰。在1713年撰写的一篇刊登在德国莱比锡出版的《学者杂志》的书评中，埃蒙声称他手中有长达900页的柏应理1687年刊印《孔子》一书的手稿，并且准备以此为基础，出版一个澄清事实真相的“全本孔子”，因为刊印巴黎本的耶稣会士们删去了手稿中的整整三分之二。[②]

《中国哲学家孔子》一书问世后，欧洲的各大学术杂志均以大量的篇幅进行了报道与评论，譬如英国皇家学会刊物《哲学会刊》（*Philosophical Transactions*，1687年，第189卷）、法国皇家科学院刊物《学者通讯》（*Le Journal des Sçavans*，1688年，页99-107）、上面提到的德国莱比锡出版的《学者杂志》（*Acta eruditorum*，1688年， 5月卷，页254-265）、荷兰阿姆斯特丹出版的《万有与历史图书》（*Biblioth è que universelle et historique*，

①Confucius Sinarum Philosophus， sive Scientia Sinensis latine exposita. Studio & Opera Prosperi Intorcetta， Christiani Herdtrich， Francisci Rougemont， Philippi Couplet， Patrum Societatis Jesu... Adjecta est Tabula Chronologica Sinicae Monarchiae ab hujus Exordio ad haec usque Tempora，Paris：Hortemels，1687；参见：梅谦立（Thierry Meynard）．《孔夫子》：最初西文翻译的儒家经典［J］．中山大学学报（社会科学版），2002，48（2）．

②Acta eruditorum. Leipzig，1713（1）：46-48.

卷7，1687年，页387-455）、同样在阿姆斯特丹出版的《文学界新消息》（*Nouvelles de la république des lettres*，1687年8月，页910）、荷兰鹿特丹的《学者著作史》（*Histoire des Ouvrages des Savants*，1687年9月，页65-79）、意大利帕尔马出版的《文学通讯》（*Il giornale de ' letterati*，1687年，页163-166）以及下面将要论述介绍的德国启蒙运动的先锋学者克里斯蒂安·托马修斯在自己编撰的新书评论杂志《月谈》1689年8月号上发表的尖锐批判。

耶稣会在介绍儒家学说即中国文化方面的另一贡献是1711年在布拉格出版刊印的《中国六经》[①]，编译者是在中国生活居住了25年之后于1708年回到欧洲的比利时传教士卫方济（François Noël，1651—1729）。除了“四书”之外，这部拉丁文著作中还收录了《孝经》和朱熹的《小学》。与印制精美的巴黎《孔子》相比，卫方济的这部《六经》朴素无华。更明显的不同是，除了5页前言、20页目录兼索引以及两页勘误外，剩下的就是长达608页的译文。尽管在1783年至1786年间被译为法文陆续出版[②]，这部书的影响似乎不如前者大。从现有资料看，出版过程好像也很平淡，问世后除了上面提到的后来的翻译外，似乎只有将要详细讨论到的德国哲学家沃尔夫在莱比锡的《学者杂志》发表过一篇详细报道。[③]1700年左右在欧洲本土开始爆发的长达数十年之久的所谓的“礼仪之争”明显地妨碍了这一著作的传播，同时也间接说明了欧洲对儒家学说的兴趣在这时候已经开始逐渐降温。

尽管如此，从德国学者蔡特勒在1732年至1754年间编撰出版的64卷本《百科辞典》中可以看出直到18世纪中期这两本著作对欧洲知识界的影响。蔡特勒写道：“这是两本引起轰动的辉煌巨著，所有的真理都建立在

---

①Sinensis Imperii libri classici sex, nimirum Adultorum Schola, Immutabile Medium, Liber Sententiarum, Memcius, Filialis Observantia, Parvulorum Schola, e Sinico idiomate in latinum traducti a P. Francisco Noel Societatis Jesu missionario［M］. Prag：Kamenicky，1711；参见：潘凤娟. 卫方济的经典翻译与中国书写：文献介绍［M］. 编译论丛. 台北：台北编译馆，2010，3（3）：189-212.

②前引潘凤娟. 卫方济的经典翻译与中国书写：文献介绍［M］. 编译论丛. 台北：台北编译馆，2010，3（3）：198.

③Acta eruditorum，1712（3）：123-128. 1712（5）：225-229.

这两部书之上。"[①]再过大约半个世纪后，黑格尔在当时的柏林大学讲授哲学史时论述到这两大拉丁文巨著时，将告诉他的听众们假如没有这样的翻译，孔夫子的名声也许会好些。[②]就连孔子一名的写法也变了：令人敬畏之情油然而生的拉丁化了的"Confucius"成了不带任何意义也不会引起任何美好联想的直接一对一的拼音"Konfutse"。

研究两个译本在翻译风格、选词、解释等方面的异同，应是有待学界完成的一项有意义但也很艰巨的任务。对于这里的讨论，指出下面一点非常重要：柏应理的巴黎本与卫方济的布拉格本中间相隔24年，时间不算长，但变化似乎很大：柏应理的译文基本上是沿着利玛窦的老路走，坚持认为中国经典中所说的"天"相当于甚至可以说就是基督宗教中所说的"主"，即"上帝"；而卫方济的布拉格译本却比较"忠实"原文，对"天"没有作出进一步的解释。后来仔细研究过两个译本的沃尔夫曾说，巴黎译本的作者们"竭尽全力地试图证明中国人从一开始就认识了真正的上帝，崇拜了真正的上帝"，卫方济却在翻译中原封不动地"保留了中文中的'天'"。[③]不过这是后话，也是不可全信的一家之言。譬如费赖之就认为："方济不但翻译本文，而且选译注疏，得谓孔子与孔门诸子之说，翻译较为完备者，诚无过于是编。但亦有弊，方济对于本文不明者，辄以己意解释，隐讳者为之补充，有时反失原意云。"[④]

二、莱布尼茨与《中国哲学家孔子》

柏应理的《孔子》问世之前，对中国一直感兴趣的莱布尼茨就已经得

①ZEDLER J H. Grosses vollständiges Universal Lexicon aller Wissenschafften und Künste［M］. Halle、Leipzig，1732-1754，重印：Graz：Akademische Druck-u. Verlagsanstalt，1961-1964（37）：1627.

②黑格尔. 哲学史讲演录：第1卷［M］. 贺麟，王太庆，译. 北京：商务印书馆，1996：120.

③WOLLFF C. Oratio de Sinarum philosophia practica/Rede über die praktische Philosophie der Chinesen［M］. Michael Albrecht. Hamburg：Meiner，1988：145.

④费赖之. 在华耶稣会士列传及书目［M］. 冯承钧，译. 北京：中华书局，1995：420.

到了有关消息。[①]早在1687年1月26日，上面提到的巴勃布罗赫就在一封信中告诉莱布尼茨柏应理准备出版《孔子》一书。[②]收到巴勃布罗赫的信后，莱布尼茨把自己所藏的一本“孔子书”的开头部分（很可能是草描下来）寄给了巴勃布罗赫。至于是什么样的一本书，莱布尼茨在信中没有具体说，但他接着写道：“但愿柏应理神父能有可能与机会，在拉丁文翻译中附上相应的中国文字，因为也许有一天人们有可能猜透其中某些文字的字源亦即发现掌握某些文字的秘密。尽管我不敢真的相信一个喜欢说大话的人［米勒］所作出的承诺，但我毫不怀疑，这是完全可能的。另外，从中国文字中剥离出其中的简单符号，对其进行确定，也是一件非常值得做的事情，原因是在此基础上整理出一个（简单符号）表也许对理解由其组成的复杂符号非常有用。”[③]从上下文关系来判断，莱布尼茨寄给巴勃布罗赫的应该是殷铎泽（Prosper Intorcetta）的《中国人的智慧》（*Sapientia Sinica*）。这本流传相当广泛的实际上只有部分《大学》译文的小册子曾多次再版[④]，但只有在中国（建昌、杭州）和印度（果阿）刊印的两个版本是双语本，即拉丁文与中文。法国学者特维诺1672年在其《游记杂志》第4卷（*Relations de divers voyages curieux*）中整理的《中国学说或者孔夫子的书》（*La science des Chinois ou le livre de Cum-fu-cu*）只在封面上有几个中国字。而米勒声称自己找到了掌握中文的“钥匙”，但又不愿将其发表，据说死前竟将自己的研究手稿付之一炬。[⑤]

1687年4月1日，巴勃布罗赫给莱布尼茨提供了进一步的消息。按照巴

---

①李文潮．莱布尼茨与中国［M］．北京：科学出版社，2002．莱布尼茨．中国近事——为了照亮我们这个时代的历史［M］．李文潮，张西平，主编；梅谦立，杨保筠，译．郑州：大象出版社，2005.

②LEIBNIZ G W．Sämtliche Schriften und Briefe［M］．Darmstadt、Leipzig、Berlin：Akademie，1923-：A I，7，Nr. 541．（引用方式：罗马数字表示系列，阿拉伯数字表示卷数、页数或文献编号。下引本书，均采用这一格式）

③A I，7，Nr. 517.

④LAMBECIUS P．Commentariorum de augustissima Bibliotheca Caesarea Vindobonense［M］．Wien：Cosmerovius，1665-1679（5）：418；1665-1679（7）：349.

⑤莱布尼茨．中国近事——为了照亮我们这个时代的历史［M］．李文潮，张西平，主编；梅谦立，杨保筠，译．郑州：大象出版社，2005：104-116.

勃布罗赫的说法，柏应理将在4月中旬完成《孔子》的刊印工作，然后将接着前往罗马；当他问陪同柏应理的中国人（沈福宗）柏应理准备刊印的书书名是什么时，得到的回答是“孔子的道德哲学”；不过尽管已经给文本中加入了数个汉字做实验，一个莱布尼茨所希望的双语本还是无法实现的。[①]在出版的《孔子》一书中的《大学》译文开始，我们至今还能看到编辑者在某些关键性的拉丁文词语的右上方所加的“1”“2”“3”之类的编号。这些编号本来是用来对应附在书尾的汉字的。中文没有附上，这些编号却留下来了。同年7月22日，巴勃布罗赫告诉莱布尼茨，柏应理的书已经在巴黎出版，书名为《中国哲学家孔子》，正文之前有一个非常有用的引言。[②]

柏应理的《孔子》一书集耶稣会士几十年学习研究儒家经典之大成，可以说是当时有关中国文化的最全面亦最好的资料选辑。除了《论语》《大学》《中庸》的翻译外，亦涉及了中国历史、中国的宗教与习俗特别是儒家哲学及其流派等等；尽管如此，《孔子》一书未能满足莱布尼茨对中国文化的兴趣与好奇，也没有促成他对严格意义上的中国哲学的研究。这一点非常值得重视。我想其中至少有两个原因：一是可能再全面权威的这方面的著作也无法涵盖莱布尼茨的兴趣，无法满足他的期望或者说理想即幻想；二是柏应理的《孔子》中确实几乎没有莱布尼茨当时感兴趣的材料。可惜的是，这并不是说编撰翻译这本书的作者们手头没有这方面的资料，而是在刊印《孔子》时，出于多种原因，柏应理恰恰舍弃了可能会引起莱布尼茨极大兴趣的这一部分，譬如那份长达17大张的《论中国文字》（*Digressio de Sinarum Literis*）。在此之前，基尔歇（Athanasius Kircher）以及米勒等学者就曾经使用过这份手稿，但也许正是这一事实，促使编辑者错误地认为没有必要将其发表。

1687年年底，莱布尼茨路经法兰克福，在这里的一个书店里看到了从巴黎寄来的《孔子》一书。在12月9日写给恩斯特公爵的信中，莱布尼茨写道：“这是一本我长久以来渴望看到的书，今年在巴黎发表。书的内容是中国哲学家之王孔夫子的著作，不过不是孔子亲自撰写的，而是由他的学生们收集整理而成的，因此只有部分是孔子亲口说的。从其生活的年代来

①A I，7，Nr. 525.

②A I，7，Nr. 542.

看，孔子几乎早于我们所知道的所有希腊哲学家。书中有不少非常精辟的思想和格言，且经常使用类比譬喻，比如有一处写道：岁寒然后知松柏之后凋也；同样，小人之在治世，或与君子无异。惟临利害、遇事变，然后君子之所守可见也。”（《论语·子罕》，后半句是注疏，见朱熹《四书集注》）可以看出，书中翻译过来的儒家原著并没有受到莱布尼茨的特别关注。除了强调孔子学说的古老外，引起莱布尼茨兴趣的是附录中的《中国古代君主世系》。他接着写道：“附在书尾的《中国编年史》非常值得重视，因为按照这一计算，中国的最初几位帝王，如伏羲以及黄帝等，在位执政的年代非常接近大洪水发生的时间。毫无疑问，这一点将迫使我们放弃《圣经》的希伯来译文，而接受70子希腊译本。”①在5年之后，1692年3月21日，写给闵明我的信中，莱布尼茨再次指出：“您的同会兄弟柏应理……让我们初步尝试了原原本本的中国历史，不过与其说是他满足了我们需求，还不如说他激起了我们的更多的渴望。”②德国下萨克森州图书馆保存的《孔子》一书不是莱布尼茨后来使用过的版本，不过对图书馆来说并没有多大关系。每逢重要的事情，图书馆需要展示自己的宝藏时，这本书通常就要被拿出来放在玻璃柜中供人们瞻仰，在这本书前言的末尾，有人在柏应理的名字下面用拉丁文写了“牛皮家”一词。而莱布尼茨提到的中国编年历史的重要性，则涉及17世纪发生在欧洲的一场非常严肃但也非常有趣的争论。按照当时的权威专家、英国主教乌舍尔（James Ussher）在其《旧约与新约中的纪年》③一书中的计算，上帝在公元前4004年创造了世界，1656年后即公元前2348年发生了全球性的大洪水，人类遭到毁灭，洪水后大约100年，由诺亚一家发展出来的新的“全人类”开始建造巴比通天塔。在华传教士卫匡国（Martino Martini）在其《中国上古史》（*Sinicae historiae decas prima*）中把伏羲的执政年代确定为公元前2952年。此书1658年在慕尼黑发表后，正式导致了关于《圣经》纪年与中国上古史之间的矛盾的争论，从而也导致对中国文献的可靠性以及对《圣经》的批判性研究，因为假如中国的编年史是可靠的，那么《圣经》中所记载的洪水只能是局部性。按照希腊文本的《圣经》，则可以上帝创世的时间大约提前数百年，便可以相

①A I，5， Nr. 9.

②A I，7， Nr. 348.

③Annales Veteris et Novi Testamenti［M］. London，1650.

应地把洪水发生的时间提前，以求得与中国上古史的吻合。

莱布尼茨的不满并不能丝毫降低《孔子》一书的价值，因为其原因仅仅是书中没有莱布尼茨希望得到的信息。换句话说：莱布尼茨当时以及后来很长一段时间内的兴趣主要集中在中国文字上，希望通过对中国文字的研究能够对他期望发明的"通用字符" 有所启发，另外还有中国历史特别是中国上古编年史，期望能够通过对中国历史的研究帮助解决一段时间以来在欧洲出现的关于《圣经》纪年的争论，以及欧洲与中国在知识与技能方面的互利互换。对于严格意义上的中国哲学或者就像他后来所说的"自然神学"，莱布尼茨这时还没有表现出太多的兴趣。

尽管如此，柏应理的《孔子》对莱布尼茨了解中国还是非常重要的，在以后的书信中莱布尼茨一再提到这本著作，因此我们甚至可以说，《孔子》对他来说相当于一本时常可以查阅的中国手册。1692年特维诺死后，莱布尼茨希望有人能够继续特维诺的研究[①]，在阿拉伯文献中寻找基督宗教进入中国的早期证据。[②]在论述这一设想时，莱布尼茨特别提到柏应理撰写的《中国基督徒徐太夫人贵府史》（巴黎，1687）以及柏应理"发表在《孔子》一书中的《中国编年史》"中的相关段落。在1701年11月4日从北京写给莱布尼茨的信中，法国传教士白晋（Joachim Bouvet）向莱布尼茨指出了后者发明的二进制与《易经》中的卦图完全吻合。收到白晋的信以及随信寄来的出自邵雍的64卦排列图后[③]，莱布尼茨自然既高兴又惊奇，随即找出了《孔子》一书中的有关介绍，但却发现该书中的有关卦图的排列顺序与白晋寄给他的有所不同。在1703年5月18日写给白晋的信中，莱布尼茨指出：

> 我翻阅了基于柏应理神父的描绘在巴黎刊印的《孔子》中的伏羲的符号，我只发现四象与八卦的排列是正确的，而64卦图的顺序却很混乱。不过那里——显然是后来——附加了诸如"火"［离］、"水"［坎］等意义。人们认为或者曾认为，这些线条图画具有这些

---

①A I，8，202-203.

②莱布尼茨．中国近事——为了照亮我们这个时代的历史［M］．李文潮，张西平，主编；梅谦立，杨保筠，译．郑州：大象出版社，2005：137.

③莱布尼茨．中国近事——为了照亮我们这个时代的历史［M］．李文潮、张西平，主编，梅谦立，杨保筠，译．郑州：大象出版社，2005：137.

意义。是否可能您寄给我的图像中围绕圆圈的那些图画也有巴黎《孔子》中给出的这些意义？ 尊敬的神父，请允许我请求您仔细审核一下然后把结果告诉我。因为我不怀疑您在北京也有在巴黎出版的这本书”。①

新近的研究表明，直到生命的末年，《孔子》一书一直陪伴着莱布尼茨。1715年，法国学者雷蒙（Remond）请求莱布尼茨用书面的形式发表一下自己对中国哲学的看法，并且为此给他邮寄了1701年在巴黎刊印的龙华民《论中国宗教的几个问题》以及利安当《论在华传教的几个重要问题》的法文翻译。②应雷蒙的这一请求，莱布尼茨在1715年底1716年初开始撰写《中国自然神学论》。得知这一消息的耶稣会学者德博斯（Des Bosses）在1716年3月7日写信询问莱布尼茨是否会借机论述一下“伏羲的哲学”亦即二进制与《易经》卦图。这时候，莱布尼茨再次参考了柏应理的《孔子》中的有关章节。由于这里所给出的是64卦的另外一种排列，柏应理并未能够真正帮上莱布尼茨的忙。不过莱布尼茨最终未能完成《中国自然神学论》的其中的至少一个原因也许正在这里。

莱布尼茨对中国的关注的特点，一是其兴趣的广泛性，二是其长久性。作为善于从政治角度思考的全方位的学者，同时代的人中，没有任何一个能像他那样及早地意识到了或者至少感觉到了，欧洲与东方文明古国中国的相遇给欧洲带来的不仅仅是传播基督教福音的机会。因此，莱布尼茨自始至终试图把不同领域不同文化的知识综合为一个精神的、沟通文化界限的全球性的综合体，并且一再呼吁欧洲与中国之间进行知识交流，以便二者互利达到共赢。与莱布尼茨相比，在所有这些方面下面提到的几位思想家均难望其项背。

三、托马修斯与“夫子曰”

在自己编撰出版的《月谈》杂志（*Monatsgespräche*）即《关于不同的

---

①LEIBNIZ G W. Der Briefwechsel mit den Jesuiten in China（1689–1714）［M］. Rita Widmaier，Malte-Ludolf Babin，Hamburg：Meiner，2006：431–433.

②参见：李文潮. 龙华民及其《论中国宗教的几个问题》［J］. 汉语基督教学术论评，2006（1）：159–184.

高雅的新书之直言不讳但却合乎理性合乎法律条文的看法》[1]1689年8月号上，被后人誉为德国启蒙运动之父的克里斯蒂安·托马修斯对《中国哲学家孔子》一书进行了详细而尖刻的评论。[2]通过对其生活与学说的批判，孔子其人再次成为关注的焦点。按照托马修斯自己的说法，最初唤起自己对孔子学说的兴趣的，是法国学者拉莫特·勒瓦耶1642年撰写发表的《论异教徒的道德》一书。在这本书中，作者认为数千年中国的社会正是欧洲自柏拉图以降所向往的哲人的统治，而孔子则如同"中国的苏格拉底"[3]。自从接触了这本书后，托马修斯便"渴望得到更多更准确的有关这位孔夫子的消息"。就是在这一渴望中，托马修斯发现了柏应理的巨著《中国哲学家孔子》。但由于自己当时无法很快得到这本书，托马修斯便怀着极大的好奇心去查阅上面提到的著名的学术杂志中的诸多书评。读过这些评论后，托马修斯觉得非常失望，因为按照这些书评来判断，受到众多赞扬的《孔子》一书充其量可算作是"哲人生活传记"一类的著作，而不是科学性的严肃作品，因此也许只可以和托马修斯两年前翻译发表的法国作家沙尔本迪（ François Charpentier ）的《苏格拉底传》相提并论 。[4]出于这一原因，当柏应理的《孔子》出现在"我们这里的书店"时，托马修斯也没有认真仔细地去阅读，"因为我觉得众多杂志上的评论家们已经让我知道了这本书不会有任何超出希腊及拉丁哲学的新的我尚不了解的东西"[5]。

---

①THOMASIUS C. Freym ü thiger jedoch vernunfft-und gesetzm iger Gedancken ü ber allerhand, f ü rnemlich aber neue B ü cher durch alle Zw lff Monat des 1689. Jahr Durchgef ü hret und allen seinen Feinden［…］zugeeignet von Christain Thomas［M］. Halle: Salfeld, 1690. （下引该书，仅标明书名及页码）

②Freym ü thiger jedoch vernunfft-und gesetzmäßiger Gedancken ü ber allerhand, f ü rnemlich aber neue B ü cher durch alle Zwölff Monat des 1689. Jahr Durchgef ü hret und allen seinen Feinden［…］zugeeignet von Christain Thomas［M］: 599-630.

③LE VAYER F. De la Vertu des Payens［M］, Paris: Sommaville, 1642（2nd ed, 1647）: 231.

④THOMASIUS C. Das Ebenbild eines wahren und ohnpedantischen Philosophi, oder Das Leben Socratis［M］. Thomasius. Halle : Salfeld. 1693; 法文版: Les choses memorables de Socrate. Avec La Vie De Socrate［M］. François Charpentier . Paris, 1650.

⑤Freym ü thiger jedoch vernunfft-und gesetzmäßiger Gedancken ü ber allerhand, f ü rnemlich aber neue B ü cher durch alle Zwölff Monat des 1689. Jahr Durchgef ü hret und allen seinen Feinden［…］zugeeignet von Christain Thomas［M］: 600.

至于这里所叙述的前后过程是否确实如此，还是这些都是作者的文学修辞，我们无从知道。非常明显的一点是，托马修斯绘声绘色所叙述的也正是欧洲早期启蒙思想家们极力批判的：道听途说，盲从来自他人的二手判断。因此，托马修斯笔锋一转，写道一位朋友尖锐地指出他对《孔子》一书的评价并不是建立在自己的判断之上而是人云亦云盲从他人的偏见所致[①]，《中国哲学家孔子》实际上是一本在“社会科学”（Scientia Civili）领域尚未有过的“没有任何一位（欧洲）哲学家能够写得出的”著作，其中之思想“应该在欧洲的高低学堂中得到认真的讲解研究进而传授给年轻学子”。[②]受到朋友的指点之后，托马修斯自言认真阅读了《中国哲学家孔子》，进而坦率承认自己根据杂志中的各种书评而得出的评价并不准确所以理应得到修正：把这里翻译为拉丁文的、据说源自孔子的几部著作与《苏格拉底传》一类的作品相提并论是不合适的，因为孔子的这几本书更接近通俗的斯卡利格（J. J. Scaliger，1540—1609）的《格言集》（*Scaligerana*，初版德国科隆，1669年）或者——“以便大家更能明白我的意思”——宗教改革家路德博士的（庸俗粗鲁）的《席间讲话录》（Tisch-Reden）：

“路德和斯卡利格两人无疑都是非常著名的人物，不过他们各自的名声在很大程度上并不是《格言集》或《讲话录》一类的著作造成的。同理，孔子肯定是一个判断敏锐的智者哲人，尽管摆在读者面前的这部中国哲理并不是敏锐睿智之作。斯卡利格的《格言集》中当然有许多博学之言，但也有不少相当随意的很难得到赞同的东西。路德的《席间讲话录》包括了许多敬重上帝的和有用的东西，但众所周知也有不少被教皇的追随者随意利用的地方以及一些非常可笑无聊的东西……所以，尽管无法否认这些有关中国学问的书中包含了孔夫子许多极聪明极精细的观点，我们也确实希望这些东西能够在学堂或者普通生活中得到重视，不过书中也混入

---

①Freymüthiger jedoch vernunfft-und gesetzmäßiger Gedancken über allerhand, fürnemlich aber neue Bücher durch alle Zwölff Monat des 1689. Jahr Durchgeführet und allen seinen Feinden［…］zugeeignet von Christain Thomas［M］：600.

②Freymüthiger jedoch vernunfft-und gesetzmäßiger Gedancken über allerhand, fürnemlich aber neue Bücher durch alle Zwölff Monat des 1689. Jahr Durchgeführet und allen seinen Feinden［…］zugeeignet von Christain Thomas［M］：601.

了相当多的低级庸俗不值一谈的甚至几乎令人喷饭的东西。"①

托马修斯接着写道，在孔子著作中此类不值一提的东西虽然随处可见，但这些却不是孔子本人的责任，而是他的学生弟子们造成的。因为是他们把这些孔子也许经历过的事情、也许说过的话语记录下来进而拼凑成所谓的著作的。而他们之所以这样做的原因，要么是出自对老师的过分而盲目的热爱与敬仰，要么是他们自身缺少足够的判断分析能力。因此托马修斯要求把孔子作为人和他的追随者为他编撰的著作区分开来，而通过这个区分，便可以把被无端拔高成榜样与权威的孔子重新还原为普通的人："不管一个人在学问和德行上如何出色，他总还是一个人，因而和普通大众有许多共同之处，和他们一样难免人的弱点。"②"为了把一个虽然有德行与学问但总还是人的人变成值得效仿的其他人的楷模，便必须遮掩其人的缺点与不足，单纯叙述描绘一些好像是奇迹的东西，就像那位聪明的画家为单眼皇帝绘像时所做的那样：他给皇帝画了一幅侧面像，从而掩盖了帝王少一只眼的缺陷。"③

因此，托马修斯认为收入到《中国哲学家孔子》一书中的那些挂在孔子名下的著作大多是些东拼西凑的伪劣之作。尽管这些著作中的"许多非常漂亮的"思想说明了孔子完全是一个"善于教学育人"的正直的聪明人，但书中同样也混入了不少异常平庸的甚至可笑的本来应该涤除的东西。④非常有趣也值得引起注意的是，在被托马修斯评价为"非常漂亮"但也无须大惊小怪因为没有多大意义的"思想"中，也包括了《大学》一文

①Freymü thiger jedoch vernunfft-und gesetzmäßiger Gedancken ü ber allerhand, fü rnemlich aber neue Bü cher durch alle Zwölff Monat des 1689. Jahr Durchgefü hret und allen seinen Feinden [···] zugeeignet von Christain Thomas [M] : 605-606.

②Freymü thiger jedoch vernunfft-und gesetzmäßiger Gedancken ü ber allerhand, fü rnemlich aber neue Bü cher durch alle Zwölff Monat des 1689. Jahr Durchgefü hret und allen seinen Feinden [···] zugeeignet von Christain Thomas [M] : 605-606.

③Freymü thiger jedoch vernunfft-und gesetzmäßiger Gedancken ü ber allerhand, fü rnemlich aber neue Bü cher durch alle Zwölff Monat des 1689. Jahr Durchgefü hret und allen seinen Feinden [···] zugeeignet von Christain Thomas [M] : 607.

④Freymü thiger jedoch vernunfft-und gesetzmäßiger Gedancken ü ber allerhand, fü rnemlich aber neue Bü cher durch alle Zwölff Monat des 1689. Jahr Durchgefü hret und allen seinen Feinden [···] zugeeignet von Christain Thomas [M] : 608.

的首段之中正心诚意致知格物一节。下面要谈到的沃尔夫将在这一段上大做文章，从实践哲学出发赋予其极高极深的哲理意义[①]，毕尔封格也将在这一段中发现中国儒家道德及政治哲学的基本法则。[②]属于“甚至可笑本应涤除”的段落，则大部分是孔子生平生活中的趣闻轶事，其中的著名例子则可以是《论语·雍也》子见南子一章（“子见南子，子路不说。夫子矢之，曰：予所否者，天厌之！天厌之！”）。按照托马修斯的解释，即便收入了这一可笑的经历，得到批评的也应该是学生子路，因为他无端怀疑老师行为不检点；而两次对天发誓（“天厌之！天厌之！”）也许说明了孔子心虚进而并非正直之人，因此也无权指责到邻居借醋给向自己讨醋的微生高不直爽（“孰谓微生高直？或乞醯焉，乞诸其邻而与之。”《论语·公冶长》）。在《论语·子路》樊迟请学稼一段中（“樊迟请学稼。子曰：吾不如老农。请学为圃。曰：吾不如老圃。樊迟出。子曰：小人哉，樊须也！”），托马修斯则不理解孔老夫子为何偏偏与一位农民过不去。更甚之，即便是孔子所宣扬的“会令许多基督徒汗颜的”博爱仁道思想，在托马修斯看来同样是经不起仔细推敲的。“我们该去向谁去讨这种仁爱？官家主子？奴家臣民？有学问的人？还是没学问的人？”就连孔老圣人自己也一再抱怨“道之不行也，我知之矣：知者过之，愚者不及也。道之不明也，我知之矣：贤者过之，不肖者不及也”。[③]

也许孔子是一个非常正直而聪明的智慧之人，不过他的许多所谓的哲理学说人们不费力气也很容易在其他的思想家的著作中找到，譬如塞内卡（Lucius Annaeus Seneca）或者伊壁鸠鲁（Epikur）。而不论是前者还是后

①参见WOLLFF C. Oratio de Sinarum philosophia practica / Rede ü ber die praktische Philosophie der Chinesen（中国实践哲学讲话）［M］. Michael Albrecht. Hamburg：Meiner，1988：XXXIII.

②Specimen doctrinae veterum Sinarum moralis et politicae；tanquam exemplum philosophiae gentium ad rempublicam applicatae： excerptum libellis sinicae genti classicis，Confucii sive dicta， sive facta complexis. Accedit de Litteratura Sinensi dissertatio Extemporalis. ；参见：BILFINGER G B. Specimen doctrinae veterum Sinarum moralis et politicae［M］. Frankfurt a. M. ：Andreae，1724；重印：Hildesheim：Olms，1999：25. （下引本书，仅注明作者，书名，页码。）

③BILFINGER G B. Specimen doctrinae veterum Sinarum moralis et politicae［M］：611；612. 引文出自《中庸》。

者，他们都没有孔子所具有的权威地位！这便说明了，孔子的声誉并不是来自于自己独特的思想，而是单独建立在人们对权威的迷信之上，而“今天”的世界依然是权威统治的天下。人们在判断真理与非真理时，并不考察具体的学说以及学说的真理性，而是根据“不同的老师”作出真理与非真理的区别。即便是最无聊的事情，只要加上一句“子曰”就可以横行于世当作金科玉律被“捧上天”。[①]假如伊壁鸠鲁主张过于注重修辞口才不利于德行，大家会一哄而上，有人甚至会动用逻辑三段论来论证伊氏的错误。而孔氏一句“巧言令色，鲜矣仁”却会被奉为至理名言，迫使“所有的年轻人”当作自己的座右铭。[②]

四、克里斯蒂安·沃尔夫以及《关于中国哲学的讲话》

1721年7月12日，担任哈勒大学副校长的沃尔夫任职到期。按照欧洲高校当时的惯例，卸任者应该通过一个严肃的学术报告把职务正式交给自己的继承人。很久以来对中国哲学虽然感兴趣但却无暇认真研究写作的沃尔夫借这个机会，把演讲题目选为“中国实践哲学”。在这篇后来被誉为德国启蒙运动信号的“讲话”中，沃尔夫与托马修斯一样，也是把眼光投注在孔子的人格上，当然其作用及意义却完全相反。沃尔夫指出，对中国人来说，孔子的地位“如同摩西之于犹太人，默罕默德之于土耳其人，甚至相当于对我们来说基督的地位”，“如同我们把他（基督）奉为上帝送给我们的先知或导师”。[③]因此在沃尔夫看来，“述而不作，信而好古”（《论语·述而》）、“我非生而知之者，好古，敏以求之者也”（同上）等等说明了早在中国的上古时代就有了非常伟大的哲学家。他们同时是帝王统治者，以身作则是其统治方式，上行下效是国家兴盛的秘诀之一。孔子则仅仅是中国濒于礼乐与崩溃之际应世而出的一位“老师”，孔

---

①BILFINGER G B．Specimen doctrinae veterum Sinarum moralis et politicae［M］：627．

②BILFINGER G B．Specimen doctrinae veterum Sinarum moralis et politicae［M］．1999：629．引言出自《论语·学而》。

③WOLFF C．Oratio de Sinarum philosophia practica/Rede ü ber die praktische Philosophie der Chinesen［M］．Michael Albrecht．Hamburg：Meiner，1988：18/19．（下引本书，仅注作者，书名，页码）

子学说的源泉是关于古代哲人帝王的记载与传说。[①]

中华帝国地域辽阔人口众多但却社会稳定，因而在某种意义上与当时的欧洲形成明显的对比。在这一点上，沃尔夫与莱布尼茨没有分歧，他们都相信这一图景。不同的是，沃尔夫在他对中国的诠释中看不出孔子所代表的源自古代的儒家学说中有任何出于宗教信仰方面的动机的迹象，遑论直接受到上帝的亲自启迪。沃尔夫使用的关键词是建立在人类精神力量或者天性之中的实践哲学。按照这一理论，理性属于人的精神，理性的任务是研究包括人类行为在内的事物的原因，通过这种研究理性获得对善恶等概念的准确认识与区分。以此为基础，意志得到进一步的巩固，进而取善弃恶。区别善恶的标准则是判断某一具体行为是否符合人的精神的天性。人的精神把恶认识为恶的时候，意志便不会再去选择恶即作恶。所有行为的目的，一方面是追求个人的完美，另一方面是他人即社会的幸福。对自身完美与他人幸福的追求叫作愉快。在这样的一个实践哲学的框架内，宗教与神学失去了自己的作用，代替它们的是沃尔夫所说的人性中的“自然力量”或者说“自然理性”，因此建立这种理性之上的道德被叫作“哲学道德”，那种依靠神的命令使自己的行为符合上帝意志的道德则是“神学即基督教道德”。[②]在1721年4月脱稿的《德意志政治》（Deutsche Politik）一文中，沃尔夫便希望能够有机会“用科学的形式，把中国人的道德与国家理论表达出来，因为这样便可显示他们的学说与我的理论完全吻合”[③]。

为了使他的“范例”能够成立，能够证明他的哲学的正确性，沃尔夫必须排除来自两方面的危险：一是有神论，即认为中国人自古以来就认识了那个在基督教神学中所宣讲的上帝；二是无神论或者更准确一点讲“反神论”。如果把儒家学说归类于有神论（就像利玛窦等传教士所说的那样），范例便失去了其意义，变得没有任何说服力；假如把儒家学说归类于反神论，沃尔夫会给人一个感觉，好像他不是宣传一个建立在自然力

①WOLFF C. Oratio de Sinarum philosophia practica/Rede über die praktische Philosophie der Chinesen［M］：44/45.

②WOLFF C. Oratio de Sinarum philosophia practica/Rede über die praktische Philosophie der Chinesen［M］：138.

③WOLFF C. Gesammelte Werke［J］, Jean Ècole. Hildesheim: Olms, 1962-, 1（5）：10-11.

量即理性之上的实践哲学，而是在宣传无神论。为了避免来自两方面的危险，沃尔夫在《讲话》中采取了一个非常机智的办法：他在有神论与反神论之间引入了一个中间地带，我们可以称其为“神学无知论”，再进一步把它与反神论区别开来。这样，“自然力量”就有了一个自己的“自治区”。沃尔夫说，不承认上帝的人是反神论者，但不承认或者说否认上帝的前提是，否定者必须事先认识上帝，知道上帝是什么。不认识上帝的人亦不可能否认上帝，更不会故意反对上帝。这个人充其量只能是个值得惋惜的对上帝一无所知的人，但他既不是有神论者也不是反神论者。[①]对神一无所知的人，为了追求幸福，没有其他途径，只有依赖自己，依赖所谓的“自然之光”即理性：“因为古代的中国人没有认识到世界的创造者，所以他们也没有自然宗教，更没有得到任何形式的天启真理。为了促进道德的发展，他们只能使用自然的力量（即理性），而且是没有任何宗教意义的纯粹的自然的力量。”[②]从这个角度看，沃尔夫认为弄得沸沸扬扬的“礼仪之争”[③]自始至终都是“无的放矢”：“有人否认有个完美的上帝，有人根本不知道上帝的特点是什么，注意到了这个区别，就会发现耶稣会士与多明我以及方济各会士的争吵大部分只是各自使用的词汇不同，而没有事实方面的区别。”[④]沃尔夫对德国启蒙运动的一个最大贡献，正是在神学与形而上学盘根错节的地方为理性的自主夺得了一块地盘，他根据《中国六经》对儒家哲学的诠释在这方面起到了非常重要的作用。

沃尔夫能够得出对儒家学说与自己的单纯强调自然理性的实践哲学完全吻合的结论，当然得益于上面简单提到的两个版本之间的差异：沃尔夫的《讲话》以卫方济的《中国六经》为基础，因为作者当时根本不知道

---

①WOLFF C. Oratio de Sinarum philosophia practica/Rede über die praktische Philosophie der Chinesen［M］: 246/247.

②WOLFF C. Oratio de Sinarum philosophia practica/Rede über die praktische Philosophie der Chinesen［M］: 266.

③李天刚. 中国礼仪之争：历史、文献和意义［M］. 上海：上海古籍出版社，1998.

④WOLFF C. Oratio de Sinarum philosophia practica/Rede über die praktische Philosophie der Chinesen［M］: 154.

早在24年前就有一个“更权威”的柏应理的译本。[①]更严重的问题出在，当沃尔夫得知这个译本后，对两个译本进行了仔细的比较，发现二者之间的距离相当大。在几年后写成的注释中，沃尔夫写道：“我公开承认，在我撰写《讲话》时，我根本不知道柏应理（为《孔子》一书而写）的《引言》，更谈不上阅读过它。中国文献方面，我手边当时只有卫方济译为拉丁文的中华帝国经典著作。由于在这些著作中根本没有提到上帝以及上帝的特点，孔子以及任何一位注释家也没有明确地要求人们履行对上帝的义务，譬如热爱上帝、惧怕上帝、相信上帝等等，我便从此得出结论，认为古代的中国人没有认识世界的创造者。虽然孔子把我们称之为的‘自然（道德）法则’叫作‘天的法则’，但正是出于以上原因，我认为不能把他所说的‘天’就看成上帝。”[②]而巴黎译本的作者们却“竭尽全力地试图证明中国人从一开始就认识了真正的上帝，崇拜了真正的上帝”[③]。

这个区别确实很大，更重要的是会给沃尔夫的《讲话》带来严重的后果。接受巴黎译文的解释等于推翻自己在《讲话》中提出的核心观点，从而等于推翻自己的学说（或者起码相当重要的一部分），因为《讲话》建立在中国人没有认识到上帝而只是依赖理性这一假设之上。沃尔夫说自己“更相信”卫方济似乎情有可原，但鉴于巴黎译本的影响，沃尔夫作为一个严肃的学者，不能对这个重要的资料来源视而不见。他必须研究它，也确实这么做了。由于没有中文知识，沃尔夫只能在另外一个层次上选择突破口。作为哲学家他选择了抠概念下定义：什么是“认识上帝”？在伦理道德学说及道德实践中这一认识是怎么被表达出来的？其作用与功能是什么？沃尔夫认为：

“自然宗教的核心是崇拜真正的上帝。这种崇拜源自于依赖理性之光从上帝的特点及所为而得出的对上帝的认识。因此，在那些无法证明（人们）认识了上帝的地方（不存在自然宗教）。在那些不要求人们热爱上

---

①WOLFF C. Oratio de Sinarum philosophia practica/Rede über die praktische Philosophie der Chinesen［M］：214，注释128；208，注释113.

②WOLFF C. Oratio de Sinarum philosophia practica/Rede über die praktische Philosophie der Chinesen［M］：149.

③WOLFF C. Oratio de Sinarum philosophia practica/Rede über die praktische Philosophie der Chinesen［M］：145.

帝、恐惧上帝、尊敬上帝以及无条件地服从上帝的命令的地方，不存在自然宗教。”①

他还写道：

“自然宗教要求人们对上帝有一个非常明确的概念，因为在自然宗教中人们崇拜上帝，促使人们崇拜上帝的，是上帝的特点以及上帝的所为。”②

按照这个定义去分析研究《孔子》一书中提到的中国古人对上帝的认识，沃尔夫得出的结论是：中国人“对神有个非常模糊的概念（即认识），但却完全没有一个明确的概念”③，因此中国人既不是有神论者更不是反神论者，而是纯粹依赖自然理性获得幸福生活的人。表现在数量上，沃尔夫的这一研究比较也是相当可观的：当沃尔夫5年后，即1726年，把自己的短短的讲话付梓时，只有112页的小书中带有216条脚注，部分注释长达数页。喧宾夺主，正文被分散得几乎难以卒读，不过这样读者似乎更能体验到作者的良苦用心。

尽管如此，很长一段时间内，曾经给作者带来职业与生命危险的、被研究界誉为“德国启蒙运动的信号”④的《讲话》一直是对欧洲知识界的一个巨大挑战。就连以撰写莱布尼茨及沃尔夫的传记而出名的、沃尔夫哲学的追随者路德维希也被迫承认：

“我们实在不愿意过多指责当时在世界智慧方面（即实践哲学）已有非常影响的沃尔夫先生，不过我们实在觉得大师在这篇《讲话》中没有保持哲学家应有的谨慎，而这一点本来是非常容易做到的。一位异教哲学家和一位基督教哲学家，二者可以都是世界智者，二者在他们的学说中也都可以使用理性之光。尽管如此，谁能够否认后一位与前一位相比具有一个

①WOLFF C．Oratio de Sinarum philosophia practica/Rede ü ber die praktische Philosophie der Chinesen［M］：151.

②WOLFF C．Oratio de Sinarum philosophia practica/Rede ü ber die praktische Philosophie der Chinesen［M］：151.

③WOLFF C．Oratio de Sinarum philosophia practica/Rede ü ber die praktische Philosophie der Chinesen［M］：153.

④WOLFF C．Oratio de Sinarum philosophia practica/Rede ü ber die praktische Philosophie der Chinesen［M］：XLV（译者导言）.

很大的优点，因为在他的学说中神启之光还可以发挥很大的作用。理性之光与神启之光之间的关系如同月亮与太阳。月亮之光并非自身之光，而太阳之光却是太阳自身所有，太阳可以把自身之光传给月亮。因此，如果理性未能受到神启的照亮，堕落了的理性便没有了光亮；更甚之，由于月亮必须从太阳那接受光亮，当太阳之光没有照射到月亮时，月亮本身便更加黑暗。因此，那些单纯把理性奉为自己的指路明星的人，实际上只能永远在黑暗中摸索。所以，假如一个基督教哲人的哲学思想没有其他特点，而仅仅是与一位异教哲人的学说完全吻合，那么这只是一个坏的哲学，尽管人们不能把理性与神启完全混为一体。”①

字里行间，路德维希似乎承认，沃尔夫的《讲话》引起对手的激烈批评也不是完全没有道理的。

五、毕尔封格的比较研究

给沃尔夫指出巴黎译本的，可能是毕尔封格。此人是沃尔夫在哈勒大学的学生，毕业后在图灵根教授道德论；通过沃尔夫的极力推荐，毕尔封格于1725年受聘于彼得堡科学院，1737年回到德国后担任图灵根大学神学教授。这里所要讨论的，是毕尔封格在沃尔夫给自己的《讲话》进行烦琐的注释之前于 1724年发表的一本名为《古代中国道德与政治学说研究》的著作。②

毕尔封格是“莱布尼茨—沃尔夫学派”一词的首创者，确实也对捍卫与传播莱布尼茨—沃尔夫的哲学思想做出了今天的多数学者已经不太了解的贡献。上面提到的著名哲学史学家路德维希曾指出，“学界无人不佩服

①LUDOVICI C G. Ausf ü hrlicher Entwurf einer vollständigen Historie der Wolffischen Philosophie Zum Gebrauche seiner Zuhörer II ［M］. Leipzig：Löwe， 1737-1837；重印：Hildesheim：Olms，1977：§ 137，91.

②BILFINGER G B. Specimen doctrinae veterum Sinarum moralis et politicae； tanquam exemplum philosophiae gentium ad rempublicam applicatae：excerptum libellis sinicae genti classicis，Confucii sive dicta，sive facta complexis. Accedit de Litteratura Sinensi dissertatio Extemporalis，Frankfurt a. M. ：Andreae，1724；重印：Hildesheim：Olms，1999.

毕尔封格在阐述与捍卫真理时所表现出来的清晰性、彻底性与机智"[①]。直到柯鲁格（Krug）编著的《百科—哲学辞典》，作者对毕尔封格的评价仍然是"他是莱布尼茨—沃尔夫哲学学派中最锐利最彻底的思想家之一，以非常机智的方式捍卫与阐述了这一学派的思想，不过在这一过程中更靠近莱布尼茨，而不是他的老师（沃尔夫）的思想"[②]。关于他的《中国古代政治学说研究》一书，莱曼（Jacob F. Reimmann）曾在1727年初版、1741年再版的《中国哲学史》中给予很高的评价，认为毕尔封格第一次梳理了孔子的著作，系统地论述了中国的国家哲学，并且把中国哲学与基督教哲学及神学作了比较。[③]对沃尔夫的《中国讲话》，莱曼则简单地指出，"在公开的讲话中沃尔夫宣称自己的哲学思想与中国的孔夫子的原理相吻合，并且毫无顾忌地加入了一些对基督宗教不利的东西"[④]。莱曼的评价与路德维希的观点基本一致，都是对毕尔封格大加赞赏，对沃尔夫则颇有微词，认为沃尔夫只是指出了自己的哲学思想与孔子原理的契合，而毕尔封格则对二者进行了批判性的比较。

在这篇至今未受到研究界关注的《研究》中，毕尔封格对自己能够在柏应理的《孔子》中找到的资料确实进行了一番系统的甄别。按照毕尔封格的说法，他之所以使用了柏应理的翻译，是因为"不知何故，布拉格本已很难找到"[⑤]。之所以能够这么做，当然也因为毕尔封格与沃尔夫的进

①LUDOVICI C G．Ausf ü hrlicher Entwurf einer vollständigen Historie der Wolffischen Philosophie Zum Gebrauche seiner Zuhörer I［M］．Leipzig：Löwe，1737–1837；重印：Hildesheim：Olms，1977：§161，149.

②LUDOVICI C G．Ausf ü hrlicher Entwurf einer vollständigen Historie der Wolffischen Philosophie Zum Gebrauche seiner Zuhörer I［M］．Leipzig：Löwe，1737–1837；重印：Hildesheim：Olms，1977：§161，149.

③REIMMANN J F．Historia philosophiae Sinensis nova methodo tradita［M］．Braunschweig：Schröder，1727，2nd ed．1741：29，20；1741：53，33.

④REIMMANN J F．Historia philosophiae Sinensis nova methodo tradita［M］．Braunschweig：Schröder，1727，2nd ed．1741：8．参见Jacob Brucker，Historia critica philosophiae，Tom 6：Appendix［M］．Leipzig：Weidmanns Erben，1767；重印：Hildesheim：Olms，1975：891–893；979–981.

⑤BILFINGER G B．Specimen doctrinae veterum Sinarum moralis et politicae［M］．Frankfurt a．M：Andreae，1724；重印：Hildesheim：Olms，1999：17.

路不同：柏应理译文，特别是其《前言》中的一个重要观点是中国人，至少是古代中国人在某种程度上认识到了上帝，具有对上帝的一定的认识。如上所言，为了坚持自己对孔子学说的理性诠释，特别是也为了坚持沃尔夫自己的建立在人性中的自然力量之上的实践哲学，沃尔夫必须面对巴黎《孔子》中的这一信息。毕尔封格避开了这一问题或者说视角，他以能够在柏应理的《孔子》以及其他地方找到的诸多资料为基础，把研究点集中在古代中国的道德与国家学说上，进而具体而系统地考察这些学说在政治生活中的具体实施。非常重要的一条便是《大学》中的正心诚意：培养智性认识与区别善恶的能力即“正心”；“诚意”即锻炼意志，使其求善避恶；控制本能情绪；按照对权利与义务的理解调节具体的行为，达到治理国家的目的。单纯从使用的概念就可看出，毕尔封格遵循的是沃尔夫实践哲学中的基本思路（有趣的是，毕尔封格在这里引用的在托马修斯那里不过是些“漂亮”的词句，充其量说明了孔子也许是个正直善良的好人）。

尽管如此，毕尔封格还是超越了沃尔夫对中国儒家实践哲学的接受与认可。在《讲话》中，沃尔夫对某些问题只是点到为止，未能（或者也不想）进行详细一点的说明。特别不清楚的譬如有以下几点：“神启”即上帝亲自显示或者道成肉身被看作是认识上帝的最高形式，沃尔夫也特意指出了这一点并未作出进一步的说明；基于自然理性的道德（“virtus naturalis”）与基于哲学反思的虔诚（“pietas philosophica”）和基于神学认识亦即基督宗教的道德（“virtus theologica seu Christiana”）被沃尔夫区分为三种不同的道德形式，但其中的具体分别并不明确。在自己的《研究》中，毕尔封格重新捡起沃尔夫由于时间原因或者出于顾虑本也不想完全梳理清楚的一些问题，不过与沃尔夫的做法不同。沃尔夫强调导致道德行为的不同动机或者说起因之间的共同点，认为它们的目的都是使行为适应于“自然法则”；毕尔封格则把动机即起因本身放在了首位，这样就可以把各种不同的起因进行归类划分。在此基础上，毕尔封格不仅对中西哲学的长短处进行了一番专门比较，而且对神学与哲学的一般关系进行了梳理。①

毕尔封格认为至少在八个方面，神学道德远远高于哲学。值得注意的是，这里所说的哲学不仅仅指中国哲学，而是包括沃尔夫实践哲学在内的

---

①BILFINGER G B. Specimen doctrinae veterum Sinarum moralis et politicae［M］. Frankfurt a. M：Andreae，1724；重印：Hildesheim：Olms，1999：280.

所有的“世俗社会哲学”。这八个方面是：1）只有基督宗教提供了关于人的没落的认识；2）神学意义上的提出的行为规则更高尚，更值得重视，譬如“热爱自己的敌人”这一条；3）上帝的律条更明确更清楚，即便是通过使用“理性”，也永远达不到这种明确与清楚程度；4）无论是中国还是沃尔夫的哲学都强调榜样对道德进步的重要作用，假如如此，那么更完美的榜样与道德化身不是孔子一类的哲人夫子而是耶稣；5）在宗教与哲学中，道德动机的来源完全不同；6）宗教能给人以解救，使人变得神圣；7）对于已经犯下的罪过，哲学不能提供任何治疗办法，因为只有基督宗教能够使“创伤”完全愈合，使迷惘转变为对良心的意识，“单纯的理性做不到这一点，中国人的智慧也做不到这一点”；8）宗教仪礼，譬如与中国的祖先与先贤崇拜相比较，对上帝的崇拜更高，也更有效。

通过这种比较，毕尔封格并不是试图重新挑起古老的争论；相反，他并不关心中国人是有神论者还是反神论者（按照他的说法，中国文献中很少提到神），他也不关心中国的礼仪是否应该遭到谴责与禁止。毕尔封格进行比较的目的是探讨基督福音到底对中国有什么益处？找到的答案是柏应理在《孔子》一书中引用过的那个中国人（徐光启）的说法：“补儒驱佛”——消除“我们的哲学（即儒学）中的缺陷，排除迷信与偶像崇拜（佛教）。”[①]这样，毕尔封格又一次显示了基督教神启教义的独特性，再一次表明了神学与哲学之间神学的优先性。在欧洲对中国的感知与接受过程中，这是一个一直时而潜伏时而明显的主题。

---

①BILFINGER G B. Specimen doctrinae veterum Sinarum moralis et politicae［M］. Frankfurt a. M：Andreae，1724；重印：Hildesheim：Olms，1999：288.

徐光启与明清之际后理学思想世界的重建

陈卫平

对于中国哲学通史的叙述，往往把明清之际作为宋明理学之后的另外一个阶段。这其实蕴含着颇为重要的一个问题：相对于传统和近代，明清之际哲学的特殊性在哪里？也就是说，明清之际作为中国哲学史相对独立的发展阶段，如何上承宋明理学、下启近代哲学？这里以徐光启为例，对此作点考察，认为明清之际思想的实质是后理学思想世界的重建。

对于徐光启的研究，一般较多从科学家和宗教徒这两个方面来展开。如果我们把思想世界理解为主要由信仰价值层面和知识思维层面所构成，那么徐光启接受天主教义和西方科学恰是与这两大层面相对应的。因此，如果以明清之际思想史为视域，那么徐光启还是一位不可忽视的思想家，因为他提供了明清之际后理学思想世界重建的新蓝图：从西学“补儒”走向会通超胜。与明清之际三大思想家王夫之、黄宗羲、顾炎武重建后理学思想世界的蓝图相比较，徐光启的新蓝图更具有链接明清之际与近代思想的意义。

一、明清之际思想史的实质：后理学的思想世界的重建

将徐光启在明清之际思想史上的意义，定位于提供了后理学重建思想世界的新蓝图，首先是以把明清之际思想的定位于后理学时代为基础的。明清之际思想的整体走向是反省宋明理学，这是学界所公认的。但如何评判这样的走向则意见不一。原先主要的意见有两种，即或谓之早期启蒙，

或称之传统思想的批判总结。本人则在1989年提出近代思想胚胎说。[①]然而，启蒙就是以思想重建来破除理学旧有的蒙蔽，而批判总结的过程也就是重建理学之后的思想世界的过程，至于“胚胎”是就其指向近代这一面来说的，如就其相对于理学的这一面而言，其实正是后理学的思想世界的重建。因此，我认为更确切地说，这一时期反省宋明理学的实质，是如何重建后宋明理学时代的思想世界。

这样的重建在成化、弘治年间，即明朝前期与后期的分水岭之际[②]，就已经初露端倪了。当时盛行的讲学之风反映了这一点。《明儒学案》记载：有人问主要生活于成、弘时期的吕柟：“今之讲学，多有不同者，如何？”吕柟答曰：“不同乃所以讲学，既同矣，又安用讲邪？”[③]讲学者用各自所立的“宗旨”为标志，这和宋元儒学颇为不同，宋元诸儒所习，“多务阐明经子，不专提倡数字，以为讲学宗旨，明儒则一家有一家之宗旨，各标数字为的”。[④]这些纷然各异的宗旨，实际上在不同程度上、从不同的角度表现了反省宋明理学、重建思想世界的趋向。

这一趋向发展到明清之际就形成了明确的蓝图。嵇文甫1935年在分析王夫之思想时，对此已有所论及。他指出：“假如用辩证法的观点来看，程朱是‘正’，陆王是‘反’，而清代诸大师是‘合’。陆王‘扬弃’程朱，清代诸大师又来个‘否定的否定’，而‘扬弃’陆王。船山在这个‘合’的潮流中，极力反对陆王以扶持道学为正统，但正统派的道学到船山手里，却另变一副新面貌，带上新时代的色彩了。”[⑤]这里所谓的“合”就是重建：反对陆王，但又不是回到程朱正统，而是另有新面貌。事实上，明清之际三大思想家王夫之、黄宗羲、顾炎武都提出了重建宋明理学

①详见拙作《论明清之际“由数达理”的思维方法——从一个侧面看明清之际思想的性质》（《哲学研究》1989年第7期）。

②万明主编的《晚明社会变迁问题与研究》（北京：商务印书馆，2005年）把明朝历史分为前期与后期，而“分水岭即在成、弘年间”。见该书第2页。

③黄宗羲．明儒学案［M］//黄宗羲全集：第13册．杭州：浙江古籍出版社，2012：143.

④盛郎西．中国书院制度［M］．上海：上海书店，1991：125.

⑤嵇文甫．船山哲学［M］//王船山学术论丛．北京：生活·读书·新知三联书店，1962：121.

之后的思想世界的蓝图。以下对此略作概述。

王夫之自题堂联“六经责我开生面”，这是他重建思想世界的宗旨。所谓别开生面显然是要在反省宋明理学的基础上别创思想新世界。对于宋明理学，他“希张横渠之正学”[①]，即如嵇文甫所说“宗师横渠，修正程朱，反对陆王”；而这是与反对佛教相联系的，“船山宗旨是彻底排除佛老，辟陆王为其近于佛老，修正程朱亦因其有些地方还沾染佛老。只有横渠，‘无丝毫沾染’，所以认为圣学正宗”。[②]由此而进行的思想世界的重建，体现在信仰价值领域，继承了张载的气本论，“言心言性，言天言理，俱必在气上说”。因此，在天道观上，用气本论辨析理气（道器）、有无（动静）等问题，以把握“实有”即真实的存在为圣贤学问。他说：“诚，以言其实有尔。”释“诚”为“实有”，而“尽天地只是个诚，尽圣贤学问只是个思诚”[③]。在人道观上，发扬了张载的“知礼成性变化气质之道”[④]，以成性说反对宋明理学的复性说，强调“性日生而日成”，在继善成性之“继”字上努力，就是“作圣之功”。在知识思维系统，“希张横渠之正学”而开六经之生面，主要有两个方面：一是摈弃宋明理学的“废实学，崇空疏”的学风[⑤]，注重六经的实证研究，如《国史儒林传》所说：“其言《易》，不信陈抟之学，亦不信京房之术；于先天诸图及纬书杂说，排之甚力，而亦不空谈元妙，附会老庄之旨，故言必征实，义必切理。其说《尚书》，诠释经文，多出新义，然词有根据，不同游谈。其说《诗》，辨正名物训诂，以补传笺诸说之遗，皆确有依据，不为臆断。”[⑥]二是推进张载借《周易》而阐发的“变化之理须存乎辞”的辩证思维[⑦]，将《周易》“微言以明道”的辩证思维归结为“一阴一阳之谓道”。他说：

①王夫之．自题墓石［M］//船山全书：第15册．长沙：岳麓书社，1996：228.

②嵇文甫．船山哲学［M］//王船山学术论丛．北京：生活·读书·新知三联书店，1962：109；116.

③王夫之．读四书大全说［M］//船山全书：第6册．1109；张子正蒙注［M］//船山全书：第12册．74；读四书大全说［M］//船山全书：第6册．996.

④吕大临．横渠先生行状［M］//张载．张载集．北京：中华书局，1978：383.

⑤王夫之．周易外传［M］//船山全书：第1册．1008；礼记章句［M］//船山全书：第4册．1468.

⑥国史儒林传［M］//船山全书：第16册．长沙：岳麓书社，1996：98.

⑦张载．横渠易说［M］//张载集．北京：中华书局，1978：198.

"《易》曰'一阴一阳之谓道'。或曰，抟聚而合一之也；或曰，分析而各一之也。呜呼！此微言之所以绝也。"[①]他批评佛教和道家，或片面强调综合即"抟聚而合之一"，或片面强调分析即"分析而各之一"，实际上这也是对程朱和陆王批评，因前者近道，强调分析；后者近禅，强调综合。[②]无疑，如此的一阴一阳之谓道的辩证思维是对佛老、理学、心学的思维方式的重建。

黄宗羲"以六经为根柢"[③]来重建思想世界，这是具有现实针对性的。他认为晚明的整个"学问之事"即思想世界处于没有统一根柢的碎片化状态："夫一儒也，裂而为文苑、为儒林、为理学、为心学"；这就使得思想世界丧失了支撑世道人心的功能，"今之言心学者，则无事乎读书穷理；言理学者，其所读之书不过经生之章句，其所穷之理不过字义之从违。薄文苑为词章，惜儒林于皓首，封己守残，摘索不出一卷之内。其规为措注，与纤儿细士不见长短！天崩地解，落然无与吾事，犹且说同道异，自附于所谓道学者，岂非逃之者之愈巧乎？"这里的天崩地解不仅指社会变动，更是指思想世界的轰然倒塌。因此，黄宗羲以重建倒塌的思想世界为使命："儒者之学，经纬天地。"[④]经纬天地之儒学就是对天崩地解的思想世界的重建。这样的重建对于宋明理学和佛学的取舍是：认同"圣人之学心学也"，但又力图弥补其空疏之弊；鄙视巧避现实、沦为"道学之乡愿"的程朱派理学家[⑤]；

---

①王夫之．周易外传［M］//船山全书：第1册．长沙：岳麓书社，1996：1002.

②如朱熹说："学问须严密理会，铢分毫析"（《朱子语类》卷八，《朱子全书》第14册，上海：上海古籍出版社等，2010年，第293页），并以庄子庖丁解牛为例（见《朱子语类》卷十，《朱子全书》第14册，第315页；《周易本义》，《朱子全书》第1册，第128页）；王守仁批评朱熹的"辨析日详"导致"支离决裂"（《朱子晚年定论》，《王阳明全集》上册，上海：上海古籍出版社，2011年，第144页），主张"知行合一""心一而已"（《传习录中》，《王阳明全集》上册，第48页）、"理一而已"（《传习录中》，《王阳明全集》上册，第86页）。

③全祖望．梨洲先生神道碑文［M］//鲒埼亭文集选注．济南：齐鲁书社，1982：105.

④黄宗羲．留别海昌同学序［M］、赠编修弁玉吴君墓志铭［M］//黄宗羲全集：第20册．561；450.

⑤黄宗羲．明儒学案［M］//黄宗羲全集：第13册．188；孟子师说［M］//黄宗羲全集：第1册．154.

视佛教为“邪论”而破除之[①]。以如此取舍为基础的重建，反映在信仰价值层面，以天道观而言，既说“盈天地皆心也”，又说“盈天地间皆气也”，还说“心即理也”“心即气也”。[②]也就是以气作为沟通心与物、心与理的中介，“我与天地万物一气流通，无有碍隔。故人心之理，即天地万物之理，非二也”[③]。这实际上是综合心本论、气本论、理本论而重建世界统一原理。心即气表现在人道观上，主要是修正王学末流割裂工夫和本体的弊病，强调“工夫所至，即其本体”，即事功与道体的统一，以还阳明心学的“圣人之学”本色，他释王守仁的“致良知”之“致”为“先生致之于事物，致字即是行字，以救空空穷理，只在知上讨个分晓之非。乃后之学者测度想象，求见本体，只在知识上立家当，以为良知”[④]。与心即气、工夫即本体相应，他在知识思维层面，“主张以史学充实理学，补救王学的空疏”[⑤]，这既是为了改变知识领域“自科举之学盛，而史学遂废”的局面[⑥]，也是对王守仁“六经即史”的深化。由于强调“言性命者必究于史”[⑦]，因而黄宗羲以“一本而万殊”历史主义为其思维方式的独特标志，即对作为“心之万殊”的各学派进行“分源别派”的历史考察，从而把握一以贯之的学脉，“发明一本之所在”。[⑧]这体现了历史与逻辑相统一的思维方式。

顾炎武对于思想世界的重建，同样以伸张经学、拒斥佛学和反省宋明

①黄宗羲的《破邪论》有很多篇章批判佛教。

②黄宗羲．明儒学案·自序［M］//黄宗羲全集：第13册．3；明儒学案［M］//黄宗羲全集：第17册．1649；明儒学案［M］//黄宗羲全集：第13册．188；孟子师说［M］//黄宗羲全集：第1册．57.

③黄宗羲．明儒学案［M］//黄宗羲全集：第14册．556.

④黄宗羲．明儒学案·自序［M］、明儒学案［M］//黄宗羲全集：第13册．3；185.

⑤周予同．五十年来中国之新史学［M］//周予同经学史论．上海：上海人民出版社，2010：360.

⑥周予同．五十年来中国之新史学［M］//周予同经学史论：上海：上海人民出版社，2010：360.

⑦章学诚．浙东学术［M］//文史通义新编新注．杭州：浙江古籍出版社，2005：121.

⑧黄宗羲．孟子师说［M］//黄宗羲全集：第1册．72；明儒学案·自序［M］//黄宗羲全集：第13册．3.

理学为主旨，他说："古之所谓理学，经学也"；"今之所谓理学，禅学也。不取之五经，而但资之语录"。[①]认为被类似禅学的理学所笼罩的整个思想世界，概而言之，就是"以明心见性之空言，代修己治人之实学"[②]。对此顾炎武竭力予以"拨乱反正"[③]，即以修己治人之实学取代明心见性之空言。这里的"明心见性之空言"，主要是指向陆王心学的，但也包含着对程朱派理学家的批评。不过，顾炎武以朱熹为思想世界重建的引导者，曾借他人之语肯定"朱子一生效法孔子，进学必在致知，涵养必在主敬，德性在是，问学在是"，反对专言涵养解释朱熹，以附会心学。事实上，顾炎武修己治人之实学的思想世界体现了这样的精神。在信仰价值领域，其天道观以为"盈天地之间者，气也，气之盛者为神"；而"理"是气之流行的秩序，因此，"心不待传也，流行天地间贯彻古今而无不同者，理也。理具于吾心而验于事物"。[④]这样的天道观是在朱熹"心具众理而应万事"的基础上，进一步朝向了"验于事物"即以下学为上达的进路，所谓"由朱子之言以达夫圣人下学之旨"。在人道观上，修己治人之实学提出"行己有耻"，这不仅要在"辞受""取与"之间有所不为，而且要有天下兴亡的责任感，"耻匹夫匹妇之不被其泽"，"士而不先言耻，则为无本之人"。可见，行己有耻就是对为人之本的重建。在知识思维领域，修己治人之实学落实在"博学于文"，"非好古而多闻，则为空虚之学"。[⑤]博学于文的好古而多闻的具体内涵，是"主张以文字训诂治经学，以经学矫正理学（更其是心学派的王学），上达于孔子之道"[⑥]。顾炎武由此开创了以后称之为朴学的知识世界。与此相应，他建立了以考核证据为中心

---

①顾炎武．亭林文集：与施愚山书［M］//顾炎武全集：第21册．上海：上海古籍出版社，2011：109．

②顾炎武．日知录［M］//顾炎武全集：第18册．307–308．

③《亭林文集·与潘次耕札》（《顾炎武全集》第21册，第230页）认为"君子之为学"有"拨乱反正之事"。

④顾炎武．日知录［M］//顾炎武全集：第19册．729；日知录［M］//顾炎武全集：第18册．78；日知录［M］//顾炎武全集：第19册．717–718．

⑤顾炎武．亭林文集：下学指南序［M］、亭林文集：与友人论学书［M］//顾炎武全集：第21册．195；93．

⑥周予同．五十年来中国之新史学［M］//周予同经学史论．上海：上海人民出版社，2010：360．

的思维方式，即“有一疑义，反复参考，必归于至当；有一独见，援古证今，必畅其说而后止”[①]。这显然是把朱熹格物致知的问学之方进一步朝着实证化方向发展了。

以上是以王、黄、顾为例，说明明清之际思想史的实质是后理学时代思想世界的重建。同时，这也为认识徐光启规划了一幅不同于他们的重建思想世界的新蓝图作了背景铺垫。

二、重建思想世界的新蓝图:从西学“补儒”走向会通超胜

徐光启生活的年代早于王夫之、黄宗羲、顾炎武约五六年，因此，我们说徐光启与他们相比，为明清后理学思想世界的重建增添了一幅新的蓝图，不是从时间先后上说的，而是从内容新颖上说的。其新颖之处在于：以天主教“补儒易佛”为核心的信仰价值系统和以汲取西学科技为基础的知识思维系统。

对此徐光启作了如下的表述：西学“其教必可以补儒易佛，而其绪余更有一种格物穷理之学。凡世间世外、万事万物之理，叩之无不对悬响答，丝分理解。退而思之，穷年累月，愈见其说之必然而不可易也。格物穷理之中，又复旁出一种象数之学。象数之学：大者为历法、律吕；至其他有形有质之物、有度有数之事，无不赖以为用，用之无不尽巧极妙者”。他还说：“道之精微，拯人之神；事理粗迹，拯人之形。并说之，并传之”[②]。主张以天主教补儒易佛，显然是信仰价值系统的重建，这与思辨性命精微的形上之道相联系；而倡导西学的格物穷理之学、象数之学是知识思维系统的重建，这与探索事理粗迹的形下之器相联系。值得注意的是用“绪余”“旁出”来说明这两个系统是紧密相联的整体，并且要求在这两方面“并说之，并传之”，凸显了对于思想世界的整体重建的自觉意识。

在信仰价值系统，徐光启指出“佛教东来千八百年，而世道人心未能改易，则其言似是而非也”，认为佛教其实是沿袭了老庄思想、夹杂着

①潘耒．日知录序［M］//顾炎武全集：第18册．上海：上海古籍出版社，2011：12.

②徐光启．泰西水法序［M］//徐光启全集：第5册．上海：上海古籍出版社，2010：290；291.

道教符箓，因而使得善恶之教化流于虚无荒谬，如果“必欲使人尽为善，则诸陪臣所传事天之学，真可以补益王化，左右儒术，救正佛法”。[①]不仅要以天主教“易佛”，同时还要以天主教“补儒”。后者主要是针对宋明理学而言的，认为作为儒学现实形态的宋明理学不足以支撑信仰价值系统。但他不同于传教士对于理学的全盘否定。[②]徐光启深受当时风行的王学影响，并对其有相当的认同，他的业师黄体仁“私淑王守仁，致力心性之学”，并“多所发明”[③]；其座师焦竑是王学泰州学派的名士。徐光启为其《澹园续集》撰序，指出文章有“朝家之文”“大儒之文”“大臣之文”三种，对人的影响也有“当物者”“入心者”“切用者”三种，能够融三种文章和三种影响于一身，“兼长备美，读其文而有益于德、利于行、济于事”的，“近世见阳明氏焉，于今见先生”。[④]但他坚决反对王学的近禅，焦竑曾用佛教的“顿悟”解释《论语·述而》的“仁远乎哉？我欲仁，斯仁至”，徐光启则针锋相对地指出“希求顿悟”则“去孔孟远矣”。徐光启还著有《辟释氏诸妄》，专门批驳佛教学说。对于朱熹，徐光启高度肯定他是“继孔氏而称儒术者”，“其实行实功，有体有用”，“俾天下国家实受真儒之益”[⑤]；但他指出中国历来“帝王之赏罚，圣贤之是非，皆范人于善，禁人于恶，至详极备。然赏罚是非，能及人之外行，不能及人之中情”[⑥]，实际上是批评程朱理学过于强调以外在规范来为善去恶。因此，在徐光启看来，朱熹理学与阳明心学作为信仰价值系统各有

①徐光启．辨学章疏［M］//徐光启全集：第9册．上海：上海古籍出版社，2011：250；250–251.

②利玛窦就有很多全盘否定宋明理学的言论，如说理学讲心性是“以虚理为物之原，是无异佛老之说”，“今儒谬攻古书，不可胜言焉。急乎文，缓乎意。故今之文虽隆，今之行实衰”（《天主实义》，《利玛窦中文著译集》，上海：复旦大学出版社，2001年，第22、92页）。

③梁家勉．徐光启年谱［M］．上海：上海古籍出版社，1981：42.

④徐光启．尊师澹园焦先生续集序［M］//徐光启全集：第9册．上海：上海古籍出版社，2011：290.

⑤徐光启．刻紫阳朱子全集序［M］//徐光启全集：第9册．上海：上海古籍出版社，2011：295.

⑥徐光启．辨学章疏［M］//徐光启全集：第9册．上海：上海古籍出版社，2011：250.

所长，但它们之所长即是它们之所短："平心以求诸六经，终觉紫阳氏为顺守，而彼（指阳明——引者注）为逆取。"[①]而天主教恰能取它们之长而去它们之所短。阳明"逆取"，注重德性教化与出于意志自由的自愿相联系，但王学后学由此产生行为狂妄而无视规范之弊，即"非名教之所能羁络"[②]；朱熹"顺守"，把德性培养与出于理性自觉的遵守礼教规范相联系，强调理即礼，但存在着以必然之理（礼）束缚内在情意之弊；而天主教一方面注重自愿原则，这与王学相通[③]，从而克服理学忽视自愿之弊，另一方面，天主教的信徒"都要遵依了十戒，从自己身心上实实做出来"[④]，即明确要求人人必须切实遵守戒律，否则就会下地狱而不能升天，这与理学注重礼教相似，从而避免了王学肆意妄为之弊。

不过，如此的"补儒"，意味着天主教对于儒学而言，处于补益的辅助地位，即克服宋明理学的弊端，使儒学成为完美无缺的信仰价值系统。当时西方传教士也讲"补儒"，意在从"补儒"走向"超儒"，试图以天主教取代儒学而成为中国人的信仰价值系统。徐光启拒绝了"超儒"论，坚守儒家治国平天下的价值理想，将天主教的教化作为实现儒家尧舜三代理想社会的手段。他说倘若天主教得以广泛宣扬，"使敷宣劝化，窃意数年之后，人心世道，必渐次改观。乃至一德同风，翕然丕变，法立而必行，令出而不犯，中外皆勿欺之臣，比屋成可封之俗，圣躬延无疆之遐福，国祚永万世之太平矣"[⑤]。这里的"比屋可封"出自儒家五经之一的《尚书》，汉儒陆贾《新语·无为》指出："尧舜之民，可比屋而封；桀纣之民，可比屋而诛者，教化使然。"简而言之，"补儒易佛"就是以天

①徐光启．刻紫阳朱子全集序［M］//徐光启全集：第9册．上海：上海古籍出版社，2011：295.

②黄宗羲．明儒学案［M］//黄宗羲全集：第15册．杭州：浙江古籍出版社，2012：767.

③关于王学与天主教在注重自愿原则上有相通之处，参见拙作《明清之际的西学流播和中国本土思想的接应》，载《南京大学学报》（哲学·人文科学·社会科学）2009年第6期。

④徐光启．造物主垂象略说［M］//徐光启全集：第9册．上海：上海古籍出版社，2011：384.

⑤徐光启．辨学章疏［M］//徐光启全集：第9册．上海：上海古籍出版社，2011：251.

主教作为思想资源重建新的儒学信仰价值系统。天主教相对于儒学，只是居于“补”的地位，这意味着儒学仍然是信仰价值系统的主干。然而，与上述王、黄、顾相比较，徐光启重建儒学信仰价值世界的视野，在折返本土六经的同时，更多地借重了西方的宗教，这和近代康有为的孔教颇为相似。

在知识思维层面，徐光启同样是用西学“补儒”。他以儒学经典中的“格物穷理”来指称西方科学技术，赋予其实证科学的新含义，因而在《泰西水法序》中把这样的“格物穷理”称为“实学”，把西学科技看作当时日益高涨的史学思潮的同道。[①]宋明理学无论是程朱还是陆王，都将“格物穷理”作为构建心性之学的要件。显然，徐光启要以具有实证科学意味的“格物穷理”取其而代之，重建知识思维系统，弥补儒学在这方面的缺失和错乱。这主要有以下三点：

首先，徐光启阐述了新“格物穷理”的历史根据。他认为西方科技知识以“象数之学”即数学为基础，其实中国本来也存在过类似的传统。他指出：在“唐、虞之世”，伏羲制定历法以及掌管工程、农事、山泽、礼乐的“五官”，“非度数不为功”；儒家“六艺”，数居其一，“而五艺者，不以度数从事，亦不得工也”。[②]在他看来，从黄帝到周孔之教再到唐代经学，算数之学在知识思维系统中占有重要地位，“算数之学特废于近世数百年间尔。废之缘有二：其一为名理之儒土苴天下之实事；其一为妖妄之术谬言数有神理，能知来藏往，靡所不效。卒于神者无一效，而实者亡一存，往昔圣人所以制世利用之大法，曾不能得之士大夫间，而术业政事，尽逊于古初远矣”[③]。就是说，宋明理学空谈心性而忽视经世致用的实事，并且用象数之学把数学引入神秘主义（如邵雍）[④]，导致原来以“度

①这是和当时高涨的实学思潮有关联，参见拙作《明清之际的西学流播和中国本土思想的接应》。

②徐光启．刻几何原本序［M］//徐光启全集：第4册．上海：上海古籍出版社，2011：4.

③徐光启．刻同文算指序［M］//徐光启全集：第9册．上海：上海古籍出版社，2011：284.

④徐光启特别批判邵雍的象数之学：“邵尧夫未娴历法而撰私理立法。”（《简平仪说序》，《徐光启全集》第5册，第189页）

数为功”的知识思维传统遭到了中断。因此，引入西方“象数之学”重建“格物穷理”的知识思维系统，也是对以往历史传统的继承发扬，“二千年后，顿获补缀唐、虞、三代之厥典遗义”①。

其次，徐光启提出了新“格物穷理”的方法论以及与此相联系的思维方式。徐光启指出，利玛窦等人讲的西学科技，“其言道言理，既皆返本跖实，绝去一切虚玄幻妄之说”②，强调与外在对象进行验证，应是建立实证科学的知识思维系统的基本方法。同时，徐光启把《几何原本》的“由数达理”即体现在数学推导过程中的形式逻辑思维方式与实证方法相沟通。他说利玛窦讲格物穷理，“物理之一端，别为象数，一一皆精实典要，洞无可疑，其分解擘析，亦能使人无疑”③，这里“精”“实”并列，以为分解擘析即精细严密的逻辑论证，能有效地保证通过实证方法而获得的“物理”确实无疑。因此，“由数达理”的逻辑思维方式与实证方法论是密不可分的。正是看到了这一点，他把以《几何原本》为代表的这种逻辑思维方式比喻为绣出实证科学这个“鸳鸯”的“金针”，翻译《几何原本》就是“金针度去从君用”。④他认为运用这样的逻辑思维方式，才能改变中国古代数学只重视“法”（经验数据的运算方法）而忽略“义”（对数学原理的逻辑论证）的缺陷，使其成为新“格物穷理”的基础。

再次，徐光启设计了新“格物穷理”的大体范围，这就是“度数旁通十事”。所谓“度数”，是说在这样的知识思维系统中，数学以及与此相联系的“由数达理”的思维方式具有基础性地位，“凡物有形有质，莫不资于度数”。所谓“旁通十事”，则是由“度数”而形成的知识系统的十个方面：1．天文学、气象学，即把天文历法搞精确了，对于“一切晴雨水旱，可以约略豫知”；2．测量学、水利学，即“测量水地”和“疏浚河

---

①徐光启．刻几何原本序［M］//徐光启全集：第4册．上海：上海古籍出版社，2011：4.

②徐光启．刻同文算指序［M］//徐光启全集：第9册．上海：上海古籍出版社，2011：284.

③徐光启．刻几何原本序［M］//徐光启全集：第4册．上海：上海古籍出版社，2011：5.

④徐光启．几何原本杂议［M］//徐光启全集：第4册．上海：上海古籍出版社，2011：13.

渠”等；3. 音律学，即按照历律相通的传统，根据“度数”来“考正音律”和制造乐器；4. 军事工程学，即“兵家营阵器械及筑治城台池隍”，武器的制造改进和防御工事的修建；5. 会计学，即“理财之臣”必须掌握的“会计”知识；6. 建筑学，即“营建屋宇桥梁”如何“经度坚固”；7. 机械力学，即“造作机器”，使之“力小任重”；8. 大地测绘学，即测量“天下舆地”，使其“道里尺寸，悉无谬误”；9. 医学，即根据天人合一的传统，用天文历数观察与之相应的病体的“乖和顺逆”；10. 计时，即“造作钟漏以知时刻分秒”。[①]可以说，“度数旁通十事”已经清晰地勾勒了徐光启新“格物穷理”的大致轮廓。

从上述三点可以看到在知识思维层面上，徐光启不同于王、黄、顾之处，是以实证科学及其思维方式为标志的“格物穷理”。尤其是对实证方法和数学方法的强调，触及了西方近代科学方法论最主要的特点。因此，徐光启的重建知识思维系统，表现出构建近代实证科学知识思维谱系的幼芽。

徐光启修订历法过程中，在论及“西法”和“中历”关系时说：“欲求超胜，必须会通；会通之前，先须翻译。”[②]这种“会通以求超胜”的思想，不仅是就修订历法而言的，实际上贯穿于他重建后理学思想世界之中。就是说，无论在信仰价值层面，还是知识思维层面，都需要将中学和西学予以会通，以达到“超胜”的目的。这里的“超胜”是双重的，既“超胜”中国原有的传统，又“超胜”传教士输入的西学。在信仰价值层面，从上述徐光启对程朱、陆王优长和缺失的分析，以及对天主教的采纳和对其“超儒”论的拒绝，可以看到他力图把两者的长处相结合，使得重建的信仰价值系统能够实现对于儒学和天主教的双重“超胜”。在知识思维层面，他也贯彻了这样的双重“超胜”。因此，他领导修订的《崇祯历书》，即采用了计算较为精确的第谷天体运动体系和几何计算系统，又没有把集中了中国古代历法优点的《大统历》弃之不顾，因而被称之为“镕西人之精算，入大统之型模，正朔闰月，从中不从西，定气整度，从西不

---

①徐光启．条议历法修正岁差疏［M］//徐光启全集：第9册．上海：上海古籍出版社，2011：163-164.

②徐光启．历书总目表［M］//徐光启全集：第9册．上海：上海古籍出版社，2011：198.

从中”[①]。在重建后理学思想世界中“会通以求超胜”，显露出中西合流的文化新形态的端倪。中国近代的思想转型是以中西合流为主轴的，就此而言，徐光启的“会通以求超胜”是近代思想转型的先导。应当说，以西学为资源重建后理学的思想世界，并非是徐光启个人的孤立现象。例如李之藻、王徵、杨廷筠、方以智等人亦在谱写这样的思想世界新蓝图的行列之中。前两位和徐光启一样，既是天主教信徒，又是学习西方科技的科学家，试图在信仰价值系统和思维知识系统两个方面汲取西学。李之藻将辑录西学典籍文献的《天学初函》分为理、器两编，正与这两个方面相对应，他指出这些典籍文献“显自法象名理，微及性命根宗，义畅旨宏，得未曾有”[②]，表达了要以天主教（性命根宗）和西方科技（法象名理）来构建中国以往未曾有的思想世界。后两位则各有侧重，杨廷筠主要在信仰价值层面肯定天主教“可以辅儒数之阙，可以正释老之误”[③]，因而与徐光启、李之藻并列为“天主教三柱石”；方以智赞扬西学“详于质测”，主张以其“质测之学”即实证科学的“物理”来反省中国传统的知识世界，因而著有《物理小识》等科学著作。

然而，在明清之际，不仅是徐光启，而是重建理学之后的思想世界的所有努力都没有成功。然而，徐光启所展示的重建后理学思想世界的蓝图，在思想史上是特别有意义的。因为这张蓝图在信仰价值层面和知识思维层面分别与当时最为流行的思潮王学和实学相应和，又将西学作为“补儒”的重要思想资源，从而既与宋明理学相衔接，又对近代思想有着一定的先驱意义。因此，它比之明清之际的其他思想家更鲜明地表现了明清之际思想作为相对独立阶段的后理学的性质。

①阮元．畴人传汇编：卷四十二：上册［M］．扬州：广陵书社，2009：476.

②李之藻．刻《天学初函》题辞［M］//徐宗泽．明清间耶稣会士译著提要．北京：中华书局，1989：286.

③杨廷筠．鸮鸾不并鸣说［M］//明末天主教三柱石文笺注—徐光启、李之藻、杨廷筠论教文集．香港：道风书社，2007：201.

论王畿对理学人性论的改造与重建

王国良

在王阳明后学中，值得注意的是浙中王门的王畿与泰州学派的创始人王艮。他们二人都把王阳明学说推进发展到一个新的阶段。王畿主要是继承了王阳明心学思想解放的一面，对程朱理学人性论和阳明心性论进行改造与重建，即把他们人性论中的天理、伦理成分排除出去，而代之以“真性”“天则”，“真性流行，自见天则”①，提倡人人依自然本性而行，流行即是主宰，任天而动，来去自由，在中国人性论与自由意识的进展方面有独特的建树。本文对此试加分析，并求正于方家学人。

一

王畿（1498—1583）字汝中，别号龙谿，浙江山阴人，与王阳明同宗。龙谿资性明敏，善谈话，与钱德洪协助阳明教授弟子，四方来学，先由龙谿、德洪指教。龙谿一生追随阳明甚久，他也自视独得阳明究竟宗旨。先师逝后，专以阐扬阳明学说为己任。晚年居林下四十年，无时不讲学，往往为讲学奔赴千余里，“年八十，犹周流不倦”②。

王畿一生思想的核心，就是“真性流行，自见天则”。王阳明所说之“真诚恻怛之心”到王畿这里便是“真性”，朱熹、阳明的“天理”王畿将其说成是“天则”。王畿的著作中常说“天性”“天机”“天则”，却很少再说“天理”。先天地包含纲常伦理内容的“天理”在王畿这里

①黄宗羲．明儒学案［M］．北京：中华书局，2008：240.

②黄宗羲．明儒学案［M］．北京：中华书局，2008：238.

已经不占主导地位，充满自然生机、充满人性、人的自然本性内容的“天性”“天则”开始占据主导地位。

王畿认为，为了保证使人的真性流行，使人能依天则而行，首先要从本原处理会，要将后天塞入人性中的凡心俗态、偏见贪着尽行扫除，使心性进入纯真、真空状态，才能使人的本性的生生不息得以流行。“立志不真，故用力未免间断，须从本原上彻底理会。种种嗜好，种种贪着，种种奇特技能，种种凡心习态，全体斩断，令干干净净从混沌中立根基，始为本来生生真命脉。此志既真，工夫方有商量处。”①王畿提出干干净净，固然有抽象的真空的意义，但人的生命本质却不是空，而是“本来生生真命脉”，只有摆脱了世俗礼教、各种扭曲人心的嗜好贪着，人的真实生命才能真实流露开展，所谓“真机透露”“从真机上用功”即是。从真机出发，则无须人为安排，“真机无安排”，自然物来顺应，能够自如地应付环境。王畿学着王阳明的口气说：“遇堂下之牛自能知觳觫，推之为五常，扩之为百行，万物之变不可胜穷，无不有以应之。”②因此，“良知是天然之灵窍，时时从天机运转。变化云为，自见天则，不须防检，不须穷索”③。龙谿所说的天机天性、真命脉，实即人的自然本性，“是非本明，不须假借，随感而应，莫非自然”④。“自然往来，不失常度。”王畿已经超越阳明，给人性注入自然本性的内容。“到处平满，乃是本性流行，真实受用。”⑤要使人的自然本性、本来面目自己呈现，就不能设置障碍，不要有意安排，矫情镇物；坦怀任意，反觉真性流行。“见性之人，真性流行，随处平满，天机常活，无有剩欠。”⑥

王龙谿既然强调真性流行、真机、天然、自然本性，就必然要反对虚伪，反对矫情饰性。虚伪的人自然有违心之行，徇俗之情。王龙谿宁愿真而“狂”，不愿虚而伪。王龙谿认为虚伪的最大特点就是“媚世”“媚俗”，凡是丧失本心，不能自信，不依自己之本性天则视听言动之人，未

①王畿集［M］．吴震，编校整理．南京：凤凰出版社，2007：28.

②王畿集［M］．吴震，编校整理．南京：凤凰出版社，2007：44.

③王畿集［M］．吴震，编校整理．南京：凤凰出版社，2007：79.

④黄宗羲．明儒学案［M］．北京：中华书局，2008：245.

⑤王畿集［M］．吴震，编校整理．南京：凤凰出版社，2007：269.

⑥王畿集［M］．吴震，编校整理．南京：凤凰出版社，2007：167.

免以他人之毁誉为是非，围绕他人脚跟转。乡愿就是虚伪的代表。在反对乡愿的声讨中，龙谿又兴风作浪，刮起一阵“狂”风。

王畿说，圣人之所以为圣，就在于精神命脉全体内用，一任内行，日进于无疆。而乡愿则唯以媚世为心，全体精神尽从外面照管，故自以为是而不可与入尧舜之道。龙谿说，孔子不得中行而思及于狂狷，狂者之意只是要做圣人。其行有不掩，虽是受病处，然其心事光明超脱，不作丝毫盖藏掩饰。狷者意志坚定不移，知耻不苟，也可使之激发开展以入圣人之道。而乡愿却是德之贼，不狂不狷，表面学成圣人壳套，居之行之，似乎处处效仿圣人忠信廉洁；同时又以同流合污不标新立异来冒充圣人的豁达大度，像了圣人混俗包荒。圣人则善者好之，不善者恶之，尚有可非可刺；乡愿之神奸难以发觉之处在于，既能讨好君子，又善于讨好小人，“乡愿之善既足以媚君子，好合同处又足以媚小人，比之圣人更觉完全无破绽。譬如紫色之夺朱，郑声之乱雅，更觉光彩艳丽”[①]。龙谿说：“学术邪正路头，分决在此。自圣学不明，世鲜中行，不狂不狷之习沦浃人之心髓。吾人学圣人者，不从精神命脉寻讨根究，只管学取皮毛枝节，趋避形迹，免于非刺，以求媚于世，方且傲然自以为是，陷于乡愿之似而不知，其亦可哀也已。”[②]王龙谿以上一段狂狷乡愿之辨最为深切，其刻画乡愿心思尤为鞭辟入微。照这样说，只有从自己一点真性情上，一点良知上，扩充长养将去，精神命脉，全体内用，才是入圣真脉络；至于世之俗儒，表面奉行圣贤道理格式，实际专去陪侍旁人颜色行事，完全是一种乡愿学问。王龙谿还特别地称赞狂者说：“夫狂者志存尚友，广节而疏目，旨高而韵远，不屑弥缝格套以求容于世。其不掩处虽是狂者之过，亦其心事光明特达，略无回护盖藏之态，可几于道。天下之过，与天下共改之，吾何容心焉。若能克念，则可以进于中行，此孔子所以致思也。”[③]王畿自己就是个狂者，所以把狂者胸襟描写得这样明白昭著，如青天白日一般。他的一班师友也很赞赏他的狂者精神：“宁为阔略不掩之狂士，毋宁为完全无毁之好人；宁为一世之嚣嚣，毋宁为一世之翕翕。”[④]这种狂者胸次最能表现王学的真精神。

①王畿集［M］. 吴震，编校整理. 南京：凤凰出版社，2007：318.

②王畿集［M］. 吴震，编校整理. 南京：凤凰出版社，2007：318.

③王畿集［M］. 吴震，编校整理. 南京：凤凰出版社，2007：284.

④王畿集［M］. 吴震，编校整理. 南京：凤凰出版社，2007：831.

阳明先生说良知是是非之心，同时又要求人们不以孔子是非为是非，而是要是非审之于己。王龙谿接着说“天下之公学，非先师所得而私”[①]，他把阳明先生的是非之心与狂者精神结合起来，提出“自信本心”的观念，使个体的自由意识又向前推进了一步。“贤者自信本心，是是非非，一毫不从人转换。”[②]“圣贤之学，惟自信得及，是是非非不从外来。故自信而是，断然必行，虽遁世不见是而无闷。自信而非，断然必不行，虽行一不义，杀一不辜，而得天下不为。”[③]龙谿将自信自立的精神弘扬为顶天立地之精神：“学贵自信自立，不是倚傍世界做得的。天也不做他，地也不做他，圣人也不做他，求自得而已。”[④]如果能够自信本心，则不会自诬自欺。能够自信自立，则不落小家相，而是出世“大豪杰”“真豪杰”。他认为：“一生若要做个千古真豪杰，会须掀翻箩笼，扫空窠臼，彻内彻外、彻骨彻髓，洁洁净净、无些复藏、无些陪奉，方有个宇泰收功之期。”[⑤]

作为自信本心的良知，就是独知。“良知即是独知。”“独知便是本体，慎独便是功夫。此是千圣斩关立脚真话头，便是吾人生身立命真灵窍，亦是入圣入神真血脉路。”[⑥]独知即是独立而知，只有独立才有自由，慎独就是一定要坚持独立，独知是本体，也就是自主性。

二

王阳明的良知学说已经融入了禅学精华。阳明强调自己的“致良知”学说融入了禅宗佛性之学，又超越了佛教禅学，但同时或其后的不同流派的思想家仍然以禅学来攻击批评王阳明之学。黄宗羲曾说龙谿“盖跻阳明先生而为禅”。明代中后期的学说批评与驳难有一个特点，往往互相批评揭发对方为禅，似乎只要指出对方为禅，就不必再进一步展开批评，对方似乎就不攻自倒，束手就擒了。

---

①王畿集［M］. 吴震，编校整理. 南京：凤凰出版社，2007：178.

②黄宗羲. 明儒学案［M］. 北京：中华书局，2008：249.

③黄宗羲. 明儒学案［M］. 北京：中华书局，2008：245.

④王畿集［M］. 吴震，编校整理. 南京：凤凰出版社，2007：167.

⑤王畿集［M］. 吴震，编校整理. 南京：凤凰出版社，2007：206.

⑥王畿集［M］. 吴震，编校整理. 南京：凤凰出版社，2007：347.

王畿把人性归结成自然本性，包含了对天理的封建伦理纲常内容的排斥，体现了人性内涵的转换与重建，这一理论上的变化无疑与王畿借助佛教禅宗的佛性学说有关。禅宗的佛性说从根本而言只是自然意识，对人而言只是自然本性，对整个宇宙而言只是自然生命意识，所谓饥来吃饭困来眠，所谓青青翠竹，尽是真如，郁郁黄花，无非般若。一般思想家在偷运佛教学说的同时，又极力排斥佛教，宣称自己学说与佛教学说的区别。程朱等宋明理学家都是遵循此一格套而出入佛老。但王畿却与前人、与许多同时代人不同，他公开宣称儒佛有一致之处，以禅济儒有一定合理之处，由此也可见王畿冲决网罗的理论勇气与自由独立精神。当友人说儒家心性之学的发掘是得到佛学之助，是“借路悟入”时，王畿回答说，心性之学并非只是佛学才有，心性之学本来就是吾儒千圣相传之秘藏，从此悟入，乃是范围三教之宗，能够统摄、融合三教。自圣学不明，后儒反将千圣精义让与佛氏，才涉空寂，便以为异学，不肯承当，“不知佛氏所说，本是吾儒大路，反欲借路而入，亦可哀也”①。“吾儒不悟本家自有家当，反甘心让之，尤可哀也。”②

王畿认为，心性之学是儒学中本有的精义，只是后儒未将其弘扬光大，反而让佛氏继承发展了。佛氏所说所论，本来就是儒家的自有家当，是吾儒大路，即使是借路而入，借佛禅而恢复儒家心性之学，也是儒学自己回到自己。佛教在传入中国的过程中，同时也不断吸收儒道学说而中国化。禅宗已经是中国化的佛教。既然禅宗已经中国化，那么儒学吸收禅学的思想精义，从一定意义上就可以说是儒学借助于禅学的中介而自己回到自己。

王畿还以“空空”为“道之体”，认本体为无，为虚寂。表面上看是直把良知作为佛性看，是重复禅学的说法，但实际意义却有重大区别。禅学讲空、无，讲自性成佛，破坏的只是佛教的权威，而将禅学观点引入儒学，破坏的就是儒学的权威，并由此直接威胁到现实社会政治伦理等级结构，而不仅仅只是改变权力话语系统，因而对现实社会具有更强烈的冲击破坏力。而且，王畿认良知为无、为虚寂，实际上是要扫除一切规矩藩篱，回到自己，只剩下纯粹的自己，这样才真正自由。这里的主体是空洞的、贫乏的，尚未赋予内容，只是空洞的主体性，但王畿却在扫空陈规礼俗的基础上，在

①王畿集［M］. 吴震，编校整理. 南京：凤凰出版社，2007：716.

②王畿集［M］. 吴震，编校整理. 南京：凤凰出版社，2007：718.

清扫了基地之后，就开始建立主体性原则，使其丰满起来。王畿所建立起来的主体性原则便是自然生命本体，便是生生不息之生机。

三

王畿将性、心的形上层次降到形下层次，将性、心与生理、与气结合起来，具有积极意义，已清楚地表现出理学人性价值转换的轨迹。阳明曾提到人与万物一气流通，龙谿则明确地说："良知之流行，即所谓气。"[①]王畿不再以天理伦常说性，而以气说性，"才有性之可名，即以属在气，非性之本然矣"。作为气的性就是生命、生理、生机："性是心之生理，性善之端，须从发上始见，恻隐羞恶之心即是气，无气则亦无性之可名矣。"[②]恻隐羞恶等人之伦理情感也是发自人之气质，也是人的生命本体的表现，与目之视、耳之听一样，都是"生机自然"，"生机自然"作为"吾人心中一点灵明，便是真种子，原是生生不息之机"[③]。龙谿超越程朱之处就在于，不再以天理来建构天人合一，而是以生生不息之生命重建天人合一，对朱熹理学体系中的矛盾有所消解。"一体生生与万物原是贯彻流通，无有间隔。"[④]从以上可见，王畿讲无，讲虚寂，并不完全是像佛家那样纯粹的沉空守寂，而是指人性中没有外在灌输的内容，只是自然生命本体，即自然生机，真性流行。王畿说："致良知是从生机入手，乃是见性之学，不落禅定。"[⑤]可见，人性作为生机，而不是纯粹的空，把儒与佛区别开来。这也许属于自然人性论的一种表述，但对于纲常伦理为人性本质的理学而言，无疑是一种解放。王畿掏空人性中伦常礼教的内容，以自然生命解释良知心性，使人性与人欲，即人的物质需求的满足结合起来，使良知之学走向人情、人性，走向现实生活，走向民生日用。

王龙谿说："致良知只是虚心应物，使人人各得尽其情。"[⑥]良知使人

---

①王畿集［M］. 吴震，编校整理. 南京：凤凰出版社，2007：187.

②黄宗羲. 明儒学案［M］. 北京：中华书局，2008：254.

③黄宗羲. 明儒学案［M］. 北京：中华书局，2008：244.

④王畿集［M］. 吴震，编校整理. 南京：凤凰出版社，2007：7.

⑤王畿集［M］. 吴震，编校整理. 南京：凤凰出版社，2007：191.

⑥王畿集［M］. 吴震，编校整理. 南京：凤凰出版社，2007：682.

人各尽其情，就是使人的基本愿望、追求得到满足，这是符合人的本性发展的进步思想。人的基本的生存与发展，即民众之日用生活，也就是圣人之道："良知在人，百姓之日用，同于圣人之成能"[①]，着衣吃饭，即是尽心至命之功。人的生生不息之生机，就是百姓日用发展、满足。王畿批评当时的讲学者离开大众日常生活而盘桓卜度，只能是俗学。"今人讲学，以神明为极精，开口便说性说命，以日用饮食声色货利为极粗，人面前不肯开口，不知讲解得性命到入微处，意见盘桓只是比拟卜度，于本来生机了不相干，终成俗学。若能于日用货色上料理，时时以天则应之，超脱净尽，乃见定力。"[②]

王龙谿对阳明学的继承与发展，表现为对人性内涵的改造，他将人性中伦理纲常的成分掏空，以气解性，以气质言性，以性为人之生机、生命本体，以人欲为天理，以人的物质需求的满足与追求作为天则，真性流行，表现出人性内涵转换的轨迹。

四

作为人之生机与不离民生日用的良知，王龙谿认为是人人本来就有的，是本来现成，不假修证的，即"现成良知"说。关于人是否有现成良知，当下具足，王龙谿与同是王门的罗念庵有争论。罗念庵提倡致良知的"致"字，主张收摄凝聚，而不信任现成的良知。罗念庵认为，良知虽出于禀受之自然而未尝泯灭，但如欲得其流行发用，则需经过枯槁寂寞的修炼之功，使良知纯为天理，然后从容于九达之逵。至于愚夫愚妇乍隐片现的一点灵明，借以指点启发则可，若果然圣愚同视，专凭当下知觉信手做去，不下一种收摄凝聚的功夫，实实"致"它一番，终将流入猖狂一路，则失之又远。罗念庵的观点应该说有一定积极之处，但罗认为人的良知不是现成天理，还须先修成天理炯然，把致良知解释成修天理，则与王阳明致良知的本意有出入，把王阳明的作为力行与实践品格的"致"误解成"静中培养"，枯寂收敛。所以王龙谿反驳他说："念庵谓世间无有见（现）成良知，非万死工夫断不能生，以此较勘虚见附合之辈，未为不

①王畿集［M］．吴震，编校整理．南京：凤凰出版社，2007：42．

②王畿集［M］．吴震，编校整理．南京：凤凰出版社，2007：140．

可。若以现在良知与尧舜不同，必待工夫修证而后可得，则未免矫枉之过。”[①]当然，王阳明认为良知可能会被遮蔽，因此致良知要去蔽，但良知虽会被遮蔽，但良知却不会泯灭，正如乌云遮日，日照样发光一样。因此不论良知如何被昏蔽，都不会影响良知的当下具足。“良知在人，本无污坏，虽昏蔽之极，苟能一念自反，即得本心。譬之日月之明，偶为云雾所翳，谓之晦耳，云雾一开，明体即见，原未尝有所伤也。此原是人人现在具足，不犯做手本领工夫，人之可以为尧舜，小人之可使为君子，舍此更无从入之路。”[②]良知人人现在具足，即是天然之则，只依本性流行，便真实受用不尽。王龙豁由此提出，陈白沙心学与阳明良知学说的区别就在于，陈白沙是静中养出端倪，而阳明良知则是事上磨炼，愈是经历风浪锻炼良知愈是坚定明澈。白沙是属于孔门别派，“缘世人精神撒泼，向外驰求，欲返其性情而无从入，只得假静中一段行持，窥见本来面目，以为安身立命根基，所谓权法也。若致知宗旨，不论语默动静，从人情事变彻底炼习以妆于玄，譬之真金为铜铅所杂，不遇烈火烹熬，则不可得而精。师门尝有入悟三种教法：从知解而得者，谓之解悟，未离言诠；从静中而得者，谓之证悟，犹有待于境；从人事炼习而得者，忘言忘境，触处逢源，愈摇荡愈凝寂，始为彻悟”[③]。

王龙豁并不是主张现成良知之后便不讲工夫，不讲修养凝聚工夫，而是主张通过实际事务来修炼，而不是静中修养。龙豁是要通过致良知来培养良知，去除遮蔽，即发用，即收敛，即工夫，即本体，良知透出一分，就实致一分，愈致愈明，自然日有进境。不过，龙豁似乎对致良知之“致”强调不够，他认为依良知而行就是致良知，并不是另外还有什么“致”的工夫。他说：“致良知原为未悟者设，信得良知过时，独往独来，如珠之走盘，不待拘管而自不过其则也。”[④]这里固然强调了良知不受拘束的自由精神，但王阳明“致”的原意是力行，是自强不息精神的体现，并不是指“笃信谨守”“矜名饰行”，不是犯手做作，而是生生不息，与真性流行完全一致，而且更强调“流行”一面。如果依良知而行，

①黄宗羲．明儒学案［M］．北京：中华书局，2008：253.

②黄宗羲．明儒学案［M］．北京：中华书局，2008：239.

③王畿集［M］．吴震，编校整理．南京：凤凰出版社，2007：122.

④王畿集［M］．吴震，编校整理．南京：凤凰出版社，2007：127.

也许更强调自然的一面，与禅宗就难以区分开来，如饥来吃饭困来眠，但饥来所吃之“饭”却是需要劳作才能收获，与动物之饥来觅食，饱食而睡总有区别。尽管如此，王龙豁毕竟是重视事上磨炼，指摘静坐，不失其进步意义。他虽然承认静坐自有其相当的用处，不失为一种方便法门，但总不是究竟法。良知无间于动静，必须从动静顺逆当前应感极复杂之生存环境中煎销磨炼出来，方能真有得力处。

王畿以讲学为性命饥渴，数十年中专为讲学而到处奔忙，愈到晚年讲学热情愈是高涨。从一方面看，是为传播先师良知学说，不使老师学脉中绝，以挽回世教，叙正人伦。但从更根本的意义上说，则是寻求摆脱宗法伦理束缚，寻求自由。他在真实平等的师友关系中更感到自由，与“真为性命汉子”“针针见血者”来往而感到身心愉悦，“才离家出游，精神意思便觉不同”。而在家中时，则是以习心对习事，受宗法伦常关系束缚，因循隐约。“男子以天地四方为志，非堆堆在家可了此生。”[①]与同志教学相长，众中取益，原是己分内事。“至于闭关独善，养成神龙虚誉，与世界若不相涉，似非同善之初心，予非不能，盖不忍也。”[②]

明中期以后，社会经济环境的变化增强了社会的流动性，人们的视野胸襟也随之开阔。传统的、静态的、固定的乡村宗法社会已难以束缚人心与行为。人们纷纷寻求摆脱宗法伦理关系而走向更广阔的现实社会。这对个人来说也是寻求解脱，解放自由。不仅王畿，其后有颜山农、何心隐、李贽、邓豁渠，离开家乡后都不愿回去。李贽甚至宁愿落发为僧。明末出家禅僧突然增多，某种程度上说都是寻求走出乡村宗法社会的一种方式。晚明人士漫游成风，徐霞客等著名旅行家的出现，在当时绝不是孤立的现象。总体而言，是寻求自由与解脱的潮流。

从以上的分析可见，王畿对理学人性论的内涵进行了改造与转换，提倡真性流行，以人的自然本性为基础重建人性论，推动了个体自由意识的极大进展，在中国人性论史上有独特的建树，对晚明的思想解放、基本民众摆脱宗法伦理束缚有积极促进作用。鉴于以前学术界对王畿的思想注意不够，本文特作专门探讨，以期引起学术界的关注。

---

①黄宗羲. 明儒学案［M］. 北京：中华书局，2008：711.

②黄宗羲. 明儒学案［M］. 北京：中华书局，2008：711.

李贽论“礼”

金惠经

引 言

到20世纪80年代初期为止，在中国关于“礼”的研究并不太多，而且，“礼”在很长一段历史时期中都被认为是繁冗和束缚的象征，或被认为是阻碍历史发展、维护封建意识的工具。有些论著在分析造成这种现象的根源时，指出其主要原因之一就是中国的知识分子们因对“亚洲停滞论”抱有批判的意识而追求“西方近代化”的心理。[①]由此可知，在20世纪，“礼”在社会中是没有什么地位的，甚至可以说总是被贬谪的，最明显的例证就是民国初期新文化运动时，鲁迅将“礼”描述成“吃人的怪物”；此后，随着西方思潮不断进入中国，随着中国人逐渐被启蒙，随着人们对平等、自由的现代理想的追求，“礼”便随着中国封建制度的摧毁而被冷落；到了新中国建立之后，随着各种政治运动的推进，在以人民为中心的阶级斗争历史观的影响下，关于“礼”的研究最终变成了被遗弃的地带；但是，经过改革开放，从80年代（特别是80年代末）开始，情况截然不同了。新时期以来，关于“礼”的研究，不仅仅是学术论文、论著数量上的急增，而且研究范围也在不断扩大，特别是在学术思想、政治、社会、文化等各个领域均显示出其价值与研究的重要性。于是，“礼”这个古老的名词，再也不是含义狭窄的封建文化的一部分了。

在中国的传统社会，随着历史的前行，人们对“礼”的认识虽然也有起伏，但总体上还是因被视为维持社会秩序的规范而格外受到重视的。因为那个时代的统治者，大都以德治与法治并重（至少可以说在治国理论和理智上是如此的），而且在道德与法律之间确实需要中间媒介的调和作用，于是“礼”便被认定为是缓和刑法、实现儒家理想的工具。在学术

①此种说法主要源于日本的学者，可参看：沟口雄三，依东贵之，村田雄二郎．中国という视座［M］．东京：平凡社，1995：序论．

方面，“礼”所充当的角色更是丰富而多样的，譬如在说明天理人情、内外、今古、汉学宋学、义理实事之类的时候，“礼”又成了撮合各种对立概念而提示妥当标准的原理。但是，随着社会的变迁，“礼”的观念也在发生着变化，尤其是明代中期的变化最值得注目。当时，一般的儒者都把礼教当作道德秩序本身，但对“礼”的这种演变趋势，有一批人却表示出了反感，因为在学术方面，朱子学所发扬的儒学内容中的相当一部分被移转到了阳明学之中。于是，“礼”便不再是来自外界的秩序观念，而成为从自律与自由的角度来阐述的对象了。阳明学主张发掘良知的观念，同样也适用于对“礼”的解释。而本文也正是基于明末对“礼”的认识与观念的转变而进行探讨的。

本文首先考察并讨论先秦时代“礼”的形成与内涵，继而简略分析明代社会“礼”在观念上的变化，并在此基础上通过对卓吾李贽（1527—1602）关于“礼”的基本观念的考究，探寻其所论之“礼”的本质，以期能够了解“礼”这一概念到明末时期有了怎样的实质性变化。

一、“礼”观念的形成与发展

“礼”是先秦儒家的核心命题之一。从孔子开始，在以“礼”为核心所形成的哲学与传统之中，尽管对“礼”的阐释与表现各有不同，却始终有一个内容相同的理论，那就是通过“礼”或“礼教”来确立社会的秩序以实现社会的安定。人寰世界的所有悲欢都是源于复杂多端的人情[①]，这些复杂人情的本性受到压抑，无法避免地陷于某种混乱之中，因此控制人的感情便成为非常必要的。儒家认为这就是“礼”生成的背景。如《礼记·礼运》所记载的：

> 圣人之所以治人七情，修十义，讲信修睦，尚辞让，去争夺，舍礼何以治之？饮食男女，人之大欲存焉；死亡贫苦，人之大恶存焉，故欲恶者，心之大端也，人藏其心，不可测度也，美恶皆在其心，不见其色也，欲一以穷之，舍礼何以哉！[②]

---

①礼记：礼运篇第9［M］．长沙：岳麓书社，2001：306．“何谓人情？喜、怒、哀、惧、爱、恶、欲，七者弗学而能。”

②礼记：礼运篇第9［M］．长沙：岳麓书社，2001：306．

这就是说，当人们生活在社会中，与他人发生交际或关联时，内心复杂的感情便会形成，并或许隐藏或许涌现，特别是饮食男女皆而有之的“欲望”尤为难以控制，于是一以穷之的“礼”的作用便因被强调而凸显出来。

荀子用人的占有欲望来阐述“礼”的起源，实质上也是异曲同工。[①]人对自己的控制力在食色、死亡、贫穷等面前常常显得十分乏力，此时，为了克服欲望、避免混乱，就需要运用“礼”这一手段。“礼”不仅能帮助人们控制本能的欲望，还能让人通鉴事物以认识到其表露在外的现象。因而，“礼”被认为是整顿世界秩序、提供人之所以为人[②]的根本。司马迁所说的“缘人情而制礼，依人性而作仪，其所由来尚矣”[③]的理由也便在此。

到了孔子时代，“礼”终于占据了儒家的核心地位，而且还明确地上升为“安邦治国”之策，下面的对话可反映孔子的“礼治”观：

> （哀）公曰：“敢问何谓为政？”孔子对曰：“政者正也。君为正，则百姓从政矣。君之所为，百姓之所从也。君所不为，百姓何从？”公曰：“敢问为政如之何？”孔子对曰：“夫妇别，父子亲，君臣严。叁者正，则庶物从之矣。……内以治宗庙之礼，足以配天地之神明；出以治直言之礼，足以立上下之敬。物耻足以振之，国耻足以兴之。为政先礼。礼，其政之本与！”[④]

哀公策问的核心是“礼”与“政”两个要点，而孔子却一以贯之地作出了回答，指出“礼”与“政”本来是合为一体而不可分割的完整概念，其目的和方法主要在于“分别”阶级和等级。齐景公问政之时，孔子又以“君君、臣臣、父父、子子”来回答的理由也正如此。由此可见，孔子意识中的社会秩序是以严格区别为前提条件的，他认为如果不这样，就会造成混乱乃至亡国的恶果。孟子不仅继承了孔子的这种观念，而且更频繁、

①荀子：礼论篇［M］．台北：三民书局，1985（民国七十四年）：284．“礼起于何也？曰：人生而有欲，欲而不得则不能无求，求而无度量分界则不能无争，争则乱，乱则穷。先王恶其乱也，故制礼义以分之，以养人之欲，给人之求，使欲必不穷乎物，物必不屈于欲，两者相持而长，是礼之所起也。”

②礼记：冠义篇第43［M］．长沙：岳麓书社，2001：809．“凡人之所以为人者，礼义也。”

③史记：礼书卷23［M］．北京：中华书局，1997：1157．

④礼记：哀公问篇第27［M］．长沙：岳麓书社，2001：660–662．

更广泛地谈及“礼治”，他曾明确提出：“不信仁贤，则国空，无礼义，则上下乱，无政事，则财用不足。”①至此，孔子所开创的“礼”的致思理路，经过孟子和荀子的拓展，便发展为趋于“礼教”的程度。

尽管孔子把“礼”“政”合一，但从《论语》全书可知，孔子所提倡的“礼”以及在此基础上形成的孔子思想的本质主要还是“修身成仁”，即以“礼”为依据而修“仁”，所以，以反躬自省的道德自律来成为“仁人”进而实现社会安定便成了儒家的主要目标。

孔子认为“从心所欲不逾矩”才是人的最理性状态，也就是说，人只有在不断地学习和提高自我修养的过程中，才能使自己的愿望和行为方式与社会规范相协调；然后，才能达到做任何事情都不违反道德律令的地步，这就是“礼”之境地的呈现。由于“礼”最重要的因素是自律，于是，它又成了拥有理性与意志的人给作为个体的自身立法的力量。因此，如果一个社会在道德与精神层面上能够达到自律的境界，那便可称为“大同”世界，即如《礼记》所描述的美好共同体：

> 大道之行也，天下为公，选贤与能，讲信修睦。人不独亲其亲，不独子其子，使老有所终，壮有所用，幼有所长，矜寡孤独废疾者皆有所养。男有分，女有归。货恶其弃于地也，不必藏于己；力恶其不出于身也，不必为己。是故谋闭而不兴，盗窃乱贼而不作，故外户而不闭，是谓大同。②

这就是儒家所构建的理想社会。然而，在这“大同”社会里仍然包含着社会成员彼此间的区分，所以“大道”一定有先行的必要性，否则，儒家的“大同”也终将不过是一种不切实际的梦想而已。

二、明代“礼”的变化

到了汉代，儒学因成为统治理念而获得了独一无二的地位，受此影响，“礼”也被认定是社会生活的基本原理，从而堂堂正正地发展成了“礼教”。从秩序的角度看，“礼”已经在统治与伦理方面都获得了独占性的地位，而且这种趋势不断强化。到了宋朝，随着理学的盛兴，个人的

---

①孟子：尽心下篇［OL］. http://ctext. org/mengzi/jin-xin-ii/zh? searchu.

②礼记：礼运篇第九［M］. 长沙：岳麓书社，2001：296.

修养也更加被重视，于是，对“礼”的关注也又提高了一个层次。

明代嘉靖十五年（1536）礼部尚书夏言上疏，内容是让所有的百姓都能祭祀自己宗族的始祖。在此之前，官僚被允许可祭祀高祖以下四代祖先，庶人则只被允许可祭祀祖父母和父母二代。这种祭祀始祖的权力原本是只有皇帝可享用的特权，而到了明代中期，却已成为民间的普遍礼节。①

如此，随着时代的变化，“礼”也在相当程度上走向了大众化。原来，朱子与阳明的共同目标是依靠道德治理民众。新儒学原本认为日常生活中的个人虽处于气质之性的状态，可他们在根底上仍然含有本然之性。对这一点，朱子与阳明双方的态度完全一致，他们之间的不同点只是理论体系中的出发点不同而已。

尽管同样重视个人的体验，但朱子是从日常生活出发到超越，然后构筑理论体系的；阳明恰好相反，他认为朱子把实践的结果当作人本来的面目了，所以他从属于超越性的体验开始构建理论。换句话说，朱子学是从下而上的理论，阳明学是从上而下的理论。这可证明阳明重视从超越领域喷涌出来的“心”的活力与其在日常经验中走进内在化的过程。比如“致良知”就是强调捕捉在内心原有本性的作用下而发出的“情”本身，亦即“心即理”的思考方式。

阳明学强调是非的标准全在于自己的观点。阳明出现之前，道德精神的自由总是被认为是要依靠抑制、甚至是消灭个人的欲望来实现的，如孔子的克己复礼、孟子的寡欲、宋明理学的“存天理，灭人欲”，这些都是否定个人欲望且要求把“礼”作成秩序规范的标准。但是，从确立自己的主体性出发的阳明则提出“心”才是道德的本性。他认为，用死板划一的标准来抑制情感，不但束缚了个人的精神，而且还会产生压抑个人自由的副作用。这种主张到了李贽，更进一步具体而明显地表现了出来。

三、李贽之“礼”的本质

李贽虽然受到佛教和阳明心学的影响而偏于主观唯心论，但与其他儒

①小岛毅．嘉靖の礼制改革について［J］．东京大学东洋文化研究所纪要：第117册，1992：418．这位日本学者在礼教的兴起及发展方面，把明代社会所出现的变化分为礼制改革、排斥淫祀、宗族观念三项。

者一样，用追究“道”的方式来表现对人本质的认识。他明确提出：“人即道也，道即人也，人外无道，而道外亦无人。”他认为道与人之间没有优劣，也就是说“道”所在的位置不高于人，两者本是无法分割的。如果说“道”是真实的存在，人便是体现道的个体。在李贽看来，“道”是像空气或水一样既现实又极平凡的东西，尽管不一定能够明显地看清楚，但却是一直在人们身边存在的实体。正如他在《藏书》中所述：

道之在人，犹水之在地也。人之求道，犹之掘地而求水也。然则水无不在地，人无不载道也审矣。……自秦而汉而唐，而后至于宋，中间历晋以及五代，无虑千数百年。若谓地尽不泉，则人皆渴死久矣。若谓人尽不得道，则人道灭矣。何以能长世也？[①]

李贽指出，“道”不仅是生命之原料，也是人之所以为人的缘由，更是人的本质，它可以用自由、自律、独立等词汇来替代。这也许正是李贽对“道”的认识与众不同之所在。在论述对“道”的体验之时，李贽认为“道”不是置于人之外的存在，而是存在于人之内的人的本质。他认为人自然有追求自己幸福的权利，一定要满足那些欲求才能使人得到自由，从而可以免于外在的束缚。据此可知，李贽对“道”的探索是先内后外的，或者说是认为“道”是由内向外辐射出来的东西。不过，需要注意的是，“自由”不是当时的词汇，所以在李贽的著作中是找不到的。他是以“自适”来表达“自由”之意的。因此，“士贵为己，务自适”一句便成为了表达李贽思想的经典名句。他认为“自适”就是不受外在干扰束缚的状态，同时也是个人能够认识到“自我”的出发点。李贽对“礼”的探讨也正是在“自适”这一基础上展开的。他曾说：

能尊德性，则圣人之能事毕矣。于是焉或欲经世，或欲出世，或欲隐，或欲见，或刚或柔，或可或不可，固皆吾人不齐之物情，圣人且任之矣。故曰：“以人治人。”[②]

“以人治人”的境界被李贽称作为“礼”。所以，他主张：“礼者，人

---

①李贽．藏书卷32：德业儒臣前论［M］//李贽文集：第3册．北京：社会科学文献出版社，2000：595.

②李贽．道古录注［M］//李贽全集注：第14册．牛洪恩，许抄珍注．北京：社会科学文献出版社，2010：259.

人各具，人人不同。”[①]因为“礼”是由个人的自在状态而触发的，恰如每个人的个性而不同。如果个人的自由与个性不能得到充分地发挥，那么这天下的发展既不能期待，又无法实现。为此，他十分强调注重个性，提出：

夫天下至大也，万民至众也，物之不齐，又物之情也。……只就其力之所能为，与心之所欲为，势之所必为者以听之，则千万其人者，各得其千万人之心，千万其心者，各遂其千万人之欲，是谓物各付物。天地之所以因材而笃也，所谓“万物并育而不相害”也。[②]

由此可见，李贽所设想的大同社会，只不过是作为个体的人能够享受自己的权利和机会的共同体而已。孟子曾提出：“夫物之不齐，物之情也”[③]，并且还探索过救济世界不平等的方法。对同一个问题，李贽的答案是应该允许每个人凭着“道”生活，做一个完整的自己。因为老百姓人人千差万别，他们的欲望也同样各不相同而无法抑制，既然如此，与其抑制，倒不如让他们自由自在、自律行动。所以，李贽提出：“夫以率性之真，推而扩之，与天下为公，乃谓之道。”[④]由此，李贽于“道”的哲学，就是认为“道”是能够通过人们的个体行为体现出来的，当人们心中之“道”流于外在的行动，便成为“礼”。

虽然人们可以用“礼”的形式把心中的“道”表露出来，但这却是很难自觉地意识到的事情。李贽认为其原因就在于人们没有真正理解什么是“礼”，因而他指出：

世儒既不知礼为人心之所同然，本是一个千变万化活泼泼之理，而执之以一定不可易之物，故又不知齐为何等。[⑤]

①李贽．道古录注［M］//李贽全集注：第14册．牛洪恩，许抄珍注．北京：社会科学文献出版社，2010：267．

②李贽．道古录注［M］//李贽全集注：第14册．牛洪恩，许抄珍注．北京：社会科学文献出版社，2010：271．

③孟子：滕文公上篇［OL］．http：//ctext．org/mengzi/teng-wen-gong-i/zh．

④李贽．焚书卷1：答耿中丞［M］//李贽全集注：第1册．北京：社会科学文献出版社，2010：41．

⑤李贽．道古录注［M］//李贽全集注：第14册．牛洪恩，许抄珍注．北京：社会科学文献出版社，2010：221．

李贽认为，“礼”是随着“道”而千变万化、生生不息的原理[①]，同时，“道”又是一种生活中的现实场景，但是，因为人们不仅不能透彻地理解其原理，还设定了“礼教”的框架来将其整齐划一，于是，“礼”就变成了一种执着，即所谓的“执一”[②]。这样产生的结果刚好与“礼”的本质完全背反。其实，“礼”根本不是一种顺从、顺应、无意识的跟随。李贽说：“礼则自齐，不待别有以齐之也。”[③]也就是说，他认为“礼”自身拥有创造秩序的能力，它的本质就是自律，所以，“礼”排斥一切强制与划一而追求自发性与多样性，只有这样，“礼”才能称其为“礼”，才能立足于世。

人的天性本来就含有“礼”的成分，而“礼”本身已经含有符合普遍规律的倾向。所以，如果人们能顺应自己的个性，其行事自然也就会符合于“礼”。李贽曾经主张的以童心说为中心的自然人性论也正是对此的延续。

经过这一段过程，春秋时代孔子所说的“齐之以礼”，到了李贽时代，内容就完全改变了。先秦的思想家是为了克服社会混乱而强调“礼”，但从人性论角度出发的李贽却不以为然，在他看来，“礼”是一个活动性很强、从人的心里流露出来的、与规格化形式化远之又远的概念。所以，他说：“好恶从民之欲，而不以己之欲，是之谓礼。”[④]因此，李贽所说的“礼”不是普通的形式，而是奠基天下根本的道理。据此，他力图把老子的“礼”与孔子的“礼”分开来说明：

> 今学者但见老子以礼为忠信之薄，不知老子所病之礼，即夫子与奢宁俭之礼，先进后进之礼，子夏礼后之礼耳。岂知吾夫子有克己复

①李贽．道古录注［M］//李贽全集注：第14册．牛洪恩，许抄珍注．北京：社会科学文献出版社，2010：221.

②李贽．藏书卷32：德业儒臣前论［M］//李贽文集：第3册．北京：社会科学文献出版社，2000：598．“若执一定之说，持刊定死本，而却印行以通天下后世，是执一也。执一便是害道。”

③李贽．道古录注［M］//李贽全集注：第14册．牛洪恩，许抄珍注．北京：社会科学文献出版社，2010：221.

④李贽．道古录注［M］//李贽全集注：第14册．牛洪恩，许抄珍注．北京：社会科学文献出版社，2010：221.

礼之礼，颜氏子有博文约礼之礼，须由约而后会，由克而后复者乎？[①]

在这里，李贽明确指出老子误会了儒家的“礼”。老子曾经批判的“礼”是局限于形式框架的，而不是孔子和颜子所讲的克己复礼、约我以礼、博文约礼之“礼”。李贽还认为“真正的礼”是每个人领悟后，随之而来的能够约束自己的决心、克己的态度以及要走自己之路的力量，所以他进一步提出“约而会之，则可以反本而得大德之敦化；克而复之，则可以立本而合天下以归仁”[②]。这正是李贽为“礼治”所勾画的理想蓝图。

总而言之，李贽从不把“礼”与外面的形式或秩序相联结，而是在“道”这一全面性原理中去寻找。他要求在“礼”的自律框架之内追求个人的成长与发展，因此，李贽对“礼”的认识表示出对人的莫大信赖。至此可说，李贽的“礼治”观念很接近近代自由主义的理想。不过，要想实现这种“礼治”的社会，必须还得考虑到制度和政治的作用，于是，李贽又进一步提出了“礼”的外在表现形式——“至人之治”。

四、李贽之“礼”的外在形式

李贽认为“自律”是人之所以能做人的缘由。因为人能自治，故“各从所好，各骋所长”就可以实现“至人之治”。前者是个人要实现的目标，也是实现目标的必经手段；后者是让每个人的个性都能自由发展且推而广之的结果，同时也是全社会应该实现的目标兼手段。李贽论及的“至人之治”，就是让每个人的力量和个性都能得到充分发挥的政治。实际上，这就是他理想的政治原则或政治手段。在这样的社会舞台上，君子“不敢以己治人”以实行“无为之化”。李贽还将具体的理由阐述如下：

夫天下之民物众矣，若必欲其皆如吾之条理，则天地亦且不能。是故寒能折胶，而不能折朝市之人；热能伏金，而不能伏竞奔之子。何也？富贵利达所以厚吾天生之五官，其势然也。是故圣人顺之，顺之则安之矣。是故贪财者与之以禄，趋势者与之以爵，强有力者与之

---

①李贽．道古录注［M］//李贽全集注：第14册．牛洪恩，许抄珍注．北京：社会科学文献出版社，2010：248．

②李贽．道古录注［M］//李贽全集注：第14册．牛洪恩，许抄珍注．北京：社会科学文献出版社，2010：248．

以权，能者称事而官，懦者夹持而使。有德者隆之虚位，但取具瞻；高才者处以重任，不问出入，各从所好，各骋所长，无一人之不中用。……是非真能明明德于天下，而坐致太平者欤！①

在李贽的观念中，社会就是实现“道”的环境条件。他始终强调“顺人性，以人治人”的情势，即以让天下人各从所好、发挥一己之长、无一人不中用为前提条件，这样才能达到“大同”的理想境界。而且，人们行动的依据应该是他自己所属领域或集团的思维逻辑，换句话说，就是发掘自己的先验道德理性，在不烦扰别人的前提之下，有意识地实现自己的愿望，这样天下才可以进入到无人不自由的大同世界。李贽界定“礼”的根据也如此：

盖由中而出者谓之礼，从外而入者谓之非礼；从天而降者谓之礼，从人得者谓之非礼；由不学、不虑、不思、不勉、不识、不知而至者谓之礼，由耳目闻见、心思测度、前言往行、仿佛比拟而至者谓之非礼。②

可见，一切符合“自然”的才是“礼”，凡是“不自然”或牵强附会的都属于“非礼”。人们自己完全可以判定“礼”与“非礼”，因为如果不符合自己的真实的心，那便不能认之为“礼”。这里最重要的就是“礼”的标准，特别是李贽所指出的由外界灌输的、被别人强迫的、要学习模仿的见闻等，都不能算作是“礼”。另外，他还认为由外面强加进来的、被迫屈从的那一切，可称为礼教所说的“德礼”。人心本来是不能规格化的，也很难忍受那种被规格化的状态，于是，当被外在的“德礼”所束缚时，彼此之间产生冲突便成为不可避免的现象了。当面临不易实行却“强而齐之”的情况时，为政者自然感到要用带有强制性的“政刑”来作为辅助手段，如此带来的结果呢？只能是连“德礼”也变成了束缚人、戕害人的障碍物。

据此分析，李贽向统治者呼吁不要用“德礼政刑”来压抑人的本性而追求某种功利，应该实行“无为之治”，就是认识到老百姓的欲望且任由

①李贽．焚书卷1：答耿中丞［M］//李贽全集注：第1册．北京：社会科学文献出版社，2010：41．

②李贽．焚书卷3：四勿说［M］//李贽全集注：第1册．北京：社会科学文献出版社，2010：284．

它自由发散的政治。他曾说："穿衣吃饭，即是人伦物理"[①]，因此，在李贽心目中，"天理"只是各人在心中拥有的特定规范而已，也即叫作人伦物理；而抑制人的自然本性、用"德礼刑政"强加于百姓的政治，被李贽称为"君子之治"。他指出所谓的"君子之治"不过是贪婪残暴的统治者的一种无理取闹，是所谓的"仁者"使用"德礼刑政"的一个借口：

> 夫天下之人不得所也久矣。所以不得所者，贪暴者扰之而"仁者"害之也。"仁者"以天下之失所也而忧之，而汲汲焉欲贻之以得所之域。于是有德礼以格其心，有政刑以縶其四体，而人始大失所矣。[②]

李贽还强调指出正是因为"君子之治"的实施，才使得人们原本自然拥有的"礼"消失不见了。[③]

在谈及君子之治时，李贽还揭露出所谓"仁者"（如道学先生之类的知识分子）的所作所为，大都是列出某些名分以阻断人们的自由思考，企图把所有的人都整齐划一，进而通过加强制度上的压迫来控制自律，这样，便使社会走向停滞状态，个人的发展也终将成为空想。所以，李贽认为"仁者"带给社会的危害比残暴的为政者更危险、更严重。同时，由于君子总是借礼教的名分来散布伪善和虚饰，使所有的问题都无法清楚地显示出来，无法被直视；他们所谓的"德礼"，其实与绝大多数平民的生活或愿望根本毫不相关，所以，根本无法说"德礼"是百姓的想法和利益的代言。由此，李贽所断言的"德礼"已经变成了百姓自由发展的妨碍物，其理由也正在此。

另外，"德礼刑政"还会给社会带来另一种弊病，即从制度沿袭而来的各种依附关系。这一弊病实际上妨碍了真正的"礼"的实行。李贽曾说："今之人，皆庇于人者也。初不知有庇人事也。居家则庇于父母，居

---

①李贽．焚书卷1：答邓石阳［M］//李贽全集注：第1册．北京：社会科学文献出版社，2010：8.

②李贽．焚书卷1：答耿中丞［M］//李贽全集注：第1册．北京：社会科学文献出版社，2010：41.

③李贽．道古录注［M］//李贽全集注：第14册．牛洪恩，许抄珍注．北京：社会科学文献出版社，2010：271．"欲强而齐之，是以虽有德之主，亦不免于刑政之用也。吁！礼之不讲久矣。"

官则庇于官长，立朝则求庇于宰臣，为边帅则求庇于中官，为圣贤则求庇于孔孟，为文章则求庇于班马。”[①]制度所生成的这种依附关系，使人丧失了独立的人格，形成了处处依赖别人的习惯，并且会迫使人们改变自己的本来面目，以致不惜说假话、做假人来求得安身立命这一唯一目标的实现。在此情况之下，自我自然是无法存在的了，又何谈自律呢?

最后需要明确的是，李贽所批判的“德礼”是源于宋明理学的“天理”的，也就是说这种“德礼”是从“存天理，灭人欲”的主张发展而来的，后来也成为了扼杀个人发展的凶手。因此，李贽的至人之治，不仅是他的政治思想，也是针对“天理”的副作用而提出的清算方式。

结　语

李贽所论“各遂千万人之欲”的大同胜景，目标过高、期望过大，实在是很难实现的理想世界。即使从重视转换体制的近代思维角度来看，提及李贽的思想也是不太容易被接受的，甚至与此相反，还可能会被误以为是有权人为了提高思想水平，容忍个人自由发展的荒谬之谈。

总而言之，李贽关于“礼”的主张，既阐述了价值的源流，又描绘出带有乌托邦色彩的美好世界。这种由理想主义而引发的思维，同时还流露出儒家思想的本质特色，与现实世界恰好是两样的，所以，在对此种理论进行记述和讨论时，需要从各种不同的角度仔细地考察、透彻地理解。虽然说李贽所论之“礼”与“礼治”，只是一种理想而终究无法找到真正能够使之实现的具体途径，但用理念的形式来召唤未来的梦想，其意义和作用还是不可低估的。因为，李贽与西方的知识分子不同，他没有把个性或良心自由当作权利，所以他也没有一定要保障个人自由的那种近代思维逻辑，但他却又明显地不停留于传统，或者说在当时使人们的意识水平得到了一定程度的提高。这就是我们从李贽对“礼”的论述中能够搜寻到的一种收获。

---

①李贽．焚书卷2：别刘肖川书［M］//李贽全集注：第1册．北京：社会科学文献出版社，2010：142.

陶望龄对良知之“无”的阐发

龚开喻

陶望龄（1562—1609，字周望，号石篑）的交游十分广泛，与周海门、李贽、焦竑、公安三袁乃至当时的一些佛门龙象都有交往，进而也广泛地参与了当时流行的一些问题的讨论，如无善无恶、了究生死、儒佛异同、道事不二等等。黄宗羲曾言：“阳明先生之学，有泰州、龙谿而风行天下，亦因泰州、龙谿而渐失其传。”①他的学生邵廷采则说：“阳明之学，为二溪、周、陶相沿多弊。”②实际上，这些说法都来自于刘宗周所言“今天下争言良知矣。及其弊也，猖狂者参之以情识，而一是皆良；超洁者荡之以玄虚，而夷良于贼”③。刘宗周之学，就是针对王学之流弊而兴起的。在他的学生看来，所谓王学之流弊，正是王艮、王龙谿、罗近溪直至周海门、陶望龄、陶奭龄等人。从某种意义上说，也正是这些人构成了由王阳明到刘宗周的过渡。因此，对陶望龄的个案研究，不仅对于我们研究阳明学，而且对于我们研究晚明思潮，都是十分有意义的。目前国内对于陶望龄集中于交游考证以及文学观的考察，而对于陶望龄所理解的良知学的宗旨则考察得不够。本文即以陶望龄的良知学为核心，考察其在体用、工夫、境界三个层面对良知之“无”的理解与阐发。

---

①黄宗羲．明儒学案（下）［M］．沈芝盈，点校．北京：中华书局，2008：703.

②邵廷采．思复堂文集［M］．祝鸿杰，点校．杭州：浙江古籍出版社，2010：322.

③刘宗周．刘宗周全集［M］．吴光，主编．杭州：浙江古籍出版社，2013：248.

一、真空妙有：本体之流行无滞

有与无，本是老子哲学中的一对重要范畴。陶望龄对道之有无的探讨，也多在其对《道德经》的阐释中体现出来。在《解老》中，陶望龄曾描绘道体之"无"：

"道心惟微。"微即老子所谓小也。小者，无之别称。①

陶望龄称"微""小"是"无"之别称，都是用来描述道心的，可见此处的"无"是指作为本体的"道"所具有的无形无相的形而上的品格。正因为本体是无形无相的，不同于作为"器"的具体的事物，故而此处的"无"又可称为"不器"：

盖天下有器之器，有不器之器。不器者，制器者也。……盖至极者众物之式，而至定者众变之正。彼用物而不用于物，故亿化而无方，万试而未始有穷。……夫道固运器者也。道运器，命之曰不器；器成道，命之曰大器。久矣夫，不器之为大器也！②

可见，陶望龄是在"道"与"器"的对显之中讲"道"之无的。用形而下的"器"的规定性去看"道"，"道"没有这些形而下的规定性，固然是"无"，称之为"不器"。然而，"道"却能创生万物（"制器者"），具有"生生不息"的宇宙论的意义（"亿化而无方，万试而未始有穷"）。它同时也是道德原则的基准（"众物之式"）、道德实践的发动者（"众变之正"）。故而，道又称作"大器"。道与器的关系，也就是体与用的关系：

凡所云妙也、雌也、黑也、君也、母也、朴也，皆名道体也。徼也、雄也、白也、臣也、子也、器也，皆名道用也。……体用混冥，故曰常德也。③

可见，陶望龄认为，道包含体用两个层面。"体"是不可知、不可离的，是创生者；"用"是有形有相的，是被创生者。体生用，而又相即不离，因此叫作"常德"。陶望龄又借用佛家之"真空妙有"来解释这种体

---

①陶望龄．解老（卷之上）［M］．无求备斋老子集成本：18.

②陶望龄．大器犹规矩准绳［M］//歇庵集（卷十九）．明万历乔时敏等刻本：630.

③陶望龄．解老（卷之上）［M］．无求备斋老子集成本：17.

用关系：

水中盐味、色里胶青，毕竟似有，不见其形，此恍惚中有象之说也。恍似有，惚似无，解亦甚精。然二字只是状其无状，如窈冥云尔。恍惚窈冥，了无形色。可见毕竟有物。甚真甚信，为万象之主宰，作今古之常住。恒居无事，以阅众甫，言其似无实有。所谓真空妙有者也。①

虽然道没有形而下的规定性（“无状”），然而，道作为“万象之主宰”“今古之常住”，又是终极的实在。因此，从其无形无相、不是具体的事物来说，道是“无”、是“空”，从其是终极的生化之体来说，道是“有”，故而是“真空妙有”。需要说明的是，在陶望龄这里，道即是良知，都只是“心”的不同的名称而已：

是道也，尧谓之中，孔谓之仁，至阳明王先生揭之曰良知，皆心而已。②

“道”不只是宇宙论的本体，能起宇宙创生之妙用，同时也能起道德创造之大用：

善恶如唯阿耳，皆子孙边事也。不有无善无恶为善恶之母者乎？③

道本身超越于具体的是非善恶、道德原则，从这个意义上说，道是“无善无恶”者。但是正因它超越于具体的相对的是非善恶、道德原则，因此它才是道德评价的标尺，是道德原则的基准：

辨曲直者，其无曲直者也；审是非者，其无是非者也。④

这即是说道的形式性。道本身并没有具体的是非善恶的内容，只有在作为道德评价的机制去评价有善有恶的具体事物时，才显现出善恶之相。善恶之相，因为掺杂了具体的经验的内容，已经成为第二义的了，故而是“皆子孙边事也”。需要说明的是，陶望龄所言之“无善无恶”，是超越意义的无善无恶，不同于告子从人的自然属性去讲的“无善无恶”。道体这种无善无恶的、绝对超越的状态，它就是“善”本身，即是“至善”。在这种状态下，“树颏运臂辙造精微，加帚扱箕直通神化。纵心皆活泼泼

①陶望龄．解老（卷之上）［M］．无求备斋老子集成本：14.

②陶望龄．重修勋贤祠碑记［M］//歇庵集（卷八）．明万历乔时敏等刻本：321.

③陶望龄．解老（卷之上）［M］．无求备斋老子集成本：13.

④陶望龄．宁静致远论［M］//歇庵集（卷十九）．明万历乔时敏等刻本：624.

之地，举目皆斯昭昭之天”[①]，是一种自由无执的活泼泼的状态。

正因为是“无之体”，才能起“有之用”：

> 有之用全出于无，而有即无。非如车器户牖以空中为无也，幅毂号亡而车载，水土各泯而器成，户牖缘柱互无自称而室具，此所谓无之以为用也。[②]

“有之用全出于无”，是指本体能起大用；“有即无”，指的是此体与用不可分离，即体以起用，即用以显体，是一种“体用一如”的关系。因此，这种“无”并不是一种存有论意义的“无”，“非如车器户牖以空中为无也”，而是指此体之起用自然而然，没有任何的执着造作，没有任何的“迹”，“幅毂号亡而车载，水土各泯而器成，户牖缘柱互无自称而室具”，从这个意义上说，“无”就是指道体自然而然、无有执着造作的发用流行。阳明说：“心无体，以天地万物感应之是非为体。”[③]陶望龄也说：“心无体而靡事不心，事何依而无心不事。”[④]这并不是说没有良知心体，而是指心体的无形无相、无执不滞的品格，它不是具体的一事或一物，也不是作为一个与万物隔离的对象摆在那里，而是要在与万事万物的感应之中显示它自己：

> 虚而受，诚而感，无心而为万心毂，又谁能外之？夫世远则泽竭，事改则业亡，惟至诚至虚之体，更万祀而未尝渝。[⑤]
>
> 谷呼即应，故曰神。应本无声，乘响必有，故曰不死。本无为玄，能生为牝，缘所用之不劳测知所存之罔间，故曰绵绵若存也。[⑥]

所谓“虚”“诚”“无心”，就是指道体之无形无相的形上品格和无有执着造作的作用形式。道体是在“感”“应”之中起用，能够有具体的表现形式（“谷呼即应”“乘响必有”），然而，因为道体之

---

①陶望龄．圣学宗传序［M］//歇庵集（卷三）．明万历乔时敏等刻本：220.

②陶望龄．解老(卷之上)［M］．无求备斋老子集成本：9.

③王阳明．传习录［M］//王阳明全集．吴光，钱明，董平，姚延福，编校．上海：上海古籍出版社，2011：123.

④陶望龄．圣学宗传序［M］//歇庵集（卷三）．明万历乔时敏等刻本：220.

⑤陶望龄．前天台县知县方公祠碑记［M］//歇庵集（卷九）．明万历乔时敏等刻本：341.

⑥陶望龄．解老（卷之上）［M］．无求备斋老子集成本：5.

“虚”“诚”“无心”，又不会拘泥于这种具体的表现，故而道体之应感起用是亘古亘今的无限之大用，具有普遍性。就其超越之体来说，是绝对的普遍；就其体一定在流行发用中展现它自身来说，它又是具体的。故而，道的体用一如，就是所谓“具体的普遍”。

总而言之，陶望龄一方面肯定道体本身作为超越的实在而能起宇宙创生、道德创造之妙用，另一方面则更加强调了道体之无形无相的形上品格和无有执着造作的作用形式。

二、无善无恶：工夫之顿渐合一

（一）食母抱一

天泉证道上，王龙谿以“四无句”与钱绪山之“四有句”发生龃龉，其辩论的焦点，即在于工夫入手之处。钱绪山坚持以意念上的为善去恶为工夫下手处；龙谿则以“无善无恶心之体”为起点，用“体用一源，显微无间”的思维方式，将心知意物打并为一体，主张从彻悟心体为工夫下手处。阳明认为，钱绪山之“须用为善去恶工夫，随处对治”的渐修工夫，是“从有上立根基”，“为中根以下人立教”；王龙谿之“悟得无善无恶心体，从无处立根基”，是“即本体便是工夫”，“为上根人立教”。唯有阳明之四句教，才是即顿即渐、彻上彻下的工夫。

关于无善无恶的争论，并没有随着天泉证道而终止。龙谿并没有放弃其“四无论”的说法，并且发展出了一套体认良知心体、使之有所呈现而为意念之主宰的“即本体即是工夫”的“先天正心”工夫论。[①]龙谿对四无论的发展，使得“无善无恶”成为了中晚明思想界辩论的焦点问题之一。万历二十年（1592），周汝登（字继元，号海门，1547—1629）与许孚远（字孟中，号敬庵，1535—1604）因对“无善无恶”的不同理解而发生了著名的“九谛九解”之辩。面对许敬庵对无善无恶之说的诘难，海门不仅从义理上阐释了无善无恶之义蕴，又从道统之传承上说明了“无善无恶”

①参见彭国翔．良知学的展开——王龙谿与中晚明的阳明学［M］．北京：生活·读书·新知三联书店，2005：92-162．

不仅合乎阳明致良知之旨，更是圣门之正统教义。[①]

海门之颖悟与辩才，确实与龙谿十分相似。其对“无善无恶”宗旨的阐发，使之成为龙谿之学无有争议的嫡传，并一跃成为浙中的讲学盟主。陶望龄深受海门“无善无恶”论的影响，曾作《书周子九解后》一文：

> 掷剑挥空，弯弓射地，矢矢中的，剑剑无痕。若向恶边立善，既是洗补空虚；若从有处言无，亦是自标靶垛。然无为有乐，善是恶医。症投则牛溲有却病之功，服误则甘露成丧身之祸。是则昔日钱王，今时周许。义无胜劣，教有开遮。所谓各具一只眼，共济群盲；各出一只手，同扶众跛者也。虽然，语贵明宗，学须择法。同修而迂直顿异，共证而日劫悬殊。如农夫立苗，当先滋其根柢；如大将讨贼，务直捣其窠巢。故明一善而万善咸归，悟一非而百非敛迹。然则无善即进善之捷径，无非乃去非之要津。何必自滞有途，指为实境，反疑妙悟，摈作虚言乎？[②]

在本文中，陶望龄首先将周海门比作王龙谿，许敬庵比作钱绪山，所谓“义无胜劣，教有开遮”，即类似阳明所言“四无”是为上根人立教，“四有”是为中下根人立教，其义并无胜劣，只是不同教法对不同人有意义罢了。从这个意义上看，二人之辩论，实则是共同阐发了教旨。然而在后半段，陶望龄还是从工夫论的意义上对二人进行了取舍。所谓“如农夫立苗，当先滋其根柢；如大将讨贼，务直捣其窠巢”，即是龙谿——海门的“即本体便是工夫”的先天正心工夫。而“无善即进善之捷径，无非乃去非之要津。何必自滞有途，指为实境，反疑妙悟，摈作虚言乎”之语，皆是从工夫的角度而谈的。陶望龄在给周海门的信中，阐述了他的工夫论思想：

> 窃闻华严十信，初心即齐佛智。佛智者无待之智也，何阶级之可言哉？然不妨五十位升进，邻于二觉，后契佛乘。孔子三十而立，已历信位矣，然不妨知命耳顺，以至从心。盖知见久汰而日消，习气旋除而日净，如精金离矿，经锻炼而益露光芒，婴儿出胎，加岁时而自然充长，人形金体不异旧时，莹净魁梧新新莫掩。然则放刀屠儿，

①参见蔡仁厚．王门天泉“四无”宗旨之辩论——周海门“九谛九解之辨”的疏解［M］//新儒家的精神方向．台北：台湾学生书局，1984：239–276.

②陶望龄．书周子九解后［M］//歇庵集（卷十）．明万历乔时敏等刻本：369–370.

献珠龙女，无待之智证也；懒安拽鼻，二祖调心，神化之实功也。以缘起无生为照觉，故不属断除；以佛知见为对治，故不落二乘耳。是故道人有道人之迁改，俗学有俗学之迁改。凡夫于心外见法，种种善恶执为实有，如魇人认手为鬼，稚子怖影为物，迁改虽严，终成压伏，若原宪“克伐怨欲不行”是也。学道人善是己善，过是己过，迁是己迁，改是己改，以无善为善，故见过愈微，以罪性本空，故改图甚速，颜子“有不善未尝不知，知之未尝复行”者是也。僧问古宿：“如何保任？”曰：“一翳在目，空花乱坠。”大慧亦言：“学道人须要熟处生，生处熟。如何生处？无分别处是。如何熟处？分别处是。到此则过是过，善亦是过。分别是习气，饶你总不分别，亦是习气。直得念念知非，时时改过，始有相应分。是真迁善，是真改过，是名随心自在，亦名称性修行。”先代老和尚纷纷言说，总不出此，尚何置同异于其间哉？①

陶望龄多在共通义上使用三教术语，陶望龄借用这些佛家的说法，来讲解“即本体便是工夫”的先天工夫。所谓“佛智”“佛知见”“生处”，均是指“良知心体”；“熟处”“分别处”即是“习气”“习心”。当下顿悟的良知心体，就是良知心体本身，不是此外另有一个本体，这就是“初心即齐佛智”，无“阶级之可言”。顿悟良知心体后，并不是便无工夫了。由于“习气”“分别心”是人行为的“熟处”，人容易受到习俗的影响，故而需要用良知心体对治之。良知心体毕竟是“生处”，初入道之人，并不能熟习之，这就需要“念念知非，时时改过”，从而如孔子一般，逐步消除不正之知见、习气，进入“从心所欲而不逾矩”的境界。这是渐修工夫。

虽然陶望龄承认此渐修工夫，但是这种渐修是“道人”的渐修，与凡夫的渐修不同。其不同之处就在于工夫之入手处。“道人”以体悟自己本有的良知心体为工夫的入手处，从而使后天的经验意识始终和良知心体保持一致。即使由于习气而产生过错，其能以良知心体对治之，故而能如颜子一般“有不善未尝不知，知之未尝复行”，从而“善是己善，过是己过，迁是己迁，改是己改……改图甚速”。而俗学之病在于，其并无对良知心体的体悟。如果缺乏这一层体悟，不能用“无善无恶”的超越之体

①陶望龄．与周海门先生［M］//歇庵集（卷十一）．明万历乔时敏等刻本：403.

来对治习气，而执着于具体的善恶原则，其为善去恶工夫，由于缺乏一个内在的根据，只是陷溺于具体的外在的善恶对立之境，其改过只是“压服”，并不能真正自得于己，从而流于“行仁义”而不是“由仁义行”，难以成为儒家所认可的自律型的道德行为。

可见，这种工夫的重点即在于对良知心体的顿悟，故而是“先天正心之学”。陶望龄借助道家“食母”“抱一”的说法，来解释先天工夫：

> 有名万物之母。我独异于人，而贵食母。可以为天下母，既得其母，以知其子。既知其子，复守其母。庄子称淡然独与神明俱，此食母之谓也。①

> 有学则有见，有善恶则有是。绝学无忧，何自见自是之有哉？抱一者，食母也。②

“母”“一”“神明”，陶望龄均解作“道体”，故而“食母”“抱一”“淡然独与神明俱”都是指对道体的体认而使之自然而然地呈现、主宰。

按照儒家“由仁义行而非行仁义”的自律道德，只有首先悟此本体，才能是真正的道德实践行为。如果于本体上不能相契，其行为不由良知主导，就会受制于欲望、意念，其行为何以能成为“由仁义行”的道德实践？陶望龄在《重修阳明先生祠碑记》中说：

> 夫自私用智，生民之通蔽也。自私者存乎形累，用智者纷乎心害；此未达于良知之妙也。混同万有，昭察天地，灵然而独运之谓知；离闻泯睹，超绝思虑，寂然而万应之谓良。明乎知而形累捐矣，明乎良而心害遣矣，良知者所以为人而远禽与鬼之路也。③

陶望龄认为，普通人都具有两种毛病，一种是自私，一种是用智。陶望龄的先天工夫的探讨，主要就包括使自私者“捐形累”、使用智者“遣心害”这两个方面。

自私者，即是所谓“学问不立之人”，这种人的行为，皆从其一己之欲望，受到“小我”的牵引，因此是“存乎形累”。用智者，即是起于

①陶望龄．解老(卷之上)［M］．无求备斋老子集成本：15.

②陶望龄．解老(卷之上)［M］．无求备斋老子集成本：14.

③陶望龄．重修阳明先生祠碑记［M］//歇庵集（卷八）．明万历乔时敏等刻本：323.

思虑之人，他们没有颖悟超越的本体，而执着于实有的善恶，只在为善去恶上用力，这就是“纷乎心害”。这两种人的共同点都是不能颖悟良知心体，因而不能起道德创造之妙用。对于受一己之欲望牵引的人，须使他明白良知即“混同万有，昭察天地”而“万物一体”，又“灵然而独运”于其本心本性的道理。明白其本心本性即涵盖天地万物，便可破除对一己之私的束缚，故而是“形累捐矣”。对于执着于后天思虑之人，要使他明白良知心体具有“离闻泯睹，超绝思虑”的超越性。超绝思虑，不是指放弃思虑，而是一任良知心体自然而然、毫无造作的流行发用，“寂然而万应”，事物各得其正，从而“心害遣矣”。

（二）不学不虑

陶望龄又具体地解释过先天工夫如何“捐形累”“遣心害”。对于受一己之欲望之累的人，须使之“寡欲”而“养心”：

耳目之官，率从大体，则心为身主。夫心也，敛之方寸，曾不盈掬。是在所养，曰惟寡欲。[①]

良知心体本无不正，如何能养、能正？所不正者，皆是因为人们追逐于外物的不正之欲望蒙蔽了良知心体，使良知心体不能呈露与发用。因此，须要去掉蒙蔽良知心体的不正之欲望，从而使良知心体得以呈现而复为主宰。

凡言养者，戒其戕贼，以全其生机。物之生机自足，吾无以养之，去其戕生者，而物之养得矣。心之生机自足，吾无以益之，去其戕生者，而心之养得矣。[②]

欲望是牵连着外物，逐物而起的。那么寡欲，是不是就是屏绝外物、消除欲望呢？陶望龄认为，欲望是消除不尽的，寡欲指的是面对欲望时心定而不乱的态度：

欲可绝乎？人生不能不资物为用，资物为用，故目日视焉，耳日听焉，心日接焉。有接则有嗜，有嗜则有欲，安可绝也？亦寡之而已矣。……欲者非自外入，由中驰也。中苟不驰，日见可欲而不乱；中苟驰，即未见可欲而乱矣。……心应为理，心溺为欲。……设能习禅入定，一念不起，盖戕贼未去，而生机已息矣，安在其得养乎？故曰

①陶望龄．拟养心斋箴［M］//歇庵集（卷十九）．明万历乔时敏等刻本：614.

②陶望龄．养心说［M］//歇庵集（卷二十）．明万历乔时敏等刻本：645.

寡欲，不曰绝欲。譬诸群植，随地取著，生意自完，非从外益，滋培保护，乃全其天。“必有事焉而勿正心，勿忘，勿助长也”，此养心之说也。[①]

陶望龄并不认为欲望可以完全消除，这与其并不否认“物”的存在是一致的。人的生命离不开外物，人的欲望也没法断绝。寡欲与绝欲的区别在于：绝欲，是屏绝外物而不起念，绝欲之实现是“一念不起”，这时不能使良知心体起用，故不是工夫所追求的目标；寡欲是使心体呈现，心体呈现后，其自能起大用，“生意自完”，而能“应为理”，从而统摄欲望，使欲望得其正。故而，养心之要就是寡欲，就是使心体呈现。

这种使良知心体得以呈现的“寡欲”工夫，是一种“负”的方法，从这个意义上来说，可以称其为“无”的工夫。然而陶望龄所谓“无善即进善之捷径，无非乃去非之要津”的工夫，更是针对“用智者”而言，指一种不学不虑、无执不滞的工夫形式。陶望龄多次强调阳明学的宗旨是“不学不虑”，“其道以不学不虑为宗，故千变万容而常虚”。[②]所谓不学不虑，并不是指废除学问、念虑，而是指良知之发用本是自然而然、无执不滞的，故而为学不能刻意造作，而在于“觉”此本体，一任其流行发用，不起任何可以造作之念虑：

善恶如唯阿耳，皆子孙边事也。不有无善无恶为善恶之母者乎？学也者，为善去恶，逐其子者也。食于母则绝学矣。[③]

“不学”的学，指的是凡夫俗学之不见道的为善去恶。因为其不见道，故而执着于具体的善恶，是“子孙边事”。如果能够体认良知心体，那么一任良知心体之发用就自然事事物物各得其正了，何必刻意去为善去恶？

一不必抱，自然不离。何有，何是，何宰，是玄德也。[④]

“何有，何是，何宰”，是指良知自然而然的作用形式；“一不必抱”则是指无须任何刻意造作的工夫形式，如果能顺任良知，那么它便会自然而然地起用，无须任何刻意造作。

---

①陶望龄．养心说［M］//歇庵集（卷二十）．明万历乔时敏等刻本：645-646.

②陶望龄．重修勋贤祠碑记［M］//歇庵集（卷八）．明万历乔时敏等刻本：321.

③陶望龄．解老(卷之上)［M］．无求备斋老子集成本：13.

④陶望龄．解老(卷之上)［M］．无求备斋老子集成本：7.

所无修，短故久；所无存，亡故寿。[①]

同样，这里的"无修""无存"，并不是指取消修为工夫，而是指率任良知心体的先天工夫。

那么，该如何用"无"的方法使良知心体对治习气呢？

学道无多子，久长难得人，但生处熟些子，熟处生些子，自然合辙。大慧老人断不欺我。吾辈心火熠熠，思量分别无间歇，行而不及知，知而不及禁，非心体本来如是，盖缘无始时来，此路行得太熟耳。今以生夺熟，以真夺妄，非有纯一不已之功，何异杯水当舆薪之火哉？然所谓工夫者，非是起心造意，力与之争，只是时时念念放下去，放不得，自然须有著倒。一句无义语，时时提起即是念念放下之妙诀也。愚近日依而行之，深信舍此无法，亦甚觉省力。此是三教中了心性的第一神丹，一超直入的秘旨。尽你自负见地高妙的，亦尽是用得着。莫漫然以道理支分，坐在无事甲中，令结习浓熟处益得其便，以知见风吹嗜欲火，送入镬汤炉炭中去也。[②]

"生处熟些子"，即是使得人能熟习良知心体，从而使良知心体成为行为的主宰；"熟处生些子"就是用良知心体对治人所习惯的习气、分别心。普通人爱起分别心而刻意造作，这即是受到"习气"而不是良知心体的主导。想使得良知心体呈现而为主宰，来对治所熟习的"习气"，这就是"以生夺熟，以真夺妄"，显然，这是一种渐修工夫，需要"纯一不已之功"。然而这种渐修工夫，是以一种"无"的形态显现出来的："所谓工夫者，非是起心造意，力与之争，只是时时念念放下去。"良知心体并不是静态的道德法则，更是动态的能起道德行为的实践机制。时时念念放下去，就是上文所言的"不思不虑"，就是顺任良知心体自由自主地发动，而不有任何的刻意造作。因此，这种"念念放下"，也就是"时时提起"，放下的是执着之意念，提起的是自然而然的先天之良知。这是一种顿渐合一的工夫，就其体悟本体，使良知得以呈现、主宰而言，是顿教；就其念念对治而言，是渐修。当然，这种渐修是体悟良知心体以后的渐修，呈现为无执不滞的"无"的工夫形态。

"无善无恶"的工夫形态，是为了复得超越善恶的良知心体，从而达

①陶望龄．解老(卷之上)［M］．无求备斋老子集成本：19.

②陶望龄．与我明弟［M］//歇庵集（卷十二）．明万历乔时敏等刻本：420.

到无执不滞、自由自在的人生境界。接下来，我们便来考察陶望龄所体悟的“无”之境界。

三、只觉无心好：境界之忧乐圆融

在理学中，理想的境界状态，就是本体的本然状态。本体受到遮蔽、扭曲，产生了不完善的状态，故而需要做工夫以归于本体的本然状态。张载之“民胞物与”的“大我”境界，程颢之“天地之常，以其心普万物而无心；圣人之常，以其情顺万事而无情”的“无心”“无情”的境界，既是指天地圣人之心的本然状态，也是指工夫应达至的境界。

“仁者与天地万物为一体”的“大我”境界，与“动亦定，静亦定，无将迎，无内外”的“无我”境界，这两种境界都本为儒家义理所蕴含，然而在现实中，入世的儒者往往难以达到“无入而不自得”的自由无累境界；另一方面，“无”的境界，又多为佛老所言，严守儒释之辩的儒者往往便将这种超越境界归于佛老而不加肯认。因此，宋明理学中对“无”的境界向度的阐释，一方面来源于自己的生命体验以及安顿自我之身心的需要，另一方面，也来自于佛老的刺激。如阳明所言，“人生动多牵滞，反不若他流外道之脱然也”①。明代政治环境险恶，故而士人对这种“无”之境界多有体认。阳明更是经过“百死千难”的经历的磨难。因此，阳明在这方面肯定佛老的生存智慧，强调心体“无所亏蔽、无所牵扰、无所恐惧忧患、无所好乐忿懥、无所意必固我、无所歉馁愧怍”②的“无”的境界。③

如同程颢一样，陶望龄也称心体的这种无所执着做作、自然而然的本然状态为“无心”：

兀兀腾腾半室间，开窗只对隔湖山。从今始觉无心好，总有思量

① 王阳明．与黄宗贤［M］//王阳明全集．吴光，钱明，董平，姚延福，编校．上海：上海古籍出版社，2011：172.

② 王阳明．答舒国用［M］//王阳明全集．吴光，钱明，董平，姚延福，编校．上海：上海古籍出版社，2011：212.

③ 参见陈来．有无之境——王阳明哲学的精神［M］．北京：北京大学出版社，2013：218–249.

也是闲。[①]

在阳明学中，心体的这种自由无滞的本然状态，往往又被称为“乐”“定”，故有“乐是心之本体”“定是心之本体”之语。因此，阳明学对于境界的讨论，常以忧乐、动静之辩表现出来。

夫忧道遗其乐，乐道忘其忧……有超世之乐以为学，有终身之忧以为乐。[②]

所谓“忧道遗其乐”，此处的“忧”，不是对某一特定的经验对象的忧惧，而是孔子所谓“德之不修，学之不讲，闻义不能徙，不善不能改，是吾忧也”（《论语·述而》）之忧，是良知之自我显现而产生的警觉与提撕；此处的“乐”即是世俗所谓的收获功名利禄的感性快乐。这句话就是指主体对自己可能沉溺于功名利禄，从而“德之不修，学之不讲，闻义不能徙，不善不能改”的担忧，使得他的注意力回到了他的良知天德本身，而从功名利禄的世俗快乐中超拔出来。所谓“乐道忘其忧”，这里的“乐”，是“吾与点也”（《论语·先进》）、“仰不愧于天，俯不怍于人”（《孟子·尽心上》）、“鸢飞戾天，鱼跃于渊”（《中庸》）的活泼泼的本体之“真乐”，即是本体的自由自在、无所滞碍、无所系缚的本然状态；此处的“忧”即是对功名利禄的患得患失的世俗之忧，是《大学》所言“心有所恐惧，则不得其正；有所忧患，则不得其正”的忧，是指对某一特定对象而产生的情感上的恐惧忧患，这即偏离了心体的本然状态，故而“不得其正”。因此，孔子对司马牛说：“君子不忧不惧……内省不疚，夫何忧何惧？”（《论语·颜渊》）这句话是指主体一旦回复到了心体本然的自由无所挂碍的“真乐”状态，就不再以世俗的得失进退为忧了。这就是“超世之乐”，是心体的本然状态。如上文所说，一切工夫的意义正在于回复到心体的本然状态，故而是“有超世之乐以为学”；而良知的自我提撕与警觉是永不停息的，即“终身之忧”，这种忧惧即是回复到本体之乐的切实工夫，故而说“有终身之忧以为乐”。

忧乐之间，由于忧道之忧是良知对现实的自我警觉与提撕，更多地具有工夫论的意涵，故从境界论的角度说，乐才是为学所追求的最高境界：

①陶望龄．题窗［M］//歇庵集（卷一）．明万历乔时敏等刻本：180.

②陶望龄．合州知州念山余公墓志铭［M］//歇庵集（卷十七）．明万历乔时敏等刻本：568.

> 人之心，未有不乐者也。……譬之日之必光也，云曀未兴，与其俄顷解驳而光见焉，君子之学也，所以解蔽而返其乐也。[①]

所谓“人之心，未有不乐者也”，即说心体的自由自得、无所系缚、超越无待的本然状态。而现实中，由于受到物欲的蒙蔽，使得人受到系缚、牵滞，暂时失去了这种自由的快乐，正如太阳被云雾遮住一样。一旦云雾散去，太阳之光芒又会普照万物。因此，一切学问工夫都是为了回复到心体的本然的真乐状态，即是“解蔽而返其乐”。

陶望龄还以游览山水设喻，阐释道的自由无所系缚的境界：

> 知道者，有所适而无所系，足乎己也，殆将焉往不足哉！今夫川岩之奇，林薄之幽，是逸者所适以傲夫朝市者也。耽耽焉奇是崇而唯虑川岩之弗深，幽是嗜而唯忧林薄之弗邃，斯未免乎系矣。凡系此者，不能适彼，必此之逃而彼是傲，是系于适也。以适为系者，其不能适也。……至夫轨尚超绝而又解其胶固，寄于物而不系焉……此吾所谓近于道者也。[②]

“道”的存在，不依赖于任何经验事物，它自己是自己的原因，是自足的，故而“知道者”，无论处在怎样的外界环境之中，都能够“足乎己也”，而产生自得之感。那些纵情于美丽的山水风景的隐士，看起来摆脱了世俗功名利禄的追求，然而“斯未免乎系矣。凡系此者，不能适彼，必此之逃而彼是傲，是系于适也。以适为系者，其不能适也”。这就是说，其只是借助山水风景的奇美幽丽来转移自己对功名富贵的欣戚，仍然是“有待于物”，而不是一种主体的自由自觉、自适自得。只有能够超拔于任何先在的意见纷争、世情嗜欲，即使有“寄”于物，却不系缚于它，这就是“近于道”了。

本体的“无入而不自得”的自由无滞的境界，即是程颢在《定性书》中所谓的“动亦定，静亦定”的境界，无论是处在外界事物纷纷扰扰的情况下（“动”），还是避离人世、端居默坐的情况下（“静”），其心境均能保持其本然的稳定平静的状态，这也就是孟子的“不动心”的境界。陶望龄也对动与静的境界有所探讨：

> 君子之所谓宁静者，非好静也。诚处于事外，而据于物上也，上

---

①陶望龄．高给事传［M］//歇庵集（卷十四）．明万历乔时敏等刻本：474.

②陶望龄．也足亭记［M］//歇庵集（卷九）．明万历乔时敏等刻本：349.

视下者明，大治小者顺，乌往而不暇？奚为而不得哉？且世之言静者曰："无动，故能动耳。"此不然论也。君子之心常静常动者，不可两分之说也。水终日流而不害静，石感而声，风感而波，山涌人立，其静未改；断沟潴泽，风之亦波，导之遂注，其动未改。将奚以分动静哉？吾所病于好动者，非谓其不能静，而哀其终不可动也。如禽鹿狂走于机辟，蹄系足械，掉其尾而已。故知动静一者，足以发明致远之义。[①]

这里的"宁静"，就是程颢所说的超越于动静的"定"。陶望龄认为，追求这种心境的平和宁静，既不能茫茫无定地穷索外物（"好动"），也不是要刻意避离人世之喧嚣（"无动"）、追逐"安静"（"好静"），而是要超拔于世事之上（"据于物上"），而又不离于世事，用本体之明觉观察、处理世事（"上视下""大治小"）。这样，就是一种"常动常静"的"即世间而出世间"的境界了。

这种超拔于现实世界的分别之上的境界，自然以超脱于生死的执着为"得道"的标志。孔子曾说："朝闻道，夕死可矣。"（《论语·里仁》）阳明说："学问功夫，于一切声利嗜好俱能脱落殆尽，尚有一种生死念头毫发挂滞，便于全体有未融释处。人于生死念头，本从生身命根上带来，故不易去，若于此处见得破、透得过，此心全体方是流行无碍，方是尽性至命之学。"[②]故而，此种学问又被称为"性命之学""朝闻夕可"之学。陶望龄批评那种把生死问题归诸禅学，认为儒家不能讨论此问题的世俗流行的看法。他认为，生死问题也是儒家终极关怀的内在向度：

世之儒者多以谈生死归诸禅，而世无石人，谁有不属于生死者？宣圣朝闻之旨，似难置不论耳。[③]

在他看来，既然儒学是本于人性的，而每个人都要面临生死的问题，儒学怎么会不谈生死问题呢？孔子"朝闻道，夕死可矣"之语，正说明了孔子对于生死问题的关注。不唯孔子，曾子、子张对于生死问题都有过深

---

①陶望龄．宁静致远论［M］//歇庵集（卷十九）．明万历乔时敏等刻本：624．

②王阳明．传习录［M］//王阳明全集．吴光，钱明，董平，姚延福，编校．上海：上海古籍出版社，2011：123．

③陶望龄．董涧松先生夕可卷跋［M］//歇庵集（卷十）．明万历乔时敏等刻本：369．

切地关注与追求：

曾子易箦项语："吾知免夫。"免何事？子张临没，谓申详曰："吾今其庶几乎？"庶几何道？此吾儒末后一大公案，鲜有得其解者。[①]

陶望龄认为，对生死问题的关怀的关键还是在于活着的时候道德人格的完善、生命境界的提升：

三教圣人努力闻道，正恐夕间死未得耳。孔子曰："未知生，焉知死？"庄周亦云："善吾生者乃所以善吾死也。"所谓善生，不过以惺悟心作有义事而已。[②]

由此可见，陶望龄虽然大谈生死，但其实也并未超越儒家的矩矱。陶望龄一生没有改变过穷究性命的宗旨，这一追求贯穿了他的整个学问生涯。晚年的陶望龄与周海门交游更多，他们交游的主题仍然是"朝闻夕可"之学：

弟与兄谈朝闻夕可之学，而兄深研有获，死生之际，当自脱然。[③]

陶望龄去世时的情景如何，没有详细的记载。然而，他的去世，与其对母亲的孝顺是紧密相关的：

戊申，太夫人病乃亟。先生忧劳医祷，颜色劬瘁。己酉二月，竟不起。先生躄踊闷绝，如不欲生。……无何，乃遘疾。未几，遂奄然而逝，距太夫人终堂之期仅百日。[④]

综上所述，陶望龄对良知的理解，来自于阳明——龙谿——海门的传承脉络。在他看来，良知心体本身无形无相，是形而上的终极实在，它能起宇宙创生、道德创造之妙用，这种发用自然而然，无有任何执着造作。学问工夫的进路在于对良知心体的体悟，在此基础上再念念对治，使良知心体得以呈现而主宰。学问工夫所追求的则是回复到良知本体的自由无

---

①陶望龄．董涧松先生夕可卷跋［M］//歇庵集（卷十）．明万历乔时敏等刻本：369.

②陶望龄．董涧松先生夕可卷跋［M］//歇庵集（卷十）．明万历乔时敏等刻本：369.

③周汝登．嵊周海门［M］//陶望龄．歇庵集（附录）．明万历乔时敏等刻本：660.

④陶奭龄．先兄周望先生行略［M］//陶望龄．歇庵集（附录）．明万历乔时敏等刻本：652–659.

滞、超越生死的境界。考察其对良知之无的理解，对我们更为深入、全面地了解阳明学以及晚明思潮，都是大有助益的。

参考文献：

[1] 黄宗羲. 明儒学案（下）[M]. 沈芝盈，点校. 北京：中华书局，2008.

[2] 邵廷采. 思复堂文集 [M]. 祝鸿杰，点校. 杭州：浙江古籍出版社，2010.

[3] 刘宗周. 刘宗周全集 [M]. 吴光，主编. 杭州：浙江古籍出版社，2013.

[4] 陶望龄. 解老（卷之上）[M]. 严灵峰. 无求备斋老子集成.

[5] 陶望龄. 歇庵集 [M]. 明万历乔时敏等刻. 续修四库全书.

[6] 王阳明. 王阳明全集 [M]. 吴光，钱明，董平，姚延福，编校. 上海：上海古籍出版社，2011.

[7] 彭国翔. 良知学的展开——王龙谿与中晚明的阳明学 [M]. 北京：生活·读书·新知三联书店，2005.

[8] 蔡仁厚. 新儒家的精神方向 [M]. 台北：台湾学生书局，1984.

[9] 陈来. 有无之境——王阳明哲学的精神 [M]. 北京：北京大学出版社，2013.

论焦竑的三教会通思想
——生死关切为出发点

罗贵绒

三教会通的思想主张起源甚早，据文献记载可以追溯到东汉末年牟融所著的《理惑论》。唐代官方则公开举办三教讲论活动，宋、元时期一批较有代表性的主张三教会通的著作开始大量出现，如契嵩的《辅教编》、张商英的《护法论》、夏元鼎的《三教归一图说》、李纯甫的《鸣道集说》、陶宗仪的《三教一源图》、刘谧的《三教平心论》等。[①]而到了明代中后期，三教会通的思想主张及社会现实，都已达到了中国传统社会的高峰：阳明后学现成派，尤其该派一系的容禅派[②]反对宋儒的排佛、斥老论，公开出入佛老倡导三教会通；佛教的紫柏真可、云栖袾宏、憨山德清、蕅益智旭等四大高僧明确主张三教融合；道教作品《性命圭旨》称"教虽分三，其道一也"，道士习儒书、佛书，以禅理谈炼丹、谈心性修养已成风气。

在这一时代背景下，虽然儒、释、道都积极主张和践行三教会通，但不可否认的是各家都在以自家思想为本位来融会他家思想。然而，不管是哪一家，其三教会通思想的一个最大的关注点，即"在心性体认本位的生

①参见彭国翔．良知学的展开：王龙谿与中晚明的阳明学［M］．北京：生活·读书·新知三联书店，2005：438．

②冈田武彦将阳明后学分为现成派、归寂派、修正派三派，而他又进一步将现成派分为平实派、容禅派、气节派、旷达任诞派四派。这四派都有出入佛老的经历，但不以儒家为本位而主张三教会通的则为容禅派莫属。焦竑就属于这一派。参见冈田武彦．王阳明与明末儒学［M］．吴光，等译．上海：上海古籍出版社，2000：163．

死学或生死智慧这一点上"①。作为阳明后学现成派之一系的容禅派的代表人物——焦竑②，其三教会通思想对生死的关切在儒家学者中颇有代表意义。龚鹏程指出，"生死情切"是焦竑的根本问题意识核心，基于对生命的关怀来发展其思想，并注意到佛教和道教，把三教都看成是解决死亡问题的学问。③彭国翔也指出，生死关切成了焦竑等中晚明阳明学者的焦点意识。④更有学者指出，以焦竑为代表的王门后学所倡导的三教会通的思想宗旨可以用王畿的"度脱生死，会通世出世法"来概括。⑤

以上学者不同程度地指出了焦竑三教会通思想对生死关切的这一事实，但却忽视了焦竑对生死关切的原因，或是将其归结为明代高压政治对儒家学者的残酷迫害使其处于生死关头，从而引发其对生死的关切。不可否认，这的确是大多数中晚明阳明后学对生死关切的一个重要的外部因素，但这只是其一。作为阳明后学的焦竑，他对生死问题的关注还有着阳明学内在逻辑发展的深刻影响。本文将从哲学史的角度，通过对关于焦竑思想的原始文献资料即《澹园集》《焦氏笔乘》的阅读，围绕着"生死关切"这一话题，考察焦竑生死关切的内在原因，并试图厘清其生死关切与三教会通思想的关系。

一、怖死之心，人之极情

死亡问题可以说是一个自人类诞生以来就存在的最古老的文化问题。美国哲学家、社会学家舒兹（A. Schutz）把人知道自己会死亡而又恐惧死

①傅伟勋. 死亡的尊严与生命的尊严［M］. 北京：北京大学出版社，2006：96.

②焦竑（1540—1620），字弱侯，号漪园，又号澹园。师从耿定向，并曾在南京亲聆过王龙谿、罗近溪的讲习，并与李贽交好。在晚明，焦竑不仅是一位阳明学的中坚，更是一位学识渊博的鸿儒，所谓"博极群书，自经史至稗官、杂说，无不淹贯"，且在当时享有极高的学术地位与社会声望，士人、学者"被先生容接，如登龙门。而官留都者自六官以下，有大议大疑，无不俯躬而奉教焉"。

③参见龚鹏程. 晚明思潮［M］. 北京：商务印书馆，2005：95；110；113.

④参见彭国翔. 良知学的展开：王龙谿与中晚明的阳明学［M］. 北京：生活·读书·新知三联书店，2005：472.

⑤参见刘海滨. 焦竑与晚明会通思潮［M］. 上海：华东师范大学出版社，2009：5.

亡这种基本经验，称之为人的“基本焦虑”（fundamental anxiety）。而对于这一“基本焦虑”，中国传统儒家往往将死亡看成是一种无法逃避且也无须逃避的自然现象而坦然面对，并采取一种“以生制死”的态度，以“立德”“立功”“立言”的方式来试图实现精神生命的不朽。[①]如孔子所言，“未知生，焉知死”“未能事人，焉能事鬼”。宋代理学家更是以佛老究心于生死问题而批判二氏以出脱生死为根本乃是其贪生怕死的自私心理。然而，到了明代，自阳明认为“人于生死念头，本从生身命根上带来，故不易去”[②]以来，儒家学者对生死的看法发生了明显的转变。

阳明的高徒王龙谿就指出：“若非究明生死来去根因，纵使文章盖世，才望超群，勋业格天，缘数到来，转眼便成空华，身心性命了无干涉，亦何益也？”[③]阳明后学的耿天台，也即焦竑的老师则更进一步认为好生恶死乃人之常情，他说：“孟子曰：‘生，我所欲也。’即如弘忍禅者，见虎而怖，亦不免有这个在矣。盖好生恶死，贤愚同情，即欲不着，焉得不着耶？”[④]而焦竑则秉承了其师的这一思想，并肯定了好生恶死的正当性。对此，他说道：“古云黄老悲世人贪着，以长生之说渐次引之入道。余谓佛言出离生死，亦犹此也。盖世人因贪生乃修玄，玄修既彻，即知我自长生。因怖死乃学佛，佛慧既成，即知我本无死：此生人之极情，入道之径路也。儒者或谓出离生死为利心，岂其绝无生死之念耶？抑未隐诸心，而漫言此以相欺耶？使果毫无悦生恶死之念，则释氏之书政可束之高阁，第恐未悟生死，终不能不为生死所动。虽曰不动，直强言耳，岂其情乎？”[⑤]

在焦竑看来，怖死之心乃人之极情，黄老的长生之学、佛家的超脱生死都是起于人的怖死之心。若无此念，佛老之书则自可束之高阁，不必讲求。而正因怖死之心乃人之自然心理，通过对生死的了悟就可以真正不为

①参见彭国翔．良知学的展开：王龙谿与中晚明的阳明学［M］．北京：生活·读书·新知三联书店，2005：464.

②王阳明．传习录［M］．郑州：中州古籍出版社，2013：348.

③王畿．王畿集［M］．吴震，编校整理．南京：凤凰出版社，2007：432.

④耿定向．耿定向集：（上）［M］．傅秋涛，点校．上海：华东师范大学出版社，2015：289-290.

⑤焦竑．澹园集：（上）［M］．李剑雄，点校．北京：中华书局，1999：90.

生死所动。相反，如果将出离生死之心简单地看成是一种自私自利的心理而加以否定的话，则终不能不为生死所动，虽声称不为生死所动，那也只是“直强言耳，岂其情乎？”对此，焦竑批判宋儒对佛教乃出离生死的斥责，指出生死有如《起信论》所言真如生灭二门，未达真如之门，则念念迁流，终无了歇，主张“即生灭而证真如，乃吾曹所当亟求者”[①]。

从孔子到宋代理学家，对生死问题基本上承袭着不愿多言的态度，将死亡视为一种不可避免的自然现象，秉承着“存，吾顺事；没，吾宁也”的人生的主张。而为何到了明代，生死关切却成了焦竑等阳明后学所关注的焦点意识？对此，我们首先可以寻找到的原因是明代专制政体对文人学者的残酷压迫，使其生命随时处于受辱甚至是终结的边缘，进而导致其对生死的关切。但这只是外部原因。更重要的内在原因则是阳明学的逻辑发展的自我体现。岛田虔次指出，中国的精神可谓礼教，然而到了宋代，这个尚未分化的“即自性整体精神”开始出现了理论上、理性上的自我分化，到了明代开始完成其自律性，或可称作针对社会理性的个人理性的独立化和自律化。[②]而阳明心学是个人理性独立化与自律化的最好代表。

在阳明那里，“人”虽然逃脱不了外在的“君臣、父子、夫妇、朋友之人伦态”，但良知性的吾，却是普遍的人“外”在认识的根据，而“吾心之良知即所谓天理也，致吾心良知天理于事事物物，则事事物物皆得其理矣”[③]。这就是说，吾心之良知就是天理，并给予外在事事物物以其理，而获得事事物物之理的途径则莫过于致吾心良知于事事物物。由此，我们可以看出，阳明心学的“激情”（pathos）在于寻求自我意识的展开[④]、对“人”的探求。而阳明在龙场悟道则是其对人的探求的最好说明：在历经生死之后，得失荣辱，皆能超脱，从而达到生死一念之极限，体悟到圣人之道“吾性自足”。而这也说明对生死的直接体验与了悟是体悟圣人之道“吾性自足”的有效途径，正如阳明所说：“生死念头”“见得破，透得

①焦竑．澹园集：（上）［M］．李剑雄，点校．北京：中华书局，1999：82.

②参见岛田虔次．中国思想史研究［M］．邓红，译．上海：上海古籍出版社，2009：70.

③王阳明．传习录［M］．郑州：中州古籍出版社，2013：168.

④参见郑宗义．明末王学的三教合一论及其现代回响［A］．吴根友，编．多元范式下的明清思想研究［C］．北京：生活·读书·新知三联书店，2011：193.

过，此心全体方是流行无碍，方是尽性至命之学”。[①]

阳明后学则很好继承了阳明的这一思想主张，生死关切成了其焦点意识，把人的悦生恶死的心理视为人之常情，认为怕死之心越重，求道之心便越切。换言之，悦生恶死成了追求圣贤之道的契机与动力源泉。作为阳明后学的焦竑也不例外。一方面他肯定怖死之心乃人之极情；另一方面，他又指出，君子之学，知性而已，而“夫学不能知性，非学也；知性矣，而不能通死生、外祸福，以成天下之务，非知性也”[②]。由此，“通死生”成了“知性”、求道的必要前提，而我们所要知的“性”、求的“道”又是吾性自足的。那么，知性、求道的关键就在于自我探寻（self-inquiry）。

而对于一个真切于自我的求道者来说，所谓异于己的异端其实也不过是与自己相同的一个诚于生命的人，既然同为诚于生命，那么其学也就可以借鉴使其为我所用。那么在焦竑看来，儒、佛、道对生死的关切就有着相通之处。他说：“盖佛因人之怖死也，故以出离生死引之；既闻道，则知我本无死。老因人之贪生也，故以长生久视引之；既闻道，则知我自长生，初非以躯壳论也。观老子曰：‘死而不亡曰寿’，亦可见已。人之性体，自定自息。《大学》之‘知止’，《易》之‘艮’，正论此理，非强制其心之谓也。”[③]对此，焦竑进一步反对视佛老为异端的看法，认为佛老与儒家在“通死生”以求道上有着可沟通之处，进而主张三教会通。可以说，通死生以求道是焦竑将佛老纳入其视野的理论前提。

二、三教道一

作为一个儒者，焦竑的为学宗旨与传统儒家并无二致：知性求仁，体悟圣人之道。而不同之处在于焦竑肯定人的“基本焦虑”，直言生死，主张以“通死生”来知性、了悟圣人之道。换言之，在他看来，怖死之心乃生人之极情，“未悟无生，则死生在前不能不怖”[④]，而正是对死亡的恐惧将成为促使人们求道的内在动力，即怖死之心乃“入道之径路也”。

①王阳明．传习录［M］．郑州：中州古籍出版社，2013：348.

②焦竑．澹园集：（上）［M］．李剑雄，点校．北京：中华书局，1999：133.

③焦竑．澹园集：（上）［M］．李剑雄，点校．北京：中华书局，1999：89.

④焦竑．焦氏笔乘：（上）［M］．李剑雄，点校．北京：中华书局，2008：249.

对此，焦竑不仅反对传统儒家对佛老出离生死之学的批判，并指出早在佛教传入中原之前，孔子等原始儒家就对生死有所关切。他说：“世以出离生死之说创于西极之化人，而实非也。孔子不云乎：曰‘朝闻道，夕死可矣’，曰‘未知生，焉知死’，曰‘原始反终’？故知死生之说。是时贝叶未播洛阳，苇航未过建业也，而语相悬合如此。……问：何谓‘原始反终’？曰：‘原始’则知无始矣，‘反终’则知无终矣。无始无终，而死生之念息矣。”①

在焦竑看来，儒释老都是解决死生问题的学问，而为了解决死生问题，其立说皆为见性之学。而当时盛行的道家作品《性命圭旨·性命说》对此也有着类似的看法，其称：“三教圣人，以性命学，开放便门，教人熏修以脱生死。儒家之教，教人顺性命以还造化，其道公；禅宗之教，教人幻性命以超大觉，其义高；老氏之教，教人修性命而得长生，其旨切。教虽分三，其道一也。”由此我们可以看出，中晚明的儒释道三家在思想上的交融互动已达到了相当高的水平。在此时代背景之下，焦竑出于人生的“基本焦虑”以求知性，体悟圣人之道而出入经史，涉猎佛老之学，如其学生所说：“夫先生则以知性立教者也，而不辍典学，故综览之富，考核之详，当世之精博，未有两焉，而先生亦用此穷年，少而习之，晚而不厌。”②

通过对佛老之学的涉猎，焦竑认为尽性至命的复性之学乃儒释道共同的追求，而这是克服人的怖死之心，以求知性的解决之道。对此，焦竑主张三教会通以吸收佛道两家思想，而反对传统儒家视佛老为异端的看法。他说：“道一也，达者契之，众人宗之。在中国曰孔孟老庄，其至自西域者为释氏。由此推之，八荒之表，万古之上，莫不有先达者为师，非止此数人而已。昧者见迹而不见道，往往瓜分之而又株守之。”③这也就是说，儒释道三家所求之道其实是一样的，而人们却以其外在形迹的不同将其分为三家，固守一家而排斥他家。对此，焦竑进一步以天无二月之喻说明儒释道本是一道。他说：“道是吾自有之物，只烦宣尼与瞿昙道破耳，非圣人一道，佛又一道也。大抵为儒佛辨者，如童子与邻人之子，各诧其家之

---

①焦竑．焦氏笔乘：（上）［M］．李剑雄，点校．北京：中华书局，2008：253.

②焦竑．澹园集：（下）［M］．李剑雄，点校．北京：中华书局，1999：1218.

③焦竑．澹园集：（上）［M］．李剑雄，点校．北京：中华书局，1999：195.

月曰：‘尔之月不如我之月也。’不知家有尔我，天无二月。”[①]

既然儒释道本为一道，对此焦竑反对时下“三教合一”的提法。他说：“三教鼎力，非圣人意也。近日王纯甫、穆伯潜、薛君采辈始明目张胆，欲合三教而一之。自以为甚伟矣，不知道无三也，三之未尝三，道无一也，一之未尝一。如人以手分擘虚空，又有恶分擘之妄者，随而以手一之，可不可也？梦中占梦，重重成妄。”[②]在焦竑看来，既然儒释道为一道，道无三，那再提三教合一就是将三教又看成是“三道”，三教即为三道，那三道又如何可合为一道？而只有三教为一道才有三教合一的可能。虽然焦竑认为儒释道本是一道，但在道术已分三的现状下，他也承认三者之间的确存在着差异，但只是外在形迹上存在着差异。他说：“佛言心性，与孔、孟何异？其不同者教也。文中子有言：‘佛，圣人也，其教西方之教也。中国则泥。轩车不可以适越，冠冕不可以之胡，古之道也。’古今论佛者，惟此为至当。今辟佛者，欲尽废其理，佞佛者又兼取其迹，总是此中未脱透故耳。”[③]

如果说儒释道本为一道，本质相同，那作为儒者的焦竑又何必主张世人再学佛道？对此，焦竑指出，虽然儒释道本为尽性至命之学，但对于性命之理孔孟不是罕言之就是“言简指微，未尽阐晰”，而后儒对此的阐析又过分烦琐以致偏离孔孟之意，而佛老尤其是佛教对此则有精到的释义。他说：“性命之理，孔子罕言之，老子累言之，释氏则极言之。……故释氏之典一通，孔子之言立悟，无二理也。张商英曰：‘吾学佛然后知儒。’诚为笃论。”[④]并进一步补充道：“孔、孟之学，尽性至命之学也。顾其言简指微，未尽阐晰。释氏诸经所发明，皆其理也。苟能发明此理，为吾性命之指南，则释氏诸经，即孔孟之义疏也，又何病焉？夫释氏之所疏，孔孟之精也，汉宋诸儒之所疏，其糟魄也。今疏其糟魄则俎豆之，疏其精则斥之，其亦不通于理也。”[⑤]

---

①焦竑．澹园集：（下）［M］．李剑雄，点校．北京：中华书局，1999：745.

②焦竑．焦氏笔乘：（上）［M］．李剑雄，点校．北京：中华书局，2008：286.

③焦竑．澹园集：（下）［M］．李剑雄，点校．北京：中华书局，1999：719.

④焦竑．焦氏笔乘：（上）［M］．李剑雄，点校．北京：中华书局，2008：283-284.

⑤焦竑．焦氏笔乘：（上）［M］．李剑雄，点校．北京：中华书局，2008：286.

同时，焦竑指出，儒家之语道，不离仁义礼乐，而后世儒家学者往往将仁义礼乐理解为一种“形迹”，并执着于此形迹，使得“执其迹不知其所以迹”，以致知器而不知道，下学不能上达，道不能明。对此，焦竑认为道家的虚无之说可以帮助儒者来明道。他说：“孔孟非不言无也，无即寓于有。而孔孟也者，姑因世之所明者引之，所谓下学而上达也。彼老庄者，生其时，见夫为孔孟之学者局于有，而达焉者之寡也，以为必通乎无，而后可以用孔孟之有，于焉取其略者而详之，以庶几乎助孔孟之所不及。”[①]正因为儒家自身的尽性至命之学存在着这些不足，作为儒者的焦竑以其真诚的求道之心主动吸收佛老之学，进而提倡三教会通以此来实现知性、体悟圣人之道的诉求。

三、三教会通

通过以上的分析，我们可以得知，焦竑对三教会通的提倡乃出于知性、体悟圣人之道的诉求，而知性、体悟圣人之道的契机与动力则来自于人的怖死之心，也即怖死之心是人求道的动力源泉，而最终度脱死生方可得道。在焦竑看来，人出于怖死之心而求道，而求道在于尽性至命以知性，而知性则可以最终度脱死生。换言之，知性与通死生乃相辅相成，度脱死生即可达到知性的精神境界，而知性则使人度脱死生。由此，对死生的度脱也就转化成了对知性的诉求。而对知性的诉求，即尽性至命之学可谓是儒释道三家共通之处，即三教道一。然而，由于儒家在此方面存在着言简意赅及不明之处，为此，焦竑在三教道一的基源下主张三教会通。

而为了会通三教，焦竑首先必须要解决传统儒家视佛老为异端而加以排斥的思想观念。在《答耿师》的三封信里，焦竑对视佛教为异端的看法进行了回应。面对其师耿定向对异学，尤其是佛学祸乱学术的指责，焦竑指出，真正祸乱学术的并非异学，而是求为圣人之心不真，以一知半解之学来谋求荣利。对此，他说：“知拳拳以人惑于异学为忧。某窃谓非惑于异学之忧，无真为性命之志之忧也。学者诚知性命之为切，则直求知性而后已，岂其以莽莽议论为短长，第乘人而斫其捷哉！佛虽晚出，其旨与

①焦竑．澹园集：（上）［M］．李剑雄，点校．北京：中华书局，1999：138.

尧、舜、周、孔无以异者，其大都儒书具之矣。”[①]在焦竑看来，儒佛其实都为尽性至命之学，而学者不察，对此不明，所以造成佛学为异端的看法，而此看法在宋代理学家的思想里尤为兴盛。对此，焦竑对以程颐为代表的斥佛派批评道：“伯淳，宋儒之巨擘也，然其学去孔孟则远矣。孔孟之学，尽性至命之学也。独其言约旨微，未尽阐晰，世之学者又束缚于注疏，玩狎于口耳，不能骤通其意。释氏诸经所发明，皆其理也。苟能发明此理，为吾性命之指南，则释氏诸经，即孔孟之义疏也，而又何病焉！”[②]

对于视老庄为异端的看法，焦竑回应道：“老子与孔子同时，庄子与孟子同时。孔、孟未尝攻老庄也，世之学者顾諸諸然沸不少置，岂以孔孟之言详于有，而老庄详于无，疑其有不同者与？嗟乎，孔孟非不言无也，无即寓于有。而孔孟也者，姑因世之所明者引之，所谓下学而上达也。彼老庄者，生其时，见夫为孔孟之学者局于有，而达焉者之寡也，以为必通于无，而后可以用孔孟之有，于焉取其略者而详之，以庶几乎助孔孟之所不及。”[③]在焦竑看来，老庄虽多言虚无之学，但却是“明有之无”，在去黏化滞，以明道。同时，焦竑指出道家之所以被视为异端在于被方士之术所托，使其为旁门左道所充斥。对此，他说道：“老子，古史官也，闻先圣之遗言，悯其废坠，著五千言以存之，古谓之道家。道也者，清虚而不毁万物，上古南面临民之术也，而岂异端者哉！古道不传，而世儒顾以老子为异，多诎其书而不讲，至为方士者所托。于是黄白男女之说，皆以傅着之。盖学者之不幸，而亦道之辱也。”[④]

通过对视佛老为异端看法的回应，我们可以发现，在焦竑的回应里，其三教会通思想已经开始成形。他的三教会通是要以佛的直指人心的明心见性之学来补充孔孟的尽心知性之学，以道的虚无之学来化黏去滞，以明“有寓于无”之道。彭国翔指出：“阳明之后，从龙谿到海门等人，使站在儒家‘有’的基本立场上充分吸收佛道两家‘无’在心灵境界意义上的

①焦竑．澹园集：（上）［M］．李剑雄，点校．北京：中华书局，1999：81.

②焦竑．澹园集：（上）［M］．李剑雄，点校．北京：中华书局，1999：82.

③焦竑．澹园集：（上）［M］．李剑雄，点校．北京：中华书局，1999：138.

④焦竑．澹园集：（上）［M］．李剑雄，点校．北京：中华书局，1999：182.

智慧，在中晚明阳明学的展开中形成了一条鲜明的发展脉络。”[①]作为阳明后学的焦竑也不例外。焦竑在存在论意义上坚持秉承儒家“有”的立场，主张以礼法礼文的践履修习来归仁复性，以道问学来成就尊德性，博文而约礼。而他对佛老的吸收更多是要补充其在境界论意义上的“无”，以求达到那种超越世俗、无执无着的精神境界。

这也就是说，焦竑的三教会通最终要会通的是三教的境界论，要吸收的是佛老的“空”“无”思想，以此来成就纯粹清净之性。对此，焦竑说道：“学至圣人，则一物不留，胸次常虚。故夫子曰：‘空空如也。’此天命之本体也。”[②]在焦竑看来，体悟圣人之道，学至圣人之境，就在于一物不留，胸次常空，本无一物，不为物化，不动于心，不分别，不偏离，以此空无本心，随应万物，从而无知而无不知。而这佛老论述颇多，正因佛老言虚空才被以言“有”的儒家视为异端。但焦竑认为佛老所言的虚空其实有利于对道的体悟。因为虚空破除了对外在形迹的执着，从而使得天道天性得以清明，而天性天道的清明又为人之复性指明了方向。

在焦竑看来，其实孔子也言空，“‘空空如’者，孔子也。‘庶乎屡空’者，颜子也。屡空则有不空矣。盖其信解虽深，不无微心之起也。有微心之起，即觉而归于空”[③]。而佛老言空无则是对儒家言空之说的最好注释。他说：“世之与释氏辨者多矣，大抵病其寂灭虚无，毁形弃伦，而不可为天下国家也。夫道，一而已。以其无思无为谓之寂，以其不可睹闻谓之虚，以其无欲谓之静，以其知周万物而不过谓之觉，皆儒之妙理也。”[④]“《老子》非言无之无也，明有之无也。……有之无者，是即有以证无者也，其学为归根。夫苟物之各归其根也，虽芸芸并作，而卒不得命之曰有，此致虚守静之极也。盖学者知器而不知道，故《易》明器即道；见色而不见空，故释明色即空；得有而不得无，故《老》言有即无。诚知有之即无也，则为无为，事无事，而为与事举不足以碍之，斯又何弃绝之

---

①彭国翔．良知学的展开：王龙豀与中晚明的阳明学［M］．北京：生活·读书·新知三联书店，2005：457.

②焦竑．焦氏笔乘：（上）［M］．李剑雄，点校．北京：中华书局，2008：2.

③焦竑．焦氏笔乘：（上）［M］．李剑雄，点校．北京：中华书局，2008：247.

④焦竑．澹园集：（上）［M］．李剑雄，点校．北京：中华书局，1999：312.

有？”①

作为儒者的焦竑，他对佛老空无之学的理解与吸收其实有着儒化佛老之倾向，但他不斥且尊敬佛老的态度显示出了其广阔胸怀与器识，这是难能可贵的。而他对儒释道三家空无之说的会通也并不是要唯儒独尊，而是在尊重与吸收佛老之学的基础上实现对道的体悟，复归清净无杂之本性，以度脱死生。

四、结语

作为阳明后学的焦竑，其心性之学无非在于知性求仁，尽性至命，体悟天道性命。只是其为学的契机与动力来自于人的“基本焦虑”。焦竑肯定怖死之心乃人之极情，且认为怖死之心愈重，求道之心愈切。而正因求道之心的真切，焦竑涉猎佛老之学。在焦竑看来，儒释道都为尽性至命的求道之学，所谓三教道一，甚至佛老的尽性至命之学更为清晰明了。由此焦竑主张三教会通，吸收佛老之学以求道，进而度脱死生。然而，作为儒者，焦竑坚持秉承儒家“有”的立场，以“有之无”的诠释理路来理解与解释佛老的空无之学，从而破除对外在“形迹”的执着，去黏化滞，使得天道天性自然清明，进而以复此性，超脱死生。尽管焦竑对佛老的吸收与解释带有儒化的痕迹，但他以真切的求道之心正视佛老之学的优长、不佞并加以吸收佛老之学的器识与胸襟是值得肯定的，以此也显示出他的三教会通思想的独特性。

①焦竑．澹园集：（上）［M］．李剑雄，点校．北京：中华书局，1999：136.

泰州学派罗近溪著作关联之初厘定

程海霞

作为泰州学派的中坚，罗近溪（以下简称“近溪”）在中晚明曾掀起学术狂澜。究其缘由，则牵涉其生平经历、学术宗旨与思想流衍。而欲对此展开讨论，实须借助于近溪之著作。四库馆臣在《近溪罗子文集提要》中言：“其（汝芳）学出于颜钧，承姚江之末流而极于泛滥，故其说放诞自如，敢为高论，著述最易，成编多至四五十种。即其集亦非一刻……”[①]以近溪“敢为高论”为其“著述最易”之由，是否准确，姑且不论，但“成编者多至四五十种。即其集亦非一刻”至少道出了近溪著作之实况。是故，对近溪著作之关联进行探析，实极为必要。而方祖猷等编校的《罗汝芳集》[②]，囊括了罗汝芳的基本著作，其中的“编校整理说明”更对其有一基本说明。此于本文的进一步开展，实不可或缺。

近溪本人对自己的为学经历主要有两次回顾，一次载于《近溪子集》[③]，一次载于《近溪子续集》[④]。故在此主要对此两集进行论述，兼及

①其又曰：“……有《近溪子集》，其门人杜应奎编；有《近溪子全集》，其孙怀祖刊；有《批点近溪子集》，耿定向所编；有《批点近溪子续集》，杨起元所编。有《明德公文集》《近溪先生全诗集》《近溪子附集》《近溪子外编》，有《从姑山集续集》，并其孙怀智所编。有《明德诗集》，其门人左宗郢刊，今多散佚。”罗近溪．罗汝芳集［M］．方祖猷，梁一群，李庆龙，点校．南京：凤凰出版社，2007：980.

②此两集均见载于《罗汝芳集》“壹语录汇集类”中。

③罗近溪．罗汝芳集［M］．方祖猷，梁一群，李庆龙，点校．南京：凤凰出版社，2007：52–53.

④罗近溪．罗汝芳集［M］．方祖猷，梁一群，李庆龙，点校．南京：凤凰出版社，2007：231–234.

其他。

一

关于《近溪子集》，耿定向尝于“万历癸未（1583年）孟夏之吉”[①]撰《题近溪子集》，落款为“友弟天台山人耿定向”。其言曰：

> 余曩为近溪子题《踈山会语》，其词甚俚且戆，近溪子不以余为忤，若谓有契于心者，梓而传之矣。顷杜生来自滇，将公胡大夫命，复以其集问序于余。[②]

关于耿定向，其又尝于“万历乙酉（1585年）仲冬之吉”[③]撰《读近溪罗子集》曰“自嘉靖戊午（1558年）获交近溪子于京邸”[④]。另外，“建昌府知府季膺”[⑤]《刻罗近溪集序》又云：“丙戌（1586年）首春，见天台耿先生于邸第，授以是集，手加评骘，谓可传也。”[⑥]融通来看，耿定向1559年获交于近溪，后题近溪1566年[⑦]讲学踈山之会语，1583年又撰《题近溪子集》，1586年春已为此集撰评。因此，在探讨近溪的生平经历及其为学宗旨时，耿定向与近溪的为学交往、耿氏对近溪为学经历的论述，值得关注。

关于《踈山会语》，近溪门人詹事讲尝在《叙罗近师集后》中言及其主要内容：“比丙寅（1566）岁，近溪罗先生会讲踈山，录达道、达德，

---

① 罗近溪．罗汝芳集［M］．方祖猷，梁一群，李庆龙，点校．南京：凤凰出版社，2007：934.

② 罗近溪．罗汝芳集［M］．方祖猷，梁一群，李庆龙，点校．南京：凤凰出版社，2007：933.

③ 罗近溪．罗汝芳集［M］．方祖猷，梁一群，李庆龙，点校．南京：凤凰出版社，2007：935.

④ 罗近溪．罗汝芳集［M］．方祖猷，梁一群，李庆龙，点校．南京：凤凰出版社，2007：934.

⑤ 罗近溪．罗汝芳集［M］．方祖猷，梁一群，李庆龙，点校．南京：凤凰出版社，2007：940.

⑥ 罗近溪．罗汝芳集［M］．方祖猷，梁一群，李庆龙，点校．南京：凤凰出版社，2007：940.

⑦参见方祖猷编《罗汝芳年谱》“嘉靖四十五年丙寅（一五六六）”条。罗近溪．罗汝芳集［M］．方祖猷，梁一群，李庆龙，点校．南京：凤凰出版社，2007：903.

三重、九经，要皆行之以一，而所发一之义甚明且切时……”[①]

耿氏提及的“杜生”，乃指近溪门人杜应奎，其为《近溪子集》之录编者。杜氏于“万历甲申（1584年）夏五月”[②]撰《近溪罗先生集跋》[③]，落款为“门人临川杜应奎百拜跋”。其言曰：“先生自弱冠时闻道……以故会中多问答语，而应酬诗文亦时时走笔为之。顾稿多散轶，海内来学者愿刻以传，而卒不可得。奎自丙寅（1566年）获侍以来，十九年所[④]矣。凡会中肯綮语皆谨录之。曩与先生之伯子轩、仲子辂[⑤]汇辑成卷，无何，复轶去。今即录中之一二藏于家者，与聂友继皋[⑥]书刻，以惠同志。刻成，奎得缀数语卷末。”[⑦]杜应奎1566年获侍于近溪[⑧]，尝录近溪“凡会中肯綮语”，并与近溪伯子罗轩、仲子罗辂“汇辑成卷”，却“复轶去”，而仅存“录中之一二”，于1584年成刻，并为之撰《近溪罗先生集跋》。此集

---

①近溪之孙罗怀智所撰《罗明德公书目》标“《旴山大会录》”为“门人许安国、安世等编刻”。罗近溪．罗汝芳集［M］．方祖猷，梁一群，李庆龙，点校．南京：凤凰出版社，2007：7，940．

② 罗近溪．罗汝芳集［M］．方祖猷，梁一群，李庆龙，点校．南京：凤凰出版社，2007：942．

③此跋名取之于《罗近溪集》（第941页）。李庆龙著《罗近溪先生语录汇集》，因“《盱江罗近溪先生全集》所载此跋文无跋名”，而“据《明道录》补救”以《近溪罗先生明道录跋》之名。然而，《明道录》所指实非此集，后文有表。李庆龙·罗近溪先生语录汇集［M］．首尔：新星出版社，2006：56．罗近溪．罗汝芳集［M］．方祖猷，梁一群，李庆龙，点校．南京：凤凰出版社，2007：941．

④此“所”疑误。

⑤近溪伯子为罗轩，仲子为罗辂。罗伽禄在“罗汝芳世系简表”中举罗辂于前、罗轩于后，不知何由。罗近溪．罗汝芳集［M］．方祖猷，梁一群，李庆龙，点校．南京：凤凰出版社，2007：880．

⑥近溪门人聂继皋除于1584年刻《近溪子集》外，其于“戊子（1588）重九后日”撰《临行别言跋》言“……继皋叨列门墙，素司书刻，谨并录夫子临终大略，爰授梓人”，落款为“心丧门人广昌聂继皋”。（《罗汝芳集》第967-968页）另外，《近溪子全集》，于1618年初刻之后，又有“浙江布政司薛巡道令聂继皋校刻福建书坊”（《罗汝芳集》第1页）。

⑦ 罗近溪．罗汝芳集［M］．方祖猷，梁一群，李庆龙，点校．南京：凤凰出版社，2007：942．

⑧是年近溪有《旴山会语》。

乃近溪"凡会中肯綮语"之"一二"，故其亦是"会语"之形式。

耿氏提及的"胡大夫"，乃指胡僖。其尝于"万历壬午（1582）岁仲秋之吉"①撰《叙近溪罗先生集》，落款为"赐进士第朝列大夫云南布政使司右参议，前礼部仪制司郎中，奉敕督理胡广粮储兰溪公泉胡僖"。其言曰：

> 往岁……邂逅近溪先生于真州……万历己卯（1579年），予叨役滇之金、沧，则先生已经还盱江。

又言：

> 今先生还盱江矣，迤西及东，公署多先生手泽，而一字句皆吃紧为人盛心。②

又言：

> 顷予从金、沧迁洱海，甫及期，而先生之门下士杜君应奎者，以先生平日存稿若干篇来乞予言，重以滇中长者麓池郭方伯公命。方伯公，予公祖，杜君又不远万里而至，则焉能辞？③

据胡僖之叙可知，杜应奎于1582年"仲秋"或稍前，尝以"先生平日存稿若干篇""重以滇中长者麓池郭方伯公命"，"不以万里"，"乞"言于胡僖（时在洱海）。

另外，胡僖所言及的"郭方伯"，乃指郭斗，其尝于"万历丙子（1576年）孟夏月朔日"④撰《刻近溪罗先生会语叙》，其落款为"赐进士第通奉大夫，浙江布政使司左布政使，前兵科左给事中，昆明麓池郭斗书"。其言曰：

> 余与近溪罗公同举癸丑（1553年）进士，为相国存斋先生门人。先生尝讲道京师，公独笃志先生，与同年十数辈日侍先生侧，余亦叨与得闻所未闻。后授官，各各散去之四方，不得会者数年矣。乃后有

---

① 罗近溪. 罗汝芳集［M］. 方祖猷，梁一群，李庆龙，点校. 南京：凤凰出版社，2007：938.

② 罗近溪. 罗汝芳集［M］. 方祖猷，梁一群，李庆龙，点校. 南京：凤凰出版社，2007：937.

③ 罗近溪. 罗汝芳集［M］. 方祖猷，梁一群，李庆龙，点校. 南京：凤凰出版社，2007：938.

④ 罗近溪. 罗汝芳集［M］. 方祖猷，梁一群，李庆龙，点校. 南京：凤凰出版社，2007：939.

事京师，复得会于灵济宫中，各质所得，殊多裨益。别来又数年矣。万历甲戌（1574年）冬，公始以副宪来滇，再得会公于滇中。……会同野李公[①]继至，与公同志，又合并旸谷方公、西岩顾公[②]、禹江张公、浙江张公[③]、□水陈公[④]诸君子……公一旦出家居富美堂及今五华书院所集公与诸公讲义共二卷视诸生。诸君子……属同年旸谷方公叙之。旸谷公谓其言有裨风教，当梓传焉，合而刻之，一题以《五华会语》，一题以《双玉会语》。既叙其端，而近溪公之门人杜生应奎，又欲归之书坊，以广其传，附公近日巡历六诏与余乡中溪李公[⑤]、寅所严公[⑥]辈论学之辞数章入梓焉。类而编之，分为三卷，题曰"近溪先生会语"，征叙于余以识岁月。[⑦]

由郭斗之叙可知：其一，1574年"冬"之后，1576年"孟夏"之前，近溪的《五华会语》与《双玉会语》得刻，并有"旸谷公""叙其端"；其二，近溪门人杜应奎在以上内容的基础上，又加入近溪"巡历六诏"以及他人"论学之辞"，编成《近溪先生会语》三卷，郭斗于1576年"孟夏"为之叙。此《会语》多为近溪所录，为杜氏所编。

郭斗所言及的"家居富美堂及今五华书院所集公与诸公讲义共二卷"成《五华会语》与《双玉会语》，具体而言：近溪有"《富美堂会语》"，近溪之孙罗怀智所撰《罗明德公书目》标为"门人潘峦刻"[⑧]；《双玉会语》，罗怀智所撰《罗明德公书目》又标为"刻滇南屯田道"[⑨]：

①李庆龙注为"李渭，1513—1583"。参见李庆龙《罗近溪先生语录汇集》第39页。

②李庆龙注为"顾言"。参见李庆龙《罗近溪先生语录汇集》第39页。

③李庆龙录为"浙江江公"，并注为"江珍"。参见李庆龙《罗近溪先生语录汇集》第39页。

④李庆龙录为"明水陈公"。参见李庆龙《罗近溪先生语录汇集》第39页。

⑤李庆龙注为"李元锡"。参见李庆龙《罗近溪先生语录汇集》第39页。

⑥李庆龙注为"严清，1524—1590"。参见李庆龙《罗近溪先生语录汇集》第39页。

⑦ 罗近溪．罗汝芳集［M］．方祖猷，梁一群，李庆龙，点校．南京：凤凰出版社，2007：938-939.

⑧ 罗近溪．罗汝芳集［M］．方祖猷，梁一群，李庆龙，点校．南京：凤凰出版社，2007：6.

⑨ 罗近溪．罗汝芳集［M］．方祖猷，梁一群，李庆龙，点校．南京：凤凰出版社，2007：6.

两者所指，当为一书[①]。另外，《五华会语》，罗怀智所撰《罗明德公书目》标为“门人史旌贤、范维贤录刻”[②]；而关于“巡历六诏”，罗怀智又标“《六诏会语》”为“刻云南，门人李登、詹瑞重刻”。

而胡僖所言“重以滇中长者麓池郭方伯公命”概与郭斗《刻近溪罗先生会语叙》相关。联系胡僖之叙与郭斗之叙来看，杜应奎既于1576年汇编《近溪罗先生会语》三卷，又于1582年录编《近溪罗先生集》。

联系耿定向之叙来看，杜应奎于1583年“仲秋”或稍前，从“滇”而来，“将公胡大夫命”，“复以其集（《近溪罗先生集》）问序”。耿定向所题《近溪子集》，即是杜应奎所录编的《近溪罗先生集》，亦是胡僖所题的《近溪罗先生集》。耿定向后又名之为《近溪子集》《近溪子全集》，此在耿氏于“万历乙酉（1585年）冬之吉”所撰《读近溪罗子集》中有明言。其篇首言：“万历癸未（1583年），余叙《近溪子集》，时未睹《近溪子集》也。第忆往所闻诸近溪子，与时所欲质于近溪子者，籍手杜生就正云尔，不虞近溪子即以牟之简端也。越乙酉（1585年）冬，乃得《近溪子全集》……”[③]就耿氏之表达来看，《近溪子集》与《近溪子全集》实是为一，而此又与《近溪罗子集》所指为一。

不仅如此，耿氏在《读近溪罗子集》中还言及“集凡六帙”[④]。此即是说，杜应奎1582年所录编的《近溪子集》实为“六帙”。

二

在此不免令人联想：此《近溪子集》与杜氏1576年所汇编的三卷本的《近溪罗先生会语》是何种关系？《罗汝芳集》直接以《近溪子集》

①李庆龙直言其为“于富美堂讲学的《双玉会语》一卷”。参见李庆龙《罗近溪先生语录汇集》第20页。

② 罗近溪．罗汝芳集［M］．方祖猷，梁一群，李庆龙，点校．南京：凤凰出版社，2007：8.

③ 罗近溪．罗汝芳集［M］．方祖猷，梁一群，李庆龙，点校．南京：凤凰出版社，2007：934.

④ 罗近溪．罗汝芳集［M］．方祖猷，梁一群，李庆龙，点校．南京：凤凰出版社，2007：935.

为《近溪罗先生会语》[①]篇首，此在《罗汝芳年谱》“万历十一年癸未（一五八三）”条有明言：“门人杜应奎、聂继皋等及诸孙集刻于云南时会语六卷，名《近溪子集》，又称《近溪子会语》。”[②]此说乃据近溪门人杨起元所言“癸未（1583年），门人杜应奎、聂继皋等及诸孙，集刻会语六卷”[③]而得。杨氏所言之“集刻会语六卷”，不当指“集刻于云南时会语六卷”，因为“集刻于云南时会语”乃杜应奎所录之会语，只有三卷。因此，杨氏所言，当是指《近溪子集》“六帙”，故为避免与杜应奎1576年所汇编的三卷本的《近溪子会语》相混，不当以“近溪子会语”来命名。

而关于以“会语”命名的近溪著作，在此还须补充三点。

其一，杜应奎还尝“手录会语二卷”而得梓。此在罗怀智于“崇祯五年壬申（1632年）”为《明德罗先生文集》[④]撰文时有所提及：“怀智幼性生狂荡……万历癸未……而皈依焉。每见先子会语、诗文，皆走笔为之，并无存稿，后得杜布衣应奎手录《会语》二卷，遂同长兄怀义梓之……”[⑤]此处的“会语”二卷，与杜应奎1576年所汇编的《近溪罗先生会语》三卷以及1582年录编的《近溪子集》“六帙”，又是何种关系，不得而知。

其二，《近溪罗先生会语》三卷与《明道录》相关。

近溪弟子詹事讲尝于“万历乙酉（1585年）仲秋之吉”撰《叙罗近师集后》言：

> 讲幼从外傅……稍长，侍先君讷斋游安成……比丙寅（1566）岁，近溪罗先生会讲踈山……则心若有契，乃修贽及先生之门，往还

---

①“编校整理说明”第4-5页。罗近溪. 罗汝芳集［M］. 方祖猷，梁一群，李庆龙，点校. 南京：凤凰出版社，2007：1.

②罗近溪. 罗汝芳集［M］. 方祖猷，梁一群，李庆龙，点校. 南京：凤凰出版社，2007：912.

③罗近溪. 罗汝芳集［M］. 方祖猷，梁一群，李庆龙，点校. 南京：凤凰出版社，2007：923.

④此本无篇目，笔者据罗怀智所言及的内容，联系近溪曾孙罗万先、罗万化为同版本所撰《罗明德公文集跋》、近溪门人黄文炳所撰《罗明德夫子文集后序》等而立得此名。此亦以“代序”之名，载于《罗汝芳集》篇首。罗近溪. 罗近溪先生语录汇集［M］. 李庆龙，编. 首尔：新星出版社，2006：1，70.

⑤罗近溪. 罗近溪先生语录汇集［M］. 李庆龙，编. 首尔：新星出版社，2006：70.

将十余载……至丁丑（1577年），成进士，去知宣城，幸先生以赍捧出都门，相与并舟而南。……久之，窃敢以学脉请诸先生。……兹读先生《会语》……是足以明道，故名为《明道录》。因敬述夙所承教者，以附末简如是云。

其落款为“赐进士第河南道监察御史，奉敕巡按浙江等处督理监课，抚乐安门人詹事讲顿首撰”①。

可见，詹事讲于1566年近溪讲学踈山后从学，1585年以近溪《会语》为《明道录》，并撰《叙罗近师集后》。詹文以《明道录》言《会语》，又成《叙罗近师集后》。罗怀智后来撰《罗明德书目》标“《明道录》”为“门人詹事讲编刻，浙江监院重刻，南直隶书院”②，即是指此。

然而，此《会语》（即《明道录》，亦即《罗近师集》）与杜应奎1576年所汇编的《近溪罗先生会语》三卷以及1584年成刻的《近溪子集》“六帙”，又是何种关系呢？“四库馆臣”撰《近溪子明道录提要》言：

明罗汝芳撰。前有昆明郭斗序……其门人杜应奎又附以所记汝芳论学编为三卷，题曰“近溪先生会语”。此本题曰“明道录”，作八卷，又每卷但题“会语”，不标其地，卷端题门人乐安詹事讲校梓。盖应奎编于前，事讲又编于后，故书名卷帙各不同也。③

融通来看，杜应奎1576年所编并成刻的《近溪罗先生会语》三卷为郭斗所叙，此当是詹事讲于1585年所撰《叙罗近师集后》中所提及的“《会语》”“故名为《明道录》”。“四库馆臣”言“卷端题门人乐安詹事讲校梓。盖应奎编于前，事讲又编于后”，即是指此。

其三，关于以“会语”命名的近溪著作，后有《会语续录》。

近溪撰《会语续录题辞》④言：

---

①罗近溪．罗汝芳集［M］．方祖猷，梁一群，李庆龙，点校．南京：凤凰出版社，2007：940–941．

②罗近溪．罗汝芳集［M］．方祖猷，梁一群，李庆龙，点校．南京：凤凰出版社，2007：2．

③罗近溪．罗汝芳集［M］．方祖猷，梁一群，李庆龙，点校．南京：凤凰出版社，2007：989．

④此亦以“会语续录引”之名，载于《罗明德公文集》。罗近溪．罗近溪先生语录汇集［M］．李庆龙，编．首尔：新星出版社，2006：532，42．

万历丙戌（1586年）夏仲，余同年友柳塘周君，来自楚黄，访余从姑，且欲偕游白下，浃旬觉兴致勃然。初从豫章泛鄱湖，逾常山，入浙江，历姑苏，比至百下，则朱明矣。共周君，约孝廉焦君从吾[①]辈三五知己，聚首静僻……时诸大老于兴善方丈鸡鸣、凭虚，久亦联有讲会，同拉余偕往，且论辩间，多及之中稍一二当心，即欲录出，以补前刻会语之所未备，久乃裒成兹帙，题曰《会语录续》，然犹愧驳杂，未敢遽传，既归而大司成濲阳赵老生，贻音促付梓氏，且云：兴善会中，诸老先生，意固均此，至六馆师生，想望尤为切且殷也。余不敢隐，爰述所由以引其端。是岁长至，盱江罗汝芳谨书。[②]

近溪所言及的“前刻会语”，与1576年成刻的《近溪罗先生会语》三卷相比，更可能是指1582年录编的《近溪子集》六卷。

近溪所提及的“大司成濲阳赵老生”即是指“古鹜赵志皋”，其亦于“丁亥（1587年）上元日”撰《刻会语续录跋》曰：“《会语续录》录盱江罗近溪先生与南中各部寺诸大夫及都人士所会讲语也。先生来游白下，馆于城西永庆禅寺。……先生多依期赴兴善之会。余因集六馆师生延先生开讲于鸡鸣之凭虚阁……先生于每会中所讲，退即次第其语录，成一篇，皆详其指趣，略其问辩。余虑无以广其传也，爰付之梓。”[③]后罗怀智撰《罗明德书目》标“《会语续录》”为“赵司成刻，南国子监熊体信重

①李庆龙注为“焦竑”。罗近溪. 罗近溪先生语录汇集［M］. 李庆龙，编. 首尔：新星出版社，2006：43.

②按：此段之标点，与《罗汝芳集》所载之标点多有不同，现将《罗汝芳集》中相应内容作一列举。“万历丙戌（1586年）夏仲，余同年友柳塘周君来自楚黄，访余从姑，且欲偕游白下。浃旬，觉兴致勃然，初从豫章，泛鄱湖，逾常山，入浙江，历姑苏，比至百下，则朱明矣。共周君约孝廉焦君从吾辈三五知己，聚首静僻……时诸大老于兴善方丈鸡鸣凭虚，久亦联有讲会，同拉余偕往，且论辩间多及之。中稍一二当心，即欲录出以补前刻《会语》之所未备。久乃裒成兹帙，题曰《会语录续》。然犹愧驳杂，未敢遽传。既归，而大司成濲阳赵公贻音促付梓氏，且云：兴善会中诸大老，意固均此。至六馆师生，想望尤为切且殷也。余不敢隐，爰述所由，以引其端。”罗近溪. 罗近溪先生语录汇集［M］. 李庆龙，编. 首尔：新星出版社，2006：532，42–43.

③罗近溪. 罗汝芳集［M］. 方祖猷，梁一群，李庆龙，点校. 南京：凤凰出版社，2007：942.

刻，福建书坊”[①]，即是指此。

三

关于《近溪子集》，综合以上内容来看，杜应奎于1582年[②]或稍前编成，1582年请叙于胡僖，1583年请叙于耿定向，1584年成刻并附跋。

正基于此，罗怀智撰《罗明德书目》标“《近溪子集》”为“门人杜应奎编，孙怀义、怀智等刻”[③]。

关于《近溪子集》之影响，可体现于三点。

一是耿定向的推崇。耿氏不仅于1585年作了《读近溪罗子集》，还为此集撰评。此在季膺[④]于1586年或稍后所撰《刻罗近溪集序》中有明确提及。罗怀智撰《罗明德书目》又标“《批点近溪子集》”为“麻城耿天台批点，郡守季雁山刻”[⑤]。

二是季膺之翻刻。季膺之序亦表明，《近溪子集》于1586年或稍后，再次刻而传之。此序的落款为“赐进士第中宪大夫建昌府知府季膺序”。其言曰：“丙戌（1586年）首春，见天台耿先生于邸第，授以是集，手加评骘，谓可传也。乃于水陆归途，披诵卒业，及以所闻于公（近溪）者参互印证，稍见一班。遂刻而传之，藏板山房，报成事于先生，而并识所愿

---

①另外，罗近溪一生有多次“江省”之会，罗怀智又标“《江省大会录》”为“门人黄思孔录”（第8页），标“《金陵纪闻》”为“门人张文晖等录”（第8页），标“《徽郡答问》”为“门人潘士藻录”（第9页），是否为同时，不得而知。罗近溪．罗汝芳集［M］．方祖猷，梁一群，李庆龙，点校．南京：凤凰出版社，2007：2.

②时近溪68岁。

③罗近溪．罗汝芳集［M］．方祖猷，梁一群，李庆龙，点校．南京：凤凰出版社，2007：2.

④季氏言其从学罗近溪的经历为：“……又十余年，甲申（1584年），余贰越州，而郡守萧君乃往在水西与闻公论学者，道公学稔，方慰所东昌未闻。未几，而余适有旴江之役，又冀得以从公游山房就正，而偿所夙愿。乙酉（1585年）春，抵郡，间以政事之暇，问学于公，愧未足以闯公之藩篱，而虚负犹之往日，随亦以事入都。”罗近溪．罗汝芳集［M］．方祖猷，梁一群，李庆龙，点校．南京：凤凰出版社，2007：940.

⑤罗近溪．罗汝芳集［M］．方祖猷，梁一群，李庆龙，点校．南京：凤凰出版社，2007：2.

学之意云。”[①]季氏所刻，乃是耿定向之点校本[②]。

三是近溪弟子杨起元撰《近溪子集序》。杨氏于“万历丁亥（1587年）仲春之望”撰成此序，其落款为“赐进士第翰林院编修文林郎，会典纂修官，充册封正使，罗浮门生杨起元顿首书于盱江传舍”。其言曰：“（起）年三十（1576年[③]），访道金陵，邂逅黎子[④]……征其所自，则师近溪罗先生。次年（1577年），起第翰林，而先生以赍捧入京，乃修贽门下。时履常满户外，起惟注耳目于先生，而不敢有所问焉。窃自谓向所得于黎子者，至矣。先生归，于今十年，黎子以先生命，访起于罗浮，携集数卷以示。……大司寇天台耿楚翁为之标识，而建昌郡守季公捐俸锓梓，可以观同心矣。”[⑤]杨起元1577年获侍于近溪。杨氏所序，亦是近溪所命；杨氏所序本，即是季膺所刻耿定向之点校本[⑥]。

---

①罗近溪．罗汝芳集［M］．方祖猷，梁一群，李庆龙，点校．南京：凤凰出版社，2007：940.

②此当是指《罗汝芳集》篇首“编校整理说明”中所提及的“《批点近溪子集》，六卷，万历本，弟子杜应奎编，耿定向批，季膺刻”。参见《罗汝芳集》篇首“编校整理说明”第4页。

③此处的时间可由后文的“次年”推算而得：据《年谱》载，杨起元1577年师罗近溪（《罗汝芳集》第909页）；亦可由杨起元“年三十”为1576年来推算。

④李庆龙注为“黎允儒”。罗近溪．罗近溪先生语录汇集［M］．李庆龙，编．首尔：新星出版社，2006：36.

⑤此当是指《罗汝芳集》篇首“编校整理说明”中所提及的“《批点近溪子集》，六卷，万历本，弟子杜应奎编，耿定向批，季膺刻”。罗近溪．罗汝芳集［M］．方祖猷，梁一群，李庆龙，点校．南京：凤凰出版社，2007：4，936-937.

⑥此当是指《罗汝芳集》篇首“编校整理说明”中所提及的“《批点近溪子集》，六卷，万历本，弟子杜应奎编，耿定向批，季膺刻”。参见《罗汝芳集》篇首“编校整理说明”第4页。

四

关于《近溪子续集》①，“武夷山人陈省”②于“万历丁亥（1587年③）重九日”撰《重刻近溪子续集序》言：

> 《近溪罗先生集》，楚侗耿公序之④，令人发深省矣。而先生门人熊生体信重梓《续集》，问叙于余。……往者，一会先生于从姑，再会于都下……迩游书坊，适先生来会客所，自午后谈及夜分，诘旦又谈……因得先生集读之，又得续集读之……余侍先生之侧，读先生之书……其不揣为《续集》序者……⑤

此处所言及的“先生集”与“续集”当是指《近溪罗先生集》与《近溪子续集》。此续集由“门人熊生体信”重刻并于1587年问叙于陈省。

关于“熊生体信”，上文言及罗怀智所撰《罗明德书目》标“《会语续录》”为“赵司成刻，熊体信重刻，福建书坊”⑥，故其既重刻《会语续录》于“福建书坊”，又于1587年重刻《近溪子续集》并请“武夷山人”陈省撰序，由此不难看出，《会语续录》与《近溪子续集》同实异名。⑦

关于此《续集》，后近溪门人杨起元有批点。罗怀智后撰《罗明德书

---

①载于《罗汝芳集》第“壹”部分“语录汇集类”之第二篇。

②罗近溪. 罗汝芳集［M］. 方祖猷，梁一群，李庆龙，点校. 南京：凤凰出版社，2007：944.

③时近溪73岁。

④此处所言及的“楚侗耿公序之”，乃指“万历癸未（1583）”耿氏所撰《题近溪子集》，上文已有论述。

⑤罗近溪. 罗汝芳集［M］. 方祖猷，梁一群，李庆龙，点校. 南京：凤凰出版社，2007：943-944.

⑥罗近溪. 罗汝芳集［M］. 方祖猷，梁一群，李庆龙，点校. 南京：凤凰出版社，2007：2.

⑦按：《罗汝芳集》篇首“编校整理说明”言：“万历丙戌十四年（1586），罗汝芳时年七十二岁，与友人同舟下南昌，游两浙，至南京，初与汤显祖、焦竑等讲学于永庆寺，后又大会于鸡鸣凭虚阁。门人整理其在南京所讲会语，名《近溪子续集》。”（第5-6页）此表明，《会语续录》即为《近溪子续集》，然其继而引杨起元所撰《罗近溪先生墓志铭》与赵志皋《刻会语续录序》，对此加以说明（第6页），论证并不完全。

目》标“《批点近溪子续集》”为“归善杨起元批点，诸孙重刻”[①]，即是指此。

《罗汝芳集》的“编校整理说明”言“上下二卷，万历刻本。杨起元批。初由赵志皋刻，熊体信重刻，杨起元批点后由罗氏诸孙刻”[②]。此处所谓的“初由赵志皋刻”乃就赵氏1587年所撰《刻会语续录序》[③]而言，此刻当包括近溪1586年所撰《会语续录题辞》[④]；“熊体信重刻”，即是1587年《会语续录》的重刻，此时或更名为《近溪子续集》。

另外，值得注意的是，除成书于1586年、成刻于1587年、重刻于1587年的《会语续录》（《近溪子续集》），近溪还有其他语录。杨起元言及“丙戌（1586年）……门人集《会语续录》，赵瀫阳公刻于太学。……丁亥（1587年）……是秋……至建宁，大会，有《建阳会语》……”[⑤]与此《建阳会语》相关，近溪建阳之行之记载，据罗怀智撰《罗明德书目》载，有“《入闽会语》”“《游闽会语》”“《七闽会纪》”，前两者为“门人崔子肖刻”，后者为“门人曹胤儒刻”[⑥]。

上文讨论了近溪《会语》（三卷）（后名为《明道录》）、《会语》（二卷）、《近溪子集》（六卷、六帙）、《会语续录》（后重刻为《近溪子续集》），提及了近溪《盱山会语》、与近溪建阳之行相关的“会语”等。关于近溪之其他著作，另文再论。唯有了解这些著作之关联，近溪哲学思想之逻辑展开才得以可能。

---

①罗近溪．罗汝芳集［M］．方祖猷，梁一群，李庆龙，点校．南京：凤凰出版社，2007：2.

②罗近溪．罗汝芳集［M］．方祖猷，梁一群，李庆龙，点校．南京：凤凰出版社，2007：5，1.

③罗近溪．罗汝芳集［M］．方祖猷，梁一群，李庆龙，点校．南京：凤凰出版社，2007：941.

④罗近溪．罗近溪先生语录汇集［M］．李庆龙，编．首尔：新星出版社，2006：42.

⑤罗近溪．罗汝芳集［M］．方祖猷，梁一群，李庆龙，点校．南京：凤凰出版社，2007：923.

⑥罗近溪．罗汝芳集［M］．方祖猷，梁一群，李庆龙，点校．南京：凤凰出版社，2007：8.

从《心学宗》看方学渐的学派归属问题

张永义

方学渐（1540—1615）是晚明理学家，桐城方氏学派的开创者。其思想归属问题一直颇有争议，黄宗羲《明儒学案》把他列入泰州学派，晚近学者受叶灿和方孔炤的影响①，多认为他的哲学是调和心学与理学的产物②。不过，个人认为，思想的实际后果是一回事儿，思想家本人的自我定位则是另一回事儿。通过《心学宗》这部晚年作品（1604），我们可以发现，方学渐虽极力排拒龙谿之说，但却把“致良知”看成是儒学之嫡传正宗，这说明他仍然以接续阳明之学为己任，他个人的许多说法都必须放在王学的脉络下才能得到理解。

一

① 叶灿《方明善先生行状》：“先生潜心学问，揭性善以明宗，究良知而归实，掊击一切空幻之说，使近世说无碍禅而肆无忌惮者无所关其口，信可谓紫阳之肖子、新建之忠臣矣。”（方昌翰，编．桐城方氏七代遗书：七代系传．光绪十四年刻本）方孔炤《宁淡语跋》：“大父揭性善日月，鹄紫阳，翼新建，崛淮盱会稽诸杰后，确乎不可拔者。”（桐城方氏七代遗书：第五册．光绪十四年刻本）

② 如张永堂认为，方学渐理学“主张朱王调和论”（方以智的生平与思想．台北：台大博士论文，1977：15）。蒋国保认为，方学渐“以折衷程朱与陆王为归宿，真真地背叛了王学的立场”（方以智哲学思想研究．合肥：安徽人民出版社，1987：125）。

方学渐，字达卿，号本庵。早年曾从学于张甑山、耿楚侗[①]，故《明儒学案》把他列入《泰州学案四》耿定向、定理、焦竑、潘藻数人之后。

从传世文献来看，方学渐与耿定向交游的材料绝少，他们的师生关系似乎主要与耿氏督学南畿，广招十四郡诸生就读崇正书院一事有关。但张甑山的情况有所不同，他对方学渐的人生道路有着决定性的影响。叶灿《方明善先生行状》称："汉阳张甑山先生署桐之教谕，倡道作人，先生首称弟子，毅然有为圣贤之志。"[②]可以说，方学渐走上理学之路，正是张甑山引导的结果。

甑山本名张绪，字无意，湖北汉阳人。焦竑称其"入南雍，师邹文庄公，因以闻东越之学，知圣贤必可为。读其遗书，严奉若秘文焉。志意高迈，鄙远声利，挺然以学术廉耻自立"[③]。邹文庄即邹守益，东越代指阳明，甑山既曾师事邹守益，实乃阳明再传弟子。甑山本人并无著述传世，但其人格魅力颇见诸史乘。其中，最为人乐道的是他与耿定向、焦竑一起接引繁昌农夫夏廷美之事[④]。有点巧合的是，这三个人与方学渐皆有着或师或友的关系。[⑤]方学渐和夏廷美均有强烈的排佛倾向，这一点很可能与甑山的教导有关。[⑥]

方学渐的科举之路非常不顺利，他曾七上南闱，但都没能考取举人，

---

①清代以来，亦有学者称方学渐之师为耿定理或耿定力者。如程嗣章《明儒讲学考》称："方学渐字达卿，号本庵，桐城人，岁贡，学于定力。"张永堂《方以智的生平与思想》已有辩驳。

②方昌翰，编. 桐城方氏七代遗书：七代系传［M］. 光绪十四年刻本.

③焦竑. 澹园集：张甑山先生墓志铭［M］. 北京：中华书局，1999：477.

④《明儒学案》卷三十二："夏廷美，繁昌田夫也。一日听张甑山讲学，谓：'为学，学为人也。为人须求为真人，毋为假人。'叟怃然曰：'吾平日为人，得毋未真耶？'乃之楚，访天台。天台谓：'汝乡焦弱侯可师也。'归从弱侯游，得自然旨趣。弱侯曰：'要自然，便不自然。可将汝自然抛去。'叟闻而自省……李士龙为讲经社，供奉一僧，叟至会，拂衣而出，谓士龙子曰：'汝父以学术杀人，奈何不净？'又谓人曰：'都会讲学，乃拥一死和尚讲佛经乎？作此勾当，成何世界？'会中有言：'良知非究竟宗旨，更有向上一着，无声无臭是也。'叟瞿然起立，抗声曰：'良知曾有声有臭耶？'"

⑤焦竑曾为方学渐作《桐川会馆记》，载于《焦氏澹园续集》卷四。

⑥焦竑是儒佛会通的提倡者，耿定向则自称"不佞佛，亦不辟佛"。

直到五十三岁才最后放弃岁贡的机会，专门从事讲学活动。根据史传记载，方学渐的讲学在桐城地区影响颇大，不仅“里中弟子十五出门下”，而且“四方长者悦其风，竞为社会，会必推牛耳先生”。他主持过的讲会，“西有斗冈，东有孔川，南有枞川，北有金山，旁郡则有九华、齐山、祁阊、龙舒、庐江”[①]。在七十二岁的高龄时，他甚至不远千里远赴东林，参与万历三十九年（1611）秋天的会讲活动。正是在这次大会上，方学渐第一次见到了神交已久的顾宪成、史孟麟、蔡虚台等人。他的《心学宗》一书，就是在以上数人的推动下刊刻而成。[②]

方学渐著作很多，除《心学宗》外，现存的尚有《庸言》《性善绎》《东游记》《桐彝》《迩训》等。其中，《桐彝》《迩训》属史传类，此处可以不论。《庸言》作于万历壬寅（1602），《心学宗》作于万历甲辰（1604），《性善绎》作于万历庚戌（1610），《东游记》作于万历辛亥（1611），这四部著作都有一个共同的主题，即以“崇实”批判“虚无”、以“性善”论批判“无善无恶”说。

在《性善绎》中，方学渐曾经这样回忆道：“予壮时亦为《天泉》所惑，沉潜反覆，不得其解。五十有八始觉其非，体认良知，庶几亲切。阳明提一知字，已开八目之橐钥；一良字，已标至善之真宗；一致字，已该明善之工夫。有无一致，上下一机，此阳明所以接性善之统也，恶用《天泉》之骈枝为哉？”学渐生于嘉靖庚子（1540），五十八岁当为万历戊戌年（1598）。这一年，顾宪成与管东溟正围绕着“无善无恶心之体”进行激烈的辩论。方学渐有否接触过双方辩难的文字，我们不得而知，但作为热衷讲会活动的学者，若说不知道这场颇具影响的争论，也是不合情理的。无论如何，在批判“无善无恶”说方面，方学渐与顾宪成可谓志同道合，所以当后者获读《心学宗》一书时才会发出如下的由衷感叹：“顷岁从令郎老公祖受《心学宗》读之，不觉跃然起曰：孔孟之正脉，其在斯乎！是天之不弃吾道，而以先生畀之也。”[③]“方本庵先生，真老成典型，

---

①叶灿．桐城方氏七代遗书：方明善先生行状［M］．光绪十四年刻本．

②方学渐《东游记小引》：“顾泾阳先生见余《心学宗》一编，不鄙刍荛而采之，冠以序，史公玉池亦为之序，梓于阳羡，而余遂附神交之末，然未之亲炙也。”（桐城方氏七代遗书：第二册［M］．光绪十四年刻本）

③顾宪成．泾皋藏稿：卷四：复方本庵［M］．光绪十二年刻本．

足为此时砥柱，可见天下未尝无人也。”[①]“世方以无善无恶附会性善，方本庵独以性善扫除无善无恶，直狂澜之砥柱也。”[②]

可能正是受了顾宪成的影响，黄宗羲《明儒学案》中有关方学渐的部分，无论是传记、评论，还是节录的文献，基本上都是出自于或针对着《心学宗》一书的。[③]因此，若说《心学宗》是方学渐最有影响的作品，应该没有什么疑义。

二

《心学宗》正文凡四卷，每卷皆从经传或语录中摘取前人论心的言论，然后加以简略的解释或评论。第一卷始于尧，终于孟子。第二卷始于董子，终于朱子。第三卷始于陆子，终于吴草庐。第四卷始于薛敬轩，终于王艮。卷前除自序外，另有章潢、顾宪成、史孟麟、李右谏等人的序文。卷后则是方大镇、刘胤昌等人的跋文。

全书并没有体例的说明，但有几点值得特别注意：一是每位儒者被选言论的多少，通常与其在心学史上的重要程度有关。上古圣帝明王除外，采择较多的儒者包括孔子、孟子、周敦颐、二程、张载、朱熹、陆九渊、薛敬轩、胡敬斋、陈白沙、王阳明等十二人。这种安排说明，方学渐虽属王学的系统，但并不排斥程朱理学。二是第三卷收录人数最多，但并未严格按照时间顺序编排。陆九渊之后，依次为邵雍、杨时、谢上蔡、罗豫章、李延平、胡安国、司马光、蔡西山、张南轩、黄勉斋、胡宏、陈北溪、吕东莱等人。方学渐本人没有解释这样编排的理由，但章潢序中有段话可能与此有关：“盖人之生也，各从始祖立宗，厥后则依姓氏支分派

①顾宪成. 泾皋藏稿：五五：与史玉池书［M］卷. 光绪十二年刻本.

②顾宪成. 小心斋札记：卷十六［M］//续修四库全书：第943册. 上海：上海古籍出版社，1996-2003：208.

③具体地说，《明儒学案》方学渐小传，前半部分摘自顾宪成《心学宗序》，后半部分是黄宗羲本人对方学渐的批评。黄宗羲认为，学渐虽然提倡崇实辟虚，但对虚实关系的理解有误，没有认识到虚实一体，反而把理欲都看成源于心体，结果非但不能驳倒“无善无恶心之体”的说法，自己却坠入到善恶皆心体的错误见解。

别，虽世代辽远，伦次赖以攸序。"[①]也就是说，孔孟以下十二人属于"心学宗"中大宗，其他儒者则属支脉。支脉仍属心学的传统，但与大宗相比，则有远近的不同。三是全书以王艮收尾，阳明门下只此一人。黄宗羲《明儒学案》称王学因泰州、龙谿而渐失其传，但方学渐显然并不这样认为，他大概相信心斋之学才是阳明学的正宗，这应该也是黄宗羲把他归入到泰州学派的主要原因。

另外，几篇序文也有值得注意之处。第一篇的作者章潢是江右王门的传人，顾宪成、史孟麟则属东林派，以程朱理学为主。由于分属心学和理学两个传统，他们对待阳明的态度有着明显的不同。章潢这样写道："万古一心，外心匪学也。千圣一学，外心学弗宗也。此本庵先生《心学宗》所由编乎！""秦汉以来，百家横议，圣学失真，陋儒不免支离训诂，老释乃乘其弊，揭虚寂以眩惑人心，中间尚赖董王濂闽诸儒树之的焉，彼亦不过流云浮霭偶翳大【太】空，而皎然赤日中天如故也，岂若近世耽虚归寂，环宇悉遵夷教弗之恤焉？"[②]顾宪成则认为："昔王文成之揭良知，自信易简直截，可俟百世，诚为不诬。而天泉证道，又独标无善无恶为第一谛焉。予窃惟良即善也，善所本有，还其本有，恶所本无，还其本无，是曰自然。夷善为恶，矫有为无，不免费安排矣。以此论之，孰为易简，孰为支离，孰为直截，孰为劳攘，讵不了了？然则先生是编，正所以阐明良知之蕴，假令文成复起，亦应首肯。"[③]史孟麟的说法是："盖文成先生揭宗以良知，其证道则曰无善无恶者心之体，而龙谿先生更以无善无恶概之乎心意知物，于是寓内易理学为心学矣……今言心学者遍寓内，其学也学其无学也，其心也心其无心也，为善则理即为障，信心则恶即为心。人心同善，彼不谓善，人心同恶，彼不谓恶，以任情从欲为透悟，以穷理尽性为矫揉，则无其善者只以有其恶耳，无曷贵焉……皖桐本庵方先生，嗜心学而严无善之防，溯唐虞，历鲁邹，暨濂洛关闽，以迄昭代，择言焉而分疏以己意，辟虚无者十有其七，命曰《心学宗》。"[④]三人都指出，方学

---

① 方学渐. 心学宗［M］//四库全书存目丛书：子部第12册. 济南：齐鲁书社，1994–1997：127.

② 四库全书存目丛书：子部第12册，127.

③ 四库全书存目丛书：子部第12册，128–129.

④ 四库全书存目丛书：子部第12册，130–131.

渐作《心学宗》的目的，就是要对治儒佛混同、流于虚无的时弊，但章潢并未把这种时弊与阳明本人关联起来，更多的是在强调《心学宗》在阐明“执中”“道心”这些圣学正宗方面的贡献，而顾、史二人则把批判的矛头直接指向了阳明，认为儒佛不分、虚无盛行正是阳明“四句教”所带来的恶果。

对照方学渐的自序，我们不难发现，他的立场更接近章潢而不是顾、史二人：

> 吾闻诸舜，人心惟危，道心惟微；闻诸孟子，仁，人心也；闻诸陆子，心即理也；闻诸王阳明，至善心之本体。一圣三贤，可谓善言心也已矣……王龙谿作《天泉证道记》，以“无善无恶心之体”为阳明晚年之密传。阳明大贤也，其于心体之善见之真、论之确，盖已素矣，何乃晚年临别之顷顿易其素，不显示而密传？倘亦有所附会而失真欤？此记一出，遂使承学之士茫然不知心体之谓何，天下称善，我不名善，天下称恶，我不名恶，恣情徇欲，猥云信心，使异端得入吾室，几于夺嫡而易宗，则不察人心之本善故也。[①]

在方学渐看来，心学谱系中最正宗、最善言心的一共有四个人，他们分别是大舜、孟子、陆九渊和阳明。阳明既然说过“至善是心之本体”，足证其对“心体之善见之真、论之确”，他怎么可能在晚年临别之顷才突然改变其一贯的立场，密传什么“无善无恶”说呢？剩下的只有一种可能，那就是《天泉记》乃龙谿的附会[②]，与阳明无关，王龙谿才是导致心宗失传的罪魁祸首。

平心而论，把“无善无恶”说归罪于龙谿并不公平，有大量的材料可以证明“四句教”属于阳明本人的主张，王龙谿只不过把阳明的说法做了进一步的引申而已。但从另一方面看，极诋龙谿，极尊阳明，正好说明方学渐给自己的思想定位仍属于王学的系统，所以阳明本身并无问题，批龙谿之妄正是为了显阳明之真，阳明始终是方学渐所认为的心学之正宗嫡传。

---

① 四库全书存目丛书：子部第12册，134.

② 方学渐之后，认为“四句教”出于龙谿附会的还有刘宗周。其言曰：“四句教法，考之阳明集中，并不经见。其说乃出于龙谿。平日间尝有是言，而未敢笔之于书，以滋学者之惑。”（《明儒学案·师说》）

三

由于基本立场仍属心学的系统，所以方学渐在评论诸家学说特别是宋儒时，就常常表现出心学的特色。即便某些地方对程朱理学表现出认同的态度，那也只是建立在心学可以接受的前提之下。比较突出的例子有以下几点：

（1）心即理。

> 一即心也，心即理也。虞之惟一，伊训之克一，乃孔子之一贯所来也。忠恕，心学也，圣学尽之矣。不求诸心，多学而识，何为耶？[①]
>
> 孟子指理义根于心，而后之人曰“在物为理，外物为义”，此异说所由起也。或问物理者何，曰：“物在外，物之理在心。提吾心则能物物，是理在心而不在物也。”[②]

孔子自称“吾道一以贯之”，曾子则以“忠恕”解释一贯。在方学渐看来，所谓一贯、所谓忠恕，指的都是人的本心，而本心即天理。天理赋予人为人之性，赋予物为物之理，但物理并不在物中，而是在人之心中。这种说法与阳明指责朱子析心理为二、外心求理如出一辙，难怪他会认为小程子“在物为理，外物为义”的话是产生异说的根源。

（2）气质非性。

> 阴阳以理言，故谓之道。此道生生，毫无杀机，故曰善。得此而成性，其善可知，此君子之道也。[③]
>
> 性本善，气质乃有不善。[④]
>
> 程子以理言性得之矣，他日又曰“性即气，气即性”，取告子生之谓性之言，其在出入二氏之时乎？[⑤]
>
> 圣贤之论性也以理，诸子之论性也以气。朱子见已及此，然又兼气质而言性，何也？[⑥]

---

①四库全书存目丛书：子部第12册，146.

②四库全书存目丛书：子部第12册，152.

③四库全书存目丛书：子部第12册，143.

④四库全书存目丛书：子部第12册，151.

⑤四库全书存目丛书：子部第12册，163.

⑥四库全书存目丛书：子部第12册，169.

天地有好生之德，生生之理为善。人得此而成性，故人性本善。因此，理善是性善的保证，性即理。至此，方学渐与程朱并无不同。但是对于气质之说，方学渐坚决反对，他担心此说会把恶也归于人之本性，从而混同于诸子的善恶二元论。朱子的想法刚好相反，他认为气质之性很好地解释了恶的起源，故称“气质之说，起于张程，极有功于圣门”。

（3）君子之学，尊德性而已。

> 性具于心，谓之道心。善学者求道于心，不求道于事物。善事心者，日用事物皆心也。①
>
> 宋人谓今日格一物，明日格一物，因已知之理而益穷之，以求至其极，语亦相似，但从物上加功，不免徇外。阳明在良知上加功，则向内寻求。②

君子之学以尊德性为主，道问学仅有辅助的价值。如果本末倒置，去物中求道，从物上加功，不仅非善学而已，还有可能流于异端。小程“今日格一物，明日格一物”，朱子“因已知之理而益穷之，以求至其极”都不免于徇外之讥，唯有阳明之致良知，才是正道。

（4）躬行为本。

> 近者学者好谈心体，略于躬行，听之妙入玄虚，察之满腔利欲，则又以佛绪而饰伯术也。③
>
> 阳明论良知根于性善，学者不此之求，浮慕无善无恶之为高，而衍为虚寂之说，盖徒有见于不学不虑，而无见于爱亲敬长，漓圣贤之旨矣。④

德性之学在于躬行实践，无行无实之空谈虽然看似玄妙，但其背后实潜藏着满腔的利欲之心，这不仅有违阳明的教导，而且也偏离了圣贤的宗旨。

（5）三教非一。

> 世混三教而一之者曰，三教之体原同，但作用不同耳。夫体用一也，知用之不同，则知体之不同矣。知体之不同，则知三教之非一

---

①四库全书存目丛书：子部第12册，179.

②四库全书存目丛书：子部第12册，202.

③四库全书存目丛书：子部第12册，198.

④四库全书存目丛书：子部第12册，201.

矣。体之不同者，见不同也。[①]

三教关系是晚明学者津津乐道的话题，方学渐这段话是对王艮以下言论的注解："或言佛老得吾儒之体，先生曰：体用一原，有吾儒之体，便有吾儒之用。佛老之用，则自是佛老之体也。"世人常说心斋启瞿昙之秘，方学渐显然并不同意这种说法。

（6）我印六经。

悟在书外，不役于书，书固心之注脚也。[②]

学古有获，则六经印我。本心自得，则我印六经。[③]

陆九渊称："六经皆我注脚。"陈白沙云："吾能握其机，何必窥陈编。"王阳明云："悟后六经无一字。"重视证悟本是心学的老传统。作为这一传统的继承者，方学渐在这条道路上走得如此之远，以至曾经的同道有时也难以接受。他解《论语》说："窃疑'子绝四'一章，乃二三子以我为隐者之言；'无可无不可'，乃夫子权衡逸民之言，皆非至论。"[④]这已经有点不以孔子之是非为是非的意味。他解"良知良能"时说："若夫甘食悦色亦不学不虑，然其始由欲根而来，其终不能保一身，谓之良焉可乎？"[⑤]曾招致黄宗羲"自堕于有善有恶心之体"的批评。特别是，他把"人心惟危"的"危"解释为"高大"[⑥]，连高攀龙也觉得有必要专门致书提醒："大集中惟'人心惟危'一语，于同然之心未合。近见《南游记》中，以'语大莫载'、'洋洋发育'属'惟危'，'语小莫破'、'优优礼仪'属'惟微'，恐宜再入思虑，不可以老年伯之书垂于千古而有一语

---

①四库全书存目丛书：子部第12册，206.

②四库全书存目丛书：子部第12册，190.

③四库全书存目丛书：子部第12册，206.

④四库全书存目丛书：子部第12册，142.

⑤四库全书存目丛书：子部第12册，153.

⑥方学渐云："人心道心，非谓心有二也。危，高大也。人心之量本自高大，其中道理则极精微。心危而微，故谓之中。何以执之？必也惟精乎。精于求微，乃充满其惟危之量，而道始归于一，一则中矣，此允执厥中之旨也。谈道之士，慕高大而忽精微，唐虞之时盖已有之。舜逆知其流必至放荡而多岐，不得已而言此，以立万世之坊。世之慕危而忽微者，其言无实可稽，其谋弗通于众。无稽易于行诈，弗询易于炫奇，乃得肆其无忌惮之说，惑世而害道，故圣人戒之。"（四库全书存目丛书：子部第12册，136）

之不慊也。”[①]

《四库提要》曾这样评论方学渐和《心学宗》：“盖学渐之说本于姚江，故以陆王并称，而书中解‘人心惟危’为高大意，解‘不愧屋漏’为喻心曲隐微，解‘格物’为去不正以归于正，大意皆主心体至善，一辟虚无空寂之宗，而力斥王畿《天泉证道记》为附会，故其言皆有归宿。宪成序其首曰：‘假令文成复起，亦应首肯。’盖虽同为良知之学，较之龙谿诸家，犹为近正云。”[②]

四库馆臣虽有强烈的排斥理学倾向，但从以上数条可以看出，把方学渐归宗姚江，不能不说是一个比较准确的判断。至少，它要比“紫阳肖子、阳明忠臣”“朱陆调和”等说法要接近方学渐的自我定位。

①高攀龙．答方本庵二［M］//高子遗书：卷八下．文渊阁四库全书本．

②四库全书存目丛书：子部第12册，243．

明代文人的焚香雅事及其意蕴

刘 耕

在明代文人的生活中，焚香是一件常见的雅事。文学和绘画中，有关焚香的记录和描述比比皆是。文人多好焚香室内，营造一种幽香弥漫的氛围，在其中吟诗作画，烹茶煮酒。焚香在明代文人的生活中，作为一种普遍的生活喜好，不只是一种感官享乐的追求，亦是一种生命体验的方式。它浸透着更多文人精神的旨趣。本文就拟从明人生活中的一种寻常的喜好入手，探讨其中可能包含的意蕴，从而为明代文人优雅、精致的物质生活给出一些更精神性的阐释。

一、焚香小史

中国古人对于香有非常悠久的喜好。《诗经》中已有关于香的种种记载，包括香草、香料以及祭祀时产生的香气。如《唐风·椒聊》道："椒聊之实，蕃衍盈升。"[①]诗句中描绘对椒之果实的采集。椒——花椒，当时已是常用的一种香料。《周颂·载芟》道："有飶其香，邦家之光。有椒其馨，胡考之宁。"[②]这里以芬芳的美食和香料来燕享宾客，供养耆老。《大雅·生民》道："卬盛于豆，于豆于登。其香始升，上帝居歆。"[③]这里，食物的香气能满足神明之喜好，是完成祭祀的要素。此外，香草还作为男女之间的传情之物，如《溱洧》道："维士与女，伊其相谑，赠之以

①程俊英，蒋见元．诗经注析［M］．北京：中华书局，1991：314.

②程俊英，蒋见元．诗经注析［M］．北京：中华书局，1991：981.

③程俊英，蒋见元．诗经注析［M］．北京：中华书局，1991：807.

勺药。”以芬芳的芍药赠予爱人。

而屈原则开创了中国艺术中“香草美人”的传统。他诗中关于香草的描述比比皆是，品类亦颇为繁多，如江离、芷、兰、蕙、椒、菌桂、留夷、揭车、杜衡、薜荔、胡绳、芙蓉、荪、辛夷等等。《离骚》道：“扈江离与辟芷兮，纫秋兰以为佩。”[①]“朝饮木兰之坠露兮，夕餐秋菊之落英。”[②]“制芰荷以为衣兮，集芙蓉以为裳。”[③]不仅以香草作为自己的饮食，亦作为自己的佩戴和衣饰，这是描绘诗人既有外在的修美仪容，又有内在美好的德性。又《湘夫人》道：“筑室兮水中，葺之兮荷盖。荪壁兮紫坛，播芳椒兮成堂。桂栋兮兰橑，辛夷楣兮药房。罔薜荔兮为帷，擗蕙櫋兮既张。白玉兮为镇，疏石兰兮为芳。芷葺兮荷屋，缭之兮杜衡。合百草兮实庭，建芳馨兮庑门。九嶷缤兮并迎，灵之来兮如云。”[④]这里，屈原要用众香木营造一片精美的住所，营造一片理想的家园，来迎接自己的女神。

屈原笔下，香草和美人之间，形成了意蕴绵长的隐喻关系。香草之貌，隐喻美人之容颜；香草之枯萎，隐喻美人之迟暮；香草之馨香，隐喻美人之德性；香草之遭遇，则隐喻美人之命运。美人之美，同时亦是高洁之内心的一种表露。美人可喻君王，可喻诗人自己，还可喻求之不得的理想——如《离骚》中诗人求之不得的古之美人，亦如《湘夫人》中最终不曾降临的湘水女神。屈原渴望的是一片芬芳之国——没有小人之浊臭与丑陋，只有君子之德馨与美好。《史记》称屈原：“其志洁，故其称物芳。”[⑤]香在屈原这里，已被赋予了丰富的精神意涵。

至于焚香，不知起于何时。丁谓《天香传》载：“香之为用从上古矣，所以奉神明，所以达蠲洁。三代禋祀，首惟馨之荐，而沉水、熏陆无闻焉。百家传记萃众芳之美，而萧芗郁鬯不尊焉。”[⑥]认为早期香乃为祭祀所设，奉养神明，清洁环境。彼时，后世的种种香料尚未被采用。

①洪兴祖．楚辞补注［M］．北京：中华书局，1983：4-5.

②洪兴祖．楚辞补注［M］．北京：中华书局，1983：12.

③洪兴祖．楚辞补注［M］．北京：中华书局，1983：17.

④洪兴祖．楚辞补注［M］．北京：中华书局，1983：66-67.

⑤司马迁．史记［M］．北京：中华书局，2006：505.

⑥陈敬．新纂香谱［M］．严小青，编．北京：中华书局，2011：233.

《礼记》载：“郊血，大飨腥，三献爓，一献孰。至敬不飨味，而贵气臭也。”[①]祭祀之中，要表达对神明的敬意，最重要的便是香气。女巫则在执掌岁时祓除时，以熏香草药沐浴己身，来表达敬意。《周礼》载：“女巫掌岁时祓除衅浴。”郑玄注曰：“岁时祓除如今三月，上巳如水上之类，衅浴谓以香熏草药沐浴。”[②]则此礼俗中已有香薰之举。扬之水在《香识》中提到：“熏香所用的香料，早期为禾本科的茅香，时称为薰草或蕙草。与薰草配合的熏香器具是炉身很浅的豆式熏炉。”[③]而伴随着西汉的扩张和域外交流，龙脑、苏合等香料传至中土，焚香之方式也发生转变，因为此类香料“不像茅香那样可以直接燃烧，而须在下面承以炭火，与它配合的熏香器具自然要随之变化，于是出现了博山炉”[④]。由如今出土文物中汉代博山香炉之丰富与精良，可知在汉代之日常生活中，焚香已成一种比较普遍的习俗。

汉代以来，焚香一方面继续承担着宗教功能，佛道二教的仪轨中，焚香之礼随处可见；另一方面，则流行于日常生活中。

唐宋之时，除礼佛敬天外，日常生活中香的使用也非常流行。香的品类颇为丰富，如沉水香、龙脑香、檀香、降真香、安息香、苏合香、麝香、迷迭香等，在诗文中均屡屡被提及。这些香，既有制成香饼、香丸、香末供焚烧者，亦有经调配等工序直接用来产生香气的。香还可以“合香之法”，“贵于使众香咸为一体”[⑤]，亦可被制成篆香[⑥]等。秦观《减字木兰花》道：“欲见回肠，断尽金炉小篆香。”[⑦]篆香亦称印香，以香料混合，制成香粉，以压于模具之内，形成篆字之形，有如印章，故得名。洪刍《香谱》载：“镂木以为之，以范香尘，为篆文，然于饮席或佛像前，

---

①礼记：第八卷［M］. 郑玄，注. 景印本. 四部丛刊景宋本.

②周礼：第六卷［M］. 郑玄，注. 景印本. 四部丛刊景明翻宋岳氏本.

③扬之水. 香识［M］. 南宁：广西师范大学出版社，2011：1.

④扬之水. 香识［M］. 南宁：广西师范大学出版社，2011：1.

⑤陈敬. 新纂香谱［M］. 严小青，编. 北京：中华书局，2011：190.

⑥孟晖《花间十六声》中提到“线香出现的历史相对晚近”。扬之水提道：“元代出现了线香，不过旧日的香饼香丸依然与它并行。”这里因而不提后世多用于祭祀的线香。

⑦秦观. 淮海居士长短句笺注［M］. 上海：上海古籍出版社，2008：78.

往往有至二三尺径者。”[①]《陈氏香谱》载有各种篆香之制法。篆香还可用来计时。《香谱》记“百刻香”道：“近世尚奇者作香篆，其文准十二辰，分一百刻，凡然一昼夜。”[②]

而熏笼、熏球、熏炉、香兽、香盒等香器也广泛出现于文物和诗文中。

其中，熏笼是熏衣之物，以竹片制成，下置香炉，上覆衣物。衣物先以热气润湿，然后再以炉香熏染。洪刍之《香谱》，陈敬之《陈氏香谱》对熏衣之法都有所描述。《陈氏香谱》载：“凡欲熏衣，置热汤于笼下，衣覆其上，使之沾润，取去，别以炉爇香，熏毕，迭衣入箧笥隔宿，衣之余香数日不歇。”[③]

熏球，亦常被称“香囊”，制作工艺高超，球中有承火之香盂。熏球翻转，香盂也不会翻侧倒出香灰，所以可置于绣中和被中。香盒为盛放香末之物，有瓷器、漆器等多种形态。

至于熏炉和香兽，则是香炉的不同形制。扬之水提到：“宋代香炉可以大致分作两种类型，其一封闭式，其一开敞式。前者有盖，后者则否。今一般称封闭式的炉为熏炉，开敞式的炉为香炉。”[④]而“炉盖作成莲花和狻猊，是封闭式香炉中最常见的两种，宋人或称之为‘出香’”。[⑤]

开敞式的香炉，常被制成各种鸟兽植物的形状。它还有一种名称叫“香兽”。洪刍《香谱》载：“香兽以涂金为狻猊、麒麟、凫鸭之状，空中以然香，使烟自口出，以为玩好，复有雕木埏土为之者。”[⑥]《陈氏香谱》记香炉道：“香炉不拘银、铜、铁、锡、石，各取其便，用其形，或作狻猊、獬豸、凫鸭之类，随其人之意作。顶贵穹窿，可泻火气，置窍不用太多，使香气回薄则能耐久。”[⑦]出香或香兽的功能，是缓缓地将焚烧出的香气释放出来。香兽能让香气变得更加幽淡而绵长，它的使用，体现

---

①洪刍．香谱：卷下［M］．刻本．清学津讨原本．

②洪刍．香谱：卷下［M］．刻本．清学津讨原本．

③陈敬．新纂香谱［M］．严小青，编．北京：中华书局，2011：163.

④扬之水．香识［M］．南宁：广西师范大学出版社，2011：54.

⑤扬之水．香识［M］．南宁：广西师范大学出版社，2011：55.

⑥洪刍．香谱：卷下［M］．刻本．清学津讨原本．

⑦陈敬．新纂香谱［M］．严小青，编．北京：中华书局，2011：200.

出宋人对于香的趣味。宋人不追求感官的刺激，而在乎一种清新的、恬淡的体验。香兽还为香增添了烟云弥漫室内的视觉美感。赵希鹄《洞天清禄集》载："东坡小有洞天石，石下作一座子，座中藏香炉。引数窍，正对岩岫间，每焚香，则烟云满岫。"①香气产生的烟云缭绕石间，使人恍若神游仙山之中。

唐宋之时，在诗文中，关于焚香的描写，主要出现于三种空间中，一是佛道教等之宗教仪轨中，二是女性及内闱之空间，三是文人生活之空间。第一种无须多提。第二、三种，都与私人生活相关。日常生活中，焚香多进行于居室之内，如《陈氏香谱》引《香史》道："焚香必于深房曲室，矮桌置炉，与人膝平，火上设银叶或云母，制如盘形，以之衬香，香不及火，自然舒慢无烟燥气。"②在幽深的室内，香味萦绕于身畔，使人飘然欲醉。这种安静而相对封闭的空间中，因为外在之干扰的隔绝，易使人关注自己的心灵世界。而香气的熏染，又易酝酿出复杂的情绪。正因为这些原因，唐宋与焚香相关的诗文，常常诉说着闺中人缠绵的相思之情。如李商隐《无题》诗道："蜡照半笼金翡翠，麝熏微度绣芙蓉。"③蜡烛的灯光，半笼于绣着金丝翡翠的烛帷中，熏过麝香的芙蓉帐，散发着淡淡的香气。灯光影影绰绰，香气若有若无，如梦一般惝恍迷离，充满了朦胧的美。正是这灯影淡香交织的氛围，将诗人引入一场相思的迷梦中。

然而，香不仅唤起爱情的想象，"香"总是和人品的高洁、心性的纯净联系在一起。这种对香的理解，既延续了"香草美人"的传统，又渗入了道禅哲学的参悟。焚香时宁静的氛围，帮助文人从世俗的烦恼中解脱出来，而香提神醒脑的功效，则又让文人联想到精神的颐养。因此，文人时常在焚香中，体验性灵的超越。如白居易《味道》诗道：

> 叩齿晨兴秋院静，焚香冥坐晚窗深。七篇真诰论仙事，一卷坛经说佛心。此日尽知前境妄，多生曾被外尘侵。自嫌习性犹残处，爱咏闲诗好听琴。④

---

①赵希鹄．洞天清禄集［M］．刻本．清海山仙馆丛书本．

②陈敬．新纂香谱［M］．严小青，编．北京：中华书局，2011：162.

③李商隐．李商隐诗歌集解［M］．北京：中华书局，1988：1632.

④白居易．白居易集笺校［M］．朱金成，笺校．上海：上海古籍出版社，1988：1577.

在焚香宴坐中，诗人参读道禅经典，醒悟种种前境，皆为虚妄；人生的种种烦恼，都由外尘的侵扰所起。诗人从妄境和尘劳中解脱，但犹有一腔痴心，系于琴诗之间。

又如皮日休《寒日书斋即事三首》其二道：“将近道斋先衣褐，欲清诗思更焚香。”[①]焚香可以“澡雪精神”，为诗歌的创造提供澄洁的心胸。陆游《焚香赋》道：“方与香而为友，彼世俗其奚恤。洁我壶觞，散我签帙。非独洗京洛之风尘，亦以慰江汉之衰疾也。”[②]与香为友，使文人能超越世俗。京洛之风尘，意指官场的种种烦恼和险恶；江汉之衰疾，则意指颠沛江湖，壮志未酬而老病已至。在这两种生命的困境中，香为文人提供了心灵的洗涤和慰藉。

宋代，还产生了一系列关于香的著作，如丁谓《天香传》、洪刍《香谱》、陈敬《陈氏香谱》、叶廷珪《名香谱》等。它们不仅从名物学上记录种种香料香草的产地、性质、功能等，也对这些香进行品评。它们还记录了种种使用香的方式与故实。总之，唐宋之时，香是宗教及私人生活的重要内容。一种颇具规模的香文化已经形成。

二、明代的焚香文化

降及明代，唐宋这种焚香的习俗愈发成为了一种社会生活的风尚。在明人的诗文和笔记中，关于焚香用香的记载随处可见。《竹屿山房杂部》中《焚香》一节载：“取象钱灰米汤和剂晒干，煅红细研，依法煅三次，入炉鼎然，煤饼置上饼上。又载以厚云母石隔火，香不易焦。有载以火浣布，火不能御。有载以金银钱，几于奢泰也。”[③]这里提到了“隔火”之法，即将火与香隔离，慢慢熏出香气，而不见烟。宋代已有“隔火”之法，如南宋杨庭秀《焚香》诗道：“琢瓷作鼎碧于水，削银为叶轻如纸。不文不武火力均，闭阁垂帘风不起。诗人自炷古龙涎，但令有香不见烟……”以银为纸，置于瓷鼎中，使火力均匀，香气舒缓而清新。在晚明，这种“隔火”之法似乎颇为流行，屠隆《考槃余事》也提到：“银

①陆龟蒙．松陵集：卷八［M］．抄本．清文渊阁四库全书本．

②陆游．陆游集［M］．北京：中华书局，1976：2496．

③宋诩．竹屿山房杂部［M］．抄本．清文渊阁四库全书本．

钱、云母片、玉片、砂片俱可以。火浣布如钱大者，银饷周围，作隔火尤难得。几盖隔火，则炭易灭，须于炉四围用箸直捌数十眼，以通火气，周转方妙。炉中不可断火，即不焚香，使其长温，方有意趣。”[①]高濂《遵生八笺》之《燕闲清赏笺》、文震亨之《长物志》、方以智之《物理小识》也有类似记载。隔火之采用，说明在文人雅士的品香中，不但“云烟”之视觉美逐渐淡出，而且他们所追求的并非嗅觉上的刺激，而是一缕清香萦绕鼻端，淡雅而悠然的意趣。

《竹屿山房杂部》中《焚香》一节还提到：“宜春冬时，不宜夏秋时，又不宜广厦中。别创小规模室阖，设低几，焚之则烟穗上升，遍化室壁间。”“不宜猛使，香味缓蒸，氤氲开绕，鼻观先参，不可使目见其烟之腾拥也。”[②]这里不仅对焚香之时令提出了建议，又呼应了《陈氏香谱》中对焚香之处所的要求。高濂《遵生八笺》记录《冬时逸事》载《辟寒香》道：“外国进香，大寒焚之，必减衣拒热。”[③]《炷暖香》道：“云溪僧舍，冬月客至，焚暖香一炷，满室如春。故詹克爱诗云：‘暖香炷罢春生室，始信壶中别有天。’”[④]则冬日宜焚香，应与御寒有关，且使满室春意盎然。

关于香器等，明人亦颇为讲究。如“香炉”，《考槃余事》载：“官哥定窑龙泉宣铜潘铜彝炉乳炉，大如茶杯而式雅者为上。”[⑤]《蕉窗九录》所记与此相同。《遵生八笺》则认为“官哥定窑岂可用之？”[⑥]《长物志》则认为：“三代秦汉鼎彝及官哥定窑龙泉宣窑皆以备赏鉴，非日用所宜。惟宣铜彝垆稍大者，最为适用。宋姜铸亦可。”[⑦]随着鉴赏之需要，古代铜鼎和瓷器逐渐被移出作为用具的香炉，而宣德铜炉则愈加重要。除铜炉外，其他香器如香盒、匙箸、箸瓶等也各有要求。扬之水提到：“元代……熏染香饼所必须的香盒于是与香炉、箸瓶以及箸与香匙结为固定的

---

①屠隆．考槃余事：卷三［M］．明刻本．

②宋诩．竹屿山房杂部［M］．抄本．清文渊阁四库全书本．

③高濂．遵生八笺［M］．北京：人民卫生出版社，2007：179．

④高濂．遵生八笺［M］．北京：人民卫生出版社，2007：179．

⑤屠隆．考槃余事：卷三［M］．明刻本．

⑥高濂．遵生八笺［M］．北京：人民卫生出版社，2007：497．

⑦文震亨．长物志［M］．重庆：重庆出版社，2010：104．

组合，即所谓‘炉瓶三事’。”[①]明代，该组合中的铜炉主要是宣德炉。绘画和出土文物中屡屡出现“炉瓶三事”的固定搭配，印证着香器的“模式化”。

以文徵明等吴门文人为例，焚香更是文人生活中不可或缺的一项活动。

如沈周诗道：“需霁寥寥坐夜长，呼童转烛更添香。”[②]“小阁棂窗风自推，手添香炷拨炉灰。”[③]“旬时惟有药追陪，断不思拈旧酒杯。虑静炉香宜夜坐，眼酸书卷怯朝开。”[④]“寂寥草座无人伴，自起添香看篆烟。”[⑤]沈周笔下，香气营造了宁谧的氛围，苏醒心灵的昏昧，安慰长夜的寂寞。在香烟缭绕中，诗人澄静烦虑，在香气中体悟心性的空灵。

唐寅诗道：“焚香默坐自省己，口里喃喃想心里。”[⑥]“自怨迂疏更可怜，焚香扫榻枕书眠。”[⑦]“竹篝灯下纸窗前，伴手无聊展一编；茶罐汤鸣蚓窍，香炉埋炭炙龙涎。”[⑧]“秋来四壁声如雨，帐掩熏炉独自听。”[⑨]在唐寅笔下，焚香总是与诗人丰富而细腻的心灵感受相关，失落时焚香默坐，反省平生；自怜时烧香独眠，忧思暂遣；无聊时煮茶焚香，观书自娱；寂寥时拥炉听雨，幽意徘徊。无论何种心境，香都为诗人给予了陪伴和慰藉。

---

①扬之水．香识［M］．南宁：广西师范大学出版社，2011：45.

②沈周．沈周集［M］．上海：上海古籍出版社，2013：146.

③沈周．沈周集［M］．上海：上海古籍出版社，2013：185.

④沈周．沈周集［M］．上海：上海古籍出版社，2013：149.

⑤沈周．沈周集［M］．上海：上海古籍出版社，2013：126.

⑥唐寅．唐伯虎全集［M］．周道振，张月尊，辑校．北京：中国美术学院出版社，2002：27.

⑦唐寅．唐伯虎全集［M］．周道振，张月尊，辑校．北京：中国美术学院出版社，2002：82.

⑧唐寅．唐伯虎全集［M］．周道振，张月尊，辑校．北京：中国美术学院出版社，2002：379.

⑨唐寅．唐伯虎全集［M］．周道振，张月尊，辑校．北京：中国美术学院出版社，2002：386.

其他，像王宠诗道："静炼斋心后，焚香清燕余。"[①]"旭日散高斋，离离檀樾影。焚香对宝册，古院苍苔静。"[②]"西斋晤语静焚香，寂寂山家秋昼长。千朵芙蓉映修竹，一群沙鸟浴回塘。"[③]王穉登诗道："肺病日侵寻，焚香生道心。"[④]在他们笔下，焚香与心灵习"静"的工夫有关。在焚香中，文人超越身体的病痛，获得道心的体证，融身于生生不息的世界里。

而文徵明诗中，关于焚香的描述更比比皆是。如"拥寒不出户，焚香娱宴清。朝日照盂盎，浮光上虚楹。修竹不受风，时时苍玉鸣。闲情溢眉宇，酒醒诗亦成。"[⑤]"芳情经病减，白日废书长。何物供欹枕，萦帘一炷香。"[⑥]"独坐茅檐静，澄怀道味长。年光付书卷，幽事续炉香。"[⑦]以及"习静熏炉细，醒烦茗碗深。草堂宾客散，倚枕听幽禽。"[⑧]等等。在他诗中，焚香也是一种"习静"，关联到心灵的修养和"道"的体悟。

除诗文外，吴门之绘画中，也有对焚香之活动的描绘或暗示。如文徵明《吉祥庵图》中，即有香炉的描绘。陆师道的仿作中，自然也保留了这一部件，绘出一个翠青色的小香炉，有底座和炉盖，形制颇似宣德铜炉。《山水》[⑨]图中，一官员身前的方形香几上摆着花瓶与带红色底座的青色香炉，如正凝神品香。另一幅无题名，亦暂名为《山水》[⑩]的图中，同样有带底座的香炉。仇英《林亭佳趣图》，绘一文士斜卧于榻上，身畔小桌上摆着小香炉和铜花瓶，榻后壁上图书千卷。炉香与花香萦绕画中，文士闭目养神，似陶醉于这一氛围中。

①王宠．雅宜山人集：卷七［M］．刻本．董宜阳，朱浚明，1537（嘉靖十六年）．

②王宠．雅宜山人集：卷七［M］．刻本．董宜阳，朱浚明，1537（嘉靖十六年）．

③王宠．雅宜山人集：卷八［M］．刻本．董宜阳，朱浚明，1537（嘉靖十六年）．

④王穉登．金昌集：卷二［M］．刻本．延陵吴氏竦斋，1567（隆庆元年）．

⑤文徵明．文徵明集［M］．周道振，辑校．上海：上海古籍出版社，1987：30.

⑥文徵明．文徵明集［M］．周道振，辑校．上海：上海古籍出版社，1987：98.

⑦文徵明．文徵明集［M］．周道振，辑校．上海：上海古籍出版社，1987：103.

⑧文徵明．文徵明集［M］．周道振，辑校．上海：上海古籍出版社，1987：121.

⑨纸本设色，纵31.7厘米，横138厘米，现藏台北"故宫"博物院。

⑩纸本设色，纵130.1厘米，横65.5厘米，现藏台北"故宫"博物院。

三、焚香之意蕴

现在，我们就主要以吴门文人的生活和诗画，来具体分析焚香之雅事在明代文人生活中所包含的意蕴。

其一，焚香所产生的香气，不仅提供了一种感官的享受（除了嗅觉闻到的幽香弥漫，也有视觉看到的云烟弥漫、恍若仙境的效果），更提供了一种独特的审美体验。

在康德看来，审美的愉悦和感官刺激的愉悦之间存在着区别。感官刺激的愉悦涉及到对象的实存，与利害有关。而审美的愉悦是无利害的，它只关注对象合目的性的形式。从这个意义上，"闻香"并不是一种审美体验，而是感官刺激，因为它必须以"香气"的实存为前提。

然而，在中国古典美学中，对香味的感受恰恰被视作一种美感，加入到我们对于自然和生活整体的审美体验中。如林逋有名句道："疏影横斜水清浅，暗香浮动月黄昏。"这里，梅花稀疏的枝条倒影在清浅的水面上，幽淡的香气浮动在朦胧的月光中。疏影和暗香，共同交织成了梅花清幽疏淡的审美意象。

中国古典园林中，香成为了构造园林意境的奇妙手段。如拙政园有"雪香云蔚亭""玉兰亭""远香堂""荷风四面亭"等景致。如"荷风四面亭"，一六角小亭，坐落于池中小岛上，四面环水，池中遍植绿荷，夏日凉风习习，坐于亭中，四面荷香扑面，整个人仿佛消融于一片幽香中。香气超越了园林外在的形式，超越了空间的阻隔，将整个园林贯通成一个整体。

狮子林的回廊则有"听香"一景。香何以能听？这种说法应是来自于庄子的"心斋"一说："若一志，无听之以耳而听之以心；无听之以心而听之以气。听止于耳，心止于符。气也者，虚而待物者也。唯道集虚。虚者，心斋也。"[①]所谓听之以气，就是荡涤自己的心灵，使之保持一种虚灵不昧的状态，超越感官和知识的偏见，来应接万物。香也是一种气，它具有"气"超越有形世界的特点，它是弥漫性的、散发性的。它若有若无，又感人至深。而"听香"，则是超越物象之表，谛听有形的园林、绘画等

①郭庆藩. 庄子集释［M］. 北京：中华书局，2004：147.

艺术形式中所包含的无形的精神气韵。

在焚香之雅事中，对缭绕的烟云和四溢的清香的感受，参与到文人对香茗、美酒和美食的味觉享受，对手中画卷和书卷的审美愉悦以及文人默然静坐的自我修养，友朋相聚、交谈对弈、赋诗吟咏的生活乐趣中，共同构成了文人对其日常生活的审美体验。而且具体来讲，焚香体现了明代文人对于“闲静”之意趣的追求。

其中，闲意味着摆脱时间的促迫，获得一种从容不迫的心境；静则是从世俗尘劳的攘扰中抽身，回归心灵的淡泊宁静。“闲静”意味着不再陷溺于利害的思量功名的追逐中，而是关注寻常生活的丰富意蕴，关注当下真实的生命体验。

文人时常于幽静寂寥、闲来无事之际，焚一缕香，细细品触其中滋味。焚香，从形态上，香烟细细、缓缓萦绕室内帘间，仿佛放慢了时间的流逝，而文人的心情亦随之舒缓、悠然。从嗅觉上，香味的持续亦使人忘却光阴，沉浸在一种延续性的体验之中。幽香袅袅，缥缈无形，将诗人的心灵从外物和时间的抵触和催促中解脱出来，带离有形有限的物质世界，超升至一片圹埌寥落，可供悠游往复的境界。正如文徵明诗道：“地僻尘纷静，重门昼不开。虚亭团竹树，曲径换莓苔。阶下无人过，窗前有鹤来。自焚香炷坐，吟赏漫徘徊。”①诗人闭门静处，焚香独坐，徘徊于对眼下之意境的吟赏中，心灵之体会随香味绵绵不尽。

文人对焚香所营造的“静”的氛围的喜好，或许与他们对“静”的追寻有关。吴门文人在绘画中追求一种静境，他们好画“山静日长图”。如文徵明说：“我亦世间求静者，久撄尘梦负青山。”②“静”意味着对生命的安顿，超越时间性的荒芜和悲哀，超越尘世种种利欲的搅扰，寻找生命的归途。朱良志提到：“文人画所谓静，不是外在环境的安静，也不是心灵的宁静，而是一种超越，在静中但歇一切攀缘，消解一切束缚，将现实人生的种种遭际、脆弱生命的种种拘挛都抛将去，赢得深心中的宁静。”③从沈周、文徵明、唐寅等人关于焚香的诗中，我们可以看出，无论是“虚静炉香宜夜坐”，还是“自起添香看篆烟”，无论是“年光付书卷，幽事

①文徵明．文徵明集［M］．周道振，辑校．上海：上海古籍出版社，1987：877.

②汪砢玉．珊瑚网：卷三十九［M］．抄本．清文渊阁四库全书本.

③朱良志．南画十六观［M］．北京：北京大学出版社，2013：207.

续炉香”，还是“拥寒不出户，焚香娱宴清”，在品味香气中，在焚香默坐中，诗人们都暂时摆脱了尘俗的搅扰，获得了一份宁静与闲适。

从这个意义上，焚香之“静”，与文人的精神修养间，存在着一定的关联。如文徵明诗“书几熏炉静养神，林深竹暗不通尘”[①]提到焚香之幽静，可以颐养人的精神。

这样一种“静”的颐养，或许受到心学的影响。方闻曾注意到陈献章的心学和沈周绘画思想之间的相似。而朱良志则在《扁舟一叶》中更深入地探讨了这一问题。陈白沙的心学很注重静养的功夫，所谓“静中养出端倪”。《编次陈白沙先生年谱》提到他“遂筑台，名曰春阳，静坐其中。足不出阃者数年”[②]。在静坐中澄净心灵，不受浊扰，从而呈露出心灵为善的端倪。

焚香对这样一种功夫，无疑是有帮助的。陈白沙自己的诗中也提到：“颜衰聊借酒，心远只焚香。”[③]在焚香中获得悠远的心境。

沈周和陈白沙屡有唱和。和陈白沙相似，在生活和绘画中，沈周特别注重静心自悟。他题《幽居诗意图》道：“焚香净扫地，隐几细开编。取足一生内，泛观千古前。风疏黄叶径，霞发夕阳天。物理终消歇，幽居觉自妍。”[④]焚香扫地，营造出一个清净的氛围，画家在几案前，将心灵在幽居的闲静中所体验到的诗情画境寓诸笔端，并有一种自得之乐。

而王阳明，也颇喜好焚香之趣。如其《山中懒睡四首》（其二）道：“扫石焚香任意眠，醒来时有客谈玄。松风不用蒲葵扇，坐对青崖百丈泉。”[⑤]这里，焚香亦与一种从容而宁静的心境相关。

限于篇幅，这里不再展开。但心学如何渗透到明代文人具体的生活方式中，是一个值得深究的问题。但可以说的是，明人对焚香的喜好，既是对一种独特的审美体验方式的喜好，也包含着精神修养的追求。

其二，焚香体现出一种禅境的参悟。

在佛经中，“香”又是“六尘”之一。“尘”如尘土，可沾染心灵，

---

①文徵明．文徵明集［M］．周道振，辑校．上海：上海古籍出版社，1987：1011．

②陈献章．陈献章集［M］．北京：中华书局，1987：807．

③陈献章．陈献章集［M］．北京：中华书局，1987：334．

④汪砢玉：珊瑚网：卷三十七卷［M］．抄本．清文渊阁四库全书本．

⑤王阳明．王阳明全集［M］．上海：上海古籍出版社，1992：735．

使人为欲望所蒙蔽。《大般涅槃经》称“六尘”为“六贼”，以其能劫夺一切善法。佛教讲要舍却“六尘”，不受染着，不生爱欲。

然而，正如前文所言，焚香又是佛教非常重要的仪轨之一，而“香”又常被用来形容佛国和佛法。《维摩诘所说经·香积佛品第十》载：

> 时维摩诘即入三昧，以神通力，示诸大众上方界分，过四十二恒河沙佛土，有国名众香，佛号香积，今现在。其国香气比于十方诸佛世界人天之香，最为第一。彼土无有声闻、辟支佛名，唯有清净大菩萨众，佛为说法。其界一切皆以香作，楼阁、经行、香地、苑园皆香，其食香气周流十方无量世界。时彼佛与诸菩萨方共坐食。有诸天子皆号香严，悉发阿耨多罗三藐三菩提心，供养彼佛及诸菩萨。此诸大众莫不目见。①

维摩诘为诸大众现众香之佛国，显示佛法不可思议之境界。在这片佛土中，万物皆为香作成，散发香气，周流无量世界。而维摩诘则化成菩萨，前往众香界，蒙香积佛赐一钵香饭，复归维摩诘住处。饭香流转普熏三千大千世界，婆罗门、居士、神、欲色界诸天等，均受这香气的吸引，前往维摩诘之舍。而维摩诘则以一钵香饭，供养众生，使诸菩萨、声闻、天人等，“身安快乐”，仿佛也成为众香界的一员，连毛孔都散发出美妙的香气。

这里，香是“清净佛法”的一种体现。其时，众香界菩萨渴望往婆娑世界，而香积佛说：“可住，摄汝身香，无令彼诸众生起惑着心。又当舍汝本形，勿使彼国求菩萨者而自鄙耻。又汝于彼莫怀轻贱而作碍想。所以者何？十方国土，皆如虚空；又诸佛为欲化诸乐小法者，不尽现其清净土耳。”②香积佛说，一切国土尽如虚空，其实并无分别。从这个意义上，“众香界”也不过是虚空中所现起的一种境界。而释迦之所以不为婆娑世界众生现出清净之香界，因为此界众生心性未净，会将香气与美好的外形执着为实，而生“惑着”“鄙耻”之心。“六尘”之说，亦是一种方便法门，使众生不至于深陷虚妄的追逐中。维摩诘的“香饭”，滋养众生，清净他们的心灵，不再受外尘的染着。因而，他们能和众香界菩萨一样，安享“香”的美妙。

---

①维摩诘经新译［M］．陈引驰，林晓光，译．台北：三民书局，2005：172．

②维摩诘经新译［M］．陈引驰，林晓光，译．台北：三民书局，2005：175．

在《维摩诘所说经》的思想中，香并不只是一种需要舍离的外尘。对于“自净其意”，悟入“不二法门”，安住“不可思议解脱”的维摩诘而言，“香”恰恰是可供歆享的妙有。他早已超越一切分别想，闻香也不会生好恶和染着之心。正如该经的另一段提到：“时维摩诘室有一天女，见诸大人闻所说法，便现其身，即以天华，散诸菩萨、大弟子上。华至诸菩萨，即皆堕落，至大弟子，便着不堕。一切弟子神力去华，不能令去。”天女散花，片片飞落，不沾菩萨之身。而弟子辈认为“此华不如法”，渴望去除花瓣，却无法可施。因为他们已有了分别见，即有了染着，心为花所牵绊，故不可离。

禅宗常常用“香”来形容禅悟的境界。如相州天平山从漪禅师道：“香烟起处森罗现。”香唤起人心灵的觉性，照见世间的森罗万象。又有僧问澧州钦山文邃禅师道：“如何是和尚家风？”师曰：“锦绣银香囊，风吹满路香。”香囊佩在身，喻自心清净之觉性，“风吹满路香”，香囊有香，如觉性中自有清净佛法，如风吹香飘，不劳说教，自然熏染弟子。

沈周《秋夜独坐》诗道：

> 万事萦思独坐中，炉香深处性灵空。药如效世黄金贱，年莫瞒人白发公。疏竹画窗因借月，堕樵惊屋偶乘风。且来拂簟寻高卧，梦境浮生一笑同。[①]

沉浸在香气中，诗人忽照见性灵之虚寂空明，如香气无色无形。而性灵虽空，却涵藏清净之佛法，如香气熏染万物，又不为外物之污秽所杂染。诗人以空寂之心，看月照疏竹，影落窗上；听风吹木堕，声惊屋内，因而领悟浮生与梦境，俱为空心所现，无须执着分别真幻，不如晏然高卧，梦境与浮生尽付一笑中。

而文徵明《焚香》诗道：

> 银叶荧荧宿火明，碧烟不动水沉清。纸屏竹榻澄怀地，细雨轻寒燕寝情。妙境可能先鼻观，俗缘都尽洗心兵。日长自展南华读，转觉逍遥道味生。[②]

水沉香清新的香气沁人心脾，碧绿的香烟凝然不动。朴素的居室和清寒的天气，却适宜人澄净心怀，安卧室内。诗人在闲居中，在清香弥漫的

---

①沈周. 沈周集［M］. 上海：上海古籍出版社，2013：155.

②文徵明. 文徵明集［M］. 周道振，辑校. 上海：上海古籍出版社，1987：1031.

氛围中，参悟种种妙境，领略寻常的生活中所蕴含的意趣。诗人明确提到“鼻观”。鼻为气息之孔窍，香则具有丰富的精神性蕴意。文徵明在诗句末尾明确提到了读《南华真经》，这里的鼻观，也许也受到了“心斋”思想的影响。心斋，以虚心领会至道，所谓“虚其心则至道集于怀也”①。诗人之“鼻观”，超越感观与思虑，隔断俗缘，销尽“心兵”——心中之烦恼，从而以虚灵之心，听取香气之妙韵。在焚香中，诗人品读《庄子》，似乎体会到了逍遥的意味。这里，逍遥即是他当下的这种生命体验，斩断妄念俗缘的羁绊，忘却时光的流逝，心灵自在悠游。

《考槃余事》《遵生八笺》等有一段相似的关于香的精彩言论，都涉及到香与禅的问题。而《蕉窗九录·论香》一段则与《考槃余事》相同。以出版年代而论，《遵生八笺》之论述或为较早之源泉。其文道：

> 高香、生香、檀香、降真香、京线香，香之幽闲者也。兰香、速香、沉香，香之恬雅者也。越邻香、甜香、万春香、黑龙挂香，香之温润者也。黄香饼、芙蓉香、龙涎饼、内香饼，香之佳丽者也。玉华香、龙楼香、撒馥兰香，香之蕴藉者也。棋楠香、唵叭香、波律香，香之高尚者也。幽闲者，物外高隐，坐语道德，焚之可以清心悦性。恬雅者，四更残月，兴味萧骚，焚之可以畅怀舒情。温润者，晴窗拓帖，挥麈闲吟，篝灯夜读，焚以远辟睡魔，谓古伴月可也。佳丽者，红袖在侧，密语谈私，执手拥炉，焚以熏心热意，谓古助情可也。蕴藉者，坐雨闭关，午睡初足，就案学书，啜茗味淡，一炉初爇，香霭馥馥撩入，更宜醉筵醒客。高尚者，皓月清宵，冰弦戛指，长啸空楼，苍山极目，未残炉爇，香雾隐隐绕帘，又可祛邪辟秽。黄暖阁、黑暖阁、官香、纱帽香，俱宜爇之佛炉。聚仙香、百花香、苍术香、河南黑芸香，俱可焚于卧榻。客曰：“诸香同一焚也，何事多歧？”余曰：“幽趣各有分别，熏燎岂容概施？香僻甄藻，岂君所知？悟入香妙，嗅辨妍媸。曰余同心，当自得之。”一笑而解。②

这一段话，以拟人之法，将香比作“六者”——“幽闲者”“恬雅者”“温润者”“佳丽者”“蕴藉者”“高尚者”。每一类香，更有其品性，各适合一种生活的情态与意趣。如“幽闲者”适合超然物外之趣，

①郭庆藩．庄子集释［M］．北京：中华书局，2004：148.

②高濂．遵生八笺［M］．北京：人民卫生出版社，2007：495.

“恬雅者”适合潇洒独立之趣，“温润者”适合笔墨诗书之趣，“佳丽者”适合琴瑟好合之趣，“蕴藉者”适合悠然闲处之趣，“高尚者”适合清空高古之趣等等。香之所以能成为这种种生活意趣的佐助，除香祛除邪秽、清醒精神之功能外，更重要的是香和性情之间的关系，所谓“清心悦性”“畅怀舒情”“熏心热意”等。香可牵引人的爱欲，慰藉人的情感，却又能清净人的心性。对于不同的生活诉求而言，香似乎都能有所裨益。

高濂提道：“香僻甄藻，岂君所知？悟入香妙，嗅辨妍媸。曰余同心，当自得之。”“悟入香妙”，将“妙悟”引入“香”的品赏中，以“嗅觉”来辨别美丑。不过，“嗅觉”只可辨别香与臭，如何辨别“美丑”？依照上文，这里的“美丑”，其实并非对香味本身是否合乎审美愉悦的判断，而是对香是否与某种生活情境相适合的判断。如兰香、沉香，香气淡雅，夜深之时，独立于残月之下，幽香入鼻，如飘然于尘外。但如果此时用芙蓉、龙涎，香气馥郁，则可能有旖旎之思，少了恬雅中的清心寡欲。嗅辨妍媸，亦是对形式之美的一种超越，不以目视，而以鼻参。鼻所把握的并非形，而是气，似有似无，若隐若现，仿佛某种精神韵致的流露。重要的并非美丑的分别，而是心灵的契合。

以“悟”来领会“香”的妙用，涉及到上文提到的香与佛教思想的关联。“悟入香妙”，并不是善于分别诸香味，而是拾起自己对生活的信心，唤醒心灵的体验和感受力，于生命的种种可能性中，细细品味其意蕴，而发掘不同的“幽趣”。因而，《遵生八笺》才将香归之六类，各有所宜。这是建立在对生活细腻的感受和风雅的喜好之上的。高濂称：“曰余同心，当自得之。”他对香的重视，符合“遵生”之旨。颐养生命之道，更重要的不是寿命的延长，而是生活本身的丰富、有趣与精致，是心灵对当下的真实体验。焚香之中的“悟”，悟入一个空灵、澄澈、清幽、自在的意境，闲居生活中的种种物事，都呈现出其自身的意义。

其三，焚香是对居所和身心的一种澄净，亦是一种表达敬意的方式。在宗教仪式中，焚香之表敬意早已有之。而吴门文人则常于写书观画等艺术活动前焚香，涤清秽浊之气，以示对书画的珍重。

董其昌《画禅室随笔》的一段话，可很好地解释这一现象：

> “虚室生白，吉祥止止。”予最爱斯语。凡人居处，洁净无尘溷，则神明来宅。扫地焚香，萧然清远，即妄心亦自消磨。古人于散

乱时，且整顿书几，故自有意。[①]

“虚室生白，吉祥止止。”取自《庄子·人间世》。居室之洁净虚明，可吸引神明来护佑，栖止其中，自然吉祥如意。而心灵之清虚不昧，可放出光明，朗照外物，在董其昌看来，焚香能使心灵有萧然清远之意，自然除去妄心，从尘世的琐屑与污秽中抽身，远迈至书画艺术的清雅世界。

总地来说，焚香与文人的心灵有着密切的关系。这一点，在明代文人的焚香雅事中有着明确的体现。焚香之中，文人从世俗的尘劳中抽身而出，亦从知识和欲望的追逐中解缚，获得安闲和宁静。香气不仅涤清心灵的尘秽，更激活了心灵的感受力，使心灵能陶醉于当下的体验中，发现寻常生活中种种物事的意义——书画、茶、月色、枕簟……对焚香的喜爱，其实即是对日常生活之意义的发掘，对自己生命之体验的珍视。

从这个意义上，焚香并不只是明代文人物质生活一个小的断片，而包含着更深的精神追求。事实上，明代文人在其物质生活的许多方面，如书画器物的收藏和把玩、园林的营造、焚香品茗等日常生活的雅事，都并非单纯追求一种感官的享乐，而有着自我修养、精神追求和生命安顿等方面的意义。理解明代物质生活背后的观念性要素，对于阐释明代物质生活的繁盛以及明代社会的变迁，有着重要的意义。而这篇文章，只算是一个微不足道的尝试。

---

①董其昌. 画禅室随笔［M］. 上海：华东师范大学出版社，2012：129.

儒家仁说及其与耶教思想之比较

——以朱熹、黄宗羲、黄百家父子及利玛窦为中心

连　凡

儒家所提倡的以五常为中心的道德观作为古代中国社会伦理道德规范的基础，对维系世道人心和社会秩序起到了重要的作用，但从汉末直至唐代，废弃伦常讲求出世的佛道二教思想兴盛，而同时期汉唐章句训诂之学对儒家思想的性理精义阐发不力，再加上社会局势的动荡造成的道德伦理的沦丧，儒学理论的发展一时停滞不前。直至宋代，儒学家在继承先秦儒家义理系统的基础上接受佛道二教思想的影响和刺激，从天道或者天理所谓形而上的宇宙本体上寻求儒家道德伦理的根源，进而据此以贯通心性和规范道德，从而完成了对儒家哲学义理系统的改造和完善，开拓了所谓“新儒学”思潮。新儒学思想的核心在于其心性论和道德观。而其中“仁”作为新儒学道德观的核心范畴受到特别的重视，并一度成为学术界的中心话题。①宋代理学的集大成者朱熹在其著作《仁说》《仁说图》，及其与张栻、吕祖谦等学者间的学术辩论中详细论述并批判总结了南宋前期的仁说，成为了南宋以降的权威学说。其后到了明末清初，浙东学派的著名学者黄宗羲、黄百家父子等人编著了总结宋明理学发展脉络的学术史巨

①关于两宋之间的仁说及在道学话语体系之发展的详细论述可参考陈来《论宋代道学话语的形成和转变——论二程到朱子的仁说》。陈来先生指出：“仁说及求仁之学是早期道学的主题，也是前期道学的核心话语，提供了道学从北宋后期到南宋前期发展的重要动力。”又指出：“朱子的仁说是对南宋前期道学仁说的清理和总结……而朱子的仁说既依据于对二程仁说的整理和发挥，也体现了朱子个人在思想和方法上的特色。”陈来．中国近世思想史研究（增订版）［M］．北京：生活·读书·新知三联书店，2010：56–116.

著《宋元学案》（黄氏父子及全祖望等人编著）与《明儒学案》（黄宗羲编著），并在其中对包括朱子学在内的各派学说进行了系统的总结批判。仁说即是其中的重要内容。比黄氏父子稍早一些，明末以利玛窦为代表的欧洲入华天主教耶稣会士出于传教的需要，也对中国传统思想尤其是作为官方统治思想的朱子学进行了系统的批判。仁说也是儒耶思想交涉中的一个重要论题。但海内外学术界对此还没有进行过专门的比较哲学研究。因此本文拟从本体论、心性论与修养工夫论三个层面来论述和比较朱熹、黄氏父子及利玛窦的仁说（道德观），阐明各自学说的主旨并比较其异同，以推进关于儒耶思想交涉方面的研究。

一、朱熹的仁说

首先，朱熹在其《仁说图》中指出：

仁者，天地生物之心（元亨利贞便是天地之心），而人之所得以为心。

未发之前，四德具焉，而惟仁则包乎四者。是以涵育浑全，无所不统。所谓生之性，爱之理，仁之体也。已发之际，四端著焉，而惟恻隐则贯乎四端。是以周流贯彻，无所不通。所谓性之情，爱之发，仁之用也。专言则未发是体，已发是用。偏言则仁是体，恻隐是用。

公者所以体仁，犹言克己复礼为仁也。盖公则仁，仁则爱。孝弟其用也，而恕其施也。知觉乃智之事。①

归纳上述朱熹关于“仁”的论述可知，其仁说实兼具本体论、心性论和工夫论（修养论）三个层面的内涵。具体分析如下：

在本体论层面，仁是天地生物之心（意志），或者说天地生生之德性。生成化育万物即是天地之心（意志），即孔子所说的“天何言哉！四时行焉，百物生焉”（《论语·阳货》）。这种生化是一个气化流行的过程，即所谓“一元之气，运转流通，略无停间，只是生出许多万物而已”②。这种气化过程也就是周敦颐在《太极图说》中所规定的太极（元气）→阴阳→五行→天地万物的宇宙生成次序。在这里，太极作为生化

① （宋）黎靖德．朱子语类：第7册［M］．北京：中华书局，1986：2633.

② （宋）黎靖德．朱子语类：第1册［M］．北京：中华书局，1986：4.

万物之本源，也即是仁（道德）之本体（仁体）。周敦颐在《通书·诚上》章中又以《中庸》里面表征真实无妄的“诚”体来指称道体（道德本体），这个意义上的“诚”与“太极”同义，进而又用《易传》中所谓《乾卦》之德性——元亨利贞“四德”来具体表述从“诚”（天道流行）之本源（动力因）到完成（目的因）的一个完整过程，元亨利贞“四德”在《易传》中指天道（乾道）生成万物的始终过程，实即一气流通过程中的不同阶段，也即是天地生物之德性功能（“天地之心”），是对仁体的具体描述。朱熹继承周敦颐的太极说和诚体说，并以二程发明的宇宙本体——天理来统摄概括太极、诚体、仁体等形上本体范畴，指出：“诚者，至实而无妄之谓，天所赋、物所受之正理也。……诚即所谓太极也。”[①]又说：“理，只是一个理。理举着，全无欠阙。且如言着仁，则都在仁上；言着诚，则都在诚上；言着忠恕，则都在忠恕上；言着忠信，则都在忠信上。只为只是这个道理，自然血脉贯通。”[②]在朱熹看来，太极、诚、仁同是指称此一天理，只不过角度有所不同，太极是从至高无上方面指称此理，诚是从真实无妄方面指称此理，仁是从实际内容（性即理）方面指称此理，所以才说“理一也，以其实有，故谓之诚。以其体言，则有仁义礼智之实”[③]。总而言之，朱熹哲学中本体论层面的仁即是作为宇宙本体的天理，或者说是天理在人性中的呈现，是高于形而下之气（情）的形上本体。

在心性论层面，前述朱熹关于本体论的论证给心性论提供了价值源头与理论依据，即所谓“‘天地之大德曰生’，人受天地之气而生，故此心必仁，仁则生矣”[④]。因为“人受天地之气而生”，必然禀受此天理仁体（天地之心）而为人自身的德性（性即理），天心之德（元亨利贞）下贯

---

①（宋）周敦颐．周敦颐集［M］．北京：中华书局，1990：12.

②（宋）黎靖德．朱子语类：第1册［M］．北京：中华书局，1986：100.

③（宋）黎靖德．朱子语类：第1册［M］．北京：中华书局，1986：104.

④（宋）黎靖德．朱子语类：第1册［M］．北京：中华书局，1986：85.

而为人心之德（仁义礼智）。[①]心性论主要包括理智（知）、情感（仁）和意志（勇）等领域。就作为儒家正统与宋明理学源头的思孟学派（孔子→曾子→子思→孟子）来看，按照孔子及其弟子（有子）的观点，孝弟（爱亲敬长）这种人生来即具备的最基本的情感是仁德之本。孔子的弟子、以孝道著称的曾子在《孝经》《礼记·祭义》中以孝为道德之根本，以保身为孝之始。子思在《中庸》里进一步以中和来区分喜怒哀乐之情感的未发（寂）与已发（感）两种状态，认为二者是“大本”（本体）与“达道”（作用）的关系。孟子则点出人心生来即具备恻隐、羞恶、辞让、是非的“四端”之心（情），并以之作为仁义礼智“四德”（德性）的根基。其后儒家学者多继承思孟学派以爱（情）言仁。到了宋代由于体用论思想的影响，理学的奠基人程颐首先区分了形上与形下、其然与其所以然的体用二元对立关系，并以之来处理未发与已发、性与情、仁与爱的体用关系。其后朱熹接受张载的“心统性情”说及程颐的“性即理”与“仁性爱情”说，将仁定义为“心之德，爱之理”，认为心包括并主宰性、情两方面，并进而明确了性与情、仁与爱的体用关系[②]，将仁视作天赋予人心的未发之性体，将爱、情视作人心的已发之“四端”，将二者对立了起来。[③]基于此，朱熹在其答张栻的书信中强调“由汉以来，以爱言仁之弊，正为不察

---

①《朱子语类》卷六：“仁义礼智，便是元亨利贞。若春间不曾发生，得到夏无缘得长，秋冬亦无可收藏。”“生底意思是仁，杀底意思是义，发见会通是礼，收藏不测是智。”“郑问：‘仁是生底意，义礼智则如何？’曰：‘天只是一元之气。春生时，全见是生；到夏长时，也只是这底；到秋来成遂，也只是这底；到冬天藏敛，也只是这底。仁义礼智割做四段，一个便是一个；浑沦看，只是一个。’”参见：（宋）黎靖德．朱子语类：第1册［M］．北京：中华书局，1986：107.

②《朱子语类》卷五：“旧看五峰说，只将心对性说，一个情字都无下落。后来看横渠‘心统性情’之说，乃知此话有大功，始寻得个‘情’字着落，与孟子说一般。孟子言：‘恻隐之心，仁之端也。’仁，性也；恻隐，情也，此是情上见得心。又曰‘仁义礼智根于心’，此是性上见得心。盖心便是包得那性情，性是体，情是用。”（宋）黎靖德．朱子语类：第1册［M］．北京：中华书局，1986：91.

③《朱子语类》卷五：“性以理言，情乃发用处，心即管摄性情者也。故程子曰‘有指体而言者，“寂然不动”是也’，此言性也；‘有指用而言者，“感而遂通”是也’，此言情也。”［3］（P94）“‘心统性情’，故言心之体用，尝跨过两头未发、已发处说。仁之得名，只专在未发上。恻隐便是已发，却是相对言之。”（宋）黎靖德．朱子语类：第1册［M］．北京：中华书局，1986：94.

性情之辨，而遂以情为性尔”[①]，批判了以爱（情）定义仁（性）的传统观点。朱熹一方面将仁视作心中所具备的包含四德在内的全德（心之德）与爱之“所以然之理”（爱之理），一方面认为孝悌（孝弟）属于知觉而非仁（性）之本体，因此不过是仁之作用或践履行仁的开端罢了。两者存在体用上的本质区别。所以朱熹在其《论语集注》中注释《学而》篇第二章“孝弟也者，其为仁之本与”时指出“盖仁是性也，孝弟是用也。性中只有仁义礼智四者而已，曷尝有孝弟来”[②]，认为仁是本性，孝弟只是本性所发出来的作用，性中无所谓孝弟之情，因此孝弟不可为仁之本（本源）。总而言之，朱熹哲学中心性论层面的仁是兼包四德的心之全德，是比孝弟（情）高一层次的性体（天理），是孝弟（爱）之所以然的形上本体依据。

在工夫论层面，朱熹指出：“百行皆仁义礼智中出。”[③]又说：“百行万善，固是都合着力，然如何件件去理会得！百行万善总于五常，五常又总于仁，所以孔孟只教人求仁。求仁只是‘主敬’‘求放心’，若能如此，道理便在这里。”[④]因为仁对应乾元，蕴含有生意。乾元是天道气化生物之本源。与之相应，仁是心之全德，兼包四德，是人道日用百行之本源。《大学》中说“物有本末，事有终始”，强调做人做事都要从根本处着力。要想成圣成贤，成就一个具有全德的人，其关键就在于体认道德之本源——即所谓“求仁”。孔孟因此才孜孜不倦地在各种场合下指点“求仁”之方法。关于“求仁”的工夫，朱熹主要继承了程颐“涵养须用敬，进学则在致知”[⑤]的主敬穷理二元工夫路数，以“主敬”“求放心”作为

---

①（宋）朱熹. 晦庵先生朱文公文集（二）[M]. 上海古籍出版社/安徽教育出版社，2002：1412.

②（宋）朱熹. 四书章句集注 [M]. 北京：中华书局，2010：48.

③（宋）黎靖德. 朱子语类：第1册 [M]. 北京：中华书局，1986：107.

④（宋）黎靖德. 朱子语类：第1册 [M]. 北京：中华书局，1986：113.

⑤（宋）程颐，程颢. 二程集（上）[M]. 北京：中华书局，2004：118.

求仁之方。[①]程颐指出："所谓敬者，主一之谓敬。所谓一者，无适之谓一。"[②]程颐一方面主张格物穷理是体道工夫之始，一方面又把主敬（主一）的涵养工夫作为致知（格物致知）的前提主体条件，强调"入道莫如敬，未有能致知而不在敬者"[③]，认为只有做到心中没有私意邪念的干扰（"收其心而不放"）[④]方能穷究事事物物之理。程朱所谓的主敬涵养属于《中庸》所谓"尊德性"的工夫，重点在于使心有主宰并去除障蔽天理的私意私欲。朱熹认为只要主敬常存养此心，达到纯熟的地步，便可达到仁。[⑤]此外，程朱以为爱属于一己之私欲（情欲），而仁属于天下之公理（天理），因此又强调以"公"作为求仁的方法，在人身上做工夫来践履行仁。[⑥]朱熹认为公是仁的前提条件，能体认得公则能体认得仁，反之亦然。[⑦]具体来说，即克去私欲而做到大公无私，则天理不受障蔽而自然流行，这便达于仁了。[⑧]其关键即在于主敬，朱熹认为主敬则心中有主宰而

---

①《朱子语类》卷六："学者须是求仁。所谓求仁者，不放此心。圣人亦只教人求仁。盖仁义礼智四者，仁足以包之。若是存得仁，自然头头做着，不用逐事安排。故曰：'苟志于仁矣，无恶也。'今看《大学》，亦要识此意，所谓'顾諟天之明命'，'无他，求其放心而已'。"（宋）黎靖德．朱子语类：第1册［M］．北京：中华书局，1986：113.

②（宋）程颐，程颢．二程集（上）［M］．北京：中华书局，2004：169.

③（宋）程颐，程颢．二程集（上）［M］．北京：中华书局，2004：66.

④（宋）程颐，程颢．二程集（上）［M］．北京：中华书局，2004：316.

⑤《朱子语类》卷十二："程子只教人持敬。孔子告仲弓亦只是说'如见大宾，如承大祭'。此心常存得，便见得仁。"（宋）黎靖德．朱子语类：第1册［M］．北京：中华书局，1986：208.

⑥《朱子语类》卷六："公是仁之方法，人身是仁之材料。"（宋）黎靖德．朱子语类：第1册［M］．北京：中华书局，1986：116.

⑦《朱子语类》卷六："仁是爱底道理，公是仁底道理。故公则仁，仁则爱。""公却是仁发处。无公，则仁行不得。""仁，将'公'字体之。及乎脱落了'公'字，其活底是仁。"（宋）黎靖德．朱子语类：第1册［M］．北京：中华书局，1986：116.

⑧《朱子语类》卷六："公不可谓之仁，但公而无私便是仁。""做到私欲净尽，天理流行，便是仁。""谓之无私欲然后仁，则可；谓无私便是仁，则不可。盖惟无私欲而后仁始见，如无所壅底而后水方行。"（宋）黎靖德．朱子语类：第1册［M］．北京：中华书局，1986：117.

私欲不萌，便可达于仁。总而言之，朱熹一方面以仁为形而上的性体（天理），是抽象的“心之德”，是不可能作为某种事物来把捉或体认的，因此不赞成从程颢、杨时直至湖湘学派等一元工夫论者所主张的直截体认仁体（“识仁”）的本体工夫路数，一方面又以仁为爱（情）之所以然之理（“爱之理”），因此也不赞成程颢、谢良佐的从孝弟情感（爱）的知体明觉方面来体认仁体的主张（以觉言仁），而只消极地强调以敬存心，去除私欲的障蔽，则天理自然澄明，也就能达到仁了。

二、黄宗羲、黄百家父子的仁说及其对朱熹仁说的批判

由上述分析不难看出，朱熹的仁说与先秦儒家思孟学派之仁说多所抵牾，因为朱熹的仁说主要继承的是程颐的体用二元的仁性爱情说，其思想呈现为以体用区分理气、心性、本体工夫的二元论，与直承思孟一系下来的心学一元论路数有所不同。因此宋元以降朱子学虽被统治者定为官学，但修正、批评乃至反对朱子学说者代不乏人。特别是到了明末清初，儒家内部出现了批判程朱理学而复归于先秦儒学传统解释的学术思潮（所谓“原典回归运动”[①]，黄宗羲、黄百家父子的仁说及其对朱熹仁说的批判就集中体现了这一时代思潮。以下仍然从本体论、心性论、工夫论三个层面来分析黄氏父子之仁说及其对朱熹仁说的批判。

在本体论层面，黄宗羲的老师、明代心学的殿军刘宗周为了纠正阳明后学空谈心性的主观流弊，比起一般的心学学者更加注重对客观理气关系的探讨。作为明代与王守仁齐名的心学大师湛若水的三传弟子，刘宗周一方面继承了唐枢、许孚远的“心即气”思想[②]，以气作为构成天地万物的实体，同时又受阳明心学的影响将气收摄于作为宇宙主体的本心之中。黄宗羲继承刘宗周的上述思想，提出“理为气之理，无气则无理”[③]，以理为气

① 林庆彰．明末清初经学研究的回归原典运动：国际孔学会议论文集［Z］．国际孔学会议大会秘书处编辑，1988：867–881．

② 张学智．明代哲学史（修订版）［M］．北京：中国人民大学出版社，2012：76–78．

③（清）黄宗羲．明儒学案（上）［M］．北京：中华书局，2008：112．

之条理，在主张气外无理的理气合一论的同时，又提出“盈天地皆心也”[①]与“人心之理，即天地万物之理”[②]，认为心是天地万物之本源。而对于心和气的相互关系，黄宗羲认为孟子的“万物皆备于我”实际是通过“一气之流通”来实现的，而气则是达到“物我一体”与“心物合一”的不可或缺的中间环节。[③]因此黄宗羲的本体论不是彻底的气本论，终究还是属于王学的心本论。黄氏父子进而基于其理气、心性合一论批判了朱熹的理气、性情二元论，认为“理生气”说不能成立，理是依赖于气而成立，更具体地说，理不过是气之条理罢了。由此，作为理之显现于人心中的性（理）也是依赖此心（“心即气”）而成立，而非如朱熹所说的性是心之本体，从而将心中所具有的性（理）与情（气）合而为一，并将程朱的形而上的心性论比作佛教求先天之人性于后天气质之前，从而予以了批判。[④]这样，黄氏父子就批判了朱熹以仁（性）属于形而上的理本体的观点，而主张从形下之气的层面来把握仁体（性体）。

在心性论层面，主要涉及两个方面的问题，一是“仁性爱情”说，一是“孝弟为仁之本”说。关于“仁性爱情”说，如前所述，程朱以情属喜怒哀乐之已发，以性属喜怒哀乐之未发，将性情割裂成体用二元的对立关

---

①（清）黄宗羲．明儒学案（上）［M］．北京：中华书局，2008：7．

②（清）黄宗羲．明儒学案（上）［M］．北京：中华书局，2008：511．

③黄宗羲在《明儒学案》卷二十二胡直的小传后指出：“夫所谓理者，气之流行而不失其则者也。太虚中无处非气，则亦无处非理。孟子言万物皆备于我，言我与天地万物一气流通，无有碍隔，故人心之理，即天地万物之理，非二也。若有我之私未去，堕落形骸，则不能备万物矣。不能备万物，而徒向万物求理，与我了无干涉，故曰理在心，不在天地万物，非谓天地万物竟无理也。”（清）黄宗羲．明儒学案（上）［M］．北京：中华书局，2008：511–512．

④《宋元学案》卷十五《伊川学案上》：“百家谨案：《孟子师说》：‘天地间只有一气充周，生人生物。人禀是气以生，心即气之灵处，所谓知气在上也。心体流行，其流行而有条理者即性也。……流行而不失其序，是即理也。理不可见，见之于气；性不可见，见之于心。心即气也。心失其养，则狂澜横溢，流行而失其序矣。养气即是养心。然言养心，犹觉难把捉。言养气，则动作威仪、旦昼呼吸，实可持循也。佛氏明心见性，以无能生气，故必推原于生气之本，其所谓“本来面目”，“父母未生前”，“语言道断，心行路绝”，皆是也。至于参话头，则壅遏其气，使不流行。离气以求心性，吾不知所明者何心，所见者何性也。’”（清）黄宗羲，（清）全祖望．宋元学案：第1册［M］．北京：中华书局，1986：598．

系。而黄宗羲则从其理气合一的立场出发主张性情合一，认为情（喜怒哀乐）实际上贯通未发与已发，而喜怒哀乐（情）之未发与已发的中和状态即是性，性情的合一恰如理气合一而非二元对立的关系。[①]关于喜怒哀乐与性的关系，黄百家引述刘宗周之语指出"《中庸》言喜怒哀乐专指四德而言，非以七情言也"[②]，即认为喜怒哀乐不属于七情而属于性之德，与仁义礼智四德同样处于超越的层面上，因而认为喜怒哀乐只能就四德来说，而不能就七情（喜怒哀乐爱恶欲）来说。这样喜怒哀乐就贯通已发未发、动静、寂感了。这是刘宗周基于其理气合一论得出的结论，即喜怒哀乐是基于一气流行之秩序，七情则是此秩序的错杂，因此喜怒哀乐就天道而言即是元亨利贞，就四时而言则是春夏秋冬。[③]黄百家在引述刘宗周的上述论证后进而指出，四端与四德虽名称不同，但本质上是一物，只不过人见四端而命名为四德罢了。性体之中无动静，其间喜怒哀乐之情的未发之中（里、隐）与已发之和（表、显）是表里、隐显而非先后（体用）关系，因此皆属于性，情（喜怒哀乐）是性之显露于外而不是性的对立面。[④]这样，黄氏父子便依据性情合一论批判了程朱以四端为形而下之情、以四德为形而上之性的仁性爱情说。

关于"孝弟为仁之本"的问题。黄百家引述黄宗羲的论述指出，孝弟（爱亲敬长）是人禀气而生来所具有的最初情感，是其后人生行事的基础和本源，所以说孝弟是仁德之本。朱熹在其《论语集注》中以孝弟属于

---

①黄宗羲在《明儒学案》卷十九黄弘纲的小传后指出："自来儒者以未发为性，已发为情，其实性情二字，无处可容分析。性之于情，犹理之于气，非情亦何从见性，故喜怒哀乐，情也。中和，性也。于未发言喜怒哀乐，是明明言未发有情矣，奈何分析性情？则求性者必求之未发，此归寂之宗所由立也。一时同门与双江辨者，皆从已发见未发，亦仍是析情于发，析性于未发，其情性不能归一同也。"（清）黄宗羲．明儒学案（上）［M］．北京：中华书局，2008：449.

②（清）黄宗羲．明儒学案（下）［M］．北京：中华书局，2008：1525.

③东方朔．刘宗周评传［M］．南京：南京大学出版社，1998：129.

④《宋元学案》卷十五《伊川学案上》："百家谨案：……盖子刘子意，以仁义礼智之性，由恻隐、羞恶、辞让、是非而名，故恻隐即仁也。时位有动静，性体无动静，非未发为性，已发为情，中、和尽属性也。情者性之情，不得与性对。此开辟以来之特解，须细心体会。"（清）全祖望．宋元学案：第1册［M］．北京：中华书局，1986：621.

心，而以仁属于较心（孝弟）高一层次的形上之性（理），性是本，情是末，情由性派生而来，所以认为孝弟不过是践履行仁之基础而非仁之本源。黄氏父子则从其心外无性、气外无理的心性、理气合一论出发，认为孟子所谓的四端与四德并非如朱熹所说的是已发与未发、用与体截然对立的形下形上关系，二者是表里、显隐的关系，只存在同一性质下的程度等差，并无本质上的区别。黄氏父子进而指出不是先有仁义礼智四德而后发而为四端，相反是因四端而见其为仁义礼智，并且强调朱熹的理生气之说推下来必然会导致性生情、四德规定四端、仁高于孝弟之说，产生一味致力于追求所谓空虚之境而脱离实际的蹈空之弊端。[①]这样，黄氏父子便依据其性情合一论批判了朱熹的“孝弟为行仁之本”说，肯定了孝弟是仁德（道德）的本源。

在工夫论层面，黄百家上溯至孔子、孟子等先秦原始儒家之仁说，在程颢仁说的基础上，主张对于人来说最切近的莫过于由父母所生之身体（气质），性是依存此身体方才得以成立，并不是来自于脱离此身的形上本体（程朱所谓天所赋予的理性）。性与身体知觉并非公私对立的关系，而是亦公亦私、心同理同的关系。事实上爱亲之孝心本于天，作为人生来所具有的良知良能之知觉，也即是性之本体（仁）。换句话说，性其实是依存于气质（身体），呈现于作为人之天性的孝弟（爱亲敬长）这种最基本的人伦情感之中，而孝弟作为人生来具备的良知良能（本能）也即是人的本性。黄百家又引述了明代江右王门学者王时槐（号塘南，1522—1605）及其父黄宗羲的主张，强调性必须依存于气质（身体），有气质方

---

①《宋元学案》卷十五《伊川学案上》：“百家尝忆姜定庵先生问孝弟为仁之本，先遗献曰：‘凡人气聚成形，无一物带来，而爱亲敬长，最初只有这些子，后来盛德大业，皆原于此，故曰“仁之本”。《集注》：“为仁，犹曰行仁。”谓“性中只有个仁义礼智，曷尝有孝弟来”。盖以孝弟属心，心之上一层方才是性，有性而后有情，故以孝弟为行仁之本，不可为仁之本。李见罗《道性编》皆发此意。愚以为心外无性，气外无理。如孟子曰：“恻隐之心，仁也；羞恶之心，义也；恭敬之心，礼也；是非之心，智也。”盖因恻隐、羞恶、恭敬、是非而后见其为仁义礼智，非是先有仁义礼智而后发之为恻隐、羞恶、恭敬、是非也。人无此心，则性种断灭矣。是故理生气之说，其弊必至于语言道断，心行路绝而后已。程子曰：“尽性至命，必本于孝弟。”孰谓孝弟不可为仁之本与？’”（清）全祖望．宋元学案：第1册［M］．北京：中华书局，1986：617-618.

有义理（德性），义理之发源在于生身父母（即生我之天地本源），人能够事事以父母为心的话，就是体认得天理，也就达到仁了。而所谓“求仁”即是在实践孝弟的过程中体认仁之本源与本根（仁体）的过程。[①]总而言之，黄百家继承刘宗周与黄宗羲的理气（道器）、性情、仁爱合一论，主张于人性之本源（孝弟）处求仁，从而批判了朱熹基于其“性即理”说的形上求仁说。

三、利玛窦的仁说及其与朱熹、黄氏父子仁说的比较

另一方面，明末来自欧洲并将天主教教义传入中国的耶稣会士也基于其宗教立场批判了中国传统的仁说（道德观）。以利玛窦为代表的耶稣会士为了更好地向中国人传播天主教教义，采取了附会儒学的传教策略（所谓“合儒”“补儒”以达“超儒”），并借用儒家经典中仁爱范畴阐述了天主教的道德观。通过对儒耶双方道德观异同的检讨，可以充分显现出各自的思想特质及其异同。以下从本体论、心性论、工夫论三个层面来分析利玛窦之仁说及其与朱熹、黄氏父子之仁说的异同。

在本体论层面，利玛窦在其《天主实义》下卷第七篇“论人性本善，而述天主门士正学”中借用儒家的所谓“仁”“爱”范畴作了如下论述：

> 夫德之品众矣，不能具论，吾今为子惟揭其纲，则仁其要焉。

---

①《宋元学案》卷十三《明道学案上》：“附百家《求仁篇》：孔门之学，莫大于求仁。……总之，后儒谓性生于有生之初，知觉发于既生之后。性，体也；知觉，用也。性，公也；知觉，私也。不可即以知觉为性。爱亲敬长属乎知觉，故谓性中无孝弟，而必推原其上一层。不知性虽为公共之物，而天命于人，必俟有身而后有性。吾身由父母而生，则性亦由父母而有。性由父母而有，似属一人之私，然人人由父母而有，则仍是公共之物。夫公共之物，宜非止以自爱其亲，然人人之所以自爱其亲，正以见一本大同之道。所以孔子曰：‘夫孝，天之经也。’谓之天经者，盖以此爱亲之心具自孩提之童，不学不虑，一本乎天，乃吾良知良能之知觉，即性体也。及长而知敬兄者，此也；忠君者，此也；勇战者，此也；仁民爱物者，此也。无二心也。故曰：‘孝弟之至，通于神明，光于四海。’‘尧、舜之道，孝弟而已矣。’而犹谓孝弟之非仁，乃藐之而他是求邪？……无父母即无此身，父母即天地，我与父母固结而不可解之心，不知其所自来，此天然之至性，乃所谓仁也。”（清）全祖望．宋元学案：第1册［M］．北京：中华书局，1986：545．

得其纲，则余者随之。……夫仁之说，可约而以二言穷之。曰：爱天主，为天主无以尚；而为天主者，爱人如己也。行斯二者，百行全备矣。然二亦一而已。笃爱一人，则并爱其所爱者矣。天主爱人，吾真爱天主者，有不爱人者乎！此仁之德，所以为尊。其尊非他，乃因上帝。①

与朱熹将仁视为兼包和统摄四德的“全德”一样，利玛窦也承认仁为最重要的德目，但基于其天主教神学立场，认为仁德的本源在于创造及主宰宇宙的天主，因此把“爱天主”作为实践仁德的前提与根本。与此相对，朱熹所谓本体层面的仁基于其理本论，即前述“天地生物之心，人之所得以为心”，其仁德的根源在于作为万事万物本源的天（即作为宇宙本体与道德本体的天理）。另一方面，黄氏父子则基于其气本论，认为仁之根源在于气质（气），即由父母遗传而来的身体。比较可知，利玛窦、朱熹、黄氏父子对于仁之本体论的观点，呈现由外向内、由形上向形下、由抽象到具体的差别。具体来说，利玛窦的仁说中作为仁之本源的天主是外在于人心的，是形上而抽象的“他者”，而朱熹仁说中作为仁之本源的天理外在于人心的同时又具于人心之内，是由形上贯通至形下的客体存在，黄氏父子仁说中作为仁之本源的气质则收摄于人心（心即气），是由形下达于形上的主体情感。

在心性论层面，从仁的根源扩充开来（在事事物物上践履）的话，就涉及到“仁”与“爱”的关系问题。儒家讲仁者爱人，但这种爱是由本及末，依亲疏远近而有差等的，即从最亲近的父母兄弟开始，推广至宗族、民众，最终达到与天地万物为一体（“万物一体之仁”）的境界，遵循着“亲亲→仁民→爱物”的顺序。与此相反，正如利玛窦所述，天主教教义中的“爱”以“爱天主”为前提，进而推广至“爱人如己”，即对天下所有人一视同仁的无差别的“博爱”。这种“博爱”是建立在人类皆系天主创造而为其子民的创世说和平等观念基础之上的，与中国思想史上富有浓厚宗教色彩的先秦诸子之一派墨家的“兼爱”说比较接近，而与基于家族宗法制的儒家所谓“万物一体之仁”有本质不同。儒家的所谓“万物一体”的仁说是立足于内在本心仁体的“体物不遗”与“感通无碍”。本质

① （意）利玛窦. 利玛窦中文著译集［M］. 上海：复旦大学出版社，2001：78-79.

上是一种天人合一的人生境界（所谓“一天人，合内外”），而非如利玛窦基于西方科学分类学所理解的混淆了主客、物我之区别与界限。①

如前所述，朱熹从其心性情三分的立场出发认为爱只是仁（体）之作用，而仁则是爱之所以然之理，并据以批判了韩愈的博爱说及富有博爱意味的程颢、杨时的万物一体之仁说。同样在《天主实义》里中士（朱子学者）针对天主教的“博爱说”提出了“仁道之大，比诸天地无不覆载，今曰一爱己尔，似乎太隘”的疑问。对此利玛窦作了如下论述：

> 天下万事皆由爱作，而天主之爱独可已乎？爱天主者，固奉敬之，必显其功德，扬其声教，传其圣道，辟彼异端者。然爱天主之效，莫诚乎爱人也。所谓“仁者爱人”，不爱人，何以验其诚敬上帝欤？②

一方面将“爱天主”作为“爱他人”的前提和根源（充分条件），另一方面又将“爱他人”作为“爱天主”的保障（必要条件），从而基于其天主教神学信仰反驳了朱子学者的质疑。但另一方面，朱子学与天主教的仁爱观也有其相通之处，依据朱熹基于理气二元论的“仁性爱情”说，仁是爱之理，爱是性之情，孝弟是行仁之方，不可将属于情的孝弟视为仁之本源，仁是较爱高一层次的性体。由此可知朱子学中仁与爱的关系恰似天主作为造物主（根源）位于万物之上一样。其原因在于朱子学中的所谓“天理”虽非天主（上帝）那样作为精神实体的人格神，亦非气一元论所谓的物质实体，但正如已有中外学者所指出的那样，天理作为位于物质世界之上的宇宙的本体与根源，可说与天主（上帝）之间存在某种程度的相

---

①《天主实义》第四篇：“西士曰：前世之儒，借万物一体之说，以翼愚民悦从于仁。所谓一体，仅谓一原耳已，如信之为真一体，将反灭仁义之道矣。何为其然耶？仁义相施，必待有二。若以众物实为一体，则是以众物实为一物，而但以虚像为之异耳，彼虚像焉能相爱相敬哉！故曰为仁者，推己及人也；仁者以己及人也，义者人老老、长长也；俱要人己之殊。除人己之殊，则毕除仁义之理矣。设谓物都是己，则但以爱己、奉己为仁义。将小人惟知有己，不知有人，独得仁义乎？”（意）利玛窦．利玛窦中文著译集［M］．上海：复旦大学出版社，2001：45.

②（意）利玛窦．利玛窦中文著译集［M］．上海：复旦大学出版社，2001：80.

似性。[①]与朱熹的理本论不同，儒家中主张气本论（气一元）的黄氏父子则从其理气合一论的立场出发，继承先秦儒家的传统观点，将孝弟视作仁之本源，提倡孝弟（用）即是仁（体）的仁爱合一论。

在工夫论层面，如前面《仁说图》所述，朱熹认为包括仁在内的四德来源于天而内在于人心。而四德也是人之所以区别于禽兽的至善道德本性，强调通过主敬涵养的工夫去除后天气质的障蔽，恢复本然之善性，做到“存天理，灭人欲”，即可达到仁了。与朱熹代表的儒家道德伦理本位立场不同，利玛窦基于西方的科学理性主义立场，认为人性（灵魂）之所以区别于禽兽之性（觉魂）在于天主赋予的灵魂所具有的推理判断能力，具体又包括“记含”（记忆）、“明悟”（理智）、“爱欲”（意志）三个方面，这种灵魂的功能使人具有的趋于“可爱、可欲”的意志行为本能即是本性之善（良善）。利玛窦进而区分了“性”与“德”“良善”与“习善”，指出：

> 性之善，为良善；德之善，为习善。夫良善者，天主原化性命之德，而我无功焉。我所谓功，止在自习积德之善也。孩提之童爱亲，鸟兽亦爱之。常人不论仁与不仁，乍见孺子将入于井，即皆怵惕，此皆良善耳。鸟兽与不仁者，何德之有乎？见义而即行之，乃为德耳。彼或有所未能，或有所未暇视义，无以成德也。

利玛窦所谓的“性”是由天主赋予灵魂所具有的先天本性，其所谓“良善”即人人皆具有的本性之善，与后天人为无关。与此相对，利玛窦所谓的“德”是后天学习养成的品德，其所谓“习善”即是此后天人为的

① 日本学者柴田笃指出：“朱子学に即して言えば、道の本原としての天、善なる性の根拠である天、理を支える究極のものとしての天、こういった天の概念に接近する形で、天主の概念を説いていったといえる。こうした利瑪竇の論法を受けて、当時の士大夫たちは朱子学的思想の中から天主教への接近を図ったと考えられる。（今译：就朱子学而言，作为道之本原的天、作为善性之根据的天、作为支撑理的终极存在之天，可以说所谓天主概念是与上述天的概念相接近的形态。我们认为当时的士大夫们接受利玛窦的这种论述方法，力图从朱子学的思想出发接近天主教。）”（日）柴田笃．天主教と朱子学—‘天主実義'第二篇を中心にして—［J］．日本九州大学《哲学年報》，1993（52）：125-144．又桑靖宇也论述指出朱熹思想中作为主宰者的天具有人格神的性质，与天主教中的上帝存在某种程度的相似性。桑靖宇．朱熹哲学中的天与上帝——兼评利玛窦的以耶解儒［J］．武汉大学学报（人文科学版），2011（02）：21-26.

"自习积德之善"。在利玛窦看来，孟子所谓人生来具备的怵惕恻隐之"四端"即是本性之"良善"，而朱子学中作为人性的仁义礼智"四德"只是后天之"习善"，而非本性之"良善"。这与朱熹的观点可谓正好相反。朱熹认为仁义礼智"四德"才是本性之"良善"，四端则是此本性之作用流行。其于此，朱熹的求仁工夫强调去除后天气质的障蔽而复归于天命赋予之初的本然之善性（即仁义礼智），即所谓"变化气质"的"复性"说。利玛窦则认为"复性"（"复初"）说的前提是认为人生来都是不学而能的圣人，那样会减弱后天学习的意义，事实上，对于先天本性的"良善"人力无所作为，而人应当努力的方面只有后天的"习善"，而非所谓"复性（初）"。换句话说，儒家所谓的"良善"之性善是人生来就本然自足、不假外求的完全德性，而天主教所谓的"良善"则只是人生来内在的一种潜能，需要后天加以努力才能展现出来。利玛窦认为儒家所谓的仁义礼智之善性只是"习善"，而非本然之"良善"。因为儒家所言的仁义礼智之天理（性即理）是依赖于灵魂性体的属性，是后起的社会道德规范，不能作为人之本性。说得更明白一些的话，仁义礼智都是对本性的一种修饰，使本性由内而展现于外，即孔子所谓"绘事后素"与子夏所谓"礼后乎"中的礼乐教养。而道德的根源则在于天主（上帝）所赋予人的灵魂神性。[①]因此，在利玛窦看来，成就仁德的关键在于后天的修德习善，从而使本性得以充分展现出来，而不是复归于本性。由上可知，利玛窦与朱熹的道德修养工夫路数可谓恰好相反，前者强调后天和积极有为（肯定欲望、伸展个性），后者强调先天和消极无为（存理灭欲、恢复本性）。

另一方面，黄氏父子通过区别"性"（先天）与"习"（后天）的不同批判了程朱理学所谓"变化气质"以求"复性"的工夫论。黄氏父子所

---

①《天主实义》第七篇："西士曰：……故谓'人心者'，始生如素简无所书也，又如艳貌女人，其美则可爱，然皆其父母之遗德也，不足以见其本德之巧；若视其衣锦尚絅，而后其德可知也，兹乃女子本德矣。吾性质虽妍，如无德以饰之，何足誉乎？吾西国学者，谓德乃神性之宝服，以久习义，念义行生也。谓服，则可着，可脱，而得之于忻然为善之念，所谓圣贤者也；不善者反是。但得与罪，皆无形之服也，而惟无形之心，即吾所谓神者衣之耳。中士曰：论性与德，古今众矣，如阐其衷根，则兹始闻焉。夫为非义，犹以污秽染本性；为义，犹以文锦彰之。故德修而性弥美焉，此诚君子修己之功，然又有勉于外事，而不复反本者。"（意）利玛窦．利玛窦中文著译集［M］．上海：复旦大学出版社，2001：74-75.

谓的"性"即本性（善性），其所谓的"习"则是后天环境的习染。黄氏父子进而从其性气合一论出发，批判了程朱分人性为"天命之性"与"气质之性"的性气二元论，认定人性仅指天命之性，是气质之本然，与气质所受后天之习染无关①，并指出程朱"变化气质"说失误之关键在于未意识到陷溺人心的其实是外面环境的习染而非气质本身②。在黄氏父子看来，性是气质之条理，情才是气质之表现，性（条理、本质）与气质（本体）以及情才（表现）是一体的关系，气质之偏由习染而来，性自身并无变化，性之善由气质之善而来，性与气质均为善，而恶实际上来自于后天的习染。由此黄氏父子在主张性气合一的性善说的同时，将气质之杂糅归于后天的习染，从而批判了以气质言性的二元人性论。由上可知，虽然从人性与道德的本源上看，利玛窦的天主赋性论与黄氏父子的性气合一论截然不同，但黄氏父子在道德修养工夫上与利玛窦一样强调人的本性不会因外面环境的习染而变化，因而反对"复性说"而强调后天的学习修为，其着力点在于矫正由后天习染造成的气质之杂糅偏胜的工夫。

以上，本文从本体论、心性论及工夫论三个层面出发，论述并比较了朱熹、黄氏父子为代表的儒家思想与利玛窦为代表的天主教思想在仁说（道德观）方面的异同。归纳来说，在本体论层面，朱熹从其理本论出发以形上天理作为仁之本源，黄氏父子从其气本论出发以形下气质（孝弟）作为仁之本源，而利玛窦则从其天主教神学立场出发以天主赋性作为仁德之本源。在心性论层面，朱熹从其理气、心性二元论出发，主张仁为禀自天理之德性、爱之所以然之理的"仁性爱情"说；黄氏父子从其理气、心性合一论出发，主张性本于气、仁本于孝弟（爱）的仁爱合一说；利玛窦则从其天人二元对立的立场出发，主张博爱为仁，并以爱天主作为爱人的前提依据。在工夫论层面，朱熹从其性气、理欲二元对立的立场出发，主张存理灭欲（"复性"）的形上求仁说；黄氏父子从其性气、理欲合一的立场出发，主张去除后天习染而求仁（性）于孝弟（气质）；利玛窦则从其天人、灵肉二元对立的立场出发，主张求仁在于后天的修德习善，使本性得以充分展现出来。比较而言，一方面，黄氏父子从其理气、心性、理

① （清）黄宗羲，（清）全祖望．宋元学案：第1册［M］．北京：中华书局，1986：696-697.

② （清）黄宗羲．明儒学案（下）［M］．北京：中华书局，2008：911-912.

欲合一的立场出发，批判了朱熹基于理气、心性、理欲二元论的仁说。而利玛窦则从其天人、灵肉、理欲二元对立的立场出发批判了包括朱子学在内的儒家仁说，其立场与结论与朱熹及黄氏父子互有异同：在本体论层面较近于朱熹，而在心性论与工夫论层面则较近于黄氏父子。从时代先后及黄氏父子的学术思想渊源来看，在某些方面确实对利玛窦为代表的天主教思想有所吸收和借鉴（如黄宗羲对上帝信仰的肯定[①]，黄百家对魂三品说的肯定[②]等）。另一方面，从主客、天人关系的角度来看，黄氏父子的心学道德观（仁说）是根源于人心的自律道德观，利玛窦的神学道德观则是根源于作为他者和造物主之天主的他律道德观，而朱熹的理学道德观则兼具主观与客观、自律与他律两方面的特征。

① （清）黄宗羲. 破邪论［M］. 杭州：浙江古籍出版社，2012：194.

② （清）黄宗羲，（清）全祖望. 宋元学案：第2册［M］. 北京：中华书局，1986：1521.

方以智“三教合一”论之学术旨趣

蒋国保

中国学术思想，在经唐末到明中叶五百来年的酝酿之后，于明末清初开启了一个转型时代。如何定义这个转型时代的学术性质，学者的见解歧义纷呈，难以统一，但学者们对其显现的认知，却高度相通，一致认为它表现为“三教合一”（三教会通）论一时形成思潮，左右着中国学术思想的未来走向。在明末清初的哲人中，方以智可谓倡言“三教合一”（三教会通）论最自觉且独具匠心者。因此，探讨方以智“三教合一”（三教会通）论之学术旨趣，就是我们探讨明末清初学术转型之意义决不能绕开的课题。本文的写作，固然为了呼应本次论坛的主题，但也希望通过对方氏“三教合一”（三教会通）论的分析以阐释明末清初学术转型之意义。

一

就现在已见到的文献而言，我们可以肯定地说，方以智倡言“三教合一”（三教会通）论，是在他一生的后二十年。大致梳理一下的话，可以用五个年份来划分其历程：

第一，1651年初冬前于广西梧州云盖寺完稿的《易余》[①]，以虚构之当士、何生、平公三人对谈方式，表达其“三教会通”之初步思想。在

①此著著作年代，难以考订确切，然大致可考为：始著要稍早于《东西均》，似完稿于1650年阴历11月至1651年初冬期间，1654年初冬前修改定稿于南京高座寺。详参：蒋国保．方以智哲学思想研究［M］．合肥：安徽人民出版社，1987：94–95．

《易余·三子记》中，当生以其穿着主色为黄[①]可判为系代表道家；何生以其"半裾缁，假钟而赤其足"可判为系代表佛家[②]；平公以其"被苍发，毳羽襜褕，蹑蕉屛"，可判为系代表儒家。"平公吹笙，何生促筝，当士歌海鹤三山之曲，击尺于几以节之。笙具有埙篪萧管之声，筝具有离洒房中之声，节歌有钟鼓金玉、椌楬相雅之声，笙入筝而中歌之节，抗坠贯珠，累累若一"，这显然是以三子所奏所歌之音乐调和暗喻儒释道三教的会通"若一"。对于三教教义之精神相通，在《易余·世出世》篇还有一段妙喻："两楹在今，必以柱史之龙予黄面，黄面入东，必颂金声玉振之书，而送壁雪诸徒上韦编之学"，意谓孔子活在今天，他一定要用当年赞颂老子神秘莫测的话语来赞颂佛祖，而佛祖来到中国，也一定能领会孔子儒家的著作，而将禅宗各派信徒送到儒家那里学《易》学。另外，《易余目录》关于提示《三冒五衍》有云："大一分为大二，而参两以用中五，从此万千皆参五也，皆一贯也，三教百家，造化人事，毕于此也"，这是以方氏独特的"三一"哲学解释三教会通之所以然，它与《东西均》所谓"一磬咳，三教毕矣"，有异曲同工之妙。

第二，1652年冬于庐山完稿的《东西均》，虽然未出现"三教合一"之类的提法，但另一些说法，诸如"孰知又有合尼山、鹫峰、苦、蒙、嵩少之制，而粗则烙之、薰之，精则析之、片之，不废燂汤饮谷者乎？"[③]；"孔子复生，必以老子之龙予佛；佛入中国，必喜读孔子之书"[④]；"栖栖、三绝，习气也，说貌之习气更甚；黑啬、胜牡，习气也，曳尾之习气更僻；桑麦、壁履，习气也，金矢之习气更鳌。以恶攻恶，恶难尽化……虽毁坏而习气之种原伏……惟神武不杀以治之，知其先则超五行矣。虽然，超五行者不依然五行中乎？三教百家，有开必先，一切不相坏而大成集之，颠倒五行以法制五行，颠倒世界以法制世界，吾则有此药笼"[⑤]；

①《三子记》云当生"黄通裁"，而《象环寤记》称代表道家的王宣为黄老人，互证之，可明方以智习惯以"黄"指称道家。至于以"黄面"代指佛，乃是因佛像金塑或贴金而金色黄的缘故。

②佐证为：《象环寤记》称代表佛教的吴应宾为"缁老人"。

③庞朴. 东西均注释［M］. 北京：中华书局，2001：31.

④庞朴. 东西均注释［M］. 北京：中华书局，2001：32.

⑤庞朴. 东西均注释［M］. 北京：中华书局，2001：119.

"以奇金刚杵，化庸火宅；以庸甘露瓶，成奇香水海，是曰奇教，是曰庸宗，是曰神奇铎，是曰玄庸椎，是曰玄名教，是曰中庸第一奇义"[①]；"庭柏之法身，犹唐棣之法身也。画藐姑于尧孔之胎，则莲花之法身显矣；画药王于须弥之顶，则杏树之法身显，而报化之形知所以践矣"[②]，言下之意，莫不是强调三教可以合一，也应当合一。然而必须申说的是，对于方以智"三教合一"论来说，《东西均》的意义不仅在于它清晰地反映了方氏在那个年份如何论说"三教合一"，更在于他在该著中为自己的"三教合一"论奠定了理论基础。换言之，完全可以说《东西均》是方以智"三教合一"论的理论奠基之作。在《东西均》中，方以智架构"三即一，一即三，非一非三，恒三恒一"[③]理论体系，作为其"三教合一"论的哲学依据，并以形象的语言宣称：依据"三一"哲学，一声咳嗽，"三教毕矣"[④]。

第三，1653年于南京高座寺闭关时写成的《象环寤记》[⑤]，以寓言方式，将其祖父方大镇、外公吴应宾、老师王宣，分别称为赤老人、缁老人、黄老人。赤老人代表儒家，缁老人代表佛家，黄老人代表道家，通过赤、缁、黄三老的论辩，引来"蒙媪[⑥]从空而下"[⑦]，批驳赤、缁、黄三老欲以儒、释、道说教救世人之迷失不啻"以迷救迷"，"何太迷耶！"[⑧]为救赤缁黄三老之迷，蒙媪问他们提供其以自然、伦物、典籍为炉灶与薪火"煮爱河艺海而汁之"[⑨]的香药，并问"三老享此味乎？"[⑩]说着，蒙媪从怀中拿出一粒香，对赤、缁、黄三老道，此香产自大地的中心，"与我同寿"[⑪]。

①庞朴．东西均注释［M］．北京：中华书局，2001：136.

②庞朴．东西均注释［M］．北京：中华书局，2001：144–145.

③庞朴．东西均注释［M］．北京：中华书局，2001：37.

④庞朴．东西均注释［M］．北京：中华书局，2001：35.

⑤方以智自注："癸巳入关笔。"

⑥寓意：庄子的老母亲。

⑦方以智．东西均［M］．北京：中华书局，1962：163.

⑧方以智．东西均［M］．北京：中华书局，1962：163.

⑨方以智．东西均［M］．北京：中华书局，1962：164.

⑩方以智．东西均［M］．北京：中华书局，1962：165.

⑪方以智．东西均［M］．北京：中华书局，1962：165.

三老闻香，相顾安然地[1]说："公心吐出矣！"于是三老弹琴鼓瑟击节而歌之。演奏结束，"香烟化为龙凤环"[2]。蒙媪指环说："这是象征环，将它佩戴在以智身上，珍重珍重！游戏人世间，姑且以技艺谋生，姑且以音讯流传，不要再说出来。说出来的人要蒙冤，不再有生死[3]，只能说他'可怜'。"[4]说罢，蒙媪欲行，三老挽留，媪道："我有个天庭的朋友[5]要出来，出来会吓坏人，所以忍着不出。"三老再三请它出来，说："虽受惊吓又有什么伤害。"蒙媪推辞说："在我肚中。"听这么一说，三公愈发请求，推辞不了，蒙媪将它一声咳出，随着大地震动，一个婴儿现身。黑嘴红脚，穿着青紫深绿的褶子衣裳。问其名，蒙媪回答："此儿不能以'有'说，不能以'无'说，其名'震长'，寿不足一岁，每年正月生，九月即死，不懂生死道理，却喜欢以杀人作为让人活，诸公不要惧怕。"[6]蒙媪话未说完，婴儿突然向上笔直一跳，霹雳一声巨响，"天人之耳尽聋、目无见，而三老人、蒙媪、婴儿俱不知所在，独有余香袭袭不绝"[7]。方以智于是梦醒。

姑且不论方以智是否真的做过"象环"梦，但他借此梦所想表达的见解，却不难推测：假如儒释道坚持各以其说救世，就是以自己的迷失救世人的迷失，当然不能以己昏昏使人昭昭。对世人之迷失，须三教合力救治。而三教要形成合力，须先消解相互排斥，实现三教会通（三教合一）。三教如何合一？须闻煮才情（爱河艺海）而调制成的药香以确立"公心"。如何确立"公心"？当如"婴儿"，不知生死，以死活人。以死人的方式让人活，乍一看，不啻昏话，然而它却隐含了方以智的一个深刻的思想——消除成见才能带来鲜活的生活。由蒙媪吐出婴儿这个寓言，方以智似乎在暗示人们，要消解三教互诤之根深蒂固的成见，先要像庄子那样，齐是非，齐生死。

---

①此解依原字"倘"，校点者改"倘"为"惝"，似不妥。

②方以智. 东西均［M］. 北京：中华书局，1962：165.

③即生死对蒙冤的人已失去了意义。

④此段表述所依据之原文见：方以智. 东西均［M］. 北京：中华书局，1962：165.

⑤原作"苍门之友"。

⑥方以智. 东西均［M］. 北京：中华书局，1962：165.

⑦方以智. 东西均［M］. 北京：中华书局，1962：165.

第四，1654年付梓的《药地炮庄》，可以反映方以智闭关高座、庐墓合明山、禅游江西期间[①]的三教会通思想。《药地炮庄》一方面承续了方氏以前的三教会通思想，对其以前的论述，只是在用语上稍加改动就完事，例如《药地炮庄·总论中》有云："孔子遇迦文，必移犹龙之叹，迦文入中土，必通周、孔之书"[②]。佛祖又别称迦文；犹龙之叹，取典《庄子·天道》，原指孔子见老子后，对学生感叹老子神妙如龙；周公、孔子之书，代指儒家书籍，可见这段论述与上面已引的《易余·世出世》那段妙喻是一样的意思，两者仅仅只是字面上稍异。另一方面，由于著述主题与体裁的限制，《药地炮庄》中的三教会通思想，不是主要集中论述儒释道三方互通合一，而是常常通过论述庄子与孔子及儒家相通、庄子与佛家相通、庄子与《易》相通、庄子与孟子、荀子相通来表达。

第五，方以智1655年秋破关奔丧至1671年冬逝世期间的语录与短论、杂文[③]，在他逝世的翌年，由其二儿子方中通编为《冬灰录》。《冬灰录》中的部分内容，又由方中通与兴斧[④]于1676年另编为《青原愚者智禅师语录》，以谋流通。《青原愚者智禅师语录》主要收甲辰（1664年）冬方以智入主青原寺以后七年间的语录，但有八十三则语录与《冬灰录》重复[⑤]。我曾于拙著《方以智哲学思想研究》中判断那些重复是因为编辑时审核不精所致，现在仔细勘核，发现那些重复的语录有些并不是完全照原貌重收，而是在重收入《语录》时有所改动，主要是改动题目，也有将此则语录编入彼则语录的改动，由这些改动可判定那些重复恰恰是编辑者有意为之，而其意主要是为了全面显示方以智禅堂传法而将他在其他寺院上堂、设供、拈香、示众之法语重复收入，再就是为了显示方以智出世而不忘入世的复杂情怀而将其涉及亲情友情的语录重复收入。

就《冬灰录》[⑥]来探讨方以智晚年思想，也不难发现他借会通三教来阐明方氏"公因反因"说。《冬灰录》的这一用心，早就为方中通所揭示：

---

①接近十年。

②方以智．药地炮庄［M］．北京：华夏出版社，2011：55.

③但《五位纲宗》例外，此文有五千字，对方以智来说，已是篇幅不短的论文。

④方以智佛门弟子。

⑤系本文作者统计，统计未必精确，但误差必定极小。

⑥包括《青原愚者智禅师语录》中不重复的部分；以下凡提及此著，均同。

"老人（原文中指方以智）之时乘也，以无我为过关，以不自欺为薪火，合尼山正示、鹫岭大过、漆园旁击而一之，明乎公因反因，正知遍知，证此五位天然秩序、寂历同时之大符。"[①]但毕竟是在佛门中谈三教会通，《冬灰录》中的谈法，较之《易余》《东西均》《药地炮庄》中的谈法，其显著的特征就是其言谈之全面的禅化，显示了其禅学之臻于圆熟。即便如此，方以智仍然以"世出世"[②]为情怀，坚持以孔子的立场会通三教，而非以禅宗的立场会通三教。"且问麻姑（道教神话人物）、庄子、世尊、资圣四鞭，有同异否？"[③]方以智这样设问，不是为了将道教、道家庄子、佛祖、孔子教化世人的用心加以区分，而是为了强调四家用心相同，皆妙在救人不惑。所以在他看来，儒释道各自尊大，互相排斥，"有者以庄子鞭麻姑，有者以世尊鞭庄子，有者以资圣鞭世尊，有者云世尊弄影"[④]，"亦是外道"[⑤]。"若到药地者里，不分有无内外中央，各予一鞭。"[⑥]鞭笞三教互斥，为的是明"不二法门"以求三教合一，所以当子宣问"不二法门"，方以智回答："如此不二排场，一真打滚，且将《中庸》之鸢鱼，《大学》之黄鸟，《逍遥游》之鲲鹏，七金山之金翅，作一个放生会得么？果然亲证到此田地，自然不说二，不说一，不说有，不说无矣。"[⑦]要求"三教合一"，固然要"共闻钟铎"[⑧]，于佛说孔说平等接受，也不妨对道家庄子正眼观之，但这都必须基于儒家立场，决不能变儒家情怀为禅僧情怀，所以"有士问禅，愚者曰：'信得《四书》及否？'曰：'安敢不信，只是行不到。'曰：'既然恁么，何必又来问禅？'"[⑨]从这则问答可以看出，方以智即便身在禅门仍坚信：学禅要以信孔孟儒学为基础，如

①方以智．冬灰录［M］．北京：华夏出版社，2014：354.

②入世即出世，出世即入世。

③方以智．冬灰录［M］．北京：华夏出版社，2014：74.

④方以智．冬灰录［M］．北京：华夏出版社，2014：74.

⑤方以智．冬灰录［M］．北京：华夏出版社，2014：74.

⑥方以智．冬灰录［M］．北京：华夏出版社，2014：74.

⑦方以智．冬灰录［M］．北京：华夏出版社，2014：62.

⑧方以智．冬灰录［M］．北京：华夏出版社，2014：38.

⑨方以智．冬灰录［M］．北京：华夏出版社，2014：78.

果不真信孔孟儒学①，就不可能真正学好禅。

二

上面的论述表明方以智在他一生的后二十年内，尽管流离不定，处境艰难，生活艰辛，精神困顿，却始终以“三教合一”为思想宗旨，从未放弃其会通三教的理论建构工作。现在的问题是，从理论建构层面来看，方以智的“三教合一”论究竟提出了哪些主要的观点？这是个需要认真研读方以智所有著作才能准确回答的问题。在这里，我只能就自己研读其部分著作的初步认识，谈四点：

首先，以方氏“公因反因”哲学作为“三教合一”论的理论依据。方以智自己与其子方中通都曾明确地赞许方氏“公因反因”说乃“破天荒”的学术贡献。此说亦可称“圆∴”②哲学或“三一”哲学。事物皆对立依存，谓之对待；对待双方相依存，谓之反因；绝待超对待，谓之公因。公因在反因中而又统摄反因，简称之“公因反因”。在《易余》中，“三一”思想还未正式归纳为“公因反因”说，它被直接阐述为“太极不落有无论”③。待到著《东西均》，方以智正式阐述之，而他阐述这一哲学的纲领性的文章，就是《东西均·三征》。《三征》以“交、轮、几”揭示世界矛盾、运动及其所以然，以为世界之分殊万象与变化不一，只是现象，本质上“不二”。不二即一，此“一者，无有无不有也”④，谓之“大一”⑤。“一因二而两即三”⑥，“大一”又非对立物（二）之外的存在，它就寓于对立物（二），是由对立物（二）显现出来的不同于“二”

①标榜“信”而又不能见诸行动。

②“∴”的上一点代表绝待或称太极，下面左右两点代表对待或曰相待，相待的两端，相对绝待的太极，分别称有极（右）、无极（左）。而“圆∴”整体则表示绝待之太极寓于相待的有极与无极中而又统摄有极、无极。“圆∴”哲学亦可称“三一”（一而二，二而一；一即三，三即一；非三非一，恒三恒一）哲学。

③太极寓有极、无极而统贯有、无二极。

④庞朴. 东西均注释［M］. 北京：中华书局，2001：41.

⑤庞朴. 东西均注释［M］. 北京：中华书局，2001：39.

⑥庞朴. 东西均注释［M］. 北京：中华书局，2001：41.

的“三”。由此可见“三”无非是指“大一”转化为统贯“二”者[①]，它原本就是“一”[②]，所以说“三即一，一即三，非一非三，恒三恒一”[③]。世界观与方法论是一致的，当“三一”哲学由世界观转为方法论时，方以智便确立了他处理问题、解决纷争的“统”贯“随”（视世界为纷繁，即以“三”言世界）、“泯”（视世界为简单，即以“一”言世界）之方法，亦即化解现象的观世界（随）与本质的观世界（泯）之对立，以把握现象与本质的一致。在《三征》开篇，方以智将其“统”贯“随”“泯”之方法的运用形容为“开顶门、背、面之目，破不落有、无之镜，而覆存、泯同时之帱”[④]。盖上随、泯同时的帐子后会发生什么奇迹？如同魔术士演魔术时的情景，“一謦咳，三教毕矣”[⑤]。方以智当然不是在搞笑，他之一声咳云云，无非是以生动的语言强调：一旦信服方氏“三一”[⑥]哲学，则“三教合一”之道理立马明白。

其二，依据“三一”哲学，强调三教百家学说，各自皆有偏向，够不上大全，唯孔学“大成明备”。在方以智看来，三教百家，莫不以其学说收拾人心，变化风俗，这就好比陶工莫不以甄均制陶坯，乐师莫不以均钟木调节钟（乐器）声之大小清浊。正是从以其学说统一人心这个意义上，方以智将中印学说通称之为“均”，以呈现中国学术思想之分殊与大全：

> 开辟七万七千而有达巷之大成均，同时有混成均。后有邹均尊大成，蒙均尊混成，而实以尊大成为天宗也。其退虚而乘物，托不得已以养中者，东收之；坚忍而外之者，西专之；长生者，黄冠私祖之矣。千年而有乾毒之空均来，又千年而有壁雪之别均来。至宋而有濂洛关闽之独均。独均与别均，号为专门性命均。而经论均犹之传注均，惟大成明备，集允中之心均，而苦心善世，以学为旋甄和声之门，弥纶乎大一而用万即一之一，知之乐之，真天不息，而容天下。后分专门性命、专门事业、专门象数、专门考辨、专门文章，皆小

①“二”指矛盾对立双方，“三”是指使矛盾对立双方构成统一体的统贯者。

②即“大一”，大当读“太”。

③庞朴．东西均注释［M］．北京：中华书局，2001：37.

④庞朴．东西均注释［M］．北京：中华书局，2001：35.

⑤庞朴．东西均注释［M］．北京：中华书局，2001：35.

⑥庞朴．东西均注释［M］．北京：中华书局，2001：65.

均，而非全均也。[①]

春秋到明中叶的中国学术思想史，在方以智看来，就是三教分殊而孔学独享大全的会通交融史。先是孔子与老子，共同开启中国的学术时代，然后孟子继承孔子，庄子继承老子，但庄子学说[②]，实际上却以尊崇孔子的学说作为最高的宗旨[③]。然而庄子本人的学说，却被三派各自所取，一派取他的“养中”思想，一派取他的“坚忍”思想，此两派之外的“道教”，则取其“长生”思想。道教产生之后，佛教传入中国；佛教流行千年，又传来达摩禅学。到宋代便产生了理学。理学与禅学，只是专门以“性命”道理教化人的学说；而儒家的义理之学则如同章句之学，然而它们都非大全之学。唯有孔学才“大成明备”。孔学持允中心态、善世情怀，以学问为手段调和诸学，以大一统摄一切的思想方法[④]化解纷争；以快乐的精神状态求“知”，永葆生命的纯真，宽容善待所有的人。后儒则将孔学精神分裂，或专注修心养性，或专注功利事业，或专注图书象数，或专注训诂考辨，然而它们皆偏在一隅，都是小均，而非全均。

其三，既然三教百家都是“专门之偏”[⑤]，只能达到“小全”，则依照“惟全者能容偏，惟大全者能容小全”[⑥]的道理，要由“小全”通向“大

①庞朴. 东西均注释［M］. 北京：中华书局，2001：7-8. 又，就这段论述，注释如下：达巷之大成均，指孔子，盖寓意于《论语·子罕》所云：“达巷党人曰：‘大哉孔子！博学而成名。’”《老子》有云：“有物混成”，取之称老子为混成均。孟子为“邹人”，庄子为“蒙人”，以地名称孟子为邹均、称庄子为蒙均。乾毒之空均，指佛教，盖天竺（印度）亦异译为乾毒，且佛教以谈“空”著称。壁雪系合拼达摩面壁与神光（惠可）断臂立雪故事，即达摩因感神光断臂立雪之心诚而传其衣钵的故事，此乃禅宗信徒津津乐道的禅宗起源传说，因此“壁雪之别均”，指禅宗。濂代指周敦颐，洛代指程颢、程颐，关代指张载，闽代指朱熹，故以“濂洛关闽之独均”称宋代理学。

②庄学以天为宗，重自然而轻人事。故荀子于《解蔽》篇批评庄子“蔽于天而不知人”。

③“天宗”在这解为天然的宗旨，天是最高的，像天一样高的宗旨，即最高的宗旨。

④《论语·里仁》篇记载孔子对曾子说：“吾道一以贯之。”曾子解之云：“夫子之道，忠恕而已矣。”

⑤庞朴. 东西均注释［M］. 北京：中华书局，2001：18.

⑥庞朴. 东西均注释［M］. 北京：中华书局，2001：18.

全”，在方以智看来，三教百家就只有一条路可走，那就是以互补求会通。这也就是说，方以智认为，三教互补之必要性就在于唯有通过互补三教才能消解三教各自的偏颇，实现思想上的全面性；而关于三教互补之可能性，他的论述则主要强调这是因为三教原本就存在着思想上的差异。三教有什么差异？方以智引用其曾祖方学渐语论道：“孔子之教，尊上用中，详于下学，以前民也；有大过人之才，而不尽用。佛以无上教人无住；有大过人之智，而多半谲权。老子专惜之不用耳。孔子尽性、知命而罕言，言学以正告者也；老尊命以殉性，反言者也；佛尊性而夺命，纵横倍仵者也。”[①]这一论述是说，孔子有超人的才能，但他不尽用其才，只是以形而下的学问引导民众；而佛祖则将其超人的智慧多半用在欺诈行权上；老子则吝惜其才智而不用之。三种态度，形成了对人之性命的三种觉悟，从而造成了三种说教方式：孔教“正告者也”，即从正面教导人；老教“反言者也”，即从反面教导人；释教“纵横倍仵者也”，即以非寻常的理论教导人。三种说教方式，又带来了三种相应的后果：老之说教，因其强调“坚忍”，其“流为惨皦”[②]，成为无情斗狠者残酷寡恩之借口；释之说教，因其欺诈行权，使“后人沿其偏上权救之法迹，多所回避”[③]，使人“蟠死窟”[④]，不思奋为；孔之说教，“诚迷于发愤之乐也”[⑤]，固然可以使人“循序门堂，道德寓于文章，学问事功，皆不容以多伪”[⑥]，却也因过于执仁用中，造成流弊，使后儒“迂而拘，华而荏；以故鲜能神化、通昼夜而知者寥寥”[⑦]。既然三教各自都不能自免其弊，那么三教各自若想消除其弊，除了“补救其弊”[⑧]——或“以禅激理学”[⑨]，或以理学“激禅”，或“以老救释”，或

①庞朴．东西均注释［M］．北京：中华书局，2001：144.

②庞朴．东西均注释［M］．北京：中华书局，2001：156．又，“皦”原字左旁为“石”。

③庞朴．东西均注释［M］．北京：中华书局，2001：8.

④庞朴．东西均注释［M］．北京：中华书局，2001：8.

⑤庞朴．东西均注释［M］．北京：中华书局，2001：19.

⑥庞朴．东西均注释［M］．北京：中华书局，2001：156.

⑦庞朴．东西均注释［M］．北京：中华书局，2001：156.

⑧庞朴．东西均注释［M］．北京：中华书局，2001：158.

⑨庞朴．东西均注释［M］．北京：中华书局，2001：158.

“以释救老”[①]——即以互补求其会通的办法外，还能有什么好办法？当然没有更好的办法。那么，三教如果拒绝互补以求会通，会有什么后果？方以智回答说：“每笑高卑虽分，所依即迷。自玄拨之旨，点睛之笔，以至鲁共之壁、灵山之花，皆迷药也。而皋比座、曲录床，一据不可复舍，迷药犹毒。”[②]意思是说三教百家若拒绝互补以求会通，仍一如既往地互诤自高，其无论如何翻新说教花样它还是“迷药”，它之迷惑人的危害仍难以消除。方以智强调说：“今而后儒之、释之、老之，皆不任受也，皆不阂（碍？）受也”[③]，提醒人们要拒绝未经会通的三教说教的影响。

其四，方以智不但强调会通与否决定了三教的前途、三教的出路在会通，他还就三教如何会通提出了方法论原则。其原则，主要有两点：（1）三教会通，当以孔子的立场与情怀集大成；（2）三教会通，当“以《易》为镜，以《庄》为接机”。关于第一点，用方以智的话说，既这样说“佛好言统，老好言泯，大成摄泯于随、贯而统自覆之”[④]，意思是说，佛学之好抽象、老之好否定之思维片面性，只有通过孔子透过现象把握本质、透过具体本质揭示世界普遍本质的辩证思维方法才能克服；也这样说：“三教百家，有开必先，一切不相坏而大成集之，颠倒五行以法制五行，颠倒世界以法制世界，吾则有此药笼”[⑤]，意思是说，以孔子的立场会通三教百家，就是要将三教百家之思想中“不相坏”即相通的那些合理的思想汇集贯通为一种“大全”思想，而这种“大全”思想，决不是三教各自合理思想的简单拼凑，它是通过“颠倒”[⑥]手段重新创造三教思想的产物；还这样说：“成均、空均与众均之所以为均，皆与我同其大小偏全，我皆得而旋之和之”[⑦]，意思是说，三教百家，所以能被会通，取决于两个因素：就被动者而言，三教百家自身思想上有相通处，可以被会通，就主动者而言，我（大尊）能会通三教百家是因为我的思想与三教所以能会通的那个思想

---

①庞朴．东西均注释［M］．北京：中华书局，2001：158.

②庞朴．东西均注释［M］．北京：中华书局，2001：11.

③庞朴．东西均注释［M］．北京：中华书局，2001：160.

④庞朴．东西均注释［M］．北京：中华书局，2001：144.

⑤庞朴．东西均注释［M］．北京：中华书局，2001：119.

⑥指原来的思想形态被改变，如金木水火土相生或相克次序被颠倒。

⑦庞朴．东西均注释［M］．北京：中华书局，2001：10.

原本相通。

而关于第二点，方以智的说法，诸如"庄子实尊六经"①、"《易》《庄》原通"②、"《华严》者，《易》之图也"③、"老得《易》之体，庄尽《易》之变"④、"庄子为尧、孔真孤"⑤、"以《易》为镜，以《庄》为接机"⑥，十分零散，但各种说法之间，似乎形成了这样的内在联系逻辑：三教百家思想，与《庄子》相通，而"《易》《庄》原通"，所以会通三教，固然要以《易》为旨归，但也要以《庄子》为"接机"。镜子有如实反映事物的功能，以《易》为会通三教之镜，无非是强调，只有依据《易》才能如实地把握三教合理的思想，因为《易》乃"天人、性命之消息"⑦，三教之说教难以超越其范围；"接机"意指把握时机，以《庄》为会通三教之接机，无非是说以庄子的逍遥精神，才能破除三教各自尊大自高之局限；以庄子齐是非之思想才能化解三教各自自以为是之迷失。

三

方以智于庚寅年（1650年）闰十一月以剃发僧服受俘，辛卯（1651年）二月于梧州城东云盖寺正式出家，1653年春入南京高座寺师从觉浪道盛，闭关三年，后破关为父庐墓三年，禅游江西各寺庙五年，最后入青原寺任方丈七年，他一生的后二十年，绝大部分的时间，是在佛门中度过，但这样的佛门生活，是为外力所逼，并非心甘情愿，他内心仍希望过那种儒家所提倡的世俗生活。现实处境与内心愿望的极大背反，刺激着方以智

①庞朴．东西均注释［M］．北京：中华书局，2001：153.

②庞朴．东西均注释［M］．北京：中华书局，2001：158.

③庞朴．东西均注释［M］．北京：中华书局，2001：210.

④方以智．药地炮庄［M］．北京：华夏出版社，2011：31.

⑤方以智．药地炮庄［M］．北京：华夏出版社，2011：51．又，此系转引他人语。

⑥方以智．药地炮庄［M］．北京：华夏出版社，2011：59．又，此系转引其师王宣语。

⑦庞朴．东西均注释［M］．北京：中华书局，2001：174.

认真思考入世与出世、生与死的关系问题，从而提出“世出世”“生死自生死，可出可入”[①]作为自己的人生哲学，以求化解其遁入佛门而难以忘情俗世的人生困境。他晚年倡言“三教合一”论，与他的这一人生哲学，应该说有极密切的关系，否则，如果他取三教不合立场，他又怎么能将儒家的入世情怀与道释的出世情怀齐同为“世出世”（入世即出世）情怀。

方以智之所以出世而不忘入世，以出世为入世，固然有亲情牵绊之原因，但更重要的原因是他未放弃其学术上的担当。他早年就梦想招募天下英才，集古今学之大成，编纂中国的百科全书。这个梦想反映了他文化学术上的担当意识。他在晚年自觉地倡言“三教合一”，希望通过会通儒释道以构建以孔学为核心价值而又包容三教百家合理思想成分之“大全”学术，应该说就是他难以放弃其学术担当意识的曲折反映。

问题是，如此泛泛地谈方以智倡言“三教合一”之缘由并不难，难的是合理地说明这一问题：方以智通过会通三教究竟希望确立怎样的理念？对于方以智研究者来说，因为见仁见智，这个问题定会有种种不同的回答，而我的回答是：他希望通过会通三教确立崇“学”[②]理念。我这样回答，读者势必要问：为崇“学”他何必非得会通三教？我对这个问题的思考还不十分透彻，目前只形成了初步认识：要了解方以智以会通三教来树立崇“学”理念，就必须了解他对人之本质缺陷的认识。方以智不从道德意义上把握人的本质缺陷，他以“不迷则死”[③]四字揭示人的本质缺陷：人除非死了，一生都不免被迷惑。人之必定被迷惑的本质缺陷，决定了三教要发挥其教化人的作用当以周全的学说引导人，然而三教却反其道而行之，或要人“随”，或要人“泯”，或要人“统”，各执一端，各以偏颇的学说影响人。受三教偏颇的说教迷惑毒害，人不但不会改变本质缺陷，反倒牢固其本质缺陷。这从反面表明三教要想发挥其正确地引导人的社会作用，就要各自克服其偏颇。三教要各自克服偏颇，就只有会通，因为唯有会通，三教才能互救互补，克服各自的思想片面性。

---

①庞朴．东西均注释［M］．北京：中华书局，2001：129．又，在方以智看来，能否出入生死，关键取决于“心”如何对待生死，因为“心即生死、不生死之原”（庞朴．东西均注释［M］．北京：中华书局，2001：124）。

②“学”在这里，既是指学问、学术，也是指获得学问、学术之学习。

③庞朴．东西均注释［M］．北京：中华书局，2001：15．

上面的论述隐含有这样的意思：三教不会通，它就是迷惑毒害人的毒药，只能起强化人之本质缺陷的负面作用；而会通三教，其实也就是消除三教各自片面性以防止人受其片面说教的迷惑毒害而强化其本质缺陷。正是从如何摆脱人之本质缺陷——注定被迷惑——这一冷静思考中，方以智体知"学"对于克服人之本质缺陷的根本作用，提出"不迷则死，不如迷学，学固轮尊毒毒药之毒也"[①]，意思是说，既然人注定要被迷惑，与其被三教迷惑，不如为"学"所迷惑；而"学"原本就是被历史所证明了的解"毒药"[②]之毒性的"毒"药。如同中医所采用的"以毒攻毒"，方以智将"学"比方为有解毒之功效的毒药，无非是崇尚"学"对于救治认识偏颇的作用，强调唯有"学"才能救治三教百家学说之偏颇，使人免受偏颇学术的影响，从而让人摆脱其注定被迷惑之本质缺陷，做理性健全的人。

方以智崇尚"学"的论述不胜枚举，若就其深刻者讲，它主要强调了五点：（1）学乃人交天地之纽带，人之道德理性、知识理性之自觉起于学："'学'也者，爻也、孝也、效也、教也、觉也，一以交万，人以交天，而自觉、觉人之幾也；兼参悟、诵读、躬行，合内外、本末，无所不具者也"[③]。（2）人之生长随其才智，如"废学"而"回避学问功能"[④]，任由人"随才"："出世者听其孤僻，散人听其纵脱"，其流弊势必导致废除教化，从而妨碍社会治理[⑤]，人要防止其任随才智造成社会危害，就"必须好学"[⑥]，因为"学"有"自觉觉世"[⑦]之功效，它能使人合乎其存在目的去生活，使其才智的发挥不至于违背人的生活本质[⑧]。（3）"好学明伦"[⑨]，人唯有"好学"才可以"明伦"，真正明白人是道德的存在，懂得人决不可以无道德，因此，为人者，若"厌学"——讨厌学习，"畏学"——畏惧学习，

①庞朴．东西均注释［M］．北京：中华书局，2001：15.

②代指偏颇的学术。

③庞朴．东西均注释［M］．北京：中华书局，2001：170.

④方以智．三冒五衍［M］//易余．安徽博物馆藏手抄本．

⑤此解所依据的原文为："其流必废教而梗治矣"。

⑥方以智．三冒五衍［M］//易余．安徽博物馆藏手抄本．

⑦庞朴．东西均注释［M］．北京：中华书局，2001：171.

⑧指人应当过合情合理的生活。

⑨方以智．资格［M］//易余．安徽博物馆藏手抄本．

“废学”——放弃学习，“呵学”——拒斥学习，“讪学”——讥讽学习，就不仅仅是认识局限或懒惰问题，是事关为人“立本”的大问题，“是故教人立本，必曰志学”[①]，人一定要立志于学，以“学”恪守、护卫其道德良知（本），才能做一个有道德的人。（4）志于学，就一定能成就道德人格，那么“不志学”则不能成就道德人格，也就不言而喻。但方以智并没有如此从道德层面谈“不志学”的后果，他反而从认知层面谈之。方以智指出，当人们追问事物“如何”，或强调事物当“如何”时，人们实际上是希望把握“无非无隐”[②]者，即没有什么事物不存在的那个“隐”，用今天的术语讲，就是事物现象背后的事物本质。事物现象纷繁可见，谓之“费”；事物本质无形不可见，谓之“隐”。“隐”分具体的“隐”与抽象的“隐”，具体的“隐”指代一个个具体事物本质，抽象的“隐”指代万物莫不共有的普遍本质。此抽象的“隐”，是任何具体事物之“费”与“隐”所以统一的根据，方以智因此称之为“费隐之物”[③]。对于“费隐之物”，不是人任随其不学而能的才智[④]就能认识的，必须掌握“二而一，一而二”“一即三，三即一”哲学才能认识，所以方以智强调说：“欲与不志学者格此费隐之物，是使尧牵羊、舜助之，惜矣。”[⑤]一声可惜，惜在人之不学之可哀，因为不学之人，就只有任随天生才智的能力，要与这样人去研究“费隐之物”，岂不如同让尧牵羊又让舜助尧牵羊，多此一举，让人兴叹。（5）方以智论“好学”之意义说：“榜曰：毋自欺而好学，则彼皆无可逃也；彼不及者好学，则适其嗜欲，而保其嗜欲，弓治箕裘，各乐其业，耕凿俯仰之性命，可毋欺也；使过者好学，食其意见，以泄其意见，鸡跖牛毛，各灌其畦，成德达材之性命，可毋欺矣；使乡愿而好学，则现舌而砺齿，信古而扶进，方闻澡浴虚受、他山愿固道也；使无忌惮而好学，则斩蛟射虎，直任龙渊，白貘可图，何烦九首，无忌惮亦道也。主以宰用，神以明成。大其赤子，乃以不失达天，绝学必不讳学，高言扫迹乃逃心耳。一入[⑥]好学之林，水清石见，齿齿实征，十之

①方以智．中告［M］//易余．安徽博物馆藏手抄本．

②方以智．如之何［M］//易余．安徽博物馆藏手抄本．

③方以智．如之何［M］//易余．安徽博物馆藏手抄本．

④比方说，婴儿天生就会吃奶。

⑤方以智．如之何［M］//易余．安徽博物馆藏手抄本．

⑥原抄为“人”，似抄误，故径改。

八九，不可以隐，占白著矣。"[①]这段论述大意是说，同是标榜"好（hao）学"，虽因对象不同、目的不同而表现各异、后果悬殊，但只要"好学"，任何类型的人都能改变习性，变缺点为优点，充分发挥其人的主动性，实现人的存在价值。那种借口不着迹以讳学之夸夸其谈，无非是人之内心的主观呈现，并不足以抹杀"好学"之客观意义。而"好学"的客观意义，一言以蔽之，乃使人由才智转为理智，以知识理性观世界，从而不被现象所蒙蔽。

四

既然方以智通过三教会通论确立了崇"学"理念，则要正确地评价他会通三教的意义，就要剖析其所确立的崇"学"理念之意义。但这一剖析，不能仅仅就他如何谈崇"学"进行分析，还要探讨他之崇"学"理念究竟体现了哪些价值认同、究竟要在学术上提倡什么导向。一旦进行这样的分析，就有必要注意方以智的三句话：一曰："不惑立于志学"[②]；二曰："学犹饮水，自知自由而已"[③]；三曰：充类"即穷理者之捷术也"[④]。尽管这三句话不是在同一个场合说的，但将之作为方以智崇"学"理念之内在理逻辑来分析，还是无可置疑的。

这三句话，第一句强调"学"的价值与作用在于使"人"不被迷惑；第二句回答"学"所以能使人不被迷惑，是因为"学"能让人保持意志自由，使人自知为何、如何去行，具备自主地决定自己命运的能力；第三句申明人之自由行动能力，具体表现为一种快捷地把握事物本质（理）的方法（术），这个方法谓之"充类"。"充类"又称"充类致义之尽"[⑤]，是指以逻辑推理方法由事物类别穷尽事物之理的方法。在步骤上，充类又分"质论"（质测）与"通论"（通幾）[⑥]。"质论"（质测）相当于今日所谓"归纳"，是从事物现象分析归纳出事物之所以（理）；"通论"（通

①方以智. 中告［M］//易余. 安徽博物馆藏手抄本.

②方以智. 一有无［M］//易余. 安徽博物馆藏手抄本.

③方以智. 知由［M］//易余. 安徽博物馆藏手抄本.

④方以智. 充类［M］//易余. 安徽博物馆藏手抄本.

⑤方以智. 充类［M］//易余. 安徽博物馆藏手抄本.

⑥方以智. 大常［M］//易余. 安徽博物馆藏手抄本.

幾）相当于今日所谓“演绎”，是从归纳得出的具体事物之理（已知）推论出事物普遍之理（未知）。可见“充类”体现了归纳与演绎之统一，用方以智的话说，就叫作“质论之中，皆通论也”①。

由上述分析不难看出，由那三句话所体现的方以智之崇“学”理念所倡导的学术导向，不可能是道德主义的，而只能是知识主义的。那么，方以智在明清之际倡导知识主义的学术导向，其意义何在？要回答这个问题，当先清楚中国学术史上道德理性与知识理性的背反。尽管儒家一直倡导“尊德性而道问学”②，希望在学术上兼顾道德理性与知识理性，但在中国学术史上，从来就未有哪一个学问家真正做到这一兼顾，反倒是要么偏向“尊德性”，要么偏向“道问学”，形成了中国学术史上的“尊德性”与“道问学”的背反。而这一背反就总体上讲一直呈现出“尊德性”排斥、压制“道问学”的态势，决定了“尊德性”在明代中叶之前一直是左右中国学术发展导向的主流传统。按照余英时先生的说法，中国学术史上这一主流传统（尊德性），只是因为明清之际的知识主义的兴起并迅速形成思潮，才遭遇第一次“反动”。对旧传统的反动，便兆示着新传统的开启。那么，我们可以毫不夸张地说，方以智崇“学”理念对于知识主义的张扬，无疑兆示了中国学术史上知识主义（道问学）时代的开启。只可惜，因为清廷政治上的打压，这个在方以智心目中呼之欲出的时代，后来一直到清朝结束，也没有在中国学术史上真正成为一个时代。中国学术史上知识主义时代，还有待漫长的知识理性启蒙才能真正到来。

---

①方以智．大常［M］//易余．安徽博物馆藏手抄本．

②《礼记·中庸》。

方以智物哲学的方法论特色

邢益海

方以智被史家称为忠臣、孝子、才人（子）、高僧、明遗民，乃至“一代伟人”。①有清一代，方以智被定位成考据学家和杂家。在现代学术视野中，方以智最早被视为科学家、音韵学家，直至上个世纪下半叶，随着《东西均》等文献的披露和整理，经侯外庐、余英时的表彰，作为思想家、哲学家的方以智才得以定位。至于其思想特色和学术贡献，最早聚焦在科学史和科学哲学，而哲学家（或谓儒者，或谓庄学家）和禅学家的定位似有后来居上之势，其集大成、会通三教（儒道佛）的方法论特色正日益受到关注。笔者以“物哲学”替换“科学哲学”，认为方以智学术本质上仍然应该定位为一种“物哲学”，方以智以会通为集大成，通过会通庄学、易学和禅学，集大成为一种“质测通幾”的古典物哲学。

一、以会通为集大成

方以智自云：“古今以智相积，而我生其后……生今之世，承诸圣之表章，经群英之辩难，我得以坐集千古之智，折中其间，岂不幸乎！”②笔者曾论断：方氏笔法也即“炮庄”会通庄、禅、易三学以及强调藏悟于学的集大成笔法。③“力求《易》《庸》《庄》、禅，经史子集，合一炉而

① 安庆府桐城县志：卷4［M］//安徽府县志辑．中国地方志集成：第12册．胡必选，王凝命，编修．南京：江苏古籍出版社，1998：118.

②方以智．通雅：卷首一［M］．上海：上海古籍出版社，1988：1-2.

③邢益海．方以智庄学研究［M］．北京：北京师范大学出版社，2015：18.

治，互相参证，集学之大成而达于大道。”[①]

会通、集大成而后能应病予药。方以智以“会通、集大成”为学术志业，并因此形成方氏笔法，其理论依据或理论成果则集中体现于方孔炤、方以智父子的“公因反因说”。方以智在《东西均·所以》篇中曾感叹：“学者能知天地间相反者相因、而公因即在反因中者，几人哉！”[②]方中通在方以智《物理小识》卷五中有按语云：“公因，一也；反因，二也。此方氏之易学，真破天荒，一切皆然。”[③]《青原志略·杂记》有《公因反因话》记左藏一语：“环中堂公因反因，诚破天荒、应午会矣。”[④]环中堂指方孔炤，这里将“公因反因”的发明权归在方孔炤。老人指方以智。午会是邵雍“元会运世”中一元的关键，此时“万法咸章”，而方孔炤、方以智父子所处明末恰逢午会。[⑤]笔者因此论断：“故他们深信，此时学术贵在会通与集大成，为达成这一使命，融庄学环中寓庸论与邵雍象数易学为一炉的公因反因说应运而生。”[⑥]

方以智又主张宗一圆三和一贯说，这是“公因反因说”的应用。笔者曾论断：“公因在反因中，一在二中，合二而一，其实与一而三、三而一，以及‘一贯’说并无二致，只是侧重点不同，前者言哲理，后者上升到三教（儒释道）文明（比较）论。”[⑦]以一贯之道（即圆∴，即宗一圆三）会通三教，完全可以视为庄学“环中寓庸”功夫的应用。

二、会通庄禅易三学

方以智以会通为集大成的学术志业，使得他在晚明三教会通思潮中

---

①邢益海．方以智庄学研究［M］．北京：北京师范大学出版社，2015：17.

②庞朴．东西均注释（外一种）［M］．北京：中华书局，2016：306.

③方以智．物理小识［M］//四部精要：第13册．影印本．上海：上海古籍出版社，1993：1167.

④青原志略［M］．方以智，编．张永义，校注．北京：华夏出版社，2012：363.

⑤方孔炤《周易时论合编凡例》称：“一元尧当巳未，周孔当午初，今当正午，万法咸章。”

⑥邢益海．方以智庄学研究［M］．北京：北京师范大学出版社，2015：48.

⑦邢益海．方以智庄学研究［M］．北京：北京师范大学出版社，2015：51-52.

可谓特立独行。他致力于会通庄、禅、易三学，以此集大成为古典学的新里程碑。论道家，他对庄子情有独钟，终生谈庄不绝；论佛家，他对华严、净土等虽有涉略，而终归于以《易》说禅的曹洞宗门；论儒家，他对《四书》随手征引，而六经中尤深于《大易》（象数易）。如此一来，他对庄、禅、易的会通，既有广度，尤有深度，可谓博大精深！如同一条红线，贯穿于他的主要著述《易余》《东西均》《冬灰录》（《五位纲宗》最集中）以及他所编撰的《药地炮庄》（以“炮庄二书”和“黄林合录”最为集中）、《青原志略》（以《传心堂约述》《仁树楼别录》《中五说》等最为集中）等。

方以智会通庄禅易三学的致思路径是：以象数易为会通之枢纽，所谓“极深研幾，因象数而会通之”[①]，则象数化的庄学即气学、物学，象数化的禅学以文字禅为功夫强调实修实学，而以禅教关系类比庄学与儒学，主张庄为儒宗别传，使庄禅一致论进达终极版本——如此一来，庄禅易面面有个入处而相互贯通。

（一）易学庄学会通

方以智从以下四个方面会通庄学与易学。

1. 《庄》是《易》之风。就作品主旨、功能所下的断语。方以智在《向子期与郭子玄书》中提出：“《庄子》者，殆《易》之风。”[②]风，至少有两层含义，一是风教义，二是转风力（培风）义。“转风力”是庄学功夫论。如果说，齐物论是庄子之道论、之风教，逍遥游却是庄子体道的功夫论——转风力。如果说鲲化鹏是《易》理之象征，那么此后鹏怒而飞、待海运则徙、抟扶摇而上、待六月息与野马尘埃之以息相吹的消息，直至点出“培风”，说的就是《易》之风（力），《庄》能尽《易》之变化全靠转风力（“培风”）功夫。[③]

2. 《庄》是《易》之变。言通、言变，是就《易》《庄》二者相互

---

①方以智．通雅［M］．上海：上海古籍出版社，1988：73.

②方以智．药地炮庄［M］．张永义，邢益海，校点．2版．北京：华夏出版社，2016：76.

③邢益海．方以智庄学研究［M］．北京：北京师范大学出版社，2015：31-35.

关系言。“《庄》是《易》之变”[①]出自方以智《药地炮庄·大宗师》。“《易》变而《庄》”出自方以智《禅乐府》。《药地炮庄》内篇篇首称：

> 南北也，鲲鹏也，有无也，犹之坎离也，体用也，生死也。善用贯有无，贯即冥矣。不堕不离，寓象寓数，绝非人力思虑之所及也，是谁信得及耶？善寓莫如《易》，而《庄》更寓言之以化执，至此更不可执。[②]

寓象、寓数而通幾。《易》善以艺寓道，而《庄》更善于以寓言去体道证道。由此，方以智《易》变而《庄》说可深层言之。如可言《庄》是对《易》的变化之道的继承。平叟（方以智）杂拈曰：“《易》之风，《中庸》之魂，谁开此眼？然我更要问他，转风招魂，四维上下都遍矣，毕竟在甚么处？”[③]开此眼者当然是庄子，四维上下都遍即是“周”，故转《易》之风，招《中庸》之魂的《庄子》，毕竟又在“周”易即《周易》处。为什么这么说呢？也是在《药地炮庄》内篇篇首，方以智言：

> 无内外而有内外，故先以内摄外。《内篇》凡七，而统于游。愚者曰：游即息也，息即无息也。太极游于六十四，乾游于六龙。庄子之御六气，正抄此耳。姑以表法言之，以一游六者也。《齐》《主》《世》如内三爻，《符》《宗》《应》如外三爻，各具三谛。《逍遥》如见群龙无首之用。六龙首尾，蟠于潜、亢，而见、飞于法界，惕、跃为几乎！六皆法界，则六皆蟠皆几也。[④]

《大易》以太极游于六十四卦，以《乾》卦游于六龙（指六爻）。庄子之御六气，意味《庄子》内七篇以逍遥游于一无穷无待之世界，正抄此耳。以表法言之，以一游（指《逍遥游》）六（指内篇之后六篇）者

---

①方以智．药地炮庄［M］．张永义，邢益海，校点．2版．北京：华夏出版社，2016：225.

②方以智．药地炮庄［M］．张永义，邢益海，校点．2版．北京：华夏出版社，2016：100.

③方以智．药地炮庄［M］．张永义，邢益海，校点．2版．北京：华夏出版社，2016：76.

④方以智．药地炮庄［M］．张永义，邢益海，校点．2版．北京：华夏出版社，2016：100.

也。《齐》《主》《世》如内三爻，《符》《宗》《应》如外三爻，各具三谛。而六龙首尾（初九之潜、上九之亢，九二之见、九五之飞，九三之惕、九四之跃）环绕有几。内七篇之统于游（《逍遥游》），则如见群龙无首之用，“游即息也”，是方以智《药地炮庄》开出庄学疗救世人之药方：

> 古今蔚气，胶扰久矣。教养立法，法弊而救。名实淆乱，药病转变。曾疑其所自来，而思所以息之耶？……不如且与之游，旷以天海，引之于无何有之乡，荣辱不及，名实皆忘，同人于野，暂息尘埃，不觉羲皇之风，从耳后生。[①]

曾疑天下之病其所自来而思所以息之？药方是“不如且与之游”，则“不觉羲皇之风，从耳后生”。羲皇指伏羲，指代《大易》，羲皇之风，也即《易》之风，故此段可视为“《庄子》者，殆《易》之风”的最好注脚。庄子之游全凭《易》之风，是故从象数义理及其功用层面又深一层论证了“《易》变而《庄》”说。

3. 《庄》证于《易》。方以智又有“象数取证说”，即主张“《庄》证于《易》”，此是易学庄学会通的义理基础。在方以智看来，易学的本质特征是作为象数之学，象数能征幾证道，故《庄》证于《易》。他在《东西均·神迹》中提出：“《易》《庄》原通，象数取证。”[②]方以智心目中之《易》指象数易：“善表虚玄、以不变易贯变易者，莫妙于象数矣。”[③]“《易》以象数端幾征性中天命之秩序。”[④]律历征幾是易学的擅胜场。方以智拟《惠子与庄子书》也曰：“道问无应，即器是道。象数征理，数以度用。夫度其数而中节者，即不堕诸数者也。”[⑤]《东西均·象数》引黄道周语曰：“日、月、星是三要物，理、象、数是三要事。吾家

①方以智．药地炮庄［M］．张永义，邢益海，校点．2版．北京：华夏出版社，2016：86.

②庞朴．东西均注释（外一种）［M］．北京：中华书局，2016：228.

③庞朴．东西均注释（外一种）［M］．北京：中华书局，2016：294.

④青原志略［M］．方以智，编．张永义，校注．北京：华夏出版社，2012：76.

⑤方以智．药地炮庄［M］．张永义，邢益海，校点．2版．北京：华夏出版社，2016：84.

物事，切忌笼统，消帐不得。”[①]黄道周在此强调：物皆一理，理皆一象，象皆一数。理、象、数三要事是《大易》征燚研极，极物而已。而方以智认为庄子也只是极物而止，以有形者象无形者而定矣。《庄子·天下》篇谓“其数一二三四是也”，《药地炮庄》评论曰：

> 《潜草》曰：其数一二三四，不言五者，五在其中。从此千之万之，故曰其数散于天下。……《庄子》亦曰：议之所止，极物而已，以有形者象无形者而定矣。……愚曰：庄言明于本数，系于末度。《节》卦曰：制数度，议德行。（引者注：见《象》传）盖数自有度，因而制之。秩序变化，尽于《河图》《洛书》矣。故曰：数为藏本末之端幾，而数中之度，乃统本末之适节也，道之籥也。[②]

此外，在《药地炮庄·庚桑楚》“道通，其分也，其成也毁也”段，方以智集评：“《潜草》曰：以有形者象无形者而定矣，必自《易》象极物来。”[③]又“闲翁曼衍”引“藏曰：有形者象无形定，《易》图轮回是真本”[④]。故《庄》《易》本相通也，《庄》本于《易》，而《易》可证《庄》。

朱伯崑《易学哲学史》高度评价方氏易学，认为：“其象数之学的宗旨，即研究自然现象变化的基本规律，进而以此考察物理。”[⑤]将象数学与物理研究结合，使其“虚空皆象数”说所论理气象数四者关系，少了一分玄虚，多了一分平实。而以《易》证《庄》，也使庄学极物而止的面向展露无遗。

4.《庄》寓于《易》。方以智通过“道寓于艺”的义理加以论证。在方以智看来，庄学是道（论道修道）学，而易学的一个特征则是作为技艺，道寓于艺，故《庄》寓于《易》。庄学易学会通要求我们才不废学，

---

①庞朴．东西均注释（外一种）［M］．北京：中华书局，2016：300.

②方以智．药地炮庄［M］．张永义，邢益海，校点．2版．北京：华夏出版社，2016：458.

③方以智．药地炮庄［M］．张永义，邢益海，校点．2版．北京：华夏出版社，2016：377.

④方以智．药地炮庄［M］．张永义，邢益海，校点．2版．北京：华夏出版社，2016：377.

⑤朱伯崑．易学哲学史：第3卷［M］．北京：华夏出版社，1995：351.

有助于实现方以智新庄学解拘救荡的社会功用。就道艺关系言，方以智破斥将道神奇化而将艺糟粕化、使内外相离的思维，《东西均·尽心》有春花之喻曰："道犹春也，艺犹华（花）也。"[①]而就《易》之为艺而与道相通，故可推言《庄》寓于《易》，方以智《东西均开章》曰："故中土以《易》为均，其道并包，而以卜筮之艺传于世。"[②]《东西均·象数》指出《易》为"性命之宗"却"以艺传世"：

> 《易》冒天地，为性命之宗，而托诸蓍策，以艺传世。儒者讳卜筮而专言理，《易》反小矣，此岂表天地、前民用、罕言而以此示人、存人心之苦心乎哉？[③]

方以智强调《庄》寓于《易》，志道游艺，是为了重实学和学问，"以学问为茶饭"[④]，解拘救荡。可见，方以智对庄、禅的流弊有清醒的认识，而易学则被视为实学和学问的代表，这在某种意义上表明方以智对其家学的珍重。

（二）易学禅学会通

《东西均·道艺》曰："易一艺也，禅一艺也。"[⑤]《东西均·象数》曰："寓言法喻，非象莫表；刹刹尘尘，皆是实象"[⑥]，也说的是庄之寓言、禅佛教之法喻，均与易象通。而在《一贯问答·以明》中也说："禅者时变也，斋戒慎独，洗心藏密。"[⑦]斋戒、洗心、藏密均语出《易·系辞上》。这便是会通禅学与易学。

方以智由四十岁"逃禅"进而成为曹洞宗寿昌系觉浪道盛的法嗣，而曹洞宗的"五位纲宗"说受易学影响极深，以《易》解禅可以说是曹洞宗风的重要标志。从石头希迁的《参同契》以"明暗"喻理事，明显有取于《易经》《离》（明）、《坎》（暗）二卦之卦象。云岩昙晟《宝镜三昧》歌中的"十六字偈"突出重离卦和偏正说，为洞山良价继承，提出

①庞朴．东西均注释（外一种）［M］．北京：中华书局，2016：130.

②庞朴．东西均注释（外一种）［M］．北京：中华书局，2016：16.

③庞朴．东西均注释（外一种）［M］．北京：中华书局，2016：295.

④庞朴．东西均注释（外一种）［M］．北京：中华书局，2016：267.

⑤庞朴．东西均注释（外一种）［M］．北京：中华书局，2016：263.

⑥庞朴．东西均注释（外一种）［M］．北京：中华书局，2016：298.

⑦青原志略［M］．方以智，编．张永义，校注．北京：华夏出版社，2012：126.

“洞山五位”说，被认为是曹洞宗派的核心旨意。左锌《中五说》指出：“曹洞纲宗，以正中偏、偏中正、正中来、偏中至、兼中到为五位，约则君臣道合而已，正偏兼中而已。”[①]道盛与方以智师徒对于曹洞五位纲宗的阐扬都不遗余力。道盛《洞宗标正》云：洞山“乃作偈自述悟证，与石头《参同契》之明暗妙协，云岩所付《宝镜三昧》之渠我交参深相符合，即以重离回互而立正偏五位之宗旨。”[②]

《参同契》已有调和南北宗之旨趣，参即不齐有异，同即异中有同，契即契合。对于禅宗五宗七家，曹洞一直传承回互、会通宗旨，晚明参究“五宗”之原乃至三教之原，以道盛师徒最为用力。方以智在《冬灰录》卷一《五位纲宗（青原）》一文里，因方中通之问而有两处详答，可以说集中体现了方以智运用其公因反因说对曹洞宗参同思想以及易学禅学会通思想的全面继承和发展：

> 学道得本，须明纲宗。纲宗既明，其本自立。自开全眼者观之，舍大本无差别，舍差别无大本。到此当处历然当处寂然，秩序变化，方圆同时。圆融不碍行布，行布不碍圆融，是岂人力思量之所能及哉！（中略）古德各就所知而言之，各不自欺。一曲皆道所收，如举其全，须明公因反因者。

又答方中通问“以《易》如何征禅理”云：“大一之难言，而以象数为端幾之符也。”把曹洞宗“五位纲宗”禅理征之于《易》之卦变爻变。“就《易》以表别即是圆之幾焉。下离上离而重离，非叠而为三耶？变下卦而成未济，变上卦而成既济，但就重离而变二五中爻为乾，变余四爻为坤，其重离之伏重坎，则直下本伏者也，非变尽成五耶！如此言之，六十四卦，卦卦具此叠三变五，所谓一切本然也。”“若从此极物而数落焉，千之万之，互为君臣，互为父子，互为宾主，皆大二也，而大一更何容言？”[③]总之，《易》之象数为禅之表法，而禅之幾征于《易》。

（三）庄学禅学会通

庄禅相通、庄禅一致，前人论述颇多。方以智在《一贯问答·以明》

---

①觉浪道盛．天界觉浪盛禅师全录：卷十//嘉兴藏：第34册No．B311．台北：新文丰出版公司，1988：649.

②方以智．冬灰录［M］．邢益海，校注．北京：华夏出版社，2014：140.

③方以智．冬灰录［M］．邢益海，校注．北京：华夏出版社，2014：142.

中说："愚谓《庄子》者……禅之先机也。"[①]方以智《药地炮庄·总论中》引刘辰翁评《世说新语·文学》篇一则乐令广的故事："客问不至之旨于乐令广，令直以麈尾柄确几曰：至否？客曰：至。令又举麈尾曰：若至者，那得去？"刘的评语即是："此禅在达磨前。"[②]方以智业师石塘子也言："庄禅，出世之圆机也。""人知庄为佛之破执前矛，曾知庄为云门棒佛之先几乎？"[③]道盛在《庄子提正》中直接赞叹："噫，吾于是独惜庄子未见吾宗，而又独奇庄子之绝似吾宗。"[④]《药地炮庄·天运》庄子答商大宰荡问仁段，方以智引道盛评语云："惜乎此老生于禅宗佛法之前，使生于宗教之后，则又何让马祖、石头之机用哉！"[⑤]

在《药地炮庄》中，方以智以禅解（比）庄者比比皆是。《田子方》列御寇为伯昏无人射段，引道盛语："挥斥八极却易，足二分垂在外，为此不射之射，却难。大似参禅，到悬崖撒手处，始得通身汗下。虽然，此喻甚奇。"[⑥]《天运》引笑翁曰："妙在巫咸袑不作滑语，劈破三玄作两边，直令天下不敢违。此方是真祖师禅。"[⑦]在《天下》篇末惠子段，方以智的评语以庄、禅对举："以庄之旷达，而必寓诸庸，以禅之玄变，而曰了事凡夫。"[⑧]

另一方面，方以智又以《庄》说禅。方中通《陪诗》卷三甚至称：

---

①庞朴．东西均注释（外一种）［M］．北京：中华书局，2016：501．

②方以智．药地炮庄［M］．张永义，邢益海，校点．2版．北京：华夏出版社，2016：46．

③方以智．药地炮庄［M］．张永义，邢益海，校点．2版．北京：华夏出版社，2016：60．

④嘉兴藏：第34册No．B311［M］．台北：新文丰出版公司，1988：768-769．

⑤方以智．药地炮庄［M］．张永义，邢益海，校点．2版．北京：华夏出版社，2016：299．

⑥方以智．药地炮庄［M］．张永义，邢益海，校点．2版．北京：华夏出版社，2016：356．

⑦方以智．药地炮庄［M］．张永义，邢益海，校点．2版．北京：华夏出版社，2016：298．

⑧方以智．药地炮庄［M］．张永义，邢益海，校点．2版．北京：华夏出版社，2016：468．

"趋庭无别语，开示终南华。（自注：时老父著《药地炮庄》）"[①]此时为庚子（1660），方以智在廪山、寿昌时期。如《冬灰录》卷首三《龙湖不二社茶话》，方以智开示道："既不识庄子之薪火，又岂识庄子之悬解耶？不见庄子之遽庐，而告子以为桎梏耶？安知达摩之墙壁，非庄子之遽庐耶？"[②]

就历史上各种庄禅一致论而言，最为奇特的是道盛、方以智师徒提出的托孤说，正庄为尧孔之真孤，其最重要的理论论证即"庄为儒宗别传"说，这当然不是历史考证，而纯粹是义理和思想功能的类比，但却堪称"庄禅一致论"的终极版和终结版，貌似偏激却包容性极强，林林总总的各种庄禅关系说都可纳入这一框架。道盛《庄子提正》云："予读其所著《南华》，实儒者之宗门，犹教外之别传也。……自谓天下沉浊，不可与庄语，故为此无端崖之辞以移之，使天下疑怪以自得之。"[③]此固是从"别传"立论，而何以归儒宗？道盛又有《正庄为尧孔真孤》之论：

> 予读《庄子》，乃深知为儒宗别传。夫既为儒宗矣，何又欲别传之乎？盖庄子有若深痛此内圣外王之道，至战国，儒者不知有尧孔之宗，惟名相功利是求……而此嫡血之正脉，孤而不存天下，万世下有为内圣外王之道者，无所宗承，庄生于是有托孤之惧矣，故托寓言于内外杂篇之中，上自羲黄，下及诸子，以荒唐自恣之说，错综其天人精微之密，而存宗脉于内七篇，以大宗师归孔颜，以应帝王归尧舜。应帝王之学，即大宗师之道也，此庄生所立言之真孤，虽天地覆坠不能昧灭也。[④]

"夫既为儒宗矣"其实并没有展开论证，而"以大宗师归孔颜，以应帝王归尧舜"进而言庄为尧孔之真孤，固属牵强。其实，能勉强支撑庄为"儒宗别传"论的，是另外一个命题——六经辅翼说："或谓庄子之书可以独行于天下古今也乎？曰：不可。庄生所著，虽为《六经》之外别行一书，而实必须辅《六经》始能行其神化之旨也。

---

①清代诗文集汇编：第133册［M］．上海：上海古籍出版社，2010.

②方以智．冬灰录［M］．邢益海，校注．北京：华夏出版社，2014：64–65.

③嘉兴藏：第34册No．B311［M］．台北：新文丰出版公司，1988：768.

④嘉兴藏：第34册No．B311［M］．台北：新文丰出版公司，1988：769.

三、集古典物哲学大成

方以智（方氏易学）结合庄子环中论与邵雍象数易，提出公因反因说，进而融合吴应宾的宗一圆三说，提出“一贯”论，以会通与集大成为药方，会通庄禅易三学，集大成为一新学以疗救时代病症。那么，这一新的古典学在内容上有何特征？我们又该如何在学术史、哲学史上为其定位？

在方以智对庄禅易三学的会通中，我们看到，方以智认为庄学说到底只是极物而止，以有形者象无形者而定矣；对于禅学，方以智以《庄》说禅，以《易》解禅，而庄禅之幾均征于《易》之象数；对于易学，方以智视其本质特征为象数，而象数能征幾证道，穷尽物理，庄学禅学均可征于易学。故《易》象数是庄禅易三学会通关键，而集大成之学问无非一大物理，方以智曾计划汇编子部书为《格致全书》就体现了这一致思路径。其《藏书删书类略》云：“子部凡十二：历代儒学、杨、墨、名法、纵横、兵、象纬算测（附太西算学、奇器）、医、农、卜筮（附三式堪舆等）、艺术小说、物理总书。”又自注：“农书、医学、算测、工器乃是实务，各存专家。九流各食其力，听之而已。总为物理，当作《格致全书》。”①晚明耶稣会传教士传入西学之“科学”（science），以格致（格物致知）为对应。格致的对象为物（自然），博物、工艺（技术）、名物诚为格致学，而以物学思想、物哲学为其内核。清代格致学终不能逃出考据学的窠臼。至清末西学再次兴盛，格致学为中国知识界广泛重视，经“新文化运动”祭起“科学”大旗，遂被完全取代。然而，考察方以智（及由其师友、儿子、弟子们组成的方氏学派）不用格致而另发明质测学，不仅更精准地对应西学之“科学”，对西学也是有借鉴有批评，立足于融会贯通，独具一格，其质测通幾（以“通幾”来称谓中国古典哲学也是非常贴切）学对中国传统物学思想、物哲学有传承、有突破，自有其划时代意义，因此，或者可以说方以智集古典物哲学大成，是中国古典物哲学真正的总结者和终结者。方以智生前好友王夫之曾赞叹：“密翁与其公子（指方中通）为质测之学，诚学思兼致之实功。盖格物者，即物以穷理，惟质测为

---

①嘉兴藏：第34册No．B311［M］．台北：新文丰出版公司，1988：768-769．

得之。若邵康节、蔡西山则立一理以穷物，非格物也。（船山学社本注：按近传泰西物理、化学，正是此理。）”①侯外庐先生是现代学者中最早、最系统表彰方以智学术的人，他曾高度评价方以智的物哲学：

方以智不论从“质测”（科学）藏“通幾”（哲学）方面，抑或从“通幾”护“质测”方面，就其历史的意义上说，是对于“天”或自然的革命理论。②

先秦大哲中第一个对物有强烈关注的人是庄子，从他“无乎逃物”（见《知北游》）的道论看，可能还是北宋大儒邵雍之前最具物哲学思想的人。庄子论物的主旨可归结为“齐物”，包括齐“物论”与齐万物（含物我）两个面向。邵雍的观物、观化思想主要体现在由他得以完善的象数易学，朱熹称赞：“自有《易》以来，只有康节说一个物事如此齐整。”③邵雍将庄子的“物哲学”带入象数阶段。

嵇文甫曾言：“自宋以后，几乎有一家宗旨，就有一家的格物说。”④但宋儒喜谈性理，故物哲学未能跟上物质、技术的进步，像沈括《梦溪笔谈》那样具有丰富物学思想的著作并不多。元代医家朱丹溪撰有《格致余论》，其格致即指格物致知。明代物学发达，李时珍《本草纲目》、宋应星《天工开物》、徐光启《农政全书》绽放异彩。明清之际，因耶稣会士传入西学，格致学成为士人关注的焦点之一，前者如意大利传教士汤若望等翻译的《坤舆格致》（即乔治·鲍尔的《矿冶全书》）、高一志所撰的《空际格致》（介绍亚里士多德的土、水、气、火四元素说，所云空际相当于“自然界”），后者如熊明遇有《格致草》，都径以格致命名。但最具特色的还是方以智在《物理小识》《图象几表》《东西均》《药地炮庄》等著作中提出的质测、通幾学。

《物理小识》为方以智早期作品，方中通《物理小识编录缘起》云：

王虚舟先生作《物理所》，崇祯辛未，老父为梓之。自此，每

①王夫之．搔首问［M］//船山全书：第11册．长沙：岳麓书社，2011：633.

②中国思想通史：第四卷下册［M］．侯外庐，主编．北京：人民出版社，1960：1155.

③朱熹．朱子语类：卷一百［M］//朱子全书．上海：上海古籍出版社，合肥：安徽教育出版社，2002：3345.

④嵇文甫．晚明思想史论［M］．北京：东方出版社，1996：175.

有所闻，分条别记，如《山海经》，《白泽图》，张华、李石《博物志》，葛洪《抱朴子》，《本草》，采摭所言，或无征，或试之不验，此贵质测，征其确然者耳。……象纬、历律，药物同异，验其实际，则甚难也。适以远西为郯子，足以证明大禹、周公之法，而更精求其故，积变以考之。①

以前人所记，加以实证和试验，这就是“质测”的方法和态度，由此产生的学问可称“质测学”，类比于耶稣会士们传入的自然科学及其方法（所谓“适以远西为郯子，足以证明大禹、周公之法”）。所谓“质”指对象化的物。方孔炤释《系辞下传》云：“吾故分一切语皆有质论、通论，隐论、费论。”②质即指费（可见如形器、象数）者，通即指隐（幽微不可见之理）。《两间质测》又引申出质理、通理③：

就气以格物之质理，举其所以为气者以格物之通理，亦二而一也；费而象数，隐而条理，亦二而一也；合费隐而言之，分费隐而言之，亦二而一也。④

物之质理与通理，都是物理，都是方孔炤方以智父子格致的对象。《物理小识·天象原理》指出方孔炤言及“质而测之”“通幾”：“鹿湖潜老夫曰：‘执气质而测之，则但显各各不相知；而各各互相应之通幾犹晦也。’”⑤《两间质测》开篇引潜老夫（方孔炤）曰：“两间皆气也。所以为气者，且置勿论。论其质测，气贯实中，而充塞虚廓。”⑥《青原志

①方以智．物理小识［M］//四部精要：第13册．影印本．上海：上海古籍出版社，1993：1132．

②周易时论合编［M］//续修四库全书：第15册．方孔炤，编．上海：上海古籍出版社，2002：574．

③《两间质测》见《周易时论合编图象几表》卷之七，但目录为“两间质测”，正文标题却为“两间质约”，后者可能为误刻，也可能“质约”是方孔炤早年的用词，而方以智编订时使用了更为成熟的“质测”概念。

④周易时论合编［M］//续修四库全书：第15册．方孔炤，编．上海：上海古籍出版社，2002：161．

⑤方以智．物理小识［M］//四部精要：第13册．影印本．上海：上海古籍出版社，1993：1136．

⑥周易时论合编［M］//续修四库全书：第15册．方孔炤，编．上海：上海古籍出版社，2002：156．

略·仁树楼别录》同样引方孔炤《知言鉴》曰："诂家訑讔，诐遁簧鼓久矣。曰宰理、物理、至理，曰公性、独性、习性，曰质测，曰通幾，姑离合而陈之，乃可决耳。"[①]可见，质测、通幾两个概念在方孔炤那里已同时被出现，不过，系统地论述还有待方以智。质测、通幾的完整概念或"质测通幾说"形成于方以智《物理小识自序》，该序作于癸未（1643年）：

> 盈天地间皆物也。……事一物也……心一物也……性命一物也……天地一物也。推而至于不可知，转以可知者摄之，以费知隐，重玄一实，是物物神神之深幾也。寂感之蕴，深究其所自来，是曰通幾。物有其故，实考究之，大而元会，小而草木蠢蠕，类其性情，征其好恶，推其常变，是曰质测。质测即藏通幾者也。[②]

"深幾"、"寂感"，语出《易·系辞上》："夫易，圣人之所以极深而研幾也。惟深也，故能通天下之志；惟幾也，故能成天下之务。""寂然不动，感而遂通。"方以智（或曰方氏父子）的"通幾"当脱化于此。在学问形态的意义上，"通幾"与今人所谓哲学（Philosophy）相对应而更切合中国古典哲学。在格物穷理的方法论意义上，通幾又有"通类约幾"的内涵，近于"反因公因"之公因。"测"指通过类、征、推等手段考察物及其数度（理在其中），故"质测"即以象数理气说精准地考测物理。在学问形态的意义上，近于科学，在格物穷理的方法论意义上，则近于"反因公因"之反因。公因在反因中，同理，通幾在质测中。正是这篇自序中提出的"质测即藏通幾者也"，成为方以智质测通幾说的经典表述（可视为公因反因说在格物穷理时的应用），后侯外庐又将其概括为"寓通幾于质测"[③]。

方以智的质测学是对庄子"齐物"、邵雍"观物"思想的继承。《物理小识·总论》云："《庄子》言虚无，然归于极物而止，则曰以有形者

---

①青原志略［M］. 方以智，编. 张永义，校注. 北京：华夏出版社，2012：86.

②方以智. 物理小识［M］//四部精要：第13册. 影印本. 上海：上海古籍出版社，1993：1132.

③中国思想通史：第四卷下册［M］. 侯外庐，主编. 北京：人民出版社，1960：1130.

象无形者而定矣。……舍物则理亦无所得矣，又何格哉？”[①]读《庄子》读出“极物而止”，舍物无理，非醉心于物（一元）哲学之人乎！方以智曾自称早年“有穷理极物之癖”[②]。如果我们再比较方以智与邵雍，二人的许多论说几乎如出一辙。但比起《观物篇》，方以智更加细化、质测化，如《物理小识》讨论了《声论》《律吕》《乐节》《天地人声》《四行五行说》等。以气（火）一元论为核心，方以智提出“四幾”说，认为：

虚固是气，实形亦气所凝成者，直是一气而两行交济耳。又况所以为气，而宰其中者乎？神不可知，且置勿论。但以气言，气凝为形，蕴发为光，窍激为声，皆气也。而未凝、未发、未激之气尚多，故概举气、形、光、声为四幾焉。[③]

方以智把“四幾”作为最基本的物理现象，指气的四种变化状态：气凝聚成形，气可发光、发声，而形、光、声三者都是气化状态而已。在《物理小识·总论》中，方以智说：“气、形、光、声，无逃质理。智每因邵、蔡为嚆矢，征河洛之通符，借远西为郯子，申禹、周之矩积。……或质测，或通幾，不相坏也。”[④]《图象几表》又有《五行尊火为宗说》[⑤]，指出火也是气，是燥气。又论四行五行时指出，水火出于气之燥湿，风、声、光、形是气之用：“风、声、光、形总为气用，无非气也。”[⑥]

至于象数（数即象的差别和层次），则是气化过程的形式和度数，气化之所以然之“理”即在气中。“理”又是太极，方以智指出：“两间皆

---

①方以智．物理小识［M］//四部精要：第13册．影印本．上海：上海古籍出版社，1993：1133.

②方以智．物理小识［M］//四部精要：第13册．影印本．上海：上海古籍出版社，1993：1167.

③方以智．物理小识［M］//四部精要：第13册．影印本．上海：上海古籍出版社，1993：1138.

④方以智．物理小识［M］//四部精要：第13册．影印本．上海：上海古籍出版社，1993：1133.

⑤周易时论合编［M］//续修四库全书：第15册．方孔炤，编．上海：上海古籍出版社，2002：40.

⑥周易时论合编［M］//续修四库全书：第15册．方孔炤，编．上海：上海古籍出版社，2002：161.

气也，而所以为气者在其中，即万物共一太极，而物物各一太极也。儒者不得已而以理呼之，所谓至理统一切事理者也。”[①]万物共一太极，即“公因”即“至理”；物物各一太极，即“反因”即“一切事理”；至理统一切事理，即公因统反因、公因在反因中。方以智已将方法论与万物（事理）论高度融合为一体。方以智的气（物）论已经达到空前高度，并且贯通西学，是中国古典“气（物）论”思想的新篇章。[②]

如果说庄子、邵雍的“物哲学”偏重于心物不分的诗学或境界形态，方以智在西方科技知识传入的刺激下，对心物关系作了更深入的探究，将“物哲学”（气论）演化为“质测之学”与“通幾之学”，特别是《物理小识》取得的成就使方以智跻身自然科学家之列，在同时代仅次于《天工开物》《农政全书》《本草纲目》，故在极物的深度上明显超越了两位前辈。质测、通幾之学与朱熹的“格物致知”学有继承，但更加圆融。“格物”“致知”源于《礼记·大学》中的八目，本无高深的哲学意蕴，但经宋儒的提升，已成为后期中国哲学最核心的概念，其中又有程朱与陆王学派的分歧，而方以智的质测通幾论和公因反因说对两派有明显的折中，并烙上道家思想尤其是庄学印记，以《东西均》为代表，继庄子《齐物论》、邵雍《观物篇》之后，对中国古典物哲学做出了新贡献。

均是什么？《东西均》称：“均固合形、声两端之物也。”[③]庄子有《逍遥游》和《齐物论》，分别注意到了物之形的有待和物之音（声）的无待。《逍遥游》一开篇有鲲化鹏的形变以及“怒而飞”对海运、培风的依赖，而《齐物论》则一开篇就引出天籁、地籁、人籁之说，并详尽地描绘了风的声音及其千变万化。《逍遥游》讲鹏飞依赖风的旋转，是形变，

---

①周易时论合编：系辞上传［M］//续修四库全书：第15册．方孔炤，编．上海：上海古籍出版社，2002：548.

②例如，方以智以传统的阴阳气论结合三际说（源于希腊）来解释风、雨、雾、霜、雪、露、霰、雷、雹等成因。“三际者，近地为温际，近日为热际，空中为冷际也。……暄曰：西国三际之说，未尽然也。”（暄指揭暄，见《物理小识·三际》）“愚者曰：汉初董子早精此理，故载之。今以三际质测，急切成就，抱气在中，故雹常具窍。”（见《物理小识·雹》）“质测家曰：火挟土气而上，急迫之际，火焚而上附天，土成泽而下，星陨为石，亦非星也。”（见《物理小识·雷说》）“质测之，皆空中火迸，大则芒彗耳。”（见《物理小识·慧》）

③庞朴．东西均注释（外一种）［M］．北京：中华书局，2016：14.

至于大小之辩、有用无用，都是形的“有待”。《齐物论》则转而讨论风的声音，“吹万不同”而“怒者其谁”，道出了声之无形的特性，进入无待的齐物境界，而各种言说和知识不过是对自然之音的模仿而已，都是执名为实、执影为“形”之一偏一曲的“有待”。

邵雍的《皇极经世》也即《观物篇》卷三十五至卷五十，共有十六卷探讨“声音唱和”，以“天声”和“地音”相唱和（即声韵相切原理）而产生包括人在内的万物之音。在邵雍看来，整齐声音、统一文字乃王政之急务。

方以智的《东西均》继承庄子、邵雍观物哲学突出重视声音的路径，并融会贯通印学、西学：

> 劈众均以为薪，以毋自欺为空中之火，逢场烹饪，煮材适用，应供而化出，东西互济，反因对治……是名全均……形既无形，声亦无声，何不可乎游形而戏声？①

这段话揭示了《东西均》的创作目标乃是在对“东西（物）”和“均”本身层次的讨论之外，另辟一个更高层次的讨论，即评价各种论东西（物）的旋（形）或和（声）的众均（道术或学说），提出正确地把握东西（物）的旋（形）或和（声）的大均、全均、统均、无均、真均（都是方以智的自我期许）是怎样的。这很有《庄子·天下》篇的“判教”意思。而在新的观物世界里游形戏声，是方以智哲学的新追求。一部《东西均》，灵感基本来自庄子《齐物论》《天下》篇以及邵雍的《观物篇》，所谓“激乎风霆，会乎苏门”，诚可谓中国古典物哲学大鼎的第三足矣！

庄子极物而齐物，邵雍观物而观心，方以智极物、观物而均物（东西），游形戏声，质测即藏通幾，是彻底的气物一元论者，是中国古典物哲学的总结。正是从这一高度出发，方以智不仅重评惠施，而且也重新（着重）诠释了庄子的齐物论。

《药地炮庄·天下》“惠施多方，其书五车”段“集评”中，方以智为一部《药地炮庄》作结，也为惠子、庄子重新定位，重评中国古典物哲学源头之双峰：“揭暄曰：五老峰拟《惠子与庄子书》，五车吐气矣。药

---

①庞朴．东西均注释（外一种）［M］．北京：中华书局，2016：40–41．

地曰：正为漆园吐气耳。”①

五老峰，在庐山，五车指代惠子，揭暄的意思是指方以智在庐山写下《惠子与庄子书》，为惠子出气，重评在《庄》书中处于庄学陪衬地位的惠子。方以智的回答出人意外：“正为漆园吐气耳。”意思是不仅惠子被包括庄子在内的人误解，庄子思想一样也被人误解。在方以智看来，“庄子言虚无，然归于极物而止”，正和惠子同调。《文章薪火》曾谓惠子：“其历物也，大其小，小其大，长其短，短其长，虚其实，实其虚而已。”②是故齐物、历物，惠庄正可合论，珠联璧合！只是惠子言论尽收于《庄》书，将惠子收归庄子学派似也合理，因为庄子齐物二义，虽然在庄子时代齐“物论”义压倒齐万物（含物我）义，然至明末西学东渐，齐物论的第二义终于被时代呼唤出来，而齐物论的第二义本该是第一义的基础，这一基础其实出自惠子，但庄子在与惠子辩难中转出振聋发聩、因应时代的第一义。③而经晚明西学传入的刺激，方以智独具只眼，发现惠子“历物”说的价值，进而惠庄合论，发明质测通幾学，重点弘扬了庄子齐物的第二义。

但是方以智并没有遗漏庄子齐物第一义。晚明仍是一个物论（方以智称为“均”）哓哓的年代。方以智对治物论（众均）的办法就是祭出“轮尊”“大尊”的公均、统均、全均，“劈众均以为薪”④，“作均征而救众均”⑤。所谓均征，就是在《东西均》中从讨论物的形、声两端入手，而更注重声韵的象数、节律以为宇宙万物包括人文教化的共同法则，是庄子《齐物论》环中寓庸思想、邵子先天学“环中”法则和心法的新发展。

①方以智．药地炮庄［M］．张永义，邢益海，校点．北京：华夏出版社，2011：469.

②方以智．通雅［M］．上海：上海古籍出版社，1988：67.

③笔者一直困惑：《天下》篇作者何以不将庄子学派放在最后（也是最好）的地位，而代之以惠子“历物之意”为全篇、全书作结？目前我能给出一个较合理的解释就是：惠子早逝，没能形成独立学派，而庄子齐物第一义又从第二义转出，也即从惠子“历物之意”转出，故《天下》篇作者将它附于庄子学派之后，一方面表示对惠子之学不肯进至齐物第一义的惋惜，另一方面却是表达对惠子作为庄子畏友、辩友的尊重和隆遇。

④庞朴．东西均注释（外一种）［M］．北京：中华书局，2016：40.

⑤庞朴．东西均注释（外一种）［M］．北京：中华书局，2016：40.

《东西均·扩信》云：

太极也，精一也，时中也，混成也，环中也，真如也，圆相也，皆一心也，皆一宗也，因时设施异耳。各有方言，各记成书，各有称谓。此尊此之称谓，彼尊彼之称谓，各信其所信，不信其所不信，则何不信天地本无此称谓，而可以自我称谓之耶？何不信天地本无法，而可以自我凭空一画画出耶？①

《东西均》宣示说："今而后儒之、释之、老之，皆不任受也，皆不阂（碍）受也。"②《药地炮庄·黄林合录》称："愚谓三教虽异，而道归一致。"③《东西均开章》也称："集也者正集古今之迅利，而代错以为激扬也。何妨露泄之而又訾笑之，担荷之而又容置之？"④所谓"集"就是集大成，就是《东西均》所倡导的推崇轮尊的"统均"和"全均"。"代错"，即以"众均"为代明错行，互攻却又互救。方以智《一贯问答·问一贯》对此有言：

是故设教之言必回护，而学天地者可以不回护；设教之言必求玄妙，恐落流俗，而学天地者不必玄妙；设教之言惟恐矛盾，而学天地者不妨矛盾。不必回护，不必玄妙，不妨矛盾；一是多中之一，多是一中之多；一外无多，多外无一，此乃真一贯者也。⑤

在方以智看来，现存的"设教之言"，儒也好，道也好，佛也好，必回护，必求玄妙，唯恐矛盾，而学天地者以道观之，不必回护，不必玄妙，不妨矛盾。故方以智曾有"三教一家"之题。⑥

四、结语

方以智的学术在方法论上是以会通为集大成，致力于会通三教（儒、

①庞朴．东西均注释（外一种）［M］．北京：中华书局，2016：54.

②庞朴．东西均注释（外一种）［M］．北京：中华书局，2016：231.

③方以智．药地炮庄［M］．张永义，邢益海，校点．北京：华夏出版社，2011：74.

④庞朴．东西均注释（外一种）［M］．北京：中华书局，2016：39.

⑤庞朴．东西均注释（外一种）［M］．北京：中华书局，2016：424.

⑥青原志略［M］．方以智，编．张永义，校注．北京：华夏出版社，2012：42.

释、道）和庄、禅、易三学，集大成为“质测通幾”的物哲学。方以智在《一贯问答》中总结说：“《庄子》者，《易》之风也，《中庸》之魂也，禅之先机也。”[①]他生于易学世家，方氏四世易的成果体现于《周易时论合编》（附《图象几表》），并著有《易余》，弘扬象数派易学，主张“《庄》是《易》之变”，以《易》证《庄》（《庄》征于《易》），论证道寓于艺和象数取证，使庄学象数化和实学化。他从小深受佛教居士、外公吴应宾影响，后又成为曹洞宗寿昌系觉浪道盛的法嗣，其弘法语录现存《冬灰录》《青原愚者智禅师语录》二种，曹洞宗的“五位纲宗”说受《大易》影响极深，方以智禅学也同样呈现象数化和实学化的特色。觉浪道盛、方以智师徒又极力论证庄为禅之先机，并进一步提出庄为儒宗别传说，将庄、儒关系类比于禅教关系，是庄禅一致论的终极版或最高版。总之，象数化易学充当了庄、禅、易三学会通的纽带（枢纽）——解决“如何会通”问题，庄易会通、禅易会通和庄禅一致，即表现为象数化、实学化、儒化了的庄学和禅学。其代表作是《东西均》。东西也是物，东西均即物均即均物。均既有形的均分意，又有声的韵分意，所谓“游形戏声”，所谓“气、形、光、声，无逃质理”，方以智“均的哲学”所展现的气（物）论已经达到空前高度，并且贯通西学，是中国古典“气（物）论”思想的新篇章。同时，《东西均》对庄子开创的齐“物论”思想的发展，又是对历史悠久、晚明兴盛的三教会通思潮的总结。方以智把环中、寓庸概括为庄学功夫论，进而通过象数易学提出公因反因说，发展出宗一圆三和一贯的“炮庄”功夫论，其通过游形戏声的气（物）学和均的哲学，直探文明的本原，并通过对庄、禅、易三学的会通，完成了对中国古典哲学“三教会通”思想的集大成和总结。这在文明对话的现时代，当有许多可资借鉴的智慧和思想资源。

关于方以智学术思想性质的判定，笔者在《方以智庄学研究》一书中力主方以智创造了一种三教道一的新庄学，就其个人性情、道家情怀而言，方以智终生关怀庄学。而就其行实言，方以智的后半生又确确实实履行了曹洞宗禅师的基本职责。至于其学术归趣，固然是儒道释三不收而又可以三者任意归一，所谓三教道一，将方以智只判为三者之一固然都不妥当。其实，不仅三教都是方以智要齐的“物论”，而且方以智是彻底的

①庞朴. 东西均注释（外一种）［M］. 北京：中华书局，2016：501.

“齐万物”者，物哲学是其哲学主要特征，又且其“质测通幾”的物哲学充分回应了西学并与“科学”相对应，已不可以完全在传统儒释道三教（学术）意义上定位方以智，是中国近世思想转型时期的“学术大师”。不过，也许正是方以智终生的庄学关怀成就其中国古典物哲学的总结者和终结者身份，成为促进方以智学术思想转型最根本的原因。

易学哲学视野下的方以智圆∴思想探析[①]

廖璨璨

圆∴图式是方以智易学以及整个思想体系中的重要概念。∴字本取自佛教，然而方以智却创造性地将其与儒家的易学思想相结合，构建出一套描述和认识世界的理论框架，并用此圆∴图式来解释易学和其他思想中的相关问题。

对于圆∴图式的内涵及其在方以智思想中的重要性，此前的学者们已经有所研究和讨论[②]，然而该图式的易学哲学思想及其作为方以智整个思想体系理论架构的价值和意义，却较少为学者们所分析和强调。本文将从易学哲学的角度分析方以智的圆∴图式，阐述其思想框架和哲学内涵，讨论方以智该理论所具体面对的思想问题和社会现实，并指出方以智对这些问题的尝试性解答与回应。

---

①本文系中国博士后科学基金资助项目（项目编号2016M590719）、武汉大学人文社会科学青年学者学术团队“中国哲学心性问题的现代性阐释”（项目编号Whu2016002）、武汉大学自主科研项目（人文社会科学）的研究成果，得到“中央高校基本科研业务费专项资金”资助。

②对于圆∴思想的研究，比较有代表性的如周勤勤先生的《方以智“∴说”解析》，其文梳理了“∴”字的渊源以及方以智思想中“∴”的内涵。此外，朱伯崑先生在《易学哲学史》中讨论方以智思想时也对“∴”有所讨论，庞朴先生在注释《东西均》以及研究《易余》时对“∴”的哲学内涵亦有关注。

一、圆∴图式的易学诠释

桐城方氏自方以智曾祖父方学渐起四世治《易》，方以智对其家学继承颇多。不过，将佛教中的∴（伊字三点）纳入到象数易学的图书之学中并发挥其易学和哲学的内涵，则是由方以智完成的。方以智本人在《东西均开章》中即指出："贯、泯、随之征乎交、轮、几也，所以反覆圆∴图书也，是全均所露泄之本。"[①]认为圆∴图式如象数易学中的图书之学一样，二者都是通过图像来表现天地中所蕴含的道理。

方氏易学特别重视象数图书之学，在方孔炤与方以智合编的《周易时论合编》一书中，其首列《图象几表》八卷即可见象数图书之学在方氏易学中的地位。在《图象几表·卷一》有方以智所作"诸家冒示"篇总结此前各家有关"太极"的说法，对∴字的介绍如下：

> ∴古四声通，一即有"依"音，西乾帝目读之为"依"，盖三因即一之表法也。

此处借用佛教∴字，认为∴字三点分别表示正因、了因、缘因，体现的是"三因即一"的道理。方以智将此图式作为"冒示"诸图之一，也就是说∴字可作为太极的表法，是对其易学思想中太极观的发挥。而在《东西均》中方以智对圆∴的易学内涵作了进一步解释：

> 圆∴三点……上一点为无对待、不落四句之太极，下二点为相对待、交轮太极之两仪。……无对待在对待中。设象如此，而上一点实贯二者而如环，非纵非横而可纵可横。[②]

此处明确指出圆∴上一点表示太极，为无对待而不落有无者；下两点表示阴阳两仪，为有对待者。值得强调的是，阴阳两仪本身并不是平等式的并列关系，这里方以智继承了儒家思想一贯的"扶阳抑阴"主张，特别强调要"以阳统阴"。如在《易余·绝待并待贯待》中所说"极分两仪，则阳居右。再分太少，则太阳居右。再分小仪，再因重之，无不阳右

---

①庞朴．东西均注释［M］．北京：中华书局，2001：17.

②庞朴．东西均注释［M］．北京：中华书局，2001：65.

者。……惟阳统阴，阴为阳用”[①]。因此，圆∴在下的两点作为阴阳两仪，二者是相对待同时又是以右边之阳统左边之阴，如下图所示：

太极

阴　　阳（以阳统阴）

这里“再因重之，无不阳右者”的说法类似邵雍的先天大横图，不过方以智的“一分为二”与邵雍的“加一倍法”区别在于，他所理解的太极其自身已经先在地蕴含了阴阳两仪，即六十四卦皆为太极自身的展开，太极与两仪、两仪与四象等并不是如父生子的生成关系，而是一种体用关系，正如方以智所强调的“自此两仪为太极，而四象为两仪，四象为太极，而八卦为两仪，虽至四千九十六亦两仪也。故自一至万谓之大两，而太极者大一也，大两即大一，而不妨分之以为用”（《图象几表·卷一》）。可见，太极与两仪并不是某种固定的物事，而是被抽象为一种大一与大两的体用关系，“太极生两仪”被解释为分体为用的过程。

可见，方氏易学认为《易》究其思想根本而言体现的是“大一”与具体生成之数的关系，“无体之一即大一也，有无之极也，以其不落有无、在有无中也。曰大一者，非数也”[②]。这种关系是天地生成运化的基本法则，称之为“互藏”。《图象几表》卷八中有“用此即藏彼，故作互藏说”，即是通过象数易学中的卦爻以及五行等思想来具体论证天地生成之数互藏的理论，指出“一”与具体生成之数的关系是一切互藏的根本，“一在二中，二即是一。析言则用七九处皆用三五，即用一也。统言则一二三四五六七八九十，总用一也”（《图象几表·卷八》）。而圆∴图式所示的太极与两仪的关系，实际上就是大一与一切生成之数关系的简化，即所谓大一与大两，其主旨在于表现大一之体必须分而为用，而万事万物之运行化用之中又无不蕴含此太极大一之理。因此，由象数学思想发挥而来的圆∴图式最终成为方以智理解和解释天地事物间道理的基本理论结构。

①方以智．象环寤记；易余；一贯问答［M］．张昭炜，点校．北京：九州出版社，2015：506.

②方以智．象环寤记；易余；一贯问答［M］．张昭炜，点校．北京：九州出版社，2015：337.

二、圆∴图式的哲学内涵

方以智对圆∴图式的阐释本于对太极两仪关系的思考，而他又进一步发挥此图式的易学哲学内涵，通过对图式中三点关系的讨论阐释了“公因反因”和“二虚一实”的哲学命题，而这也是方以智整个思想体系的基础理论框架。

（一）公因反因

公因反因说是方氏易学的重要思想，方以智之子方中通在《物理小识》中曾说：“公因，一也；反因，二也。此方氏之易学真破天荒，一切皆然。”（《物理小识·何往非药》）这里以公因为一、反因为二的观点与方以智圆∴图式中大一与大两的关系是一致的。

需要指出的是，公因反因说并非方以智所发明，其祖父方大镇就已有“反因”的说法，其父方孔炤则进一步发挥为公因反因说。[①]对此方以智在《药地炮庄》卷一末尾曾说：“老父在鹿湖环中堂十年，《周易时论》凡三成矣。甲午之冬[②]，寄示竹关。穷子展而读之，公因反因，真发千古所未发。”[③]可见，方以智认为其父的公因反因说是《周易时论》一书的核心思想，也是《易》中的精髓所在。不过，方以智对公因反因说的易学哲学内涵作出了具体的阐释，更重要的是将其与圆∴图式的大一与大两思想相结合而成为具有普遍意义的哲学命题。

1．相反者相因

公因反因说的基础为反因，即相反者相因。《易》之大义可由此相反

---

①方氏易学“反因”的说法可能与苏轼有关。方孔炤在《周易时论合编·序卦传》中曾引苏东坡语“杂卦皆相反，序卦皆相因，此理也”一句。具体来说，《序卦》在解释卦序时皆言“受之以”，此为“相因”；《杂卦》在解释卦意时多为正对或颠对两卦间的关系，此为“相反”。对此方以智也认为：“不序之杂之，岂知公因即在反因中，而决于善用乎？”（《周易时论合编·杂卦传》）

②“甲午”即1654年，虽然方以智的《东西均》和《易余》均成书于1651年到1652年间，但是其中所论述的反因、相待的思想当本于其父的公因反因说，根据《时论后跋》，1643年冬方以智即已读过《时论》。

③方以智．药地炮庄［M］．张永义，邢益海，校点．北京：华夏出版社，2011：148．

相因而显明，方以智曾赞叹说“羲、文之摩荡以示人也，神哉”，伏羲、文王之《易》的要旨就在阴阳、八卦的“摩荡”中，所谓“摩荡”体现的就是相反相因，《易》中图书卦策表六种反对，“横图，连而反对者也；圆图，望而反对者也；方图，迤而反对者也。贞悔，颠而反对者也；卦爻，推而反对者也；策数，损益而反对者也”[①]。因此，相反相因说是“一在二中”之理，此为《易》之枢机。

方以智以“相反者相因”解释《周易》的卦序和卦意。《序卦》在解释卦序时皆言“受之以”，此为相因；《杂卦》在解释卦意时多言正对或颠对两卦间的关系，此为相反。对此方以智指出：“不序之杂之，岂知公因即在反因中，而决于善用乎？”（《周易时论合编·杂卦传》）具体来说，《周易时论合编》注释六十四卦是按其正对和颠对的顺序排列的。将六十四卦分为三十二对，每一对为两卦，如《乾》和《坤》《屯》和《蒙》直到《既济》和《未济》。这一点并非创新，孔颖达即已提出六十四卦“二二相偶，非覆即变”的原则，而《周易时论合编》的特别之处在于，其注释每一对的两卦之前先列有两卦的卦象，表示两卦之间的相反相因关系。如在注释《乾》卦之前，列有《乾》《坤》两卦的卦象，表示讲《乾》卦不能脱离《坤》卦，讲《坤》卦也不能脱离《乾》卦。与此同时，在每一对两卦的卦象之后皆有对此两卦关系的解释，以证二者相反相因。由此凡例可以看出，方氏易学对《周易》六十四卦的理解重在两卦之反对而相因，即“卦爻无不反对，而贯其中者，即是贯寂感之《易》”[②]。

方以智进而以反因说为纲宗解释卦爻象和卦爻辞。如对《乾》《坤》两卦的解释：

> 智曰：姑分言之，静塞者《坤》也，圜应者《乾》也。顺其序别，《坤》用也；神于变通，《乾》用也。成物立体者，《坤》也；无体而随物寓体者，《乾》也。其实专直翕辟，两交一贯，而不得不互析以研之，若执见相高，则偏言《乾》偏言《坤》，皆病矣。谓可

①方以智．象环寤记；易余；一贯问答［M］．张昭炜，点校．北京：九州出版社，2015：444.

②方以智．象环寤记；易余；一贯问答［M］．张昭炜，点校．北京：九州出版社，2015：736.

> 见之《乾》皆《坤》，不可见之《坤》皆《乾》，可也。执不可见以为《乾》，庸非病乎？藏密之道，《乾》在《坤》中，而与人随卦言卦，随爻言爻，数度德行，统御同时，适还其安生食力之《乾》《坤》而已矣。（《周易时论合编·乾坤》）

《乾》《坤》为相反者，故而一般皆析言之，如以《乾》健《坤》顺、《乾》动《坤》静、《乾》圆《坤》方等。方以智则认为《乾》《坤》二者互交而为一贯，不可偏言，如《乾》为天为体，《坤》为地为用，天之体即在地之用中，因而天分地以立体则天转而为用。因此，《乾》《坤》各有体用而又相互转化，《乾》只是不可见之《坤》，《坤》为《乾》之可见者。因此，《乾》《坤》二者虽相反实则互藏而相因。

方以智认为相反者之所以必相因就在于只有相因才能成用，相反相因思想的根本在于相交而济用。如《泰》《否》两卦，《乾》下《坤》上与自然之天上地下相反，但却正因如此天地二者才能够相交成用，故而为《泰》。又如《既济》《未济》两卦，《坎》上《离》下方为《既济》，水性本润下而火性本炎上，但是只有水上火下相交才能济用。因此，凡相反者必相因就在于唯其相因才能相交以前民用。方氏易学特别发挥《易》中的济用思想，这与其重视经世致用的实学思想密切相关。

2. 公因在反因中

在相反相因说的基础上，方以智又指出须明公因在反因中。“极则必反，始知反因。反而相因，始知公因。公不独公，始知公因之在反因中。”[①]相反者之所以能相因，在于有一统贯反对二者的公因，但公因又不是脱离反因二者的独立存在，而是贯于反对二者之中，即所谓“公因在反因中”：

> 太极者，统也。六十四、七十二者，辨也。统辨中之同异成毁，同时不相废也。六子皆二老也，八八皆太极也，同也。二老自生六子，而八卦自相因重也，异也。毁《坎》成《离》，而《坎》未尝毁。毁《离》成《坎》，而《离》未尝毁。毁后天成先天，而后天未尝毁也。毁先天成后天，而先天未尝毁也。统者，公因也。辨者，反

---

①方以智．象环寤记；易余；一贯问答［M］．张昭炜，点校．北京：九州出版社，2015：485.

因也。有统与辨，反因也。无统与辨，公因也。公因之在反因中，更何疑乎。[①]

方氏以“统”和“辨”表示公因和反因，未分之太极为“统”，已分之六十四卦、七十二候等为“辨”。“有统与辨，反因也。无统与辨，公因也”，这是在统辨的基础之上更进一层，统与辨二者亦是相反相因，故而为反因，相对于此统辨之反因，无统辨又为公因。正如圆∴图式三点的关系实则有两个层次的对待，在下两点为相反相因者，而在下两点与在上一点亦构成相反相因者，因此既可以将上一点作为公因，又可以将三点之整体作为公因。

由此可见，公因反因说与方以智圆∴图式的理论模式是一致的。这一点也被称为“绝待对待贯待”说，其在《易余·绝待并待贯待》中所说“绝待在相待中”、《东西均·所以》中所说“绝待乃并待也”都是公因反因思想的表达。圆∴中下两点为对待、为反因，上一点为绝待、为公因，此为小公因；同时，下两点与上一点为对待、为反因，则圆∴三点为贯待、为公因，此为大公因。因此，公因反因说和绝待对待说是方以智对圆∴图式所做的更抽象化的哲学表达。

需要指出的是，方以智所说的“无对待”是“绝待”，也就是“没有对待”，比如太极、中天、纯阳、至善、太虚这些统贯对待者的概念是没有可以与之相对待者的，因此“绝待”并不是“取消对待”。方以智之所以说“公因在反因中”，正是要指出不能在反因之外另设一个独立存在的公因，而是公因本身即在此相对待的反因二者之中。因此，公因反因说并不是一种取消差别对立的理论，而是强调要在相反相因中做到两端用中。

（二）二虚一实

方以智对圆∴图式三点关系的另一个发挥是“二虚一实”说，这是在公因反因说的基础上进行的更深一层阐释，对此，他在《易余·二虚一实》篇中作了具体论述：

两间皆气，凝为形，然有凝形之气，仍有未凝形之气与形为偶，而贯气与形者，则大气也，所以为气者也。虚蒸于实中，而有蒸实中之虚，仍有充虚之虚与实为偶，其统虚实者，则太虚也，所以为虚

①方以智．象环寤记；易余；一贯问答［M］．张昭炜，点校．北京：九州出版社，2015：448．

者也。天自分结为地，仍有未结之天以与地偶，而贯天地者，则太天也，所以为天者也。可知三冒若蹴鞠然，常二虚而一实。[①]

可据此按照圆∴图式的结构画出如下关系图：

大气		太虚		太天	
气	形	虚	实	天	地

可以看到，每一组图式中在下两者为相对待的形气、虚实、天地，即为反因；而上面则为贯形气、充虚实、统天地的大气、太虚和太天，其是贯对待的绝待者，即为公因。同时，与前文所述阴阳两仪之间“阳以统阴”的关系类似，形与气、虚与实、天与地二者之间也并不是平等式的并列关系，而是“气凝为形”“虚蒸于实”“天分为地”，换言之气、虚、天相对于形、实、地来说更为根本，前者为虚、后者为实。

此三者的关系就是“二虚一实”。所谓“二虚”，其一为与“实”相对的“虚”，其一为不与虚、实二者相对的、统虚实的“太虚”，即“所以为虚者”。如太极与阴阳两仪的关系，相对待的阴阳两仪中阳以统阴，而无对待的太极则交轮阴阳之中。可见，“二虚一实”命题的实质是对圆∴图式中三点关系的发挥，太虚为圆∴在上一点，虚、实为圆∴在下两点，二虚（太虚、虚）一实并而为圆∴三点。同时，太虚作为所以为虚者，类似于太极大一之体，而太虚与虚、实二者的关系正如前文所说的“互藏”，即太虚之体藏于虚、实二者之用中。

方以智对“二虚一实”命题内涵的阐发特别细致地体现在对太极、无极和有极三者关系的讨论中。具体来说，太极为太虚，无极和有极分别对应于虚与实，太极、无极、有极三者的关系正是“二虚一实”的体现。“太极”的概念来源于《周易》，“无极”则出自《老子》，“三极”的说法本于《系辞传》的“六爻之动，三极之道也”。传统注释“三极”本来指天、地、人，但方氏易学却将其转而为太极、无极、有极三者，如方孔炤解释此句说：

> 未生之先，三极具矣。已动之后，依然一太极也。……吾无已而圆三极以有、无二极，而太极弥之。（《周易时论合编·系辞传》）

此句指出太极自身即已包含三极，这正如圆∴图式中上一点即已包含

---

①方以智．象环寤记；易余；一贯问答［M］．张昭炜，点校．北京：九州出版社，2015：515.

上下三点，只因太极不可指示故而须以三极之用来显太极之体。方以智显然继承了其父这一说法，其在《东西均》中添一“有极”来重新诠释周敦颐的“无极而太极”即是本于方孔炤的“三极”观。方氏将三极之间的关系表述为“不落有无之太极即在无极有极中，而无极即在有极中”。此一命题包含了三个层面的意思：其一是太极不落有极、无极，其二是太极又在有极、无极中，其三是无极即在有极中。可以看到，这三个层面的内容正与圆∴图式所揭示的内涵相对应：太极分为阴、阳两仪，而太极又在两仪之中，同时两仪之中又是阳以统阴，按圆∴图式表示如下：

太极

无极　　有极

方以智一方面强调太极为有无交轮之几，因而不落有无；另一方面，又指出太极不离有极、无极，即所谓“不落有无之太极即在有极、无极中”。之所以特别强调太极不离有无，就是针对当时学者虚谈太极而离日用常行的贪高之病。这一思想在方孔炤就多有表述，如说“太极生两以至大业，同时即具者也，生大业而太极在人日用矣。彼踞高者执一死太极耳，苟偷者护一荒太极耳”（《周易时论合编·系辞传》）。太极生两仪正如道之生物，生之而与之同处，故而并没有一个脱离日用的虚玄之太极，因此既不可执太极为定体，又不可空慕太极之荒妙。方以智继承了这一说法，认为把握和理解太极的方式是“函三明一”，“不知有太极，不以函三明太极，不以二虚一实核太极，不以举一明三用太极，不要归于旋四藏一、四用其三，则太极不可得而知，知之犹无知也”（《周易时论合编·系辞传》）。所谓“函三明一”“二虚一实”都是强调太极之大一必分为大两，而对大一的认识也就必须通过大两来把握。

方氏“三极”观的另一层重要内涵是“无极即在有极中”。其将太极对应为於穆不已之天，将无极对应为混沌未分之天地，而将有极对应为已分之天地，指出“天地未分之无即在天地已分之有中，阴阳相转，实不可离，即二是一者也”（《图象几表·卷四》）。因此天地未分之无极即在天地已分之有极中，并没有一独立存在的未分之天地。方以智对于易学中另一对重要概念“先天”与“后天”的讨论正是在这个理论基础上进行的，其强调“先天即在后天中”，重视后天的致用对于认识先天的重要性。

可见，方以智阐述“三极”关系的时候特别重视有极，主张并没有离开有极而独立存在的无极和太极。同样地，圆∴图式所示“二虚一实”的关系中，虽然太虚为所以虚实者，但其最终的落实处却是在与虚相对的实。因此，“二虚一实”说通过对圆∴三点的辩证理解，突出了后天之“实”的重要性，而这正是方氏重视象数图书之学、强调实学的思想基础。

三、圆∴图式的思想意义

方以智的圆∴图式并不只是一个抽象的理论模式，而是有具体而丰富的思想内涵。就其思想价值和现实意义而言，主要体现在以下三个方面：从易学的角度而言，通过对虚空、义理和象数三者关系的思考强调了象数与义理并重的易学观，并指出了象数图书之学的价值；从明清之际的思想转型而言，以道艺观对理学与经学的关系进行重新思考，强调致用和实学；从中学与西学的关系而言，主张二者应当相互学习补充，提出要以中国的“通幾之学”救弊西方的“质测之学”。

（一）象数与义理并重

方以智对虚空、义理和象数三者关系的理解可以分别对应于圆∴三点。虚空与象数的关系是由方孔炤提出并讨论的，其在注释《系辞传》中“天一地二”句时说“圣人举十字示人，易简极矣，吾十五年而乃豁然于象数之塞虚空也”（《周易时论合编·系辞传》）。方以智对此命题也有讨论，“圣人以天视，视虚空皆象数，象数即虚空。信如斯耶。斯可语矣”[①]，指出只有知晓虚空皆象数、象数即虚空之理，认识到象数与虚空二者不离，方可把握《周易》的真谛。

不过，方以智在《易余》中对“虚空皆象数”的命题有进一步的改进和发挥，认为象数和义理皆为虚空的资格[②]。“可名可象，皆资格也。即资

①方以智．象环寤记；易余；一贯问答［M］．张昭炜，点校．北京：九州出版社，2015：364.

②“资格”一词为方孔炤所提出，二字分别取自《周易》的“大哉乾元，万物资始”和《大学》的“格物”，方孔炤以卦爻为太极之资格，后来方以智常以佛家的“表法”与其父的“资格”互相发明，并在《易余》中专门有《资格》一篇。

格中有未始资格者，皆神明也。……开眼之人偏此虚空，无非象数，无非表法，无非义理，无非鸢鱼，即无非纲宗矣。”①“资格”作为可名可象者指的是义理和象数，“未始资格”作为神明者指的是虚空，虚空以可名之义理和可象之象数为其资格。这里方以智在虚空与象数之中又加一义理，是对“虚空皆象数”命题的丰富。

与此同时，方以智还指出象数与义理二者虽然共为虚空之表法，但其也不是平列的关系，而是象数为义理之资格：

> 象数者，义理之资格也。义理者，虚空之资格也。又定一破资格之资格曰：苟非其人，道不虚行。此寂寂芸芸之虚空，无非一在二中之资，无非参五纵横之格，特人不能死心深极，故不能专缀之耳。②

所谓“资格”，即以能资格者为实，而以所资格者为虚。义理为虚空之资格，而象数为义理之资格，则象数、义理、虚空三者的关系如前文所讨论的“二虚一实”，即象数为实而义理、虚空为虚。可以看到，在虚空和象数之中加入义理的一环正是方以智做出的改进，原因大概就在于方以智是自觉地以圆∴三点所示的“二虚一实”关系思考天地之事物和事理，对此可用下图表示：

虚空

义理　　象数

这里虚空、义理、象数的三分架构正如圆∴图式中三点的关系，方以智的这一架构是对此前易学中义理与象数的关系和其家学思想中“虚空即象数”命题的综合。象数与义理相对，其又为义理之表法，故而二者不可分，这是对易学史中象数和义理两派关系的重新思考和发明；同时，将方孔炤“虚空即象数，象数皆虚空”的说法改造为“象数者，义理之资格；义理者，虚空之资格”，以义理作为虚空与象数的连接，这是对圆∴图式理论架构的运用。方以智以象数和义理共为虚空之表法，将虚空作为贯象数与义理者，也是意在调和象数派和义理派。

（二）提倡致用和实学

---

①方以智．象环寤记；易余；一贯问答［M］．张昭炜，点校．北京：九州出版社，2015：335．

②方以智．象环寤记；易余；一贯问答［M］．张昭炜，点校．北京：九州出版社，2015：389．

方以智重视“实学”，其根据对易学中义理与象数关系的思考，指出一切名物制度、伦常仪礼都蕴含了《易》中的天地之理，因其各有其分、各有其节故而需要对“器”进行研习，不能荒废实学而空言其道。其常以“道艺”讨论理学与经学、上达与下学、性道与文章等问题，如说“文传四教，士首三民，生乎图书经史明备之后，简毕犹未耜也。本于大一，协于分艺，不兴其艺，不能乐业”[①]。这里借用《礼记·礼运》的说法来理解太极生两仪、两仪生四象的过程，以“艺”为两仪，以“协于分艺”表示太极生两仪、大一生大两的关系，将道和艺分别对应于圆∴图式中的大一和大两。“道”为大一、为体，“艺”为大两、为用，太极之大一藏于两仪之大两中，故而“道在艺中”。方以智常说“藏理学于经学”“上达即在下学中”等，就是强调后天致用的重要性。

方以智对实学的重视从理论层面上是通过对至理、宰理、物理三者关系的论述来阐释的。对物理、宰理、至理三者的划分本于方孔炤：

> 智曰：两间皆气也，而所以为气者在其中，即万物共一太极，而物物各一太极也。儒者不得已而以“理”呼之，所谓至理统一切事理者也。有精言其理御气者，有冒言其统理气者，故老父分宰理、物理、至理以醒之，而宰即宰其物理，即以宰至理矣。此所以为继善成性之大业主也。（《周易时论合编·系辞传》）

所谓“至理”就是统一切事理的公理，即万物所共之太极，“物理”和“宰理”则是物物所各具之太极。具体到物理、宰理和至理的内涵，方以智曾说：“考测天地之家，象数、律历、声音、医药之说，皆质之通者也，皆物理也。专言治教，则宰理也。专言通幾，则所以为物之至理也，皆以通而通其质者也。”[②]而对于物理、宰理和至理三者的关系，方以智指出：

> 有物理，有宰理，所以物、所以宰者，至理也，三而一也。
>
> 通曰：有物必有则，物物自为根本、自为体用，是物理也；而以道义为主、才能为仆从，则宰理也；其所以为造化者，则至理也。先君尝以灯、火、光喻之，其用乃显，其用中之体乃显。[③]

---

①方以智．文章薪火［M］．清道光刻昭代丛书本．

②方以智．文章薪火［M］．清道光刻昭代丛书本．

③方学渐辑，方中通续辑．心学宗［M］．清康熙继声堂刻本，续编卷四．

可见，方以智在强调至理统物理和宰理的同时指出三者实则为一理，这与圆∴图式中函三明一、三本于一的思想一致。有体有物之灯为物理，无体有物之火为宰理，无体无物之光为至理，灯、火、光三者实际上只是一物，火和光都不可离灯而言，因此无体之宰理和至理都必须在有体之物理中乃显，这与“二虚一实”的结构也是一致的，以圆∴图式可以表示如下：

至理

宰理　　　物理

可见“三理”的关系类似于“三极”，即至理是所以宰理、所以物理的公理，此万物所共之太极即在物物各具之太极中，也就是所以宰理、所以物理之至理即在宰理、物理中，而宰理即在物理中。正因如此，方以智主张不能只空谈道德性命而废物理之学，其常批评儒者是“守宰理而已”，如在《示萧虎符学〈易〉》篇中说：“儒者人事处分，株守常格。至于俯仰远近、（历律）医占、会通神明，多半茫然。”[①]“俯仰远近、（历律）医占”是物理，而“会通神明”是至理，儒者（主要针对空谈心性的理学家而言）则专言宰理，只重视道德心性的功夫修养，既不务实学又不识通幾之学。“三理”实为一理而不可偏废，物理之学又为至实之学。因此，方以智特别重视物理之学，强调经世致用的实学。

（三）会通中学与西学

明代中后期是欧洲耶稣会传教士大量入华传授西方自然科学（自然哲学）、技术以及宗教思想的时期，西学的传入对中国的学术、思想、政治和社会经济等产生了重大影响。不过中国的学者和士大夫对异域文化表现出殊为不同的态度。对此方以智主张“礼失求野”和“借远西为郯子”，强调对西方文化进行合理地吸收和改造，实际在观念上依然以中国思想和文化为根基和主导。持与之类似主张的学者在明清之际不乏其人，不过方以智的特殊之处在于他不仅仅是从经验层面和中西学术的具体思想上思考这一问题，而且还对二者的关系从理论结构上给予解释，其以圆∴图式所示质测与通幾之学的关系来思考西学与中学的关系。

方以智认为西学长于质测之学，中学长于通幾之学，因此理解西学

①方以智. 冬灰录［M］. 邢益海，校注. 北京：华夏出版社，2014：318.

与中学的关系首先要厘清“质测”与“通幾”的内涵。方氏关于“质”和“通”的说法取自《易传》，《易传》常言“通”，以“通”作为理解和认识天地万物变化的方法，然而关于“质”的说法极少，方氏的依据是《系辞传》中“《易》之为书也，原始要终，以为质也”一句：

> 潜老夫曰：旧言阴阳为位，刚柔往来居之为质，此一端也。圣人因权变常度之难明，恐高者荡之，拘者泥之，故前常曰通，此特言质。吾故分一切语皆有质论、通论，隐论、费论，时乘之变适其度，即此时此物而宜之矣。合观六爻于相杂时，其宜乃辨。……即质知通，故示以居要，而要以善用。（《周易时论合编·系辞传》）

方孔炤认为《易传》前多言“通”而此独言“质”的原因在于易本无体故其变化难以知晓和把握，学者研《易》时容易或荡或拘而偏于一端，因此圣人强调“通”的同时又不忘以“质”示学人。可见，方氏易学所理解的“质”并不是体质的意思，而是析分而论，基于此“分一切语皆有质论、通论，隐论、费论”，主张“即质知通”。可见“质论”和“通论”实际上就是方氏易学中“即费知隐”的方法，以可知推不可知，又以不可知之理转而指导可知之事。

“幾”与“测”二字也出自《易传》。《易传》中有“阴阳不测之谓神”，又有“夫《易》，圣人之所以极深而研幾也，惟深也故能通天下之志”，因此“通”则极深研幾，为阴阳不测之神，即“通幾”；“质”则为阴阳之可测者，所谓“质测”。“质测”所研究的是具体可见可形的事物，“通幾”的对象则是事物蕴藏之理。同时，“原始要终，以为质也”句后还有“其初难知，其上易知，本末也”，则质测之学为“易知”而通幾之学为“难知”。因此，“质测即藏通幾”的说法体现的就是难知之本在易知之末中，由质测而达到通幾的过程也就是由末而知本的过程；同时又要以“通幾护质测之穷”，末虽易知然又须以本作为其贯通。

可见，质测与通幾的关系正是圆∴图式中大一与大两“互藏”思想的体现，长于质测之学的西学与长于通幾之学的中学二者应当学习互补。不过，方以智又指出西方的质测之学因其没有通幾之学作为统领因而也有所欠缺，“万历年间，远西学人，详于质测而拙于言通幾。然智士推之，彼之质测犹未备也。儒者守宰理而已。圣人通神明，类万物，藏之于《易》，呼吸图策端幾至精，历律医占皆可引触，学者几能研极之乎？”

（《物理小识自序》）。指出西学对于《易》中的费隐显密之理没有深刻的认识，其质测之学仅仅是一种精密的科学方法，在天地的道理方面却并没有真正通晓。因此西学不懂《易》中“受命如响”之理，“泰西但知质测而不言通幾，‘受命如响’之理谁信得及耶？”[①]“受命如响”本是易学中占道的体现，方以智借此以说明西学的质测还必须以通神明之德。因此，方以智在主张中学应该学习西方质测之学的同时，又特别强调西学也应以中学的通幾之学救弊其质测之学的不足。

四、小结

方以智的圆∴图式在中国传统二分法思想的基础上改造出“一分为三”的理论结构，指出在相对待的二者之中还统贯着超越对待的、更根本层面上的绝待者，以“一即三、三即一”表述圆∴图式三点的关系。“∴”虽然取自佛教文字，但是方以智的圆∴思想却本于对《周易》中“太极”和“两仪”关系的发挥，其易学中的“参伍错综”“三极”“三天”等说法也都是以圆∴图式为基本框架进行展开的。由此可见，圆∴图式是方以智易学哲学思想的基本图式。

同时，方以智的圆∴图式并不是一个抽象的理论模式，而是有其具体而丰富的思想内涵，其涉及象数图书易学、义理易学，哲学的本体论、认识论和方法论以及中国传统哲学中所讨论的格致、心性、修身、性命以及经世治教等各个方面的问题。方以智通过对圆∴图式中三点关系的分析，强调善用后天、以前民用，其学术思想和价值取向表现出重视时用的特征。

---

①方学渐辑，方中通续辑．心学宗［M］．清康熙继声堂刻本，续编卷四．

王夫之与后理学时代的人性生成论转向

陈 屹

“后理学时代”是一个思想史和学术史的概念，大体上对应从明清鼎革至清代前期的顺、康两朝，即17世纪40年代至18世纪30年代这一历史时期的学术思想史。这一思想时期的理论形态既是对宋明理学的承继和延续，又是对宋明理学的超越和发展，同时又区别于后来的乾嘉汉学，故可称之为“后理学时代”[①]。关于这一时期的哲学思想流变，很多学者选择跟踪人性论思想发展的线索进行探讨。

前辈学者研究最多的一条线索是后理学时代气质人性一元论的发展。张岱年先生指出明清之际人性论思想流变的总体特征是反对程朱理学的性二元论，主张义理之性即气质之性的性一元论。[②]陈来教授阐释了自朱熹的“气异理异”说所导致的明中期以来对“理”的“去实体化”理解，从而发展出从元明至清代的气质之性一元论的内在逻辑。[③]侯外庐、萧萐父、冯契等先生则引入马克思的历史唯物论，深入阐发了后理学时代人性论思想的启蒙特色和近代人文主义特质。[④]日本学者沟口雄三以“恶归入习”这一线索，认为明清之际的思想家以“气质整正”的人性论完成了对宋明理学

①吴根友师、张再林教授已经在各自的意义上使用过这一说法，陈来教授则使用了“后明学时代”的提法。本文中，笔者借鉴了吴根友师的观点。

②张岱年. 中国哲学大纲［M］. 北京：中国社会科学出版社，1982：222-228.

③陈来. 王船山的哲学精神［M］. 北京：北京大学出版社，2004：414-419.

④萧萐父，许苏民. 王夫之评传［M］. 南京：南京大学出版社，2002：325-330. 冯契. 中国古代哲学的逻辑发展：下册［M］. 上海：上海人民出版社，1985：1007-1011.

“气质变化”人性论的一次转折。[①]马渊昌也则以“本来圣人—性善说”到“非本来圣人—性善说”的转变梳理后理学时代人性论思想的发展。[②]

吴根友师注意到后理学时代人性论思想发展的多样性和复杂性，既有顾炎武为代表的自然人性论，又有王夫之的辩证发展人性论以及颜元为代表的气质之性一元论。他特别指出王夫之的人性论思想将人性看作一个不断生成的动态开放过程，“既肯定了人性有朝向更丰富内涵方向发展的可能性，也强调了作为道德主体的人在世俗生活中的主动性和自我负责的意义”[③]。

基于对后理学时代人性论研究现状的上述认识，特别是受吴根友师的启发，本文选取王夫之的人性论作为主要研究对象，通过考察王夫之的人性论思想来揭示后理学时代人性论思想多样性发展中的一条线索，即相对于宋明理学中的人性现成论，后理学时代发生了人性生成论的转向。

一、“自家元是天然完全自足之物”——宋明理学中的人性现成论

宋明理学的人性论思想是纷繁而复杂的，但其中存在一种现成人性论的倾向，具体又有两种表现形式：一种是先天人性完满论，即认为每个人初生都拥有了上天所赋予的先天完满的人性，现实中人性有缺陷、有不足，并不妨碍其先天人性的完足性，“尽性”或“成性”的过程就是发现和回归自身先天人性本来面目的过程；另一种不仅肯定先天人性完满论，而且肯定人性在现实状态中的已然完成性和完满性，不需任何人力安排，人性自然呈现的当下就是具足的。

先天人性完满论，可以说是宋明理学的一个共同价值信仰。宋明理学正是通过沟通“性与天道”而为人性确立了形上学的根据，人性就是天

---

①沟口雄三．日本学者研究中国史论著选译：第7卷［M］．北京：中华书局，1993：156-175．

②马渊昌也．儒学的气论与工夫论［M］．上海：华东师范大学出版社，2008：111-140．

③吴根友．明清哲学与中国现代哲学诸问题［M］．北京：中华书局，2008：175-178．

道、天德在人身上的体现。理学的开创者程颢曾说：

> 道即性也。若道外寻性，性外寻道，便不是。圣贤论天德，盖谓自家元是天然完全自足之物，若无所污坏，即当直而行之；若小有污坏，即敬以治之，使复如旧。所以能使如旧者，盖谓自家本质元是完足之物。[①]

这段话可以看作是对先天人性完满现成论的最好注脚。在二程，天道、天理或天德本身是现成完满的，没有“存亡加减”，“元无少欠，百理具备”[②]；而天道与人性又是同一的，“道即性也”，人一出生就被赋予了与天理一样完满的人性，“生则一时生，皆完此理”[③]。这样，人在初生一刻都拥有了完满现成的人性。但对于后天的经验生活而言，这个先天完满现成的人性还没有充分显现出来成为现实的人性，仍然需要“成性”。如果没有“污坏”，就“率性而成”；如果有“污坏”，就“复性而成”。不过，“率性”“复性”式的“成性”都没有“生生而成”的意思，只是循其本来面目或“复如旧”而已，因为“自家本质元是完足之物”。后来，无论程朱理学还是陆王心学，都秉持了这种人性先天完满的现成论。

程朱理学主张“万物皆只是一个天理”[④]的天理本体论，在天人性命关系上提出“性即理”的命题，即认为人之生都禀赋同一个天理以为人之性，此即是天命之性。“（天命之）性即太极之全体，但论气质之性，则此全体堕在气质之中耳”[⑤]，天命之性本身就是完足的“太极之全体”，落实到人身上虽然为气质所障蔽，但在初生就已经“全体堕在气质之中”，气质是可能变化的，但其中的天命之性是具足完备的，无所谓损益变化。这样的人性仿佛就如某一物，人在初生就获得，终身不失、一生不变，而人所需要做的工夫，要么在敬中涵养此“物”，要么通过变化气质来复归和显明此“物”，要么通过格物穷理以反证此“物”。但人的天命之性本身是没有变化的，变化的只是障蔽此性的气质。朱熹如珠在水、如灯在笼

①程颢，程颐．二程集［M］．王孝鱼，点校．北京：中华书局，1981：1.

②程颢，程颐．二程集［M］．王孝鱼，点校．北京：中华书局，1981：31.

③程颢，程颐．二程集［M］．王孝鱼，点校．北京：中华书局，1981：33.

④程颢，程颐．二程集［M］．王孝鱼，点校．北京：中华书局，1981：30.

⑤朱熹．朱子全书：第23册．上海：上海古籍出版社，2002：2960.

的比喻，形象地说明了这种观点。作为“性”的灯、珠是不变的，它只是随着水的清浊、纸的厚薄的变化而显明不同而已。如此，程朱理学所谓的人性也最终成为一种异质和他律的绝对不变的超越存在之理。

与此不同，陆王心学讲“心即理”“发明本心”“致良知”，将程朱理学异质和他律的性理拉回到每个活生生个体的内心，强调主体即是本体，凸显了性理的内在性和自主能动性。但是细细分析起来，陆王心学“心即理”的“本心”“良知”和程朱理学的“性即理”之“理”，其实有异曲同工之处。原因在于，作为“吾性自足”的“本心”“良知”仍然是先天完满具足的。无论是“心即理”还是“性即理”，都是用一种形上学意义的、永恒不变的先验本体或绝对实体的“理”来界定人性。当用这样的“理”来表征“心”或“性”时，心与性也被形上实体化和现成化，理学家所谓的“人性”或“心性”都是圆满自足的，至于现实中的人能够体证、感通、显现多少，并不妨碍心性本体的完满无缺。

发展到阳明后学，特别是泰州学派，他们时时不满师说，强调人人都具有的“现成良知”。“现成良知”不仅肯定性理的先天完满性，而且认为良知在现实经验中当下就是完满具足的，所谓“百姓日用即道”。王艮言：“中也，良知也，性也，一也，识得此理则现现成成，自自在在……真体不须防检。”[①]良知以已然完成的状态存在于个体之中并当下完满地呈现，个体只需要率良知、任自然而行即可，不需要任何的人力安排或防检。“现成良知”的人性现成论其实是先天人性完满现成论的极端化发展，它进而消解了理学家所强调的“变化气质”或“致良知”的“复性”工夫。

以上，简单梳理了宋明理学中的人性现成论倾向。他们事实上区分了人性的本然状态和人性的现实状态。人性本然状态主要是在名词意义上将“性”作为超越时空和现象界的先验本体或绝对实体（“理”“本心”或“良知”），它是否完满现成地显现成就于现实的人性并不妨碍其天生的完满具足；发展至阳明后学则由“见在良知”而“现成良知”[②]，最终，直

①王艮．王心斋全集［M］．陈祝生，等校点．南京：江苏教育出版社，2001：38.

②阳明后学“见在良知”和“现成良知”不是本文重点讨论的内容，具体分析可参考彭国翔．良知学的展开：王龙谿与中晚明阳明学［M］．上海：生活·读书·新知三联书店，2005：385.

接将二者同一，人性当下的现实状态就是现成完满的。

阳明后学的良知现成论作为宋明理学人性现成论的最终理论形态，在明末的社会实践中产生了很多的弊端。晚明刘宗周曾批评说：“今天下争言良知矣，及其弊也，猖狂者参之以情识，而一是皆良；超洁者荡之以玄虚，而夷良于贼。”[①]“情识而肆”指的是“现成良知”派的任自然倾向，“玄虚而荡”则是批评离弃现实人伦世界而空谈先天完满心性的倾向。后理学时代思想家在反思明亡的教训中，理论上的反思之一即是批判泰州学派“现成良知”说的弊端，进而对整个宋明理学的人性论进行反思，发展出了人性生成论的思想，而其中王夫之的人性“日生日成”论是最具代表性和创造力的。

二、“命日新而性富有”——王夫之的人性“日生日成”论

对人性的看法，宋明理学的“性即理”“心即理”“现成良知”等，最终都走向了人性现成论，他们都没有从“生成”的角度上理解人性。王夫之则明言：“夫性者生理也，日生则日成也。”[②]宋明理学虽然也讲“性者生理”，但“生”主要是“初生”“所以生”的意思，王夫之则以“日生日成”之“生”来界定人性，“性者生也，日生而日成之也”[③]。“生”是动词的意义上的生生、生成的意思。所谓日生日成，也是日成日生，“生”意味着生命的动态性、连续性和创造性，“成”则彰显人性存在的自主性和能动性，生—成、成—生，生亦成、成亦生，既生又成、既成又生，“生”“成”相续不断。人性正是在“生”与“成”的交相引发中展开为一个原初的意义生成空间、一个时间性发展过程。人性“日生日成”的观点，突出了人性的能动生成性和动态开放性的特征，这恰好是王夫之人性论中最具特色和最富创发力的地方，可称之为人性生成论。

---

①刘宗周．刘宗周全集：第2册［M］．吴光，主编．杭州：浙江古籍出版社，2007：278.

②王夫之．船山全书：第2册［M］．长沙：岳麓书社，2011：299.

③王夫之．船山全书：第2册［M］．长沙：岳麓书社，2011：300.

人性的生成观，一方面是王夫之从其气的生成性实有论[①]落实到人性论上的必有之义；另一方面则主要针对理学家以初生天命之性就是人性的极致，而混同于佛教的“现成佛性”、道教的“胎元”之说而发。[②]由此，王夫之区分了两种不同的人性观：一种是“一受其成侀而无可损益”[③]的人性现成论，另一种则是他所主张的天命日新而人性“日生日成”的生成论。王夫之分别从承继日新天命和改造自然的实践活动两个方面论述其人性的意义生成过程。

一方面，人性的生成是不断承继日新天命的动态开放过程，王夫之创造性解释了儒家经典中“天命之谓性”的观点。他说：

> 命曰降，性曰受。性者生之理，未死以前皆生也，皆降命受性之日也。初生而受性之量，日生而受性之真。为胎元之说者，其人如陶器乎！[④]

王夫之意在说明：天命不是人一出生就全部命之于人，人性也不是初生就固定下来，人性首先并始终处在一个原初的天人互动的生成域之中，并最终表现为日新富有的发展变化过程。命是自天而降之于人，性是自人而受之于天。天命不息，日日降命于人，人也日日受之为性。“初生而受性之量”，“量”是范围、境域的意思，但不是指物理空间，而是由“天降”和“人受”之间互为牵引构成的意义生成空间。王夫之于气上见理，由于气是生成性、境域性的，故人的性理也就不是某一实体，不是程朱理学意义上的理体，而是表现为一个意义生成境域。初生之时，人之性总已有所指向、有所欲，“‘可欲之谓善’，早已与性相应矣”，但人性之善尚在生成之中。随着人的生成长养，在日日受天命赋予和自主取精用

---

①按：王夫之的气论思想，认为气是实有的，作为实有之气正是在太虚境域中展开为聚散万物的生成变化过程。因此，气的实有是一种生成流行的实有，并在生成变化中才彰显出气之神或气之理。为了避免将气的实有性理解为某一现成不变的抽象实体，突出气的生成性和境域性特点，笔者姑且称王夫之的气论为“气的生成性实有论”。

②郭齐勇老师即指出王夫之的人性论突破人性的初生状态、强调日生而日成，对程朱的“气禀说”提出了挑战，王夫之“把一个终极性的、形而上的、先验的、理想的人性问题，坐实在气化流行的宇宙论背景上和现实性的、形而下的社会人生之中”。详见郭齐勇．中国哲学智慧的探索［M］．北京：中华书局，2008：217.

③王夫之．船山全书：第2册［M］．长沙：岳麓书社，2011：300；299.

④王夫之．船山全书：第12册［M］．长沙：岳麓书社，2011：413.

物的过程中，人性的意义才不断充实光辉，即所谓“日生而受性之真”。因此，王夫之认为孟子所谓的“道性善”只是说初生之性，也即是赤子之心。此初生之性、赤子之心“虽曰‘性善’，性却不能尽善之致”[①]，不能将笃实光辉的人性生成的极致等同于初生的善性。以为人初生之时，就获得了圆满现成的人性，而没有生成变易、超越时间和空间，这恰恰是将人性当作一个现成的实体，成为佛教所说的“现成佛性”和道教所谓的“胎元”。这样的“一受成例”的观点，“性者生理”之“生”仅是作名词用，“生”指初生的那一刻，生也只是一次生，相应的人性观就呈现出封闭、静止、现成化和实体化的倾向，而对于现实的个人而言则被剥夺了生命的能动性和自我创造性，因为我们已经被先天决定。王夫之坚决反对“一受成例”的观点，他从气的生成性彰显性理的意义生成性，人性的生成就意味着每一个人都不是已被限定和塑形的“陶器”。相反，每一个人都行进在未完成的生成途中，“未死以前统谓之生，刻刻皆生气，刻刻皆生理”[②]，人在未死之前都处在生命存在的价值和意义的自我创造过程之中。

另一方面，王夫之立足于人类永无止境的改造自然的实践生存活动论人性的生成，并倡导积极有为的人生观。他说：

> 人所有者，人之天也，晶然之清，皛然之虚，沦然之一，穹然之大，人不得而用之也。虽然，果且有异乎哉？昔之为天之天者，今之为人之天也；他日之为人之天者，今尚为天之天也。[③]

上段材料表明，人性的意义生成性，体现在人类通过其实践活动不断地化“天之天”为“人之天”的过程当中。王夫之扬弃“天人同一”和“天人相分”两种观点，而讲天人相通、天人交尽，在人性和天道之间张开一个人道流行的生成空间。作为“人之天”的人性，并不能直接等同于清虚一大的“天之天”，但二者都处在生生变易、相互交尽的过程之中。“天之天”作为广袤无垠的实践对象，不断地被拥有价值和理想（即人性、“人之天”）的作为实践主体之人所认识和改造，“天之天”的自在规律就化为人的道德理性、知识理性和实践能力，人性也就日益扩充和完

①王夫之. 船山全书：第6册［M］. 长沙：岳麓书社，2011：1019.

②王夫之. 船山全书：第6册［M］. 长沙：岳麓书社，2011：753.

③王夫之. 船山全书：第3册［M］. 长沙：岳麓书社，2011：463.

善。从“现成”的观点出发，认为人性初生具足、无有变易，那就是将人直接等同于天，也就褫夺了人天之间那种原初的、互动的、充满活力的生成境域。王夫之论性者生理、日生日成，正是以人性的生成维持住天道与人道的张力，在化“天之天”为“人之天”的实践视野中开掘出带有近代性质的主客二分和“竭天成能”的主体性哲学。

所以，王夫之论性者生理、日生日成，正是以人性的生成维持住天道与人道的张力，凸显人作为实践主体的地位。“天之化裁人，终古不测其妙；人之裁成天，终古而不代其工”①，既不宠人而僭天，又不存天而遗人，人性的自我生成是人之为人不可让渡的责任。“不敢曰吾身之固有天也”，人性不是天，唯人性日新富有的生成可上达至天；“不敢曰吾事固有之天而已足也”，即不能执理以限天，天道无穷难测，唯有人道积极有为地不懈努力，知幾审位、朝乾夕惕，方可语天人之际，方可说知人知性。

综上，王夫之强调人性“日生日成”，而竭力反对以人性为“一受成侀”的观点，实质上开启了一个迥异于宋明理学和佛老人性学说的能动发展的人性生成论视野。他主要从两个方面展开其人性生成论思想：一是从天而人（天→人），天命不息于已生以后，以人日受天命而自生而生的过程，论“命日新而性富有”②；二是从人而天（人→天），以人在实践生存活动中“取精用物”，受天幾、权人幾的过程而论习与性成。二者互动，“诚明合致而天人交尽”③（天←→人），从而论证了人性是一个“德性日新”④的生成过程。

三、“习成而性与成”——先天之性与习与性成

人性所敞开的意义生成空间，一方面是受日新天命赋予的自生而生的

①王夫之. 船山全书：第2册［M］. 长沙：岳麓书社，2011：270.

②王夫之. 船山全书：第2册［M］. 长沙：岳麓书社，2011：270.

③王夫之. 船山全书：第7册［M］. 长沙：岳麓书社，2011：188.

④萧萐父先生和许苏民教授从明清启蒙学术流变的角度，梳理和考证出王夫之的人性生成论思想其实是继承和发展了李贽的“德性日新”和王学左派“穿衣吃饭即是人伦物理”的观点。详见萧萐父，许苏民. 王夫之评传［M］. 南京：南京大学出版社，2002：320–321.

过程，一方面则是后天人自主权衡选择、取精用物的实践过程。“自受”而知性，“己权”而成习；“自受”即继善成性，“己权”即习与性成。王夫之认为，人性是天人之际的“继善成性”与人物之际的“习与性成”共同作用的结果，他综合孔子、孟子和周敦颐的思想，从个体在社会实践中发展变化的过程来论述人性善恶的形成。王夫之说：

> 周子曰：“诚无为。”无为者诚也，诚者无不善也，故孟子以谓性善也。诚者无为也，无为而足以成，成于幾也。幾，善恶也，故孔子以谓可移也。有在人之幾，有在天之几。成之者性，天之幾也。初生之造，生后之积，俱有之也。取精用物而性与成焉，人之幾也。初生所无，少壮日增也。①

上述论述中王夫之发展了周敦颐“诚无为”“幾善恶”的观点，将人性的生成区分为“天之幾”和“人之幾”两个维度，并认为正是“幾”决定了人性的生成以及最终的善恶。“幾”首先是指居间引发之际，“天之幾”即是天变合生人物之际，“人之幾”即是人与物攻取之际；“幾”又是幾微不可测，有“时机”的当与不当，有“时位”的得与不得。变合攻取之际，时之不当、位之不得，于是有恶的产生，所以是“幾善恶”。天道流行、生生不已，生则有变合之差，不能有择必善，此“天之幾”唯生人是善，而禽兽草木则不善。人受天命而成善性，这是一个被动的自生而生的过程，是天之事，所谓“成之者性，天之幾也”。但人生天地间，不仅被动地接受天命所赋的善性，而且还在后天的实践活动中主动“取精用物”，所谓“取精用物而性与成焉，人之幾也”。“人之幾”则没有必善之势，它取决于人之“权”，取决于知幾审位。

由“天之幾”和“人之幾”又引出先天之性和后天之性的区分。人性的生成总是处在“天之幾”的先天之性与“人之幾”的后天之性的交互作用中。“天之幾”所成之性，初生即被赋予，并日受天命而富有，王夫之称之为先天之性；“人之幾”所成之性，初生所无，随年岁增长而有，王夫之称之为后天之性。“人之幾”是指人与外物打交道，此即是“习”。“习者，亦以外物为习也，习于外而生于中，故曰‘习与性成’。”②“习”可指习行、学习、习惯、习俗等，“习与性成”即是指人

①王夫之. 船山全书：第2册［M］. 长沙：岳麓书社，2011：302.

②王夫之. 船山全书：第6册［M］. 长沙：岳麓书社，2011：964.

在后天与环境的相互作用中所习得的人性。王夫之明确指出，先天之性是内生者，内生者是“天在己者”，所以无不善。人之所性、所欲、所为，自人性而至形色以至于好勇、好货、好色都非不善，“形色皆灵，全乎天道之诚，而不善者在形色之外”。后天之性则是外生者，外生者是在人物攻取之际的“人之幾”。如果“因乎习之所贯，为其情之所歆”[①]，人失其“权”“审”而“纯疵莫择”，就会导致人性的不善。在王夫之看来，人性的不善不能归咎于先天之性，也不能归咎于人之形色和欲望，当然也就不能归咎于气禀和气，不善之源在于后天之习的过程。他区分先天之性与后天之性，先天之性侧重于天之事，它决定了人性善的普遍必然性；但具体现实中个人的人性或善或恶，则取决于人之“习”，这是人之事。王夫之试图将孟子的“道性善”和孔子的“性相近，习相远”统一起来，并将人性生成的责任最终落实到人身上。

一方面他坚持了孟子的性善论，不过这个性善论要从以下几个方面界定：第一，人性善根源于天道，从“天之幾”而生人的角度，则唯有人性是善，禽兽与草木之性不善，人性善是人类区别于物的类特性；第二，天道生人之善性是一个自生而生的过程，“天之幾”是人所不能左右的，这强调了人性善的受动性和普遍必然性的一面；第三，由于天命日新，人性之善就不是初生就被赋予善的极致，而是日日都被赋予新的善性；第四，人性善是所以生人之理善而致，此生理凝为人之身心而发为情才，人性善则人之气质、形色、情才、欲望初并无不善；第五，人性总是被局限在一定范围的气质之中，气质非不善但却有偏，所以人性之善只是相近而不是相同。

另一方面，在现实中人性所表现出来的不善，王夫之主要引入了孔子“习”的概念，用习与性成、后天之性来解释不善的产生。但后天的习得之性也不是就一定不善，人之气禀、形色并非不善，与之相为攻取之物也非不善，天地没有不善之形色，也没有不善之物，恶的产生在于“幾”。王夫之说：

> 天地无不善之物，而物有不善之幾。物亦非必有不善之幾，吾之动幾有不善于物之幾。吾之动幾亦非有不善之幾，物之来幾与吾之往

---

①王夫之．船山全书：第2册［M］．长沙：岳麓书社，2011：300–301．

幾不相应以其正，而不善之幾以成。[①]

王夫之从人物互动相交之“幾”的时位不当来说明人性不善的由来。人之性动而有心之动幾，动幾无必善之势，但心之动幾本身不是恶；天地之化不齐，物之动也有不善之幾，但同样非必为不善。唯当人与物相授受往来、攻取之际的“人之幾”，作为实践主体的人，不善于权衡选择、知幾审位，这样所来之物才成为障蔽，所往之气禀也为之陷溺，日久而成不善之习。虽然天命日新之性不息，但正是由于自我选择不当所养成的不良习性最终导致了人性的恶。于此分析王夫之的观点，他其实认为现实中个人之性的善与不善，并不是初生就能决定的，人性的善恶主要是在人后天的自主选择行为过程中形成的，即是说善恶其实是一种可能性而不是现成性，我们既随时因自己的所作所为而去恶成善，也时时刻刻因自我的选择而弃善从恶，现实中人性的善恶是个体自由意志选择的结果。

由上可见，王夫之通过先天之性与习与性成的相互作用的过程来论述人性善恶的形成，表明人性善恶并不是一个既成的状态，而是始终处在发展变化的生成过程中。因此，每一个人的人性都不是先天决定的，而是在后天的生命过程中自我权衡和选择的产物，正是我们自己造就了自我的人性，我们对于自我成就什么样的人性承担着不可推卸的责任。这样，王夫之以人性的生成论取代既往的各种人性现成说，从而为人的生存实践智慧（习、知幾审位）和自由意志（权、继）的施展敞开了空间。

四、“人道始持权”——权、继、习与自由意志

王夫之的观点，在人性意义生成的境域中，存在着相互作用、彼此对生的两个维度：一个维度是“天之幾”先天之性，主要在“天人之际”言；一个维度是“人之幾”的后天之性，主要在“人物之际”言。二者互相为体，在积而成乎久大的气化流行天道中，在人的实践生存活动中展开，共同作用于现实中具体人性的生成。

（一）人性在“天之幾”维度的生成

“天之幾”主要是从受动的方面论命日新而性富有，先天之性是一个自生而生、连绵不绝的过程，其实就是王夫之所论的继善成性。

---

①王夫之．船山全书：第6册［M］．长沙：岳麓书社，2011：965．

“天之幾”说明了人性善是作为人的类特性，对具体人性的形成而言，它是对自我先天之性的一种体认状态。人成为人，他总是对人之为人有一种体认，但这不是反思和认识论意义上的。所谓“知性”正是人生天地间所体认到人性的原初状态，这恰好来自于天人之际的本然相通，而首先不是道德认识的结果，如“乍见之怵惕”“介然之可否”等。“天之幾”意义上的“知性”正说明人从来就是、一开始就处在人性的生成道路中，但尚未有成性；而且，先天之性日日赋予人，人的一生都处在降命受性的过程之中。

天道继善而成人的善性，但只有“天之继”还不够，还必须有“人之继”。“天之幾”自生而生的过程就和“人之幾”的继之功互相作用起来。如果只被动接受天命之性，而人不自继其善，那么天所日命之性也不可存。王夫之特别强调“天之幾”继善成性过程中人的继之功和存养之用，人性的两个维度在此相生相成。

“继”凸显了人所具有的自由意志，因为人可以选择继，也可以选择不继；可以选择继“意欲之兴”，也可以选择继“天命之善”。王夫之充分强调了“人之幾”上的“继之功”对于“天之幾”上降命受性的积极能动作用。先天之性自生而生、自然自在，“人之继”则在实践活动中化自然为自为，转被动为主动的继之功。对人而言，“继”首先是主动承继天道，唯有人在后天中主动选择并践行天命所赋予的善性，人性之善才可能成为现实中的真实，否则人受于天的仁义就和表现于动物母子之间的自然本能没有本质区别；“继”又是相续不断，念念相续、事事相继，人承继和弘扬天命的过程是一个永无止境的实践过程，时时刻刻都需要人当下的受命权幾，日新的天命才能造就富有充实的人性。人以其自由意志主动选择“天之幾”，“自继以善无绝续”[①]，继之功实现了天道，成就了人道。

“天之幾”维度是人性善的活水源头，为人性善规定方向，而“人之幾”维度的继之功，则成就天命之理实现于具体的人性之善。没有天命之理，人之继无源；没有人之继，天命之理无实。天人之际的维度，王夫之意在表明，人性的生成不是一个简单的、受动的、一次性的天命赋予的自然事件，而是一个人自主参与、持续终生的以人道弘天道的实践过程。

（二）人性在“人之幾”维度的生成

①王夫之．船山全书：第1册［M］．长沙：岳麓书社，2011：1008．

"人之幾"主要是从主动的方面论人性在实践活动中的生成。王夫之特别突出"权"的作用，对人而言，在天有命，在己则有"权"。他认为"权"是人所独有的一种能力，并通过对中国传统哲学范畴"权"的创造性解释，凸显了个人的自由意志和实践生存智慧在人性生成过程中的关键性作用。

（三）王夫之对"权"的创造性解释

"权"的本义是指一种"黄华木"之树，在中国传统哲学中"权"有以下三种常用之意：第一，"权"指秤锤一类称量物体重量的器具，《汉书·律历志上》说："权者，铢、两、斤、钧、石也，所以称物平施，知轻重也。"这一意思逐渐引申为称量、权衡、比较不同事与物之间轻重的意思，作为动词使用。《孟子·梁惠王上》说："权，然后知轻重；度，然后知长短。"第二，"权"指权力、权柄、权势的意思，如《庄子·天运》篇言："亲权者，不能与人柄。"《春秋穀梁传·襄公三年》中云："故鸡泽之会，诸侯始失正矣，大夫执国权。"第三，"经""权"相对之"权"，此是权变、变通的意思，根据事情的是非轻重、时位的变化而因事因地制宜，变通以应时。如《韩诗外传》中说："常之为经，变之为权。"《广韵·仙韵》言："权，变也。反常合道，又宜也。"[①]

以上列举了"权"在古代汉语中的常用义，可归结为"权衡""权力""权势""权变"等意思，当然"权"之意还非常广泛，尚有权谋、秉持、姑且等义。[②]王夫之的文本中以上"权"的意义均在使用，他的创造性解释在于：一则是将"权"专属于每个人的一种特殊能力；二则在其人性生成论中，他突出"权"的个人自主选择性特征或者说是个人自由选择

①宗福邦，陈世铙，萧海波，主编．故训汇纂［M］．北京：商务印书馆，2003：1165-1166.

②按：张岱年先生指出，"权"的本意是指衡量轻重的秤锤类器具，由衡量轻重之义逐渐推衍出"权变之权"与"权势之权"。他认为"权变之权"是儒家的观念，一般是"经""权"相对，"经是原则性，权是灵活性"；"权势之权"则是法家的观念，强调君主独有的权力、威势和决断力量。详见张岱年．中国古代哲学概念范畴要论［M］．北京：中国社会科学出版社，1989：209-211．王夫之一方面承继并发展了儒家"权变之权"的思想；同时，他吸收并改造了法家"权"的思想，主要是去除法家"权"中威权、威势的内涵而突出"权"作为自主决断的力量和权力，并将这种自主决断的权力归之于个人。

的权力[①]。王夫之说：

生之初，人未有权也，不能自取而自用也。惟天所授，则皆其纯粹以精者矣。天用其化以与人，则固谓之命矣。生以后，人既有权也，能自取而自用也……取之多、用之宏而壮；取之纯、用之粹而善；取之驳、用之杂而恶；不知其所自生而生。[②]

上段引文，王夫之说明了人之“权”的能力的产生以及“权”所具有的“自取自用”的自由选择性特征，人之所以能为善为恶恰好是个人自由选择的结果。人生之初，只有“命”未有“权”，人是被动地接受天命之善。但是随着个体生命的成长，人就表现出“权”的能力，而且所占的比重与日俱增。“去天道远，而人道始持权也”[③]，禽兽草木是无所谓“权”的，唯有人道有“权”。人开始拥有持“权”的能力，表明人性的生成摆脱了自然自在的状态而进入到个体能够自主自为的阶段。可见，王夫之将“权”界定为人所独有的能够自由选择、自主决定的能力。笔者认为，王夫之对“权”的这一创造性解释已经类似于西方哲学传统中的“自由意志”概念。

“自由意志”在西方首先是从伦理学领域提出来的，它是指“人在行动时对善与恶、道德或非道德的一种选择自由，后来发展成对自由与必然、决定论与非决定论的探讨”[④]。吴根友师总结了中西方学者对于自由意志问题的探讨，他认为“所谓人的‘自由意志’，也即是人的自我决定、自作主宰的一种内在精神状态与意识状态”。徐向东认为，自由意志在传统上主要是对道德责任的关注，但在更深层次则是和“人的尊严和我们的自我概念联系在一起”，关乎人的“自主性”“个体性”和“独特性”等。[⑤]王夫之“权”的概念虽然不能等同于西方哲学所论“自由意志”，但

---

①“权”作为“权力”并不是政治学意义上的概念，而是指个人的自主选择和决断的力量。据葛荣晋的考证，“权”从手作“权”，即是以手卷物的意思，“与‘拳’字相通，而有‘勇力’、‘拳勇’之义”。参见葛荣晋．中国哲学范畴通论［M］．北京：首都师范大学出版社，2001：621.

②王夫之．船山全书：第2册［M］．长沙：岳麓书社，2011：300-301.

③王夫之．船山全书：第6册［M］．长沙：岳麓书社，2011：952.

④金炳华，等编．哲学大辞典［M］．上海：上海辞书出版社，2001：1823.

⑤徐向东．理解自由意志［M］．北京：北京大学出版社，2008：12-16.

在一些基本取向上，“权”和“自由意志”是相通的。

王夫之认为，“权”可以自由选择为善为恶，正是在道德伦理角度肯定人的自由意志。如果从王夫之以“能自取而自用”解释“权”来看，他事实上是强调作为主体性个人的自主选择权力。一方面，他将“权”的能力仅归为人所独有，禽兽只有“命”而无“权”；另一方面，人“去天道远”，个人的行为不是由“天”所决定的，人的行为及其后果都是由个人自由选择并承担责任的。由此，王夫之“权”的概念固然着眼于对人道德行为的关注，但在根本上他是肯定人的尊严、人自由选择的权力以及个人的主体性。

（四）“权”作为自由选择的权力

“权”首先是一种自由选择的权力，它彰显人的自由意志，所谓“自取而自用”。在人与物攻取之际的“人之幾”，人可以自由选择取多取少、取纯取驳，也可以自由选择“用粹”还是“用杂”。外物固然有精粹驳杂之分，人也有上天不断赋予的善性，但这一切都有待于人自身的自由取用，取纯用粹则成善，取驳用杂则成恶。所以，从具体现实的个人而言，不是先天之性，不是外物，不是其他任何别的东西，正是我们自己创造了自己。人在现实生存中自由选择的权力，将成性成善的责任具体落实到个人。如果说“天之幾”的先天之性说明了人之为人、人之所以区别于禽兽的类特性，说明了人性善的普遍必然性，那么，“人之幾”的“权”“继”则说明了个人之所以是个人，个人之间的不同正是由于其自由意志的不同选择所致，也说明了现实当中人性的差异性、多样性和无限可能性。

其次，“权”作为自由意志的一种表现，不仅体现了个人的自由选择和自我承担，还充分表明了个人的自主性、自我变革性和创造性。王夫之提出了人性“未成可成，已成可革”的观点。他说：

> “狎于弗顺”之日，太甲之性非其降衷之旧；“克念允德”之时，太甲之性又失其不义之成。惟命之不穷也而靡常，故性屡移而异。抑惟理之本正也而无固有之疵，故善来复而无难。未成可成，已成可革。性也者，岂一受成侀，不受损益也哉？①

从太甲前后的改变，王夫之论证人性是可以主动变革的。太甲从初生

①王夫之．船山全书：第2册［M］．长沙：岳麓书社，2011：301．

降衷的善性到“狎于弗顺”的不善，再到后来“克念允德”时成就的善，这不是一个自然而然的过程，也不是简单地回复到初生的善，而是天之所命与人所造命共同作用的不断扬弃更新的结果，“惟命之不穷也而靡常，故性屡移而异”。天命日新之性固然是人性善的根据，也是现实中人性能复归于善的先天基础。但人性真正的价值和意义在于，人对自己拥有什么样的人性有着最终的决定权和自主权。纵然有天命日日赋予的善性，倘若人自甘堕落、自暴自弃，再好的天命也无法保障人性的善。反过来即使是个不善之人，只要他出于自我的自由意志主动愿意改变，就在当下，往古来今最好最新的天命即在；就在此刻，人主动地自继其善、取精用纯，就可以不断革除旧性而创造出属于自我的、充满希望和活力的新的善性。王夫之说：“苟明乎此，则父母未生以前，今日是已；太极未分以前，目前是已。悬一性于初生之顷，为一成不易之侀，揣之曰：‘无善无不善’也，‘有善有不善’也，‘可以为善可以为不善’也，呜呼！岂不妄与！”[①]今日、目前、此刻、当下，正是指向人性最原初的“继天——权幾”的意义生成域，人性的善恶不是现成的产物（“初生之顷”）或不变的实体（“不易之侀”），而是在这无限可能意义域中的生成和创造。因此，人性的无限可能性才是人生最大的现实性，此时不是揣摩自己的人性到底是善还是不善，而是做出自我的选择和行动！

最后，天命不息，日新不已，人从来就处在善的征程中，对现实中个人的成善成性首先就是善起来、如何善的实践问题。而且，人性还不仅仅是善，“性却不能尽善之致，善亦不能尽性之藏”[②]，人性的生成固然不能达至天道无穷之善，而善也不能穷尽人性的极致。在根本上，王夫之认为人性的生成是追求真实无妄的“诚”之境界，它不只是天命之善，更是真善美的融通和一致，是一种面向未来的开放和动态的自我创造和无限提升。

王夫之在人性生成论中通过对“人之权的自由选择性”“自我的变革性”和“面向未来的创造性”三个方面的阐释，充分彰显了人性的生成性和人的自由意志，人性根本上就是投身于天地间的人自由选择、自主决定和永远处于生成中的自我创造之物。

---

①王夫之．船山全书：第2册［M］．长沙：岳麓书社，2011：302.

②王夫之．船山全书：第6册［M］．长沙：岳麓书社，2011：1019.

（五）“权”作为实践生存智慧

“权”是一种自由选择的权力，同时，“权”又是一种权衡时机、时位而成“习”的实践生存智慧。“人之幾”在人与物往来攻取之际，有其时，有其位。但此“幾”变化无定、幾微难测，如果不能知所取舍以应对不同的时机、时位，就会导致恶的产生。所以，权“幾”就显得尤为重要。而权“幾”并不是一个可以现成把握之术，它总是处在具体的情景或情势之中，“权无定在，而为轻重之自定，随移而得其均平乃允，所谓‘时措之宜’”[①]，唯有通过人在生存实践中反复地与物攻取往来才能权时得宜。因此，权“幾”是一种实践智慧，实质上也是一种选择，即选择适当的时机、地点而与物攻取有宜，即知幾审位。

能权“幾”本身就意味着是一种良“习”，人的取精用物就是一个善的行动，习成的后天之性就是善性。但权“人之幾”的“知幾审位”过程并不是盲目的，它既是在实践中生成的，又是带着理想、价值和目标的人所实施的。人的理想、价值、目标又为“天之幾”的善性所筹划。在这里，“天之幾”和“人之幾”仍然交汇、互为生成。权衡之“权”是和“经”联系在一起的。“经、权一也，因事之常变而分尔”[②]，言经则必有权为可用，言权则必有经为指引。“天之幾”的先天之性是“经”，“经”有人之“权”可用；人在生存实践中的知幾审位是“权”，“权”又是为“天之幾”的“经”所导向。经、权兼备互致，先天之性和后天之性互为贞定，就能造就现实中个人之善性。

综上所述，王夫之的人性生成论，在“天之幾”和“人之幾”两个维度的对生关系中呈现出一个动态、开放和能动的人性意义生成空间，这就在既往的各种现成人性论中打开了一个巨大的缺口，使人的自由意志和生存实践智慧在现实人性生成过程中的地位达到了其历史所允许的新高度。

五、后理学时代其他思想家的人性生成论

除王夫之以外，后理学时代的其他思想家也从不同的理论视野发展出各具特色的人性生成论。在一定程度上可以说，人性生成论的转向是后理

①王夫之．船山全书：第9册［M］．长沙：岳麓书社，2011：335.

②王夫之．船山全书：第6册［M］．长沙：岳麓书社，2011：918.

学时代的一个共通思想发展倾向，因而具有思想学术发展史的意义。

明清之际，浙江海宁的陈确通过扬弃宋明理学的人性论，提出了人性生成论的“全性说”。界定其人性论为生成论倾向，是因为他竭力反对宋明儒脱离气质性身体而言人性的本体论思维模式。人性现成论从“知性”的角度首先要肯认先验的人性本体，即肯定人性是先验完满的善。但陈确认为，人性首先不是“知性善”的理论问题，而是“为善”的实践问题，即不是“人性是善”的问题，而是“人性如何善”的问题，“孟子道性善，是欲人为善，若但知性善而不能为善，虽知性善何益？”[①]然而，宋明儒“知性”为先的思维模式，必将肯定先验的人性本体，进而导致天命之性和气质之性的二分。陈确认为，这种本体论的思维模式其实是儒学受佛老之学洗礼的后果。“‘本体’一词，不见经传，此宋儒从佛氏脱胎来者”[②]，他质疑“本体”一词本来就不是儒学传统的说法，而恰是宋儒“援儒入释”，“另悬静虚一境莫可名言者于形质未具之前，谓是性之本体，为孟子道性善所自本”[③]。事实上，儒家经典中所谓“维皇降衷”“天命之性”都不是理学家所宣称的“皆指本体言”，而是一种推本溯源的说法。陈确反对任何预设先验本体的独断论[④]，所以，“性之善不可见，分见于气、情、才”[⑤]，本体不可见，本体只能在人的实际生存活动中显现和生成，它不是外在于气质性生命的一个先验存在。由此，人性就只是气质之性，而气质之性即是本体之性，人性的善也就不是虚悬的完满先在本体，人性善实现和成就于人的生存实践活动之中，“人性无不善，于扩充尽才后见之也”[⑥]。进而，陈确由“扩充尽才”的见性说合乎逻辑地发展出了人性生成论的“全性说”，他说：

无论人生而静之时，黝然穆然，吾心之灵明毫末间发，未可言

①陈确．陈确集［M］．北京：中华书局，1979：456.

②陈确．陈确集［M］．北京：中华书局，1979：466.

③陈确．陈确集［M］．北京：中华书局，1979：442.

④黄宗羲评论陈确曾说：“老兄不喜言未发，故于宋儒所言近于未发者，一切抹去，以为禅障。”参见黄宗羲．黄宗羲全集：第10册［M］．杭州：浙江古籍出版社，2005：158.

⑤陈确．陈确集［M］．北京：中华书局，1979：452.

⑥陈确．陈确集［M］．北京：中华书局，1979：447.

性；即所谓赤子之心，孩提之爱，稍长之敬，亦萌而未达，偏而未全，未可语性之全体。必自知学后，实以吾心密体之日用，极扩充尽才之功，仁无不仁，义无不义，而后可语性之全体。故曰“成之者性也”，曰“尽其心者，知其性也”。①

以上文字表明，陈确同王夫之一样，反对初生人性极致现成论，他创造性地解释孟子的“扩充尽才”和“尽心知性”说、《易传》的“成性”说，从而阐发了其人性生成论思想。首先，陈确认为，气质性生命之外是不可以言性的，没有一个人物未生之前有完满现成的人性本体，也没有所谓处在人的实际生命活动之外的人性。其次，人初生时也没有完备的善性，即没有当下已经完成的现成人性。孟子所说的“赤子之心，孩提之爱，稍长之敬”，只是人性善的萌芽或开端，它不仅是未完成的、未完备的，而且是处在一种原初的“善而未全善”的居间生发状态。②然而，正是这种居间生发状态使人的学习和实践活动成为可能，从而指示和引导人们自发地创造自我的善性。最后，陈确强调人性的善只能成就和实现于人的扩充尽才、尽心的“为善”实践活动之中。“谓性有不善，固是极诬，即谓性无不善，亦恐未是实见，不若相忘无言，各人去尽心于善”③，人性既不是“不善”，也不是“全善”的现成状态，而是“善而未全善”的生成状态，说人性“不善”或“全善”都把人性现成化了；而说人性是生成的，就意味着人性自身即引发为现实的实践过程，每个人都是通过“极扩充尽才之功”来构造生成着自我的人性之“善”。这种人性之“善”不是一种简单的现成知识的学习，某种既有道德规范的践履，或对所谓先验本体的回归、证成和体悟，而是让“尽心”的实践过程本身构成它当场独有的“善”。因此，人性的“善”是一个原本的实践活动生成过程，在这个过程自身当中我们不断地探索发现着“善”，不断地构成创造着“善”。

黄宗羲持先天人性完满现成论的立场，他在《与陈乾初论学书》《陈乾初先生墓志铭》中针对陈确的人性生成论都提出了批判。他说：“夫性

①陈确．陈确集［M］．北京：中华书局，1979：467.

②论人性生成的“居间生发的构成观”受到了张祥龙教授的启发，详见张祥龙．从现象学到孔夫子［M］．北京：商务印书馆，2011：189-207.

③陈确．陈确集［M］．北京：中华书局，1979：443.

之善，在孩提少长之时，已弥纶天地，不待后来。后来仁至义尽，亦只是孩提少长分量。故后来尽不尽，在人不在性也。”[①]黄宗羲意在表明每个人都有一个先天完备现成的人性，并且在初生时已经完全被赋予，现实中人性有欠缺并不妨碍先天人性的完满性，而后天任何实践的努力也不过是恢复到初生人性的分量。他进而以“黄钟”为喻，无论说它在量上是三寸九分还是八十一分，并不影响黄钟的本色，即是说现实中的扩充尽才无关乎人性的本善。黄宗羲论人性上，将质与量、形式与质料、先天与后天完全分割，以确保先天人性的本体地位。不过，上段所列批评陈确人性生成论的话只见于《陈乾初先生墓志铭》的第二、三稿，第四稿这段文字则删掉了，不知何故。有一点可以肯定的是，黄宗羲晚年的思想有所变化。他在《孟子师说》“公都子问性”章中批评程颢“人生而静以上不容说”的观点是将人性视为“一件悬空之物”。这固然是反对悬空论性，但更是反对将人性视为某种实体物。黄宗羲认为，“‘性情’二字分析不得，此理气合一之说也。体则情性皆体，用则情性皆用”，没有脱离气质性身体的先在人性本体，性与气、情、才是统一性的。后面的论述中，黄宗羲对人性的描述已经非常接近陈确人性生成的“完性说”，他说：

> 恻隐、羞恶、辞让、是非之发，虽是本来所具，然不过石火电光，我不能有诸己。故必存养之功，到得“溥博渊泉，而时出之”之地位，性之分量始尽，希贤希圣以至希天，未至于天，皆是不能尽其才。犹如五谷之种，直到烝民乃粒，始见其性之美，若苗而不秀，秀而不实，则性体尚未全也。[②]

上述说法和黄宗羲起初“夫性之为善，合下如是，到底如是，扩充尽才而非有所增也，即不加扩充尽才而非有所减也”[③]的“扩充尽才无关性善增减的观点”已经明显不同。他一方面放弃了割裂质与量、形式与质料的虚悬的人性本体说，强调人性的善是质与量、形式与质料的统一，因此，必须落实到“希贤希圣以至希天”的实践活动中谈论人性、谈论性善；另一方面，人也没有初生就完备现成的人性，人性是在尽才的实践努力中达至性美性全的生成过程。

①黄宗羲．黄宗羲全集：第10册［M］．杭州：浙江古籍出版社，2005：366.

②黄宗羲．黄宗羲全集第1册［M］．杭州：浙江古籍出版社，2005：136.

③黄宗羲．黄宗羲全集第10册［M］．杭州：浙江古籍出版社，2005：158.

陈确和黄宗羲在批判先在虚悬人性本体说的过程中都发展出了某种人性生成论倾向。值得一提的是同为蕺山门人的张履祥在反对阳明后学“现成良知”的过程中，也提出了人性“日生日懋”[①]的生成论。可见，明清之际人性论的生成论转向不是个别的、偶然的事件，而是后理学时代思想家的一个共通致思方向。

六、结语

以王夫之为代表的后理学时代思想家认为，人性之为人性在于其生成性，人性既不是先在完满的本体，也不是已然完成的现实存在，而是永远处在自我创造的未定型化、待完成的生成过程之中。由此而言，人性的生成其实就是人性的超越，它不断地超越已有的各种界限和限制而自主发展创新和自我充实完善。这就充分肯定了人性的丰富内涵和无限可能性，并突出了投身于天地间之人的自由意志和实践活动的重要性。由此，后理学时代的人性生成论思想为中国传统人性论开拓出了动态开放、富有时代气息的崭新内容，整体上则是对晚明以来个性解放启蒙思潮的一种继承和发展，而对于当代人如何在一个多元开放的社会进行自我人格塑造和生命提升，也具有现实的启示意义。

①张履祥．杨园先生全集［M］．北京：中华书局，2002：369．

王船山易象义简释

王林伟

根据传统的划分，易学可分为象数和义理两派，而船山则通常被视为宋明以来义理派易学的集大成者。[①]这种说法有其充分的理据，但这并不表明船山在象数易学方面只有积极的批判和消极的继承，并无正面的理论建树。事实上，置于整个易学史来说，船山的易学象数论也有其独特性。船山的象数学说，对传统的象数易学而言，也同样具有总结并开创的意味。这就是说，无论是就象数还是就义理而言，船山易学都具有守先待后、推故致新的特点。本文即意在从易象论的角度来展示船山易学的上述特点。

就思想分析而言，含义澄清乃是其本质工作。对船山之易象论的阐发，其实就是对象在船山易学系统中的具体含义进行澄清。而船山对象的理解和规定，又是在易学的深厚传统（尤其是《易传》所建立的经典话语体系）中生发并成长起来的。所以对船山之易象论的探讨，不可避免地要回溯到易学传统中去，由此本文将结合易学传统尤其是《易传》来澄清船山的易象论并阐明其哲学义涵。

一、动词义之象

从现代语法的角度来说，象的传统用法具有下述两义：名词义和动词义。在船山的易学系统中，就如同其在《易传》中一样，这两种含义被同时使用，本小节首先论述动词义之象。在《易传》的经典论述中，象字的这种动词性用法早已展露无疑，而船山则继承并推进了这种用法。在《周

---

①朱伯崑．易学哲学史（四）［M］．北京：昆仑出版社，2009：13-14．

易·系辞》（上、下）中，我们可以发现象的如下用法：

1.分而为二以象两，挂一以象三，揲之以四以象四时，归奇于扐以象闰。

2.天垂象，见吉凶，圣人象之。

3.爻也者，效此者也。象也者，像此者也。

4.是故《易》者，象也，象也者，像也。[①]

在此上这些经典论述中，第一条中的四个“象”、第二条中后面那个“象”，都是动词性的用法，其含义为模拟、拟议。而第三、第四两条则更明确地表明：《周易》中的象（多指卦象、爻象），其功用体现就是“像”。像就是相似、相像，其意味是：两者之间存在着某种共同或共通性。正是这种相似、相像性，为象的模拟、拟议功能提供了基础。

在船山的下列论述中，可发现对上述用法的继承和推进。

1.故易有象，象者像器者也；卦有爻，爻者效器者也。[②]

2.像者，因其已然之形状而写之。象以成乎可像，故因而想像其道之如此。[③]

3.天地之理气，不可以象象，故任数以为之象。[④]

4.物之生，器之成，气化之消长，世运之治乱，人事之顺逆，学术事功之得失，莫非一阴一阳之错综所就，而宜不宜者因乎时位，故圣人画卦而为之名，系之彖以拟而象之，皆所以示人应天下之至赜者也。[⑤]

在此上的论述中，前两条中的“象”均可以归结为“像”：《周易》的卦象和爻象都是对天下之器的模拟和仿效，因为前者是对后者“已然之形状”的想象。这正可以表明：《周易》这部经典本身就是以象为基础的模拟之书、拟议之书。第三条则表明：天地之间的理气周流，只用物象、事象等象还不足以模拟其全，所以必须用数来模拟它。这条引文中的后两个“象”字，同样也是模拟、拟议的意思，并且此说法还表明：数本身也

---

①周振甫．周易译注［M］．北京：中华书局，1991：242；248；256；260.

②王夫之．船山全书：第1册［M］．长沙：岳麓书社，1988：1028.

③王夫之．船山全书：第1册［M］．长沙：岳麓书社，1988：586-587.

④王夫之．船山全书：第1册［M］．长沙：岳麓书社，1988：620.

⑤王夫之．船山全书：第1册［M］．长沙：岳麓书社，1988：537.

是一种特殊的象。最后一条更从深刻的哲理层面揭示了“象”之模拟功能的根源：从天地自然之化（涵括人事之成毁）来讲，器物的生成、气候的变迁、人世的治乱等等都来源于阴阳、刚柔的絪缊交感、生生不息。从画卦、系辞的角度来讲，圣人就用阴阳之象数（就象而言，为奇偶、刚柔等；就数而言，为七八、九六等）来模拟、拟议（即引文所谓的“拟而象之”）这种不息的生化。卦画的刚柔、升降、应违以及所系的卦名、彖辞等，都是对絪缊生化的具体而微的模拟、拟议。

以上阐释足以表明：船山对“象”的动词性用法完全继承了“易传”的相关用法，亦即立基于相似性、相像性的模拟。船山更从学理的层面揭示了该用法的缘由：《周易》中的卦画、系辞之所以能够模拟天地自然之化，恰恰就是因为阴阳刚柔的错综往来、七八九六的变而有则以及所系之辞的曲尽其意，所摹写的就是自然生化的律则。象数生成的律则与自然生化的律则具有相似性、相像性。

二、名词义之象

在船山的易学系统中，象字的使用绝大部分还是属于“名词性用法”。在该用法中，象的含义比较复杂。通过对相关论述的梳理、解析，我们可从如下四个层面来概括船山对象的名词性使用：（1）自最广泛的含义而言，天地之间一切有形有象者以及它们所蕴含的性情功效，都可以被称为象，本文将其称为“最广义之象”。（2）从天地生化的物象、事象而言，有形有象的形而下之器、人类的动作云为及经营制作，都是具体有形的象，它们可被称为形而下的器象。（3）从性情功效、德与用的角度来说，那些具备实际性情和功效、然而又没有具体踪迹的无形之物，也都可以通过象被我们把握。本文将它们称为“法象”。（4）从《周易》卦象系统的角度来说，这部经典中的所有卦画、系辞等，也都是一种特殊的象。更确切地说，《周易》就是通过具体的卦象、爻象和占象来模拟天化与人事的。在此卦象系统中，它将上面所述的三种含义统会在自身之中。以下我们就结合船山的论述来展开含义澄清工作。

（一）最广义之象：盈天下而皆象

关于最广义的象，船山在《周易外传》卷五中有云：

盈天下而皆象矣。《诗》之比兴，《书》之政事，《春秋》之名分，《礼》之仪，《乐》之律，莫非象也，而《易》统会其理。①

在此，船山认为：充盈整个天地之间的都是象，《诗经》所采用的比兴手法，《尚书》所记载的古代政事，《春秋》所记载的事迹和所彰显的名分，“三礼”所记述的“礼仪三百、威仪三千”乃至音乐的音律等，这些都是各种层次的象。而《周易》作为群经之首，将上述这些象及其所蕴含的理统会为一。既然比兴、名分、音律都被视为象，那么其他的事物就更应该被包括在象当中了，所以船山才会说“盈天下而皆象”。

又，船山所推崇的张载在《正蒙·乾称》篇有言：

凡可状，皆有也；凡有，皆象也；凡象，皆气也。……舍气，有象否？非象，有意否？②

对这段话，船山于《张子正蒙注》中有如下的解释：

天地之间所有者，形质虽殊而各肖其所生，皆天之所垂象者也。使之各成其象者，皆气所聚也，故有阴有阳，有柔有刚，而声色、臭味、性情、功效之象著焉。③

在船山看来，天地之间一切有形有象、有材有质的事物，都是上天所垂之象。而这些之所以能形成，恰恰是因为气的凝聚，气聚则形成世界万象。气则有阴有阳、有刚有柔（在天曰阴阳，在地曰刚柔），阴阳、刚柔的交错变化便产生出声色臭味等形而下之象以及性情功效等形而上之象。但不管是形而下的具体之象还是形而上的法象，都是以阴阳、刚柔的实有为基础的，所以都是真实的；并且形而上的法象就体现在形而下的具体之象中。对此，本文在下面会有更多的论述。要之，在船山看来，天地间一切可以言说之物都是象。

（二）器象：天象、物象、事象等具体有形之象

具体有形之物作为器象，在船山的易学系统中也占有一席之地。事实上，象作为器象，其用法也是承自《易传》。就类型上而言，器象可简单地区分为天象、物象、事象等。天象指日月星辰的运行所造成的形象，物象则是指具体生活世界中所见到的物体形象，而事象则与人类的经营劳作

①王夫之．船山全书：第1册［M］．长沙：岳麓书社，1988：1039.

②张载．张载集［M］．北京：中华书局，1987：63.

③王夫之．船山全书：第12册［M］．长沙：岳麓书社，1988：358.

等活动相关，要之均为可见世界中的有形有象者。器象的这些类型在《易传》当中就已经具备了，船山则对其加以继承并作阐发。

在《周易·系辞》中，我们已发现对天象的论述（“在天成象”“天垂象”等），而在《周易》的“彖传”部分，我们可以发现有关物象的论述（如“鼎，象也”“《小过》……有‘飞鸟’之象焉”）。这里的鼎、飞鸟都是典型的物象。故船山于《周易内传》卷三中说：“《井》、《革》、《鼎》三卦皆取物象以肖卦画；卦名立，而义因以起。”[①]并对鼎象和飞鸟之象有如下的解释：

1.鼎以卦画取象，则初为足，二、三、四为腹，五为耳，上为铉。以巽、离二体言之，则木下火上，为烹饪以登于鼎之象。

2.三、四象鸟躯，四阴在旁，其翼也。[②]

在这里，无论是以卦画还是以贞悔之象来作解释，船山都继承了“彖传”的说法，并试图将其取象具体化。当然，正如船山所指出的，在《鼎》、《小过》等卦之外，《井》、《革》、《坎》、《巽》等卦也都有取于物象。至于在彖辞、爻辞中的取象，那更是以物象为本，且取象非常广泛，可谓包罗万象。在《易传》以来的流传中，物象作为取象始终占有相当重要的地位。船山作为易学大传统的继承者，自然不能外乎这种取象方式，事实上，他大力继承了这种传统。

与物象一样，事象作为器象也在《易传》中占有重要地位。事实上，很多卦名就是取自事象，如《师卦》、《困卦》等。对《师卦》之象，船山有如下的解释：“卦唯一阳，统群阴而为之主，居中而在下，大将受钺专征之象。阴盛而聚，杀之事也，故为‘师’。”[③]这是以“杀之事”和“大将受钺专征之象”来讲明《师卦》所取的事象。对《困卦》之象则有如下解释：“刚为柔所掩也。上掩五、四，三掩二，初复从下掩之，进不能，退不可，而困于中。掩者，或以势掩，而其志不伸；或以情掩，而其道且枉[④]。”这是用柔掩刚、进退不可之象与志不伸、道且枉之事来讲明《困卦》所取的事象。这表明：船山对于《易传》中的事象也同样加以继

①王夫之．船山全书：第1册［M］．长沙：岳麓书社，1988：387.

②王夫之．船山全书：第1册［M］．长沙：岳麓书社，1988：402；486.

③王夫之．船山全书：第1册［M］．长沙：岳麓书社，1988：118.

④王夫之．船山全书：第1册［M］．长沙：岳麓书社，1988：381.

承、拓展。船山对《归妹》、《明夷》、《家人》、《需》等卦的解说可作证明。船山在《周易内传》卷三中且有云："若《困》之类，则专取象于人事，非天道之有困也。"[①]这表明船山对于取象于人事的卦有非常明确的意识。

在《周易·说卦》中，我们可以见到古人对器象（以物象为本）的广泛择取。它表明：《周易》在创制之初乃至后来的很长一段时间内，所取的象是非常广泛的。对于这些取象，船山认为："皆古筮者杂占之说，与彖、爻之辞互有异同，盖非文王、周公所凭以取象之典要，然于物理亦合，故夫子存之，以广所占之征应，要亦未可执也。"[②]由此可知，船山认为《周易》之取象于物象、事象等器象是毫无疑问的，但是不能执着于取象，以之为典要。这是因为，卦的意义本身不是取决于取象，而是反过来，卦之取象来源于卦画、卦象（爻象）本身所具有的德性，《周易》之取象是为了更好地彰显卦画、卦象的意蕴。故船山对《周易》中的取象有如下的总结性说明：

> 尽天下之物、天下之事、天下之情伪，皆卦象之所固有，则占者以意求之，无不可验，而初不必拘于一定之说。故文王、周公所取象者，如坤言马、言冰之类，又与此别。君子之筮，以审于义，而利自在焉，则笃信文、周之象数，冒天下之道而已足。[③]

船山于此表明：所有天下的物象、事象（即本小节所讲的器象）以及天下的情伪之象（接下来要讲的法象）都为卦画、卦象所包含，只要占筮的人能够即卦画、卦象以求验、取象，那么天底下的各种物象、事象乃至法象都可以用来解释卦象，而不必拘泥于固定的取象模式。文王、周公的象数以卦画、卦象之德性为本，所以能穷尽天下之象数而冒天下之道，《说卦》中的广泛取象也必须归本于文王、周公之象数。此即为船山对自然取象（器象）的总论。要之，船山继承了《易传》的自然取象说，但认为要以卦画、卦象为本，不可执象为典要。

（三）法象：性情、功效、德用等形上之象

如此前所提示，所谓法象，是指那些从性情功效、德行等角度而言

---

①王夫之. 船山全书：第1册［M］. 长沙：岳麓书社，1988：379.

②王夫之. 船山全书：第1册［M］. 长沙：岳麓书社，1988：629.

③王夫之. 船山全书：第1册［M］. 长沙：岳麓书社，1988：635.

的无形或形而上之象。从根源上来讲，法象的存在不能够脱离此上的具体器象，但是由于法象所具有的形而上性质，它们可以脱离开某些特定具体的取象，并从而统摄无限的器象类型在自身之中。在《易传》的原始解释系统中，法象的应用已经无所不在，乾坤为易简之道、为易之缊、失得之象、进退之象等说法，就已经彰显了法象的作用。船山在其易学系统中则更进一步展示了法象的功用。以下我们就从乾坤、阴阳、德行等角度来对此略加阐明。

在《周易·系辞上》中，天地被视为最大的法象："法象莫大乎天地，变通莫大乎四时，县象著明莫大乎日月。"①天尊处于上，极其高远，极其刚健；地卑处于下，极其博厚，极其柔顺；天地相际，构成无限的终极境域，一切有形有象者（所有的器象）都被囊括在天地之中。从这个意义上来讲，天地可视为最大的法象。虽然在这里，天地并不意指性情功效或德行，但天地之所能成为终极的境域，其根源仍在于天行之健、地势之坤，所以天地仍可被视为奠基于性情功效之上的法象。

就乾坤作为法象而言，船山分别于《周易内传》和《周易外传》中有如下的论述：

> 1.凡卦有取象于物理人事者，而《乾》《坤》独以德立名；尽天下之事物，无有象此纯阳纯阴者也。……然阳有独运之神，阴有自立之体……故伏羲氏于二仪交合以成能之中，摘出其阳之成象者，以为六画之《乾》……摘出其阴之成形者，以为六画之《坤》……为各著其性情功效焉。②

> 2.法象莫大乎乾坤，法皆其法，象皆其象，故曰大也。资始资生，而万物之数皆备；易知简能，而天下之理皆得。是尽天下之象而无以当之。……大哉法象乎！而生人之事，圣人之所以继天而致治者，孰足以当此乎！天位尊，地位卑，上下定矣；天成象，地成形，文章著矣。③

在第一条引文中，船山指出：《周易》六十四卦之名，多取自物理和人事（即此上所说的物象和事象），但是《乾》《坤》两卦却是以德立

①周振甫．周易译注［M］．北京：中华书局，1991：248.

②王夫之．船山全书：第1册［M］．长沙：岳麓书社，1988：74.

③王夫之．船山全书：第1册［M］．长沙：岳麓书社，1988：1036-1037.

名的；因为即使我们穷尽天底下的一切物象、事象，也找不到什么具体形象（形下之象）来模拟乾之纯阳、坤之纯阴。虽然没有具体形象能模拟它们，但它们却具有实实在在的性情和功效：阳有独运之神，能够以成象的方式大天下之生；阴有自立之体，能以成形的方式广天下之生。正是立基于纯阳纯阴的性情功效，我们用乾坤之名与卦象来拟议其德行（某物的性情功效即是某物之性德），如此一来，乾坤就成为纯阳纯阴的法象。第二条引文本来是船山用来解说“黄帝、尧、舜垂衣裳而天下治，盖取诸乾、坤”这句话的，我们在这里正可以借以发挥乾、坤之大义。船山认为：乾坤是天地间最大的法象（此即通于前面所说的“法象莫大乎天地”），因为所有的象和法（即此前的一切物象、事象）都可以归属于乾坤的法象。因为乾坤通过其“万物资始”“万物资生”的功效，可以备乎万物之象数；通过其“乾以易知”“坤以简能”，可以囊括天底下的一切道理。由此，天下没有任何具体有形之象可以模拟乾坤。只有体会黄帝、尧、舜“通其变，使民不倦，神而化之，使民宜之……垂衣裳而天下治”的精意，才能领会乾坤之大义。这仍旧是以性情功效为本来规定乾坤所具有的法象功用。

乾坤是法象，它们所模拟的纯阳纯阴也是法象。在船山看来，“古今之遥，两间之大，一物之体性，一事之功能，无有阴而无阳，无有阳而无阴”[①]“阴阳二气絪缊于宇宙，融结于万汇，不相离，不相胜，无有阳而无阴、有阴而无阳，无有地而无天、有天而无地”。[②]这表明：宇宙间的任何物事，都是阴阳同具、合撰的，没有说哪个物体或哪件事情是纯阳或纯阴的，因而天地间所有的器象（物象和事象）都不能够模拟阴阳之气，我们只能依据其性情功效将其命名为阴阳、刚柔、仁义、大小、盈虚等等，而所有这些也都只是法象。对此，船山在《周易内传发例》及《周易内传》中有明确的阐发：

> 1.夫阴阳之实有二物，明矣。自其气之冲微而未凝者，则阴阳皆不可见；自其成象成形者言之，则各有成质而不相紊。……自其清浊、虚实、大小之殊异，则固为二；就其二而统言其性情功效，则曰刚，

①王夫之．船山全书：第1册［M］．长沙：岳麓书社，1988：43.

②王夫之．船山全书：第1册［M］．长沙：岳麓书社，1988：74.

曰柔。[①]

2."小"谓阴也。以法象言之：天包地外，地在天中，有形有涯，无形无涯，体之大小也。……以时化言之：阳舒而万物盈，阴敛而群动缩，功效之大小也。故阳大而阴小。[②]

3.阴阳之絪緼，时有聚散，故其象不一，而数之可数者以殊焉。以阴阳之本体而言之，一、二而已矣。专而直者，可命为一；翕而辟者，可命为二。阳盈而阴虚，阳一函三，而阴得其二。虚者清而得境全，浊者凝而得境约，此法象之昭然可见者也。[③]

在第一条引文中，船山指明：阴、阳二物是实有的，正是因为实有，所以才具备真实的性情功效。只不过在"气之冲微而未凝"的时候，阴、阳都不可见；而当其成象成形以造就天地间的具体品物时，它们就各著其性情功效：阳为清、为实、为大，阴为浊、为虚、为小，由此进一步以刚配阳，以柔配阴。在第二条引文中，船山更从法象、时化的角度对比了阴阳的大小：天包地外而无形无涯，地在天中而有形有涯。这表明从体上来说，阳大于阴；阳使得万物舒发而充盈，阴则使万物收敛而浓缩，这表明自功效而言，阳大于阴。然而不管是体还是功效，其根源仍在于阴阳的性情、德行不同。第三条则从"法象昭然"的角度揭示了阴与阳性情功效的不同：阳专而直、清虚而得境全，故可命为一；阴翕而辟、浊凝而得境约，故可命为二。这同样是从性情功效的角度展示了阴阳的不同。在这里，阴和阳，以及用来区分其性情功效的清浊、虚实、大小、专直、翕辟等，都是无形或形而上的法象，它们都是用来描述德行的。

以上讲明了天地、乾坤、阴阳作为法象，其根源原因就在于它们所刻画或所拟议的是真实然而无形的性情功效。而所谓的性情功效，其实就是德行、德性。不但天地、乾坤、阴阳有其德性，其他的物象、事象和卦象等都有其德性。只不过天地、乾坤、阴阳所揭示的是普遍的德性，是万事万物以之为基础的德性，所以才说"法象莫大乎天地""法象莫大乎乾坤"。但是，其他的物象、事象虽没有这么普遍的德性，它们毕竟还是拥有属于自身的德性。这些德性同样也都是法象。《周易·说卦》有云：

---

①王夫之．船山全书：第1册［M］．长沙：岳麓书社，1988：660.

②王夫之．船山全书：第1册［M］．长沙：岳麓书社，1988：129.

③王夫之．船山全书：第1册［M］．长沙：岳麓书社，1988：544.

“乾，健也；坤，顺也；震，动也；巽，入也；坎，陷也；离，丽也；艮，止也；兑，说也。”[①]这里所说的健、顺、动、止等，其实都是描述卦德的法象，故朱子注云：“此言八卦之性情”[②]，性情即德也。而船山则以之为“释卦名义”[③]，然名义出于卦德，故归根结底仍然描述德性之法象。船山在《周易内传发例》中且有如下的说明：

天、地、雷、风、水、火、山、泽，八卦之象也。八卦之德，不限于此。舍卦画所著之德，仅求之所取之象，是得枝叶而忘其本根。[④]

船山在此指出：天、地、雷、风、水、火、山、泽，这些只是八卦所取的物象，并不能够穷尽八卦本身所蕴含的德性。也就是说，所取的物象并不能穷尽卦画本身所蕴含的法象，因为法象所彰显的是卦画或卦象本身所包孕的德行。德行才是一切的本根，所取的物象不过是在此本根上生发出来的枝叶罢了。这足以表明：从性情功效（德性）而来的法象才是《周易》取象的根源，物象或事象的择取只是为了更好地说明法象。而法象的形上特征和可普遍领悟性，则沟通卦象与物象，并由此为《周易》模拟系统的构建奠定理论基础。

（四）易之拟议：卦象、爻象与占象

以上从最广义之象、器象和法象三个层面阐述了象在船山易学系统中的具体含义，本小节则从《周易》的卦象模拟系统来讲象。象在这里主要指六画的卦象（狭义的卦象），宽泛一点来说，还可以包括爻象、占象在内，所有这些加起来就构成广义的卦象系统。《周易·系辞上》说：“居则观其象而玩其辞，动则观其变而玩其占”[⑤]，这句话中的辞、变、象、占，都可以涵盖在广义的卦象系统中。象即是卦象，指一卦之全体；变则为爻象，指一爻之变动；辞者所以显明卦象之德与爻象之动；而占则为卦象、爻象本身所涵具的得失、忧虞、悔吝的展示。以下我们按卦象、爻象、占象的顺序，依次加以论述。

在《易传》中，象多有指卦象（包含六爻的卦画，又可称为“大

①周振甫．周易译注［M］．北京：中华书局，1991：284.

②朱熹．周易本义［M］．台北：武陵出版社，1986：326.

③王夫之．船山全书：第1册［M］．长沙：岳麓书社，1988：629.

④王夫之．船山全书：第1册［M］．长沙：岳麓书社，1988：674.

⑤周振甫．周易译注［M］．北京：中华书局，1991：232.

象”），如“圣人设卦观象”“象者，言乎象者也”“圣人有以见天下之赜，而拟诸其形容，象其物宜，是故谓之象”[①]等，所指的就是狭义的卦象。更确切说，由六爻之阴阳或刚柔的交错所形成的卦画形象，即是《周易》系统中原初或狭义的卦象。船山的卦象说继承此含义，所以他说：

1.易包括两间之化理，而效生人之大用，故于六位著其象。“才”者，固有之良能，天地以成化，人以顺众理而应万事者也。阴阳，天之才；柔刚，地之才；仁义，人之才。天高地下，人居其中，各效其才，物之所以成，事之所自立也。[②]

2.天地自然之变，发见于物理人情者，六十四象亦略备矣。其变一盈一虚，阴阳互用也。故以十八变而成一卦，因著其象，立其名，显其性情功效之殊焉。[③]

在以上引文中，船山从三才、六位的角度阐明了卦象所依据的理由：三才之中，天有阴阳，地有刚柔，人有仁义，故《周易》以六画而成卦，而事物之成与立就在此六画中得到模拟、拟议，这是继承了“说卦”的说法。在第二条中，船山认为《周易》的六十四个卦象，已经约略可以备乎天地自然之变。要之，这里的“著其象”“六十四象”即是指狭义的卦象。

此外需说明的是：在船山看来，卦象是天理所固有的，非因占筮而始生。对此，船山于《周易内传发例》中有云：“成卦者，天地固有之化，万物固有之理，人事固有之情，筮而遇之则占存焉，非因筮而后有卦也。如天之健，非渐次以盛而向于弱；地之顺，非驯习以至而且将逆。”[④]这就表明：卦象本身所揭示的是天地间固有的变化、万物所固有的道理、人事所固有的情实。这些变化、道理和情实都具备在太极的全体之中，并不是因为占筮而开始出现，占筮成卦只不过是占者在某种时机下与固有卦象的相遇。占筮的数学系统只能拟理、拟议，而不能从根源上造就卦象本身，因为卦象之理根源是太极之实有。最后，由卦象而来的卦名、卦辞等，多取象于天化、物理、人事。这样一来，卦象就与器象含义下的象发生关

①周振甫．周易译注［M］．北京：中华书局，1991：232；233；237.

②王夫之．船山全书：第1册［M］．长沙：岳麓书社，1988：611.

③王夫之．船山全书：第1册［M］．长沙：岳麓书社，1988：620.

④王夫之．船山全书：第1册［M］．长沙：岳麓书社，1988：666.

联。这种关联是通过卦德（卦象本身所蕴含的德性）而实现的，阴阳或刚柔在六位中的往来是对卦德的模拟，而所取之器象也是为了更好地彰显卦德。

就广义的卦象而言，爻象也被包括在其中。爻象又被称为小象，因为它所描述的是全卦之中某一爻的变动之象。船山对爻象的分析，继承了《易传》、王弼以来的大传统，他在《周易内传》卷一中的如下论述即是证明：

> 小象，释周公之爻辞也。取一爻之画，刚柔升降、应违得失之象，与爻下之辞相拟，见辞皆因象而立也。其例有阴有阳，有中有不中，有当位有不当位，有应有不应，有承有乘，有进有退；画与位合，而乘乎其时，取义不一。所谓“周流六虚，不可为典要”，易道之所以尽变化也。①

这里的“小象”，指的是“十翼”中用来解释爻辞的“象曰”。船山对“小象”的说明展示了爻象变化的凡例：处于爻位的材质有阴有阳、爻所处的位置有中有不中、阴阳之爻所处的位置有当位有不当位、爻与爻之间有应有不应（阴阳相应，初四、二五、三上互相为应）、两爻之间的关系有乘有承等，每一爻的吉凶得失就在这些爻象中体现出来。这些爻象并非具体的器象，他们所揭示是该爻的性情功效、德行，所以可以称之为法象。船山且指出：爻象变化的这些凡例不能够执为典要，因为易道“周流六虚，不可为典要”。

占象也可包括在广义的卦象中，但占象已经没有相应的卦画，它所揭示的是某卦或某爻所值的吉凶悔吝等结果，亦即《周易·系辞》所言的“断辞”。综括而言，占象有七种：吉、利、凶、悔、吝、厉、咎，此种前两者为休之象，后五者为咎之象。占象在古代的作用是：引导人们趋吉避凶、就利远害，也就是通过蓍草等神物的妙用来达到“延天祐人”的目的。在船山看来，这是《周易》的固有功用，但船山特别强调“占学一理”。在船山看来，卦爻之象的吉凶就存在卦德本身的得失之理当中，所以占象所揭示的不仅仅是简单的休咎之象，而是要指引我们借此精义入神、存神致用。故船山有云：“天下无穷之变，阴阳杂用之幾，察乎至小、至险、至逆，而皆天道之所必察。苟精其义、穷其理，但为一阴一阳

①王夫之．船山全书：第1册［M］．长沙：岳麓书社，1988：56．

所继而成象者，君子无不可用之以为静存动察、修己治人、拨乱反正之道。”①

三、小结

此上分别从动词义之象、名词义之象对象在船山易学系统中的用法做了分解，后者又从最广义之象、器象、法象、卦象系统四个层面进一步加以分解。现在就综合以上的澄清工作，对此上不同含义的象之间的关系进行梳理，这些关系其实在此上的论述中已经或多或少地有所涉及，这里只是集中对其加以论述。先论述四种名词义之象的相互关系：首先是最广义之象，它将器象、法象和卦象系统都包括在自身之中，所以“盈天地之间皆象”也。其次是器象，它指的具体有形的天象、物象、事象等形而下之器，目之所见、耳之所闻、手之所持、足之所履、身之所触，一切感性的对象都归属于器象。再接下来是法象，它指的是无形然而真实不虚的性情功效等形而上之物；此象被心神所领悟、所把握，它虽然不是某种特定的具体有形之器象，却可以应用在广泛的器象类型之上。换言之，人们通过法象所把握到的是天地万物的德行、德性。最后是卦象系统，它专指《周易》用来模拟世界的卦象、爻象、占象体系，由卦画而来的卦爻本身拥有自己的德行（法象），而卦爻所系之辞（卦名、彖辞、爻辞）则会涉及到器象（取象），其中卦德是卦爻辞取象的基础，卦爻辞的取象则具体而微地突显了卦爻所具之德。在这四种象中，法象具有至关重要的地位：它虽然附着在具体有形的器象上，但却具有某种超越性，可以不依赖某个具体的器象而得到领会、把握（如阴、阳），它甚至可以说是器象的根源力量。卦象系统之所以能模拟天地万物之运行，就在于卦画本身就是对法象的直接展现（如《乾》之六画纯阳、《坤》之六画纯阴），而卦爻所系之辞的取象也是基于法象与器象的原本关系。对于法象（性情功效、德）的重要性，船山在《周易外传》的开篇就有如下阐明：“乘利用以观德，德不容已者也，致其不容已而人可相道……人相道，则择阴阳之粹以审天地之经，而易统天。”②人之所以能用《周易》的卦象系统来“相道”，就在

①王夫之．船山全书：第1册［M］．长沙：岳麓书社，1988：695.

②王夫之．船山全书：第1册［M］．长沙：岳麓书社，1988：821.

于人能够观德，也就是能够把握法象。动词义之象的含义也奠基在法象的这种根源地位中，人们把握了天地运行的法象、德行，就可以用相应的卦象系统来模拟其运行机制了。

黄宗羲对王门良知说及“四句教”的诠释与修正[①]

——兼论黄宗羲的心学立场及其对心学发展的贡献

姚才刚　王　琦

黄宗羲是明末清初著名的思想家。他一生勤于著述，涉猎广博，其思想学说具有较强的兼容性、实践性、批判性与前瞻性。学界已从不同的视角对黄宗羲其人其学进行了研究，但专门探讨其王学观的成果尚不多见。本文拟主要梳理、剖析黄宗羲对王门良知说及“四句教”的评价，并揭示其心学立场及其对心学发展的贡献。

一、黄宗羲对王门良知说的诠释与修正

“致良知”是王阳明晚年论学的根本宗旨，也可以说是王阳明最具代表性的学说。黄宗羲说：“有明学术，从前习熟先儒之成说，未尝反身理会，推见至隐，所谓‘此亦一述朱，彼亦一述朱’耳。高忠宪云：‘薛敬轩、吕泾野《语录》中，皆无甚透悟。’亦为是也。自姚江指点出‘良知人人现在，一反观而自得’，便人人有个作圣之路。故无姚江，则古来之学脉绝矣。”[②]黄宗羲这里对王阳明的良知说给予了较高的评价。他认为，王阳明心学接续上了孔孟尤其是孟子的学脉，强调人的内在良知，认为良

①基金项目：本文系中宣部重大委托项目“弘扬核心价值观与继承传统文化研究”（2015yzd12）、湖北省高校省级教研项目（2015214）与湖北大学人文社科创新团队项目（013-098406）的阶段性成果。

②黄宗羲．明儒学案［M］．沈芝盈，点校．北京：中华书局，1985：179.

知当下呈现，人人可以反观自得，这种学说简易直截，振聋发聩，它破除了朱子哲学的僵固与笼罩天下的局面，推动了明代儒学的发展。

黄宗羲同时也指出了王阳明良知说的缺陷。他认为，王阳明虽然没有否认后天工夫，但因突出良知本体的优先性而潜存着轻视乃至取消工夫的可能性，后来在王门部分后学身上即印证了这一点。黄宗羲则将道德实践工夫置于更本源的地位。他对王阳明所讲的直悟良知之类的话头，则尽量加以裁抑。黄宗羲反对将“致良知”说讲得过于玄虚、高妙，故而径直将“致”释为“行”。他说：“先生（王阳明，引者注）致之于事物，致字即是行字，以救空空穷理。”①王阳明所讲的“致”具有“推致”的意思，“致良知”即意味着将良知之是非好恶推致于事事物物之间，它是兼知兼行的实践过程，体现出知行合一的特点。黄宗羲对“致”的解释，更突出了“行”的内涵。而且，他所谓的行，并不只限于个体的道德实践，亦包括广义的社会活动。

黄宗羲认为，王阳明的“致良知”说在流传之中也滋生了一些弊病。他说：“然‘致良知’一语，发自晚年，未及与学者深究其旨，后来门下各以意见掺和，说玄说妙，几同射覆，非复立言之本意。”②依黄宗羲，王阳明提出“致良知”说，尚未作详细阐发，也未与学者及门人弟子作深入交流、切磋，学者及门人弟子对“致良知”说的理解有较大歧异，各人都对“致良知”说断以己意，有的弟子逐渐偏离了王阳明之学的宗旨。

“致良知”说虽然是在王阳明晚年才被正式提出，但却是其毕生思考与探索的理论结晶。黄宗羲认为该学说非王阳明成熟思想，这种看法不够准确。但在王阳明后学中，的确如黄宗羲所言，存在着“各以意见掺和，说玄说妙”的情况。比如，王阳明主张“动静一体”，“静处体悟”与“事上磨练”的工夫都不可或缺，可是，阳明的一部分后学却“只知在事上磨练”③。又如，王阳明的良知说是主宰与流行的统一，可是其部分后学却只讲流行，不讲主宰，“王龙谿和罗汝芳的学说及修养实践最大的缺失就是任流行而无主宰”④。再如，王阳明的本体论与工夫论是“有”“无”

---

①黄宗羲．明儒学案［M］．沈芝盈，点校．北京：中华书局，1985：179.

②黄宗羲．明儒学案［M］．沈芝盈，点校．北京：中华书局，1985：179.

③黄宗羲．明儒学案［M］．沈芝盈，点校．北京：中华书局，1985：361.

④张学智．明代哲学史［M］．北京：北京大学出版社，2000：474.

的有机统一①，而其部分后学却逐渐偏向于“无”。

黄宗羲对王畿、王艮等王门后学批评尤甚。他说：“阳明先生之学，有泰州、龙谿而风行天下，亦因泰州、龙谿而渐失其传。泰州、龙谿时时不满其师说，益启瞿昙之秘而归之师，盖跻阳明而为禅矣。然龙谿之后，力量无过于龙谿者，又得江右为之救正，故不至十分决裂。泰州之后，其人多能以赤手搏龙蛇，传至颜山农、何心隐一派，遂复非名教之所能羁络矣。”②在黄宗羲看来，王畿、王艮既使阳明学说广布天下，又使得王学精神“渐失其传”。王畿、王艮的学说有差异之处，但也有趋同的一面，他们都倡导“现成良知”论，都有轻视修养工夫的倾向，都“跻阳明而为禅”。其师刘宗周亦说：“王门有心斋、龙谿，学皆尊悟，世称二王。心斋言悟虽超旷，不离师门宗旨。至龙谿，直把良知作佛性看，悬空期个悟，终成玩弄光景，虽谓之操戈入室可也。”③两人略有不同的是，刘宗周认为王艮尚不违背阳明之说，而王畿则将儒学与佛禅之学混为一谈，对儒学则有“操戈入室”之害。黄宗羲则认为，王畿、王艮之学都流入禅学。就两人学说后来的发展趋向而言，黄宗羲认为，王畿后学与王阳明、王畿尚“不至十分决裂”，王艮后学则“非名教之所能羁络”。

黄宗羲对王门良知学的纠偏，集中体现在他对本体与工夫关系的重新梳理上，他明确主张“心无本体，工夫所至，即其本体”④，认为本体不是独立存在的，它就呈现于工夫之中，或者说，本体存在的状态就是工夫。

“工夫所至，即其本体”是对“现成良知”论的反动。此命题表明，工夫是须臾不可缺少的，因为，人随时可能会受到私欲、习俗的浸染，在这种情况之下，如果不做修身工夫，那么，良知本体便无法完全呈现出来，此时的良知虽未消失殆尽，但仅处于潜存的状态，不能充分发挥其

①陈来先生指出，王阳明既高扬了道德的主体性，把儒学固有的“有”之境界推至至极，又从儒家的立场出发，充分吸收佛道的生存智慧，把有我之境与无我之境结合起来，以他自己的生命体验，完成了自北宋以来既坚持入世的价值理性，又吸收佛道精神境界与精神修养的努力。参见陈来．有无之境——王阳明哲学的精神［M］．北京：人民出版社，1991：8.

②黄宗羲．明儒学案［M］．沈芝盈，点校．北京：中华书局，1985：703.

③黄宗羲．明儒学案［M］．沈芝盈，点校．北京：中华书局，1985：9.

④黄宗羲．黄梨洲先生原序［M］//明儒学案．沈芝盈，点校．北京：中华书局，1985：9.

监督、指导功能。人的现实行为若失去良知的规约，便如脱缰之野马，无羁无绊，漫荡无归。因此，在黄宗羲看来，“现成良知”论者将良知说得过于轻巧，很难避免玄虚之弊。他重申工夫的重要性，将工夫作为复还良知的前提条件，目的是想堵住轻言良知的玄虚之弊。本体既在工夫之中，相应地，“上达”即寓于“下学”之中。黄宗羲说：“道无形体。精义入神，即在洒扫应对之内，巧即在规矩之中，上达即在下学。”①可见，与其师刘宗周一样，黄宗羲也较为突出学问及践履的笃实。黄宗羲所阐发的工夫论大致包括持志、养气、养心、养知、存养、慎独、诚敬、穷理、涵养、养性，等等。②

黄宗羲认为，王门后学中的江右王学能够把握到阳明良知说的精义。他说：“姚江之学，惟江右为得其传，东廓、念庵、两峰、双江其选也。再传而为塘南、思默，皆能推原阳明未尽之旨。是时越中流弊错出，挟师说以杜学者之口，而江右独能破之，阳明之道赖以不坠。盖阳明一生精神，俱在江右，亦其感应之理宜也。”③黄宗羲将江右王学视为王学之正宗，故而给予较高之评价。江右王学“大体倾向于良知经锻炼后方可恃任，主张归寂主静、收摄保聚等修养方法，与直任先天良知的王龙谿绝不类”④。以聂豹、罗洪先为例，他们主张归寂说，倡导“致虚守寂”，同时注重戒慎警觉的工夫。这种观点与王艮、王畿的“现成良知”论确实有较大的差异。当然，江右王学是否为王学之正宗，这是一个见仁见智的问题。恰如孔子之后“儒分为八”，阳明之后其学说也出现了较大的分化，王门后学中何派为正宗，很难有一个客观的衡量标准，黄宗羲主要从是否有利于士人道德践履的角度来加以判定。

---

①黄宗羲．孟子师说［M］//黄宗羲全集：增订版第一册．杭州：浙江古籍出版社，2005：158．

②张师伟．民本的极限——黄宗羲政治思想新论［M］．北京：中国人民大学出版社，2004：85-88．

③黄宗羲．明儒学案［M］．沈芝盈，点校．北京：中华书局，1985：333．

④张学智．明代哲学史［M］．北京：北京大学出版社，2000：160．

二、黄宗羲对王门“四句教”的诠释与修正

王阳明晚年提出了“无善无恶是心之体，有善有恶是意之动，知善知恶是良知，为善去恶是格物”[1]的“四句教”法。阳明高足王畿（别号龙谿）认为，心体既然是无善无恶，那么意、知、物也都应该是无善无恶的，因此，他将阳明“四句教”发挥为“四无”之说。王门“四句教”在明中叶至清初时期引发了广泛的争议。黄宗羲在《明儒学案》中也多次论及王门“四句教”，但他对“四句教”的评论前后不一致。他有时将“四句教”视为阳明之说，认为“四句教”本身无弊病，只是需要学者善解其意；有时又认为，“四句教”未必出自王阳明之口。

我们先讨论黄宗羲的第一种说法。他在《明儒学案·姚江学案》的“案语”中指出：“天泉问答：‘无善无恶者心之体，有善有恶者意之动，知善知恶是良知，为善去恶是格物。’今之解之者曰：心体无善无恶是性，由是而发之为有善有恶之意，由是而有分别其善恶之知，由是而有为善去恶之格物。层层自内而之外，一切皆是粗机，则良知已落后着，非不虑之本然，故邓定宇以为权论也。其实无善无恶者，无善念恶念耳，非谓性无善无恶也。下句意之有善有恶，亦是有善念有恶念耳，两句只完得动静二字。他日语薛侃曰：‘无善无恶者理之静，有善有恶者气之动。’即此两句也。所谓知善知恶者，非意动于善恶，从而分别之为知，知亦只是诚意中之好恶，好必于善，恶必于恶，孰是孰非而不容已者，虚灵不昧之性体也。为善去恶，只是率性而行，自然无善恶之夹杂。先生所谓‘致吾心之良知于事事物物也’，四句本是无病，学者错会文致。彼以无善无恶言性者，谓无善无恶斯为至善。善一也，而有有善之善，有无善之善，无乃断灭性种乎？彼在发用处求良知者，认已发为未发，教人在致知上着力，是指月者不指天上之月，而指地上之光，愈求愈远矣。得羲说而存之，而后知先生之无弊也。”[2]这里，黄宗羲将“四句教”视为王阳明教人定本，而非“权论”，并认为“四句本是无病，学者错会文致”。他对“四句教”的阐释有其独到之处。

①王守仁．王阳明全集［M］．吴光，等编校．上海：上海古籍出版社，1992：117.

②黄宗羲．明儒学案［M］．沈芝盈，点校．北京：中华书局，1985：179-180.

黄宗羲把"四句教"首句中的"无善无恶"理解为"无善念恶念"，也就是说，人心的本来状态是没有任何意念的，意念是后起的。而以"无善念恶念"来描述人心的本来状态，并不表示人性是无善无恶的。黄宗羲进而指出，"有善有恶者意之动"也是表示"意"有善念有恶念。其对"意"的理解与乃师刘宗周不同，刘宗周对"意""念"作了严格区分，认为"意"乃"渊然有定向"，有善而无恶；而"念"忽起忽灭，善恶相杂。[①]不过，黄宗羲对"知善知恶是良知"一句的诠释与刘宗周的观点较为相似，刘宗周主张"摄知归意"，将知善知恶之"知"融入好善恶恶之"意"中。黄宗羲则主张"知亦只是诚意中之好恶"，即认为须在"诚意"的脉络之下来安置"良知"。或者说，道德理性挺立的前提是诚意，诚意可保证其人之好恶皆出于道德理性本身。此外，黄宗羲将"四句教"最后一句中的"为善去恶"解释为"率性而行"，他所谓的"率性而行"，不是罗汝芳式的"顺适当下"，而是王阳明的"致良知"，阳明的"致良知"包括有善恶判断，也包括据此判断而生发的现实活动及此活动之后的心理反应。[②]黄宗羲这里将"四句教"视为王阳明教人之法，其对"四句教"的阐释，有时与王阳明或刘宗周保持一致，有时也作了自己独特的发挥。

再论黄宗羲有关王门"四句教"的第二种说法。他说："考之《传习录》，因先生（薛侃，引者注）去花间草，阳明言：'无善无恶者理之静，有善有恶者气之动。'盖言静为无善无恶，不言理为无善无恶，理即是善也……夫心之体即理也，心体无间于动静，若心体无善无恶，则理是无善无恶，阳明不当但指其静时言之矣。释氏言无善无恶，正言无理也。善恶之名，从理而立耳，既已有理，恶得言无善无恶乎？就先生去草之言证之，则知天泉之言，未必出自阳明也。"[③]从此处所引文献可以看出，黄宗羲认为王畿《天泉证道记》中所记的"四句教"未必出自王阳明之口，阳明只讲过"无善无恶者理之静"，未曾直接标示"无善无恶者心之体"。在黄宗羲看来，心之体即性，也即理，理有善的属性，学者不能以"无善无恶"来描述理。

---

①姚才刚．论刘蕺山对王学的修正［J］．武汉大学学报，2000，53（6）：757.

②张学智．明代哲学史［M］．北京：北京大学出版社，2000：472.

③黄宗羲．明儒学案［M］．沈芝盈，点校．北京：中华书局，1985：658.

黄宗羲的老师刘宗周曾指出，“四句教”是王畿之语，王阳明平时即使偶尔言之，也未将之视为最后的定见，不足为论。刘宗周说：“四句教法，考之阳明集中，并不经见。其说乃出于龙谿。则阳明未定之见，平日间尝有是言，而未敢笔之于书，以滋学者之惑。”[①]黄宗羲一向尊奉师说，在评价王门“四句教”的问题上有时也顺着其师的讲法，认为“无善无恶”说为王畿所倡导，与王阳明绝不相干，以“无善无恶”说来褒扬或贬抑王阳明都不妥当。不过，王阳明的《传习录》以及《年谱》均载有钱德洪所录的“四句教”，王阳明晚年倡导“四句教”，当属事实。“四有”“四无”分别代表了钱德洪、王畿对阳明“四句教”两种不同的理解。陈来先生说：“阳明的主张既不是四无，也不是四有，却又在某一种方式下同时容纳了四无和四有。”[②]

由此亦可看出，黄宗羲对王门“四句教”的理解有自相矛盾之处。究其缘故，或许是因为他在写《明儒学案·姚江学案》时要为圣者贤者讳，同时也有试图证明阳明心学非禅学的考虑，可是他又要维护师说，以至于前后观点不一致。不过，黄宗羲在此问题上也有一以贯之的立场，即他明确反对以“无善无恶”来界定人性。他要么对“无善无恶”作出不同于王阳明及同时期其他学者的解释，要么将罪责归之于王畿等阳明后学。

在明中叶至清初时期有关王门“四句教”的论争中，“无善无恶”一直是学者们讨论的焦点问题。在黄宗羲之前，许孚远、顾宪成、高攀龙、冯从吾、刘宗周等已从不同角度对王门“无善无恶”说提出了严厉的批评。应该说，王门“无善无恶”说确实有不周延之处，在流传过程滋生了轻视修养工夫等弊病，黄宗羲等王学修正者为了端正学风，重振人伦道德，极力反对以“无善无恶”来界定人性，这种做法无疑有其积极意义。不过，明代也有学者为王门“四句教”辩护，认为“四句教”中的“无善无恶”一语乃是“至善”的另外一种表达方式，与孟子以来儒家的性善论并不冲突。比如，周汝登（别号海门）指出：“人性本善者，至善也。不明至善，便成蔽陷。反其性之初者，不失赤子之心耳。赤子之心无恶，岂更有善耶！”[③]在他看来，真正的善是绝对的至善，它超出了善恶对待的

①黄宗羲．明儒学案［M］．沈芝盈，点校．北京：中华书局，1985：8.

②黄宗羲．明儒学案［M］．沈芝盈，点校．北京：中华书局，1985：8.

③陈来．有无之境——王阳明哲学的精神［M］．北京：人民出版社，1991：202.

层次，亦可说是一种无善无恶的赤子之心。可是，黄宗羲却反对如此理解“无善无恶”，他说：“乃先生（周汝登，引者注）建立宗旨，竟以性为无善无恶，失却阳明之意。而曰‘无善无恶，斯为至善’，多费分疏，增此转辙。善一也，有有善之善，有无善之善，求直截而反支离矣。”①他认为，儒家开宗明义标示出性善之说，不必再区分有善之善、无善之善，否则便会有支离之弊，让人摸不着头脑。事实上，王门“无善无恶”说主要包括两层含义，“一是存有论意义上的至善，一是境界论意义上的无执不滞”②。黄宗羲将孟子的性善论视为儒家的正统观点，十分忌讳学者在人性论上宣扬“无善无恶”说，因而，他无法体察到王门“无善无恶”说的真实意蕴。

三、黄宗羲的心学立场及其对心学发展的贡献

（一）黄宗羲的心学立场

黄宗羲尽管对王阳明及其后学的学说有所批评，但他仍坚持心学立场，十分尊奉心学，并建构了自己的心学思想体系。他说：“盈天地皆心也，变化不测，不能不万殊。心无本体，工夫所至，即其本体，故穷理者，穷此心之万殊，非穷万物之万殊也。”③又说：“《易》言‘穷理尽性以至于命’，穷理者尽其心也，心即理也，故知性，知天随之矣；穷理，则性与命随之矣。孟子之言，即《易》之言也。……天下之理，皆非心外之物，所谓存久自明而心尽矣。”④可见，黄宗羲基本上属于心学一系的学者，其心学思想主要源自王阳明、刘宗周。当然，黄宗羲也说过“盈天地间皆气也”⑤之类的话，但“盈天地间皆气也”与“盈天地皆心也”在黄宗

---

①黄宗羲. 明儒学案［M］. 沈芝盈，点校. 北京：中华书局，1985：864.

②黄宗羲. 明儒学案［M］. 沈芝盈，点校. 北京：中华书局，1985：854.

③彭国翔. 良知学的展开——王龙谿与中晚明的阳明学［M］. 台北：台湾学生书局，2003：439.

④黄宗羲. 孟子师说［M］//黄宗羲全集：增订版第一册. 杭州：浙江古籍出版社，2005：148-149.

⑤黄宗羲. 明儒学案［M］. 沈芝盈，点校. 北京：中华书局，1985：1512.

羲的思想体系中并不矛盾。黄宗羲既然已明言“心即气”[①]，那么，“盈天地间皆气也”与“盈天地皆心也”未必截然对立，而是可以同时成立。张学智先生指出，黄宗羲“把宇宙间万事万物看作气而同时又看作心，因为人赋予天地万物以意义，天地万物对人而言是一种有意味的存在，是一种意义、价值结构。意义、价值结构必须以人的全部获得对天地万物进行观解，使其成为‘在我之物’。所以黄宗羲既可言‘盈天地间皆气也’、‘天地间只有一气充周’，亦可言‘盈天地间皆心’。这二者在他并无矛盾”[②]。

黄宗羲在编纂《明儒学案》时，一方面做到了兼容并包，能够客观、谨慎地对待学术上的不同意见，不任意作取舍；另一方面又以心学思想为主线，其《明儒学案》甚至被有的学者称为“明代心学发展史”[③]。黄宗羲尤其充分肯定了明代心学大师的学术贡献。在王阳明之前，陈献章倡导“自得”之学，强调不依傍教条的自我体悟。王阳明则宣扬“心即理”“知行合一”“致良知”等学说，他使心学成为明代中叶以来的主流思潮之一。黄宗羲对陈献章及王阳明之学均不乏赞誉之词。他说：“向使先生（陈献章，引者注）与文成不作，则濂、洛之精蕴，同之者固推见其至隐，异之者亦疏通其流别，未能如今日也。或者谓其近禅，盖亦有二，圣学久湮，共趋事为之末，有动察而无静存，一及人生而静以上，便邻于外氏，此庸人之论，不足辨也。……先生之学，自博而约，由粗而细，其于禅学不同如此。”[④]黄宗羲认为，陈献章、王阳明揭示了“濂、洛之精蕴”，对明代学术思想的开展均有较大的贡献。黄宗羲此处还为陈献章之学作了一些辩护。陈献章主张“以自然为宗”“静中养出端倪”，学者们因此而常怀疑他近禅或近道，但黄宗羲却认为，不能因其大谈静坐或主静，或者因其学说涉及了“人生而静以上”之类的问题，就认为它流于禅学。陈献章对禅学方法虽有借鉴，但其最终归宿却在儒家。黄宗羲在

①黄宗羲．孟子师说［M］//黄宗羲全集：增订版第一册．杭州：浙江古籍出版社，2005：60.

②张学智．明代哲学史［M］．北京：北京大学出版社，2000：463.

③李明友．一本万殊——黄宗羲的哲学与哲学史观［M］．北京：人民出版社，1994：5.

④黄宗羲．明儒学案［M］．沈芝盈，点校．北京：中华书局，1985：79-80.

《明儒学案》中也为王阳明鸣不平。明中叶至清初的部分学者认为王阳明心学流于禅学，或谓其“阳儒阴释”。针对此种看法，黄宗羲为王阳明辩解道：“或者以释氏本心之说，颇近于心学，不知儒释界限只一理字。释氏于天地万物之理，一切置之度外，更不复讲，而止守此明觉；世儒则不恃此明觉，而求理于天地万物之间，所为绝异。然其归理于天地万物，归明觉于吾心，则一也。向外寻理，终是无源之水、无根之木，总使合得，本体上已费转手，故沿门乞火与合眼见暗，相去不远。先生（王阳明，引者注）点出心之所以为心，不在明觉而在天理，金镜已坠而复收，遂使儒释疆界渺若山河，此有目者所共睹也。”[①]他认为，王阳明心学主张“心即理”，在儒、释之间分判得非常清楚，把握得十分精当，没有流于禅学。当然，他也承认，王阳明部分后学确实有禅学化的倾向。黄宗羲辨明心学非禅学，这与其本人所持的学术立场是密不可分的。

（二）黄宗羲对心学发展的贡献

黄宗羲在学问方面涉猎广博，其在史学、政治哲学等领域取得的成就常为学者们所称道，但他在心学（心性之学）方面的贡献却往往被学者们所忽略。比如，钱穆、牟宗三等先生只把刘宗周作为宋明理学的殿军，对于其弟子黄宗羲、陈确等人的心性之学则评价较低。东方朔先生也说：“蕺山以后，在心性学之造诣上已无有过于蕺山者，其所创设的微密幽深的哲学体系可以说前无古人，后无来者。”[②]笔者认为，黄宗羲虽然在多个领域颇有造诣，但若仅就心学而言，他的确难以达到其师刘宗周的水准了。不过，黄宗羲毕竟对心学（心性之学）下过一番苦功，长年累月地对其探赜索隐，颇有一番自得之见，其在儒家心学阵营中占有一席之地，恰如当代新儒家刘述先先生所言，黄宗羲尚能“守住心性之学的阵脚，不至于完全走样，他之成为心性之学的最后一位大师，是因为他在这方面还有相当造诣”[③]。

有明一代，心学特盛。如果说陈献章是开启明代心学的先驱人物，王阳明是明代心学的集大成者，那么刘宗周、黄宗羲则可被视为明代心学的总结者、王学的修正者。刘宗周一生为学之大端即在于如何完善心学理

①黄宗羲．明儒学案［M］．沈芝盈，点校．北京：中华书局，1985：182．

②东方朔．刘蕺山哲学研究［M］．上海：上海人民出版社，1997：368．

③刘述先．黄宗羲心学的定位［M］．台北：台湾允晨文化实业公司，1986：168．

论，使心学更显缜密、精微，以救正王学之失。[①]黄宗羲作为刘宗周最具盛名的一个弟子，毕生推崇师说，其《明儒学案》即是以刘宗周的思想为纲领而编成的。黄宗羲作《孟子师说》，乃是反复研读《刘子遗书》，揣摩、领会刘宗周学说宗旨之后而作，《孟子师说》虽然主要反映了黄宗羲本人的主张，但其思想要旨基本上不违师说。黄宗羲在《孟子师说》等论著中对心学多有阐发，对儒家心学思想发展有所推进。约而言之，其心学思想主要具有以下特点：

一是倡导合一论。此点与其师刘宗周的见解是若合符节的。刘宗周即常将分立或对立的观念合而为一，认为“凡分内分外、分动分静、说有说无，劈成两下，总属支离”[②]，刘宗周不仅主张理气与心性的统一，还强调已发与未发、动与静、道心与人心、气质之性与义理之性、涵养与省察、无极与太极等的统一。受乃师启发，黄宗羲也极力主张理气合一、心性合一、心气合一、心理合一，反对理气为二、心性为二、心理为二的支离之弊。这里仅以心气合一略作说明。黄宗羲说：“天地间只有一气充周，生人生物。人禀是气以生，心即气之灵处，所谓知气在上也。心体流行，其流行而有条理者，即性也。……流行而不失其序，是即理也。理不可见，见之于气；性不可见，见之于心；心即气也。”[③]他先肯定“天地间只有一气充周”，人也是禀气而生，初看此语，黄宗羲似乎是一个气本论者，但他旋即又说“心即气之灵处”“心即气也”，即心与气并不是隔绝的，而是合一的，对于人而言，气又不是客观实然之气，论“气”也须联系到心，心是气之主宰。同时，言心也不可离气，以养心为例，养心较难把握，养心最终要落实于养气，通过养气而养心，则使人有所持循。当然，“心即气”并不意味着心完全等同于气，它们之间仍然存在着异质的不同。

二是将“一本万殊”说作为贯穿其心学思想体系的基本线索。“一本万殊”是“理一分殊”的另外一种表述，黄宗羲从心学角度对程朱的“理一分殊”说进行了改造与创造性诠释。他说：“自其分者而观之，天

①姚才刚．论刘蕺山对王学的修正［J］．武汉大学学报，2000，53（6）：758.

②刘宗周．年谱［M］//刘子全书：卷四十．清道光刻本.

③黄宗羲．孟子师说［M］//黄宗羲全集：增订版第一册．杭州：浙江古籍出版社，2005：60.

地万物各一理也，何其博也；自其合者而观之，天地万物一理也，理亦天理也，何其约也。泛观天地万物之理，则反之约也甚难。散殊者无非一本，吾心是也。仰观俯察，无非使吾心体之流行，所谓反说约也。"[①]在黄宗羲看来，天地万物各有其"理"，它们是千差万别的，可称之为"万殊"；但从"理一"的角度来看，天下只有一个理，天地万物之理都可归入此整体之理，此整体之理可称之为"一本"，"万殊"莫非"一本"，"一本"表现出来即是"万殊"。当然，黄宗羲并非又要回到朱熹的套路上去，他反对对外在事物进行泛观博览，而是主张反求诸心。这样一来，"一本万殊"就与人的心性问题具有了密切的关联，黄宗羲基本上以"心"为"一本"，以"心之变化"（即"心"在流行过程中的各种不同表现）为"万殊"，"一本"与"万殊"之间是源与流、体与用的关系。此外，黄宗羲还将"一本万殊"的观念应用于宋、明儒学史的编纂上，从而形成了其独特的学术史观。

黄宗羲在心学领域穷探力索，学术创获颇多。不过，他身处明清鼎革之际，当时的社会及学术风气都在悄然地发生着变化，陆王心学被视为一种玄谈而遭到学者们的质疑甚至严厉的批判。清初，程朱理学有复兴之势，部分理学名士获宠得势。尊程朱者往往会攻击陆王心学，比如，张履祥、陆陇其对心学都有直截了当的批评，熊赐履著《学统》一书，以孔、颜、曾、思、孟、周、程、朱为正统，而将陆、王等列入杂统。李光地也从朱子学的立场批评了陆王心学。[②]此外，明末清初倡导实学的经世之儒孙奇逢、李颙、顾炎武等在经历了亡国之痛后，对王学末流空谈心性、放诞而不务实的弊病表现出了很大的不满，极力从学理上予以纠正，转而倡导黜虚务实的新风尚。在这种情形之下，黄宗羲虽然尊奉心学，但他无法力挽狂澜。事实上，他本人也对王学的理论缺陷多有反思，尤其痛斥了那些空谈心性而无真才实学的王学末流。黄宗羲作为一个明朝遗民，故国灭亡的惨痛经历时时萦绕他的心头，成为其挥之不去的阴影。明清巨变以及其个人的际遇，都使得黄宗羲无法仅仅囿于心学之一隅，而是要拓展学问的视野，增强学问的经世功能，这种转变固然有积极、正面的价值，但对其

①黄宗羲．孟子师说［M］//黄宗羲全集：增订版第一册．杭州：浙江古籍出版社，2005：110.

②赵吉惠，等．中国儒学史［M］．郑州：中州古籍出版社，1991：792-793.

有关心学的思考与探索无疑会造成一定的冲击。①从总体上看，黄宗羲仍称得上是儒家心学阵营中的一位佼佼者。

四、结论

由以上分析可以看出，黄宗羲既高度评价了王阳明及其后学的思想学说，又对王门良知说、“四句教”的理论缺陷进行了鞭辟入里的反思，对其暴露出来的弊端汲汲加以修正。梁启超先生说：“梨洲不是王学的革命家，也不是王学的承继人，他是王学的修正者。”②此论甚当。明末清初的王学修正者除了黄宗羲之外，还有东林学派的顾宪成、高攀龙以及黄宗羲的老师刘宗周等人，他们对王学做了很多补救、修正的工作，这对王学的健康、理性发展无疑有所裨益。当然，顾宪成、高攀龙主要是从程朱理学的角度批驳王学的人性论、格物论、修养工夫论、“三教合一”论等，他们试图以天理的威严来抑制个体心灵的随意性，以修养工夫的笃实来克治王学末流的空疏、玄虚之弊。而刘宗周、黄宗羲则是从心学内部对王学的理论进行补偏救弊。他们在根本立场上认同并信奉心学，但对王学有所损益，或不满意王门的一些后学对阳明学说所作的过度发挥，进而加以驳斥与救治。黄宗羲在反思王学利弊得失的过程中，也建构了较具特色的心学思想体系，为儒家心学思想的发展做出了较大的贡献。

参考文献：

［1］黄宗羲．明儒学案［M］．沈芝盈，点校．北京：中华书局，1985．

［2］张学智．明代哲学史［M］．北京：北京大学出版社，2000．

［3］黄宗羲．孟子师说［M］//黄宗羲全集：增订版第一册．杭州：浙江古籍出版社，2005．

①心学与经世之学未必一定冲突，王阳明就既能畅论心性，又建立了世所罕见的奇功伟业。当然，王阳明的一些后学却逐渐偏向于空谈心性，非但无缘建立像阳明那样的功业，对有关国计民生的学问也关注不够，使得儒家经世观念逐渐丧失。

②梁启超．中国近三百年学术史［M］．北京：东方出版社，1996：54．

［4］张师伟．民本的极限——黄宗羲政治思想新论［M］．北京：中国人民大学出版社，2004.

［5］王守仁．王阳明全集［M］．吴光，等编校．上海：上海古籍出版社，1992．

［6］姚才刚．论刘蕺山对王学的修正［J］．武汉大学学报，2000，53（6）．

［7］陈来．有无之境——王阳明哲学的精神［M］．北京：人民出版社，1991.

［8］彭国翔．良知学的展开——王龙谿与中晚明的阳明学［M］．台北：台湾学生书局，2003.

［9］李明友．一本万殊——黄宗羲的哲学与哲学史观［M］．北京：人民出版社，1994.

［10］东方朔．刘蕺山哲学研究［M］．上海：上海人民出版社，1997.

［11］刘述先．黄宗羲心学的定位［M］．台北：台湾允晨文化实业公司，1986.

［12］刘宗周．年谱［M］//刘子全书：卷四十．清道光刻本．

［13］赵吉惠，等．中国儒学史［M］．郑州：中州古籍出版社，1991.

［14］梁启超．中国近三百年学术史［M］．北京：东方出版社，1996.

戴震的名学与认识论思想简论

吴根友

先秦名学思想家主要集中探讨了名与实之间的关系，命名以及名本身是否具有实在性等一系列问题。道家创始人老子以“道本无名”的形上思考为根基，着重阐述人类名言、概念的局限性；庄子则以“类与不类，相与为类”的思辨性的分类思想，取消“名以类取”的形式逻辑意义上的分类观。以老子、庄子为代表的先秦道家的名学思想有助于人们在理智上认识名言、概念的局限性，但他们的相关论述并不能取消名言、概念对于人把握世界的积极意义。荀子从儒家立场对先秦名学思想作了一个理论的总结，但将命名权集中到王者身上，又将名学与政治权威主义联系在一起，在后来的历史过程逐步产生了消极影响。不过，荀子从名学的角度将名分为三类：达名、共名、私名，与现代形式逻辑所说的通称、类称、具体指称某物的特称等三个层次①相吻合。这又是荀子对于名学的独特贡献。汉儒董仲舒在“深察名号”的过程中，讨论到“号”与“名”的分类问题时，也触及到名学思想中的事实表述与价值表述的两类问题②，然而没有明确提出“指其实体实事之名”与“称夫纯美精好之名”的分类问题。就笔者目前的认知来看，戴震是第一次明确地提出了表述事实与表述价值这两类大名的划分问题。但是他又没有将这两类之名绝对地分开，而是继承了中国传统哲学将天地、自然的功能拟人化（或曰德化）的思想传统，将指称天

①参见葛荣晋．中国哲学范畴通论［M］．北京：首都师范大学出版社，2001：第十七章“名和实”．

②董仲舒说：“古之圣人，嗃而效天地谓之号，鸣而施命谓之名。名之为言，鸣与命也，号之为言，嗃而效也。”但他又说：“名号异声而同本，皆鸣号而达天者也。”（苏舆．春秋繁露义证［M］．钟哲，点校．北京：中华书局，1992：285．）

地的“实体、实事”，如天道与指称人类客观生活的“人道”当作“纯美精好”之名来对待，取消了在事实与价值之间二分的界限，从而也消解了现代西方哲学，特别是休谟在事实与价值之间造成的紧张关系。

不过，戴震的认识论思想并不完全受他的“名学”思想影响，他提出了“光照论”与“大其心”的认知方式。光照论虽是一比喻意义上的用法，但体现了戴震对人的理智之光的肯定。而“大其心”的说法可以说是光照论的另一种延伸性的说法，即是要增强人类心智的认知心量，提高人的精神境界，从而理解古代圣贤与天地精神相一致的高妙精神境界。光照论偏重于对认知对象的准确把握问题，带有从认识论角度讲道德修养的特征；而“大其心”的说法则偏重于扩充认知主体的心量与提升人的精神境界，以理解古代圣贤与“天地之心相协”的精神，进而理解儒家经典中蕴含的圣人之道，偏重于今天西方哲学所讲的解释学。本文想从此两个方面出发，对戴震的名学、认识论及其经典解释学思想作一简要的论述，以就教于方家。更为详细的论述，俟待来日。

一、戴震的“名学”思想

欲理解戴震的名学思想，当理解他对世界的二重划分观点。戴震将世界分成两大部分，一是作为客观的存在者“物”的世界，一是作为表征事物秩序与条理的“则”抽象之名，如他说：“物者，指其实体实事之名；则者，称其纯粹中正之名。实体实事，罔非自然而归于必然，天地、人物、事为之理得矣。自然之极则是谓理，宋儒借阶于释氏，是故失之也。”[①]戴震将描述“实体实事”与指称“纯粹中正”的两类名称分开，进而批评宋儒，特别是程朱一系将本属于“则”的“理”当作是“如有物焉”的客观唯心主义的思想体系，进而为他肯定人伦日用的感性生活作为第一性的社会政治哲学、伦理学提供学理上的支持。

（一）戴震对“名”的分类

戴震将名分为两大类，一为“指其实体实事之名”，二为“称夫纯美

---

①戴震．戴震全书：（六）［M］．张岱年，主编．合肥：黄山书社，1995：74．关于此段引文出处的《孟子私淑录》一书是写于《绪言》《孟子字义疏证》之前还是之后，学界有不同的看法。

精好之名”。他说：

学者体会古贤圣之言，宜先辨其字之虚实。今人谓之“字”，古人谓“名”，《仪礼》云“百名以上书于策，不及百名书于方”，《周礼》云“谕书名，听声音”是也。以字定名，有指其实体实事之名，有称夫纯美精好之名。如曰“人”，曰“言”，曰“行”，指其实体实事之名也；曰“圣”，曰“贤”，称夫纯美精好之名也。曰“道”曰“性”，亦指其实体实事之名也。道有天道人道：天道，阴阳五行是也；人道，人伦日用是也。曰“善”曰“理”，亦称夫纯美精好之名也。曰“中”曰“命”，在形象，在言语，指其实体实事之名也；在心思之审察，能见于不可易不可逾，亦称夫纯美精好之名也。①

上述引文所言有三层意思，其一，所谓“实体实事”之名，即是描述客观对象的名称与概念，不含价值判断。其二，所谓“称夫纯美精好”之名，是指一种价值性的称谓，包含了价值的判断，是一种规范性的词汇。其三，有一类名，既可以称之为实体之事之名，亦可以称之为纯美精好之名，如人道、命。这要看人们是从什么样的角度去考察这类“名”。对于这一类的名，戴震有自己的解释，他认为，由于天地之大德表现在生生不息的过程之中，所以，用来描述这一最根本性的实体实事时，也暗含了价值的判断：

天地之气化，流行不已，生生不息，其实体即纯美精好，人伦日用，其自然不失即纯美精好。生于陆者入水而死，生于水者离水而死，生于南者习于温而不耐寒，生于北者习于寒而不耐温。此资之以为养者，彼受之以害生。“天地之大德曰生”，物之不以生而以杀者，岂天地之失德哉？故语道于天地，实体即美好，不必分言也，《易》曰“一阴一阳之谓道”是也。②

这样，事实与价值，是与应当之间的内在联系性，由此而得以确立起来。凡符合天道自然而无偏失的人伦行为，因此也获得了正面的价值意义。只是人伦的行为与天道自然的行为还不完全一样，人道必须通过仁礼

---

①戴震．戴震全书：（六）［M］．张岱年，主编．合肥：黄山书社，1995：104.

②戴震．戴震全书：（六）［M］．张岱年，主编．合肥：黄山书社，1995：104-105.

义的价值引导与规范，即通过“修道以仁”“圣人修之以为教”的过程，才能达至“纯美精好”的境界。而君臣、父子、夫妇、昆弟、朋友“五达道”，亦必须通过“智仁勇以行之，而后归于纯美精好”[①]。这便是戴震在事实描述之名与价值规范之名二者之间，既有分又有合的语言哲学思想的内容之一。

（二）两类之“名”的内在关系

在戴震的思想中，用来描述“实体实事”的概念与用来表达伦理与价值的规范概念，这二者之间是有所分别的，但在天道自然的层面，两者却又可以合而为一。所以戴震说：“善者，称其美好之名，性者，指其实体之名；在天道不分言，而在人物分言之始明，究之美好者即其实体之美好，非别有美好以增饰之也。”[②]在《孟子字义疏证·道》篇，他将“纯美精好之名”又改成“纯粹中正之名”：“曰性，曰道，指其实体实事之名；曰仁，曰礼，曰义，称其纯粹中正之名。”“善者，称其纯粹中正之名；性者，指其实体实事之名。”[③]

从理论上说，戴震区分了描述“实体实事”与指称“纯粹中正”两类名称，但他又认为，“纯粹中正”之名是基于“实体实事”之上的一种理想化的法则，因而称之为“理”。如此说来，“理”是包含了自然法则的内容而具有超越自然法则功能的人伦规范。戴震通过对“物”与“则”的区分，把客观世界与人对客观世界内部蕴含的规律的认识区别开来了，从而对宋明理学先验的客观唯心主义思想进行了批判与解构，进而在肯定人的感性生活的基础上重新肯定道德原则的神圣性，并表达了这样一种新的社会理想：通过神圣而合理的道德原则使人实现“自然之极致”。从中国哲学发展史的角度看，戴震区分描述“实体实事”与指称“纯粹中正”两类名称的语言哲学思想，已经蕴含着主客二元对峙的思想倾向。这一思想倾向虽然还不能与近现代西方主客二元对立（如笛卡尔“我思故我在”）的思想相提并论，但在宋明理学的思想脉络里，这一思想倾向蕴含着新的

---

①戴震．戴震全书：（六）［M］．张岱年，主编．合肥：黄山书社，1995：105.

②戴震．戴震全书：（六）［M］．张岱年，主编．合肥：黄山书社，1995：105-106.

③戴震．戴震全书：（六）［M］．张岱年，主编．合肥：黄山书社，1995：200-201.

突破旧思想的萌芽，即要求世人，特别是士君们立足于“实体实事”的经验世界去建构合理、恰当的社会规范，而不只是运用古已有之的规范权威来约束变化了的经验世界。然而，由于乾隆时代的中国社会整体上仍然保持着农业文明的自然经济形态，江南地区重新恢复的资本主义萌芽过于幼弱，人对自然的开发、利用能力还深深地停留在传统的农业生产方式之下，因而也就不可能给戴震的新哲学思考提供足够的社会动力。最终，他的新哲学思想还是窒息在传统哲学天人合一的思维框架里，并且用所谓的“必然”来规范“自然”，丧失了对“自然”的深度认识与开发，进而也无法提供新的“必然”。这恰恰从一个侧面说明，任何社会的新思想的产生还得有与之相适应的社会经济、政治的土壤，否则，新思想本身也难以产生，即使产生了也无法得到必要的社会思想资源的营养，发展、成熟，进而形成广泛的社会思潮，反过来推动社会的发展。

二、追求“十分之见”与批评“任意见”——戴震的求知理想与社会关怀

在《与姚孝廉姬传书》一信中，戴震主要讨论了经学研究过程中如何获得“十分之见”的方法论，和学者应当确立“求道”的高远目标的问题。所谓“十分之见”也即是上文所讲的为学当“精审”的意思，只是用词不同而已。而学问的“精审”“十分之见”即是指学问中包含着高度准确性的知识，与现代哲学认识论所追求的目标——“真理”比较类似。该信已经开始批评汉儒、宋儒在为学精审方面的不足与缺失之处，另外还旁涉学者要有“深思自得”的学术个性、师友之道的新见解等两个方面的问题。由此可见，戴震的认识论思想与师友之交的人伦问题是结合在一起的。

第一，寻求“十分之见”及其方法论的问题。戴震这样说道：

> 凡仆所以寻求于遗经，惧圣人之绪言暗汶于后世也。然寻求而获，有十分之见，有未至十分之见。所谓十分之见，必征之古而靡不条贯，合诸道而不留余议，巨细毕究，本末兼察。若夫依于传闻以拟其是，择于众说以裁其优，出于空言以定其论，据于孤证以信其通，虽溯流可以知源，不目睹渊泉所导，循根可以达杪，不手披枝肄所

歧，皆未至十分之见也。[①]

第二，批评汉儒、宋儒“得失中判”。戴震说：“先儒之学，如汉郑氏、宋程子、张子、朱子，其为书至详博，然犹得失中判。其得者，取义远，资理闳……其失者，即目未睹渊泉所导，手未披枝肄所歧者也。”[②]

就郑玄、程、朱之学的两点失误而言：其一是详博而不精审，其二是“目未睹渊泉所导，手未披枝肄所歧者”，即未能认真地把一个问题的来龙去脉搞清楚。要而言之，他们的学问均未能达至戴震所理想的“十分之见”的境界：“必征之古而靡不条贯，合诸道而不留余议，巨细毕究，本末兼察”。而他们学问的“两得”即是：“取义远，资理闳”。所谓“取义远”，即是他们学说的理想境界高远。所谓“资理闳”，即他们学术的理论资源深厚，广收博取，非师心而自用。戴震要求郑玄、程、朱之后的学者对于他们前贤的学问态度应当是：“传其信，不传其疑，疑则阙，庶几治经不害。”[③]由此可见，戴震既批评了汉儒郑玄、宋儒程朱之不足，又肯定了他们学问的各自长处。可谓相当冷静、理性。

第三，在这封信中，戴震还涉及“师友之道”的人伦问题。对此问题，戴震提出了别具一格的新见解，他说：“古之所谓友，固分师之半。仆与足下无妨交相师，而参互以求十分之见，苟有过则相规，使道在人不在言，斯不失友之谓，固大善。”[④]戴震在这里以追求“十分之见”“道”作为交“友”的终极价值目标，而且以托古的方式说真正的朋友即是承担老师一半功能的人，而且愿意以“交相为师”的方式与姚鼐做朋友，从而让“道”在人的能动性追求之中保持住而不停留在僵化的语言之中。这是一种开阔而光明净洁的人格境界！可惜姚鼐不懂得戴震高洁遥远之志，拜师不成，反而日后交恶，成为戴震学术方面的敌人。然而这也从反面体现了戴震的远见卓识，没有接受这样的人为他的学生。

戴震的认识论与社会理想的关怀也是联系在一起的。他反对“任意见而祸斯民”的做法。他以“分理”代替宋儒的“天理”就包含着这一社会

①戴震．戴震全书：（六）［M］．张岱年，主编．合肥：黄山书社，1995：372.

②戴震．戴震全书：（六）［M］．张岱年，主编．合肥：黄山书社，1995：372–373.

③戴震．戴震全书：（六）［M］．张岱年，主编．合肥：黄山书社，1995：373.

④戴震．戴震全书：（六）［M］．张岱年，主编．合肥：黄山书社，1995：373.

理想。他对孟子“心之同然谓理、谓义”的说法作出如下的解释道：

心之所同然始谓之理，谓之义；则未至于同然，存乎其人之意见，非理也，非义也。凡一人以为然，天下万世皆曰“是不可易也”，此之谓同然。举理，以见心能区分；举义，以见心能裁断。分之，各有其不易之则，名曰理；如斯而宜，名曰义。是故明理者，明其区分也；精义者，精其裁断也。不明，往往界于疑似而生惑；不精，往往杂于偏私而害道。求理义而智不足者也，故不可谓之理义。自非圣人，鲜能无蔽；有蔽之深，有蔽之浅者。人莫患乎蔽而自智，任其意见，执之为理义。吾惧求理义者以意见当之，孰知民受其祸之所终极也哉！①

戴震对于理、义的追求，一方面要“精于区分”，另一方面要“精于裁断”。精于区分属于认知问题，要达到“十分之见”。精于裁断属于知识的运用问题，类似于亚里士多德讲的实践的智慧。两者都不能凭个人的“意见”来下判断、做决定，否则就会给万民带来灾难。

戴震批评当时儒者执理以为意见的荒谬之处，说道：

今虽至愚之人，悖戾恣睢，其处断一事，责诘一人，莫不辄曰理者，自宋以来始相习成俗，则以理为“如有物焉，得于天而具于心”，因以心之意见当之也。于是负其气，挟其势位，加以口给者，理伸；力弱气慑，口不能道辞者，理屈。呜呼，其孰谓以此制事，以此制人之非理哉！即其人廉洁自持，心无私慝，而至于处断一事，责诘一人，凭在己之意见，是其所是而非其所非，方自信严气正性，嫉恶如仇，而不知事情之难得，是非之易失于偏，往往人受其祸，己且终身不寤，或事后乃明，悔已无及。呜呼，其孰谓以此制事，以此治人之非理哉！②

在社会生活、政治生活领域里，如何能做到不凭“在己之意见”来处理事情？戴震提出了“以情絜情”的方法。他说：“夫以理为‘如有物焉，得于天而具于心’，未有不以意见当之者也。今使人任其意见，则

①戴震．戴震全书：（六）［M］．张岱年，主编．合肥：黄山书社，1995：153.

②戴震．戴震全书：（六）［M］．张岱年，主编．合肥：黄山书社，1995：154-155.

谬；使人自求其情，则得。”[①]戴震将自己的这种说法回溯到孔子与《大学》之中，以证明自己的观点是正确的，如子贡问恕，孔子回答道：“其恕乎！己所不欲，勿施于人。”《大学》一书讲治国平天下的道理，也无非是说，“所恶于上，毋以使下；所恶于下，毋以事上”；“所恶于前，毋以先后；所恶于后，毋以从前”；“所恶于右，毋以交于左；所恶于左，毋以交于右”。而这些“所不欲”“所恶”，在戴震看来，“不过人之常情，不言理而理尽于此。惟以情絜情，故其于事也，非心出一意见以处之，苟舍情求理，其所谓理，无非意见也。未有任其意见而不祸斯民者”[②]。因此，戴震的认识论思想并非仅仅是为了求知而求知，为了追求真理而追求真理，而是饱含着浓烈的社会关怀。其认识论与伦理学、道德哲学、社会理想密切地结合在一起。

三、戴震论心知与道德修养、经典解释的关系

（一）“心之精爽”无蔽无隔以进于神明——戴震论心知与人的道德修养

戴震从《礼记》中吸取了“血气心知”说，并进一步细化了《礼记》中的这一说法，仔细探讨了血气与心知在人的认识过程中的功能与作用。他引用子产与曾子的观点，从阴为魄、阳为魂的思想传统出发来重新界定人的感官认知与理性认知的不同，认定感官认知为阴所主持，而心所代表的理性认知则为阳所主持，他说：

> 子产言“人生始化曰魄，既生魄，阳曰魂”；曾子言“阳之精气曰神，阴之精气曰灵。神灵者，品物之本也”。盖耳之能听，目之能视，鼻之能臭，口之知味，魄之为也，所谓灵也，阴主受者也；心之精爽，有思辄通，魂之为也，所谓神也，阳主施者也。[③]

他又对孟子“心之官则思”作了新的解释，认为孟子所言是指“心之能也”，即心具备能思的品质与潜质。这样的能思之心，有时候处于“精爽有蔽隔而不能通之时”，因此，心可能会犯错误。只有处在“无蔽隔，

①戴震．戴震全书：（六）［M］．张岱年，主编．合肥：黄山书社，1995：155.

②戴震．戴震全书：（六）［M］．张岱年，主编．合肥：黄山书社，1995：155.

③戴震．戴震全书：（六）［M］．张岱年，主编．合肥：黄山书社，1995：156.

无弗通”之时，“心”才能以“神明”称之。戴震由此分析，进一步得出这样的认识结论：“凡血气之属，皆有精爽。其心之精爽，巨细不同，如火光之照物，光小者，其照也近，所照者不谬也，所不照斯疑谬承之，不谬之谓得理；其光大者，其照也远，得理多而失理少。且不特远近也，光之及又有明暗，故于物有察有不察；察者尽其实，不察斯疑谬承之，疑谬之谓失理。失理者，限于质之昧，所谓愚也。”①

戴震此处以“光照”为喻，揭示了作为理性认知的心如何达到对认知对象准确无误地把握这一认识论的道理，在中国传统哲学的认识论里颇有新意义。但从现代认识论的角度看，特别是从马克思唯物主义实践观的角度看，这一“光照论”的认识论无法揭示人类认知在把握真理过程中的复杂性。对于这一点，侯外庐先生早有批评。②不过，戴震肯定人通过“学”的过程来增益人的理性认识能力这一观点，在原则上是正确的。他说：

> 惟学可以增益其不足而进于智，益之不已，至乎其极，如日月有明，容光必照，则圣人矣。……故理义非他，所照察者之不谬也。何以不谬？心之神明也。人之异于禽兽者，虽同有精爽，而人能进于神明也。理义岂别若一物，求之所照所察之外；而人之精爽能进于神明，岂求诸气禀之外哉！③

戴震高度肯定人心的认知潜能，认为通过充分发挥人心的潜能，普通人也可以进于神明的境界，因而可以成为圣人。传统哲学中“人皆可以为尧舜”“途之人可以为禹”的命题，在戴震这里转为一种新的论述方式，即以人的认知可以进于神明的境界而与圣人相等。但戴震在这一点上，也没有在更大的距离上跳出传统的儒家思想，因为，他讲的认知对象并非是现代科技文化中对客观事物的认知，而是传统伦理学框架下对“理义”的认知——尽管戴震对“理义”的解释有自己的特点。因此，戴震从认知的角度讲人的道德修养问题，将“尊德性”的目标转换成以“道问学”的方

---

①戴震．戴震全书：（六）[M]．张岱年，主编．合肥：黄山书社，1995：156.

②侯先生称戴震的这一认识论思想为“观照论”，并批评这种“观照论”的缺点在于“缺乏具体的真理认识”，“对于客观存在的对象运动和主观认识的思维活动二者之间，没有联结的说明”。参见侯外庐．中国思想通史：第五卷[M]．北京：人民出版社，1956：449.

③戴震．戴震全书：（六）[M]．张岱年，主编．合肥：黄山书社，1995：156.

式来实现，的确有思想转向的意义。但这种转向也有其内在限度，即他仍然处在“尊德性”的大传统里，只不过他是以“道问学”的方式来讲“尊德性”，努力以可以公开谈论的方式来讨论人的德性长养的问题，而不是以内在的心理体验方式来讨论“尊德性”的问题。因此，余英时袭用龚自珍的说法，认为宋明理学到清代哲学的转化，实际上是由“尊德性”到“道问学”的转化。[①]这种说法可能说对了一半，即相对于宋、明儒而言，清儒更重视古代经典文本的考据。就此一侧面而言，余氏所言有其合理性。但如果将这一认识作为一种普遍性的结论，认为清儒只讲“道问学”而不再讲“尊德性”的问题，则是十分不妥的。由上述戴震的所言可知，清儒只是以“道问学”的方式来讲“尊德性”的问题而已。

如果从现代哲学的角度来看，戴震这种以“道问学”的方式来讲“尊德性”的问题，其实即是以认识论的方式来讲道德、心性修养的问题。这种道德哲学的进路有其历史的转向意义，即将道德修养转向一种外在的、可公度的认知领域。另外，与中国传统哲学一样，戴震的道德哲学与政治哲学、社会政治理想是紧密地结合在一起的，他所说的“心”与古代圣贤的社会理想、政治理想紧密相关，故戴震的道德哲学还要求士人能够扩大自己的心量，提高自己的精神境界，以与古代贤圣之心相协调，从而理解古代贤圣与天地之心相协调的精髓，进而真正理解古代经典的深奥意义。因此，他所开创的“由字通词，由词通道”的语言学经典解释方法，又带有一种解释学的意味，从而对经典的认知与解释又带上很强的主观性色彩。

（二）“大其心”“以体古贤圣协于天地之心”——戴震的经典解释学思想

对于戴震的治学方法，我将其称之为“人文实证主义”，以之与科学的实证主义区别开来。其主要的理由是：他对儒家经文的解释，并不是完全依赖文字、语言、古代典章制度等实证性的知识来实现的。中晚年的戴震也强调研究者要扩充自己的心量，提升自己的精神境界，从而去理解古代圣贤协于天地之心的广阔心量，进而去会通儒家经文中的深邃意义。此

①余英时．论戴震与章学诚［M］．北京：生活·读书·新知三联书店，2000：3–5．

一治学方法，在近百年的戴震研究者中很少有人关注。[①]今特别提示出来，希望得到学界的高度重视。在《古经解钩沉序》一文中，戴震一方面强调“由字通词，由词通道”方法的重要性，同时又强调“由文字以通乎语言，由语言以通乎古圣贤之心志”的重要性。他说：

> 人之有道义之心也，亦彰亦微。其彰也，是为心之精爽；其微也，则以未能至于神明。六经者，道义之宗而神明之府也。古圣哲往矣，其心志与天地之心协，而为斯民道义之心，是之谓道。[②]

戴震的意思是说，古代的“道”并不是简单的客观法则，其实也是古代圣贤与天地根本精神相契合的一种心志。我们知道，戴震所说的“人道”，既是表述“实体实事”的概念，又是表述“纯美精好”的概念。对于这种“人道”的理解，就不同于认识简单的客观事物那么简单，而是要求认知的主体必须提升自己的精神境界，即将自己的“心”提升到古代贤圣“与天地之心协”的高度。只有这样，我们才能通过文字而上达到对“道”的真正理解。更进一步，古贤圣的“心志”与民众的要求是紧密地结合在一起，故其“心”，既是客观的，又有一定的主观性。而要理解古贤圣之心，又要探索古贤圣之事，故哲学的认识既要认识客观之事，又要通过客观之事去理解古贤圣之心，是在客观认知与带有一定主观性理解之间的事情。在《郑学斋记》中，戴震说道：

> 学者大患在自失其心。心全天德，制百行。不见天地之心者，不得己见之心；不见圣人之心者，不得天地之心。不求诸前古贤圣之言与事，则无从探其心于千载下。是故由六书、九数、制度、名物，能通乎其词，然后以心相遇。[③]

戴震的意思是说，研究儒家经文的人要使自己的心与古代圣贤的心志相一致，这样才能通过对六书、九数、制度、名物的研究，由语言的途径上达对古人之道的理解。他为了强调“大其心”的重要性，还说道：“读《春秋》者，非大其心无以见夫道之大，非精其心无以察夫义之精。”[④]

---

①李开曾将戴震的解释学思想命名为“人文科学语言解释哲学”，颇具参考价值。参见李开．戴震评传［M］．南京：南京大学出版社，1992：第七章．

②戴震．戴震全书：（六）［M］．张岱年，主编．合肥：黄山书社，1995：377．

③戴震．戴震全书：（六）［M］．张岱年，主编．合肥：黄山书社，1995：407．

④戴震．戴震全书：（六）［M］．张岱年，主编．合肥：黄山书社，1995：381．

（《春秋究遗序》）这样，通过“深求语言之间”以及古代制度史、科技史的人文实证科学方法而能自造新意，又以我之“精心”逆遇古圣人之精义的正确创新途径，实现对古代经文的正确理解，进而能实现思想的创新。

由上简明的论述可知，戴震强调研究者之“精心”在言与道之间发挥作用，正是戴震所开创的“人文实证主义”方法在追求经典解释的客观性时，力求避免机械论、客观反映论之类的简单化认识的要义之所在，也是他力图使考据学避免走向纯粹的文人智力游戏的理论意图之所在。戴震所提倡的这种“以心会心”的“哲学会通”方法，由于有“人文实证主义方法”为底线，不至于流入主观的臆想之中，而更多地会展示其创造性——戴震自著的《孟子字义疏证》就是典型的例证。因此，戴震的“以我之精心逆遇古人之精义”的方法其实就是戴震创造的哲学解释学方法。

余　论

当代中国学术界乃至国际学术界，对于戴震思想的研究已经有相当多的成果问世了，但对于戴震哲学思想如何吸收西方哲学思想，并转化为中国思想的有机组成部分，在一定的程度上改变了中国哲学思想的特质及其表述形式，学术界的研究似乎还不是很深入。如何超越20世纪以来诸位大学者、思想家对于戴震思想价值、意义阐发的现有框架与具体结论，在比较哲学的视野里，从更为普遍化的哲学命题：如事实与价值问题、美德与知识；哲学领域：如解释学与语言哲学来深入研究戴震哲学在这些问题与领域里的贡献，或许能够将戴震的哲学思想研究推向新的境界。

从“胜国遗闻”到“以史解经”

——章学诚释经学方法的兴起*

王晨光

20世纪初，伴随着实证史学的兴起，章学诚的经史观点被学界支离地援引并追捧为先驱，继而被学者充为自家之注脚。[①]尽管经学与史学的辩论自20世纪以来从未停止，但由于当代学科分科体系所导致的学术壁垒，前人研究多未能理解章学诚的用意。虽其学术贡献在不同专业的学术史中反复称引，但却鲜有学者从章氏本身的时空语境来理解其治学方法。或误以为戴震与章学诚分别延续朱陆两派学术，强制将二人同“元晦之意欲令人泛观博览，二陆之意欲先发明人之本心”的学术理念对应，认为这是“清代儒学共同精神”，是“智识主义兴起后的思想产品”，并钩沉所谓“内在理路”。[②]或是陷于浙东史学概念本身，尽力勾勒“程颐—刘宗周—黄宗羲”之间史学秉承的学术系谱。[③]更有甚者，看到“浙东”一词便动辄追溯至《越绝书》《吴越春秋》，并添上叶適、陈亮等一系列人物充实浙东的“学术阵营”，沦为彰表乡志的“儒林名谱”。此均未能客观地核查章学

※本论文为中央高校基本科研业务费专项资金资助重点项目（No. 2015113010201）。

①顾颉刚认为章学诚“看六经是学问的材料，不拿学问当做六经的臣仆；拿从前对于经学的界说根本撤消，做经学的人只是考古，并非希圣”。又如胡适认为章的六经皆史是说“一切旧书古书都是史也”。顾颉刚．中国近来学术思想界的变迁观［M］//中国现代学术经典·顾颉刚卷．石家庄：河北教育出版社，1996．胡适．“研究国故”的方法［M］//胡适全集：第13卷．合肥：安徽教育出版社，2003．

②余英时．论戴震与章学诚［M］．上海：生活·读书·新知三联书店，2005：74．

③何炳松．浙东学派溯源［M］．上海：商务印书馆，1932：169-187．

诚的学术渊源及其意图，反而使得实斋旨趣晦而不彰，殊为遗憾。尽管前贤学者对章学诚的经史观有过不少讨论，但却鲜有文章留意到章学诚所建构的一套释经学方法。实际上，章学诚的释经方法不仅对明遗民的著史范式进行了批判性继承，更与其治教合一、道器合一等理念相贯通。本文试图从《浙东学术》这份宣言性的文献切入，重新阐明章学诚的识界及其手法。相信对反思当下经学、史学研究及学术分科化具有一定的助益。

一、姚江之学与胜国遗闻——浙东学术的渊源

在章学诚逝世前一年，曾作《浙东学术》一文。在这份关乎章氏治学宗旨的文献中，开篇直叙自宋迄清十一位经史学家沿袭脉络，其中不仅包括正统经学宗师朱熹，亦囊括士林中颇具影响的黄宗羲、全祖望、万氏兄弟等人物，更不避时讳，将陆九渊、王阳明等乾嘉之际遭非议的"宋学"派学者列入其中。对此，章学诚只用"浙东之学，言性命者必究于史"[①]一语统贯不同学者的治学宗旨。可见，章学诚勾勒这份打破汉宋畛域的学人名录，绝非是搜括几位"同乡名彦"来自相标榜，而是寓有深意。而理解章学诚学术的关隘就在于明晰"言性命者必究于史"一语的意涵。其实，在《邵与桐别传》中，章学诚已透露出关键的线索，其写道：

> 南宋以来，浙东儒哲讲性命者多攻史学，历有师承，宋明两朝纪载，皆稿荟于浙东，史馆取为衷据。其间文献之征，所见所闻所传闻者，容有中原耆宿不克与闻者矣。邵氏先世多讲学，至廷采，善古文辞，著《思复堂文集》，发明姚江之学与胜国遗闻轶事，经纬成一家言，蔚然大家。[②]

可见，在这份不受学界重视的传记中，其实蕴含着《浙东学术》所未表露的旨趣。借由撰写这篇传记，章学诚指明"浙东学术"概念的形成最初并非是一套虚设的治学方法，而主要是指浙东地区文人参与史馆修撰前朝史事的事实。换言之，浙东学术的发端与南宋偏安和南明政权的地缘

①章学诚. 浙东学术［M］//文史通义新编新注. 杭州：浙江古籍出版社，2005：121.

②章学诚. 邵与桐别传［M］//碑传集. 钱仪吉，编. 上海：上海古籍出版社，1987：263.

形势息息相关，正是特殊的政治危机使得浙东一带成为“纪载”的汇聚之地[①]，并由此兴起特殊的史学集团。正如《金华府志》中所言：“迨乎宋之南渡，中原名胜之所萃，诸贤道学之讲明，然后蔚然为文献之邦。”[②]而南明抗清，浙东地区更保留了大量第一手资料，自清朝定鼎后这类文献便遭禁毁，成为“中原耆宿不克与闻”的秘史，其中浙东史家所撰者，如查继佑之《鲁春秋》、黄宗羲之《海外恸哭记》、翁洲老民之《海东逸史》、全祖望之《鲒埼亭集》均为其类。[③]而这正是章学诚在《文史通义·浙东学术》中所隐晦未叙的内容。

在对邵廷采的叙述中，章学诚更直接用“姚江之学”与“胜国遗闻”两点概括其学术趣向。复察邵氏《思复堂文集》，主旨即在于苛责儒者“病于拘曲而无所建树”的习气，倡言“儒者之学，固以经世务为验也”。[④]其既表彰明末守死善道的忠良，又强调“节义本学而成”，处处尊姚江学知行合一之教，这无疑是清初经世学风的典型。至于“胜国遗闻”更是明遗民共有的撰著主题。所谓“灭人之国曰胜国，言为我所胜之国也”[⑤]。清初迫于时讳，明遗民惯用“胜国”代指前朝。实斋为避免读者不解，更以小字备注曰：

> 廷采念鲁先生《思复堂文集》之外尚有《东南纪事》《西南纪事》等书，大抵讲性命而又长史学者也。

事实上，邵氏所作两《纪事》分别记载唐鲁桂三藩抗清的史事，而其中尤详细记载南明鲁王朱以海抗清之事，这一方面是由于鲁王“孤军扼守钱江，南蔽闽广”[⑥]，虽“漂泊海岛，立国未久”，然“浙东人士，最尚气

---

①又参全祖望. 淳熙四先生祠堂碑文［M］//鲒埼亭集外编：卷14. 清嘉庆十六年刻本.

②譬如南宋时慈溪的黄震曾任史馆检讨修宁宗、理宗两朝实录，鄞县（今宁波）的王拊、王应麟父子则任国史编修与实录检讨等职。王懋德，等修. 金华府志：卷5［M］//风俗. 台北：成文出版社，1983：320.

③中国科学院图书馆整理. 续修四库全书总目提要（稿本）：卷31［M］. 济南：齐鲁书社，1996：509.

④邵廷采. 名儒王子阳明先生传［M］//思复堂文集. 杭州：浙江古籍出版社，2010：16.

⑤张岱. 夜行船：卷2［M］//地理部. 天一阁藏清抄本。

⑥邵廷采. 东南纪事：卷2［M］//鲁王以海. 邵武徐氏刻本。

节”，故明遗民对此特加彰显。另一方面也是因鲁王活动于浙东一带，浙人多曾亲历或亲睹其事，便于撰述第一手史料，这也正是前文所言浙东地区的文献优势。

总而言之，在章学诚看来，邵廷采正是“浙东学术”的典型。其从阳明、蕺山处证得“知行”之教进而倾注于南明史的写作中，正如邵氏本人所言：“特本原性善，开迪良知。良知加以致，必有事焉。”[①]可见，这种在姚江经世学风支配下撰著南明史事的行为无疑是章学诚“言性命者必究于史”一语的源溯与本意所在。因此，章学诚创造“浙东学术”的学术系谱就绝非是为调平义理、考据之争或混淆朱陆的泛泛之言，而是实有所指。

二、经史互动、事理双彰——章学诚对浙东学术的重新定位

尽管我们从《邵与桐别传》中发现了浙东学术的渊源，但问题也随之凸显，即为何章学诚最终未将邵廷采及大多数南宋、南明史家列入《文史通义·浙东学术》篇的谱系？而倘若参稽章学诚的其他论述，更不难发现章学诚不仅未曾滞守于这种国仇家恨的哀怨情怀，反而时常表露出厌恶的神情，如在一份私下的札记中他即批判道：

> 亡国之音，哀而不怨，家亡国破，必有所以失之之由，先事必思所以救之，事后则哀之矣。不哀己之所失，而但怨兴朝之得，是犹痛亲之死，而怨人之有父母也。故遗民故老……其有谩骂讥谤为能事者，必非真遗民。[②]

可见，虽然浙东学术渊源自明遗民的史学传统，但章学诚毅然抛弃了这种固定的史学叙事。究其核心，就在于这种沉浸于哀思故国并衍生出对现政权讥谤憎恶的情结绝非儒者之精神。在《浙东学术》下半节，章学诚便通过平章朱陆异同倡明自己的主旨，他认为学者应踵继《春秋》比事属辞之教，不应“惟腾空言而不切于人事”。显然，“空言”一词绝不仅仅

①邵廷采．姚江书院传［M］//思复堂文集．杭州：浙江古籍出版社，2010：51．

②章学诚．信摭；丙辰札记［M］//章氏遗书：外编卷3．上海：商务印书馆，1936：33；91．

是批判宋明理学耽空的心性之学，更指涉当世学者沉浸于书斋考订故实、训诂字源这类与现实治道脱节的风气。由此观之，《浙东学术》开篇的学人谱就显然不是要勾勒一个地区性的学统，而是剥离十一位学者原本的学术史辨识，有意识地诠说自己的一套经史观。在另一封私下的札记中，章学诚便透露其学术批判的根源。他认为，理想的学术传统中断其实肇自“唐宋以还，文史不复分科”，无论韩愈、欧阳修还是苏洵均是文人做派，不过是“虚作古今时势盛衰，感慨一番”，不知“古无经史之分”且“截分道法与事辞为二事……以感慨凭吊作空论以充数”。[①]显然，这里的“道法”绝非指涉本体论，而是在质疑一切心性韬养或文献考订的研究本身能否纾解现实的困境，是在诘问学者群体的淑世精神。其归结点就在于论证“道”与“事”能否贯通以及如何贯通。

由此观之，尽管浙东史家因“胜国遗闻”而起，但浙东学术的精神却不应是埋头前朝故纸，而在于经史并重的经世理念，唯此一脉赓续了孔子的史学精神。在章学诚看来，他所列举的十一位先贤则无疑规避了这一“陋习”，在研究中做到“事、理双彰”。这也就同时解释了为何章学诚未将他推崇的邵廷采以及其他宋明史学家列入“浙东学术”中，很大程度就在于他既要彰显“切于人事”，又要削减“浙东学术”所裹挟的狭隘的遗民色彩与谩骂空论的风气。[②]

如果我们将《浙东学术》的核心概括为“言语、史事、义理、致用”合一的研究理念，更不难发现，尽管该篇起笔即宗“江西陆氏”，似乎与朱子学相抗衡，实则章学诚绝无意将自己攀上那套修养工夫论的宋明学统，不过是借此彰明自己“通经服古，绝不空言”的治学理念。况且在清中期朱子学垄断的话语体系中，他更不至于别开一支与学术主流划清泾渭。而在《朱陆》篇中，我们更能清晰地看出章学诚这种论辩手法，他不仅打破固有的朱陆两派人物谱系，更不执着于“支离”“禅学”之类汉宋

---

①章学诚．信摭；丙辰札记［M］//章氏遗书：外编卷3．上海：商务印书馆，1936：33；91．

②山口久和也意识到章氏作此篇“不是为了打算出示一个浙东历史上存在过的学派示意图”，而是阐发一种“思想宣言”。但是他未能发现浙东史学的遗民学术前史，也就未能清晰领会实斋经史之学的用意。（日）山口久和．章学诚的知识论［M］．上海：上海古籍出版社，2006：46．

攻伐的话语，而是重新将学者分为两类：一类是“躬行实践之醇儒”，一类是为“专己守残，空谈性天”的陋儒。由此，无论学者如何标榜自己承继朱子之学，但凡弃置学问文章、孜孜于一二章句相攻伐、不明“性命事功学问文章合而为一”之徒，均是“伪朱”。至于那些“争于文字语言之末”的学者更被他批评为数典忘祖、“饮水忘源”的朱门叛徒。[①]可见，章学诚俨然是巧妙地夺回朱子这面正统官学大旗，以子之矛攻子之盾，将“空疏”的学风归咎于考据家“好逞繁博，不求文理”的饾饤习气。如他批判道：

> 才智纷纷，争言考订，率皆骛名而暗于大道，诋诮宋儒，厌薄文辞。……转使天下以学问为讳，而为空疏不学之流所借口。

而在他看来，考证学风兴盛也并非什么“内在”的理路，只是源自于：

> 四库馆开，寒士多以校书谋生，而学问之途，乃出于一种贪多务博，而胸无伦次者，于一切撰述，不求宗旨，而务为无理之繁富。[②]

至此，我们可以发现，《浙东学术》一文并不是章学诚对自己“学统”的总结，也不是为“发明本心”的道学家们开解，更不是要调和鹅湖公案，而是借由重新诠释朱子来批判吴皖学者脱离民生彝伦与现实政制的考据学风。在他看来，戴震等学者的研究无疑是预设了经典的权威自足性，抛弃了经典、注疏与其撰述者所处历史语境的互动视域。而章学诚恰恰相反，“他所带来的历史主义把一切相对化。不管是圣人周公，还是孔子，都在时会的名义下，被置于历史世界之中进行定位”[③]。由此观之，开篇所征引的十一位先贤很大程度是充作章学诚的“论据”，其最终借此托出“道器合一”和“治教合一”的学术理念。故实斋强调“古人未尝离事而言理”绝不是因他“惧空言不足以服人”（余英时语）。其“事理结合”的思想本身就是要“求异”，就是要厉叱当时学风脱离致用。其所言“学者但诵先圣遗言，而不达时王之制度，是以文为鞶帨絺绣之玩，而学

---

①章学诚．朱陆［M］//文史通义新编新注．杭州：浙江古籍出版社，2005：127.

②章学诚．丙辰札记［M］//章氏遗书：外编卷3．上海：商务印书馆，1936：118；100.

③（日）三田村泰助．章学诚的“史学”立场［J］//东洋史研究，1952，12（1）：4.

为斗奇射覆之资，不复计其实用也”[1]，则明显是要做士林木铎，绝非是惧怕空言不足取信转而依傍史学，而是要严周、孔之辨[2]，其用意既有别于乾嘉主流“经学即理学”式的尊经党人，也非顾颉刚、胡适这类以史非经的启蒙哲人，恰恰是要把文本放在政制场域中进行理解的释经技艺。

三、从“经史”理念衍生出的释经学手法

既然章学诚书写《浙东学术》和《朱陆》篇的用意在于提倡“治教”“道器”的合一，那么我们不得不问，这种理念如何在经学与史学研究中运用呢？并且，如果在他看来，袁枚和戴震的学问是“如摔散钱，奈无贯索”[3]的话，那么又如何书写“整全”的学术呢？这点在他与邵廷采一次谈话中透露出关键的信息，其说道：

> 宋人门户之习，语录庸陋之风，诚可鄙也。然其立身制行出于伦常日用，何可废耶？士大夫博学工文，雄出当世，而于辞受取与进退出处之间，不能无箪豆万钟之择，本心既失，其他又何议焉？[4]

在二人对宋儒学术范式的品评中，有一点值得注意，即尽管章、邵二氏均持有清代学者普遍性的厌弃宋儒“语录”的态度，但是他们却肯定宋儒“立身制行”的风范，并认为宋儒学问的价值恰恰在于同“伦常日用”保持着紧密的关系。因此，即使宋儒修养工夫论的一套学术话语被斥为空疏，但倘若能在他们“进退出处”之间逆察其书写抱负及意图，进而揭櫫其“本心”，亦大有裨益。而这也正是章学诚释经学研究的方法所在，在另一篇序文中他即明确表述道：

> 考次前人撰著，因而谱其生平时事与其人之出处进退，而知其所以为言，是亦论世知人之学也。……故凡立言之士，必著撰述岁月，

---

①章学诚．文史通义：卷3［M］．上海：上海古籍出版社，2008：69．

②所谓“必求端于周孔之分，此实古今学术之要旨”。其要说明的就是“治见实事，教则垂空言矣”。

③闵尔昌，纂录．越耆旧传［M］//清代碑传全集．上海：上海古籍出版社，1987：1535．

④阮元．邵廷采传［M］//儒林传稿：卷3．清嘉庆刻本．

以备后人之考证。①

由此可见，章学诚建立了一套不同于考据派的研究方法，他所重视的研究点并非孤立的名物与礼仪遗存，而在于如何通过文本写作时空场域来逆推思想者的书写意图。所以他强调“故善论文者，贵求作者之意指，而不可拘于形貌也。”②这就要求研究者将视角从语辞系统转移到作者所处的论争谱系中。换言之，章学诚的史学观点就是要在“行事”中理解学者著述的意图，故他绝非是民国学者眼中屈经为史或搜集史料的史匠③，而是在历史语境中将“言”与“行”结合以推阐治教大端。所以更不难发现，章学诚这种史学方法与他在《浙东学术》里推崇的姚江学传统相互贯通，倘若说阳明学“知行合一”是功夫论层面的修养法门，那么章学诚无疑将这套方法引入具体的学问研究中，用以救治考据训诂家滞守文本而忽视著述本身“行事”维度的弊症。譬如在经学研究中，他也强调：

> 夫《春秋》不能舍传而空存其事目，则左氏所记之言，不啻千万矣。《尚书》典、谟之篇，记事而言亦具焉；训、诰之篇，记言而事亦见焉。古人事见于言，言以为事，未尝分事言为二物也。④

又取四书与《左传》关系为例说道：

> 四书文字，必读《春秋左传》，为其知孔子之时事，而后可以得其所言之依据也。盖代圣人立言，所贵设身处地，非如论说之惟我欲言也。⑤

四书是讲“理”的文字，但是倘若仅沉浸于义理的讨论无疑有悖于孔子“载之空言，不如见诸行事”的学风，因此章学诚要求参稽《左传》等史学叙事，其目的就在于将孤立的思想论述纳入书写者具体“行事”中进行理解。由此，不仅能够跳出隐晦与模糊的辞章直接去把握文本的核心，更重要的是通过作者的意图获得一种统摄文本的宗旨。实际上，我们可以

---

①章学诚. 韩柳二先生年谱书后［M］//文史通义新编新注. 杭州：浙江古籍出版社，2005：557-558.

②邵廷采. 名儒王子阳明先生传［M］//思复堂文集. 杭州：浙江古籍出版社，2010：16.

③张岱. 夜行船：卷2［M］//地理部. 天一阁藏清抄本.

④章学诚. 文史通义：卷1［M］. 上海：上海古籍出版社，2008：23.

⑤章学诚. 文史通义：卷1［M］. 上海：上海古籍出版社，2008：10.

看到，他在释经中所秉承的这种言语与行事的历史语境主义，也是他“道器合一”的展开。《原道》所言“道不离器，犹影不离形”，即强调在具体的时空脉络中落实义理并进而进行诠释。由此引向另一个话题，即经过晚近历史主义洗礼的“后古史辨”时代，我们如何在史学的框架中重建经学的价值？这里，章学诚无疑给了一个明确的回答，他认为“春秋经世之意”不是靠虚悬的神圣权威来保持，且一味地尊经最终只能步入戴震那种凝滞僵固的文本训诂中，相反，经典的价值恰恰要在历史中把握。

当然，章学诚的方法论绝不局限于经学领域，他将这一手法运用到对历代所有思想文本的考察中，并切实地提出八种研究技艺，他说道：

> 载笔之士，蕲合乎古人立言之旨，必从事于择与辨。……采择之法，不过观行而信其言，即类以求其实，参之时代以论其世，核之风土而得其情，因其交际而察其游，审其细行而观其忽，闻其互参而穷虚实之致，瑕瑜不掩而尽扬抑之能，八术明而春秋经世之意晓然矣。[①]

不难理解，所谓的“八术”也相当于八种思想史研究的材料。具体来说就是要在人物行为（年谱）、同类言论（文集）、时代趋势（政治史）、风土地缘（地方志）、往来交游（书信）、细节言行（日记）、闻见互参（口述史）、瑕瑜不掩（史德）八个方面进行挖掘，以行事逆察思想，以史解经，最终达到与经史双彰的效果，在历史场域中重新彰明古人的价值。可见，章学诚已经建立了一套完善的思想史研究法则。此后姚名达便通过年谱学阐发章氏的理路说道：“以谱证人，则必阅乎一代风教而后可以为藉。盖学者能读前人之书，不能设身处境而论前人之得失，则其说未易得当也。”并且举刘宗周为例，认为考察这类处于政权鼎革之际、良知绝续之交的文人，便需兼顾“天启崇祯间风俗人心，与东南鼎革间之时事得失”以验其“学之本末，行之终始”。[②]显然，这无疑回归到章学诚《邵与桐别传》一文所述浙东学术的发端上，也验证了本文首节所叙的浙东学术精神源流。

---

①章学诚．论课蒙学文法［M］//章氏遗书：补遗［M］．上海：商务印书馆，1936：3.

②姚名达．《刘宗周年谱》序［M］//姚名达文存．南京：江苏人民出版社，2012：178.

四、从“经世”到“经史”的治学心法

通过对《浙东学术》的分析，我们不难将章学诚的史学理念抽离为“各有事事”四字。所谓“各有事事”，就在于脱离平面与粗浅的“经世”口号，而要在学术中呈现历代学者的困境及其挣扎。在此理念下，他诉求学者应具有与时势流转相结合的经史视域。因此，章学诚不断要求学者体味春秋末期官师治教分离与孔子援用鲁史制《春秋》寓意于事的写作技巧。①其深意即在于使义理与史事互相彰显，所谓“经不得史无以证其褒贬，史不得经无以酌其轻重”②。可以说，在章学诚的经史观中，经典的价值并不表现为一套孤立尊奉的“圣典”，而是呈现于不同时代的史学撰述中。其原因就在于任何时代都将产生新的问题，而学者的使命就是结合具体处境来实践政治教化。因此，经史之学就在于纾解经典脱离致用或泥于章句训解的弊症。如实斋所言：“事变之出于后者，六经不能言，故贵约六经之旨而随时撰述以究大道也。”这里的“随时撰述”便是他“六经皆史”一语的注解。可见，这绝不同于近代历史主义对经典价值的摧毁，相反，是要在时势变迁中以经典之体开出史学之用，是要打破学者对经典文本的滞守，要求学者重新关注民生日用彝伦等问题，这无疑是姚江阳明之学知行合一精神的开显。

实际上，经史传统并不只化解经典与致用脱离的危机，其本身更是一种“疏通知远，藏往知来”的学问体系。譬如刘咸炘所言“观事理必于史。此史是广义，非但指纪传编年，经亦在内”③。因此，章所提倡经史之学就是要恢复整全的学术系统，其价值就在于“御变”。其实，无论是

---

①自孔子“吾欲托之空言，不如载之行事”而始，此后无论是朱熹的“无时无处不致其戒谨恐惧之力”抑或王阳明的“致吾心之良知于事事物物也”，还是章学诚明确提出的“知史学之本于《春秋》，知《春秋》将以经世”，均凸显了理（经）、事（史）合一的思想。

②苏洵，著；曾枣庄，金成礼，笺注．史论上［M］//嘉佑集笺注．上海：上海古籍出版社，1993：229.

③刘咸炘．认经论［M］//推十书：甲辑：中书二．上海：科学技术文献出版社，2009：43.

“御变”抑或史迁的“通古今之变”，都是在历史流变中推求经义与致用之道，此即“深求其故，取证于心”[①]。所以，章学诚的语境中，经典并不体现为一套凝滞的玄理思辨，而存在于古往今来历史人物的行事之中。尊经也不是要以古非今，而是一种有裨于世道人心的致用资源。正如黄宗羲所提倡的“学必原本于经术，而后不为蹈虚，必证明于史籍，而后足以应务，元元本本，可据可依”[②]。由此，古与今、知与行、经与史、文本与实务的紧张感得以消解，种种差异不过是“此心之万殊、道体之无尽，与真理展开的一个过程”[③]。章学诚从而规避了明遗民的诘难，赋予浙东学术一套全新的书写范式。

总而言之，实斋所构想的“史”里面，即便有“经世致用”的意思，也完全没有像顾炎武那样把经学与“经世致用”的政治联结在一起。[④]在章学诚18岁那年全祖望便已过世，这就意味着学者大体已告别怀念故国的明遗民时代。因此，章学诚不会再愤慨地要求史学承担特殊的国族政治使命，同样是对“经世”的推阐，他更多是面临地域治理、吏治、教匪等具体的问题时引发的讨论。[⑤]此时的“经世”既不同于清初的颜元、李恕谷，亦不同于西学东渐时期的魏源、龚自珍，而是有自己的论敌与视域。因此，大可不必勾勒这些学者之间是否存在“传灯法脉”，因为时随势转，任何“经世”理念的萌生本身就是不同时空危机所激发出的共通性学术反思。所以，倘若我们用一语来概括章学诚赋予“浙东学术”的新意，大抵莫过于“文求适用，皆于时地所需，出于经济”[⑥]一句最为允当。

---

①黄宗羲．恽仲升文集序［M］//黄宗羲全集：第10册．杭州：浙江古籍出版社，2005：4．

②全祖望．甬上证人书院记［M］//全祖望集汇校集注．上海：上海古籍出版社，2000：1059．

③参考萧萐父．黄宗羲的真理观片论［M］//吹沙集．成都：巴蜀书社，2007：324．

④（日）山口久和．章学诚的知识论［M］．上海：上海古籍出版社，2006：84．

⑤如他所言：“夫此时要务，莫重于教匪，而致寇之端，全由吏治，吏治之坏，由于仓库亏空，讲求设法弥补，设法之弊，实与寇匪相为呼吸。”章学诚．上韩城相公书［M］//章氏遗书：卷29．上海：商务印书馆，1936：89．

⑥章学诚．文征乙集裒录经济策画论［M］//章学诚遗书：卷27．北京：文物出版社，1985：299．

五、结语

通过上文的梳理，我们可以确定章学诚“言性命者必究于史”是从明遗民史学写作中汲取到的思想资源。由于浙东地区所具有的地缘环境与明末的政治形势，使得该地产生了特殊的史学叙事风格，学者浸润于阳明知行合一之教，进而对“胜国遗闻”加以修撰，形成了义理、经世、修史相结合的学术范式。然而处于乾嘉之世的章学诚面对着特殊的政教使命，对这一史学思想进行了批判性继承。他一方面摒弃了明遗民谩骂当朝的空论习气，另一方面保留了以史解经、切于人事的治学理念。此后，章学诚所写的《浙东学术》与《朱陆》等文都是这一理念的呈现，他不仅打破固有的朱陆人物谱系，更跳出“支离”“禅学”之类汉宋攻伐话语，重新将学者分为“躬行实践之醇儒”与“专己守残，空谈性天”两类。他借助诠朱子理念批评考据训诂家“惟腾空言而不切于人事”的空疏学风，由此倡明“道器合一”和“治教合一”的学术理念。在此基础上，章学诚建立了一套不同于考据派的研究方法，他所重视的研究点并非孤立的名物与礼仪遗存，而在于如何通过文本写作时空场域来逆推思想者的书写意图。他诉求学者应具有与时势流转相结合的经史视域，其深意在于使义理与史事互相彰显，在历代思想家“进退出处”之间逆察其书写意图，最终形成一套释经学法则，并且明确提出八种有助于学者进行思想史研究的材料，这对于今日经学研究与思想史研究亦极具启示价值。

审视章学诚的释经方法，不难发现它与“六经皆史”论、“治教合一”论、“道器合一”论均相互贯通，是章学诚整全的知识体系在史学研究领域的展开。其中“六经皆史”从正面“否定视顾炎武‘经学即理学’命题为金科玉律并忠实遵循的清代考证学方法论”[①]，反思考据学的正当性，否定预设的经典权威自足的解释系统。在此基础上，“治教合一”论则提倡应将思想文本与文本所期许的施用场域结合考察，体察历代学者“以言行事”的政治意图，并要求当代学者关切民生日用彝伦与现实政制危机。而“道器合一”论则升华为一种形而上的方法论指导，诉求知与行、经与史、思想与政制的互相参稽。由此观之，章学诚的“八术”正

---

①（日）山口久和. 章学诚的知识论［M］. 上海：上海古籍出版社，2006：83.

是上述理念在具体研究中所显现出的治学技艺。总而言之，时空流转必然会产生古典与现实的离隙，然而在这种情况下，仅仅希望逃遁到经典之中来解决困境无疑是懈怠的表现。章学诚的释经学就是要求学者正视古今异制，正如他告诫学生的："不特志古之道不宜中辍，亦正以其心力营于世法。"[①]反观时下尊经思潮不断高涨，崇古与蹈空的风气弥漫于学界内外，章学诚的释经方法理应引起我们足够的重视。

①章学诚．与史余邨论学书［M］//章学诚遗书：卷29．北京：文物出版社，1985：335．

黄以周礼学思想探析

——以《经训比义》为中心

任慧峰

作为晚清时期的礼学大师，黄以周以对礼学难题的考证而备受时人推崇。章太炎以戴震之学作标准，将晚清学者分为五等，而列黄以周为第一等，称他与俞樾、孙诒让都是“精研故训而不支，博考事实而不乱，文理密察，发前修所未见，每下一义，泰山不移”[①]。章太炎为古文经学大师，自然看重黄氏的朴学成就。然与黄以周同掌南菁书院的缪荃孙却指出，黄氏在礼学考证外，更有深刻的礼学思想：

> （黄以周）又谓“礼者理也，天理之秩然者也。考礼即穷理，后儒舍礼而言理，礼必实征往古，理可空谈任臆也。欲挽汉宋学之流弊，其惟礼学乎？或云礼为忠信之薄，是言一出而周衰。或云礼岂为我辈设？是言一出而晋乱。学术不明而治术弊”。是先生以经学为理学，即以礼学为理学，顾氏之训至先生而始阐。[②]

即是说，黄氏的礼学乃上承亭林之学而来，其目的是要解决当时学界的汉宋学之流弊，以求提供治世之术。那么在礼学考证之外，黄氏在宋学或者说义理学方面有何贡献？他的义理学对其礼学思想产生了怎样的影响？他的学术问题意识究竟为何？今之学者虽然也非常重视黄以周“礼学

---

①章太炎．说林［M］//章太炎学术史论集．傅杰，编校．北京：中国社会科学出版社，1997：323.

②缪荃孙．中书衔处州府学教授黄先生墓志铭；艺风堂文续集：卷1［M］//续修四库全书：第1574册．上海：上海古籍出版社，2002：170.

即理学”的提法[①]，但所据材料有限，没有认识到黄氏另一部著作《经训比义》的重要性，故所论不够深入。本文拟以《经训比义》为中心，进一步探讨黄以周的礼学思想及其在清代学术史上的地位。

一、《经训比义》在清代学术思想史上的意义

1908年刘师培在《国粹学报》第八期上发表《理学字义通释》，文章开头有一段话很重要，谈到了黄以周《经训比义》的特点，其文云：

> 近世东原先生作《孟子字义疏证》，据《孟子》以难宋儒。而甘泉焦先生，亦作《论语通释》，以继戴氏之书。仪征阮先生，病宋儒高谈性命，作《性命古训》，并作《论语》《孟子论仁论》，皆折衷故训，不杂两宋之书。及定海黄先生作《经训比义》，虽师淑阮氏之学，然立说多调停汉宋，与戴、阮之排斥宋学者不同。[②]

正如刘氏所说，黄以周在《经训比义》中汉宋兼采，既重训诂，也不排斥义理。可以说，他的义理学就集中体现在此书中。《经训比义》之前，宋代陈淳曾作《字义》，以类似辞典的形式解释朱子的26个哲学范畴；之后戴震作《孟子字义疏证》，以疏证《孟子》字义的方式来发挥自己的思想。陈书墨守朱子之说，若有朱子与《孟子》相异处，则驳孟而申朱；戴书乃据《孟子》以与宋儒诘难，言辞激烈，时有过当之论。黄以周

①见林存阳．黄式三、黄以周父子“礼学即理学”思想析论［J］．浙江社会科学，2001（5）；黄海啸．礼理之辩与黄式三、以周父子对清代礼学的总结［J］．兰州大学学报（社会科学版），2006（5）；顾迁．黄以周学术思想初探［J］．船山学刊，2011（1）.

②刘师培．仪征刘申叔遗书：第四册［M］．万仕国，点校．扬州：广陵书社，2014：1333.

对两家之学皆深有所得，欲为其辨明是非，故著《经训比义》。[①]

但此书的写作形式却是仿照阮元的《性命古训》，据黄以周自述，是因为这种写作形式可以避免偏执一说以自幪的弊端。他说："昔阮文达病儒先之高谈，多经外之支辞，作《性命古训》以挽其流弊。以周幼嗜是书……深惧偏执一说以自幪，不若综比群经以自义。"[②]《性命古训》的形式是先列经典中有关"性命"的记述，然后再以按语的形式加以解释。很明显，此书并非一部纯粹的训诂学著作，阮元是要借此对唐宋以来儒者引佛家的性论加以廓清。他认为："商周人言性命多在事，在事故实，而易于率循；晋唐人言性命多在心，在心故虚，而易于附会。"[③]同样的，黄以周虽然宣称《经训比义》是要"综比群经以自义"，但他也在《叙目》中说：

> 经者，圣贤所以传道也。经之有训诂，所以明经而造乎道也。儒者手披口吟，朝夕不倦，孰不有志于闻道？顾或者辨声音、定章句，专求乎训诂之通，而性命之精、仁义之大，一若有所讳而不言。言之者或又离训诂以谈经而经晦，离经以谈道而道晦，甚且隐陋乎孔圣而显斥乎曾孟诸子，此岂求道者之所宜为哉？夫圣贤之经，儒说之权衡也。儒说之是非，以经质之；经义难明，以经之训诂核之；经训不可

---

①见刘芬为《经训比义》所作之序，见黄以周．经训比义［M］//四库未收书辑刊：第7辑．北京：北京出版社，2000：662．刘芬在此序中也明白地说他也"尝欲为两家（指陈淳与戴震）辨明是非，作一书以持其平，未能也"。可知，对于陈、戴两家关于义理方面的分歧，是黄式三一门父子、师弟共同关心的问题，这明显是上承乾嘉以降汉学之争的问题意识而来。但从黄以周的治学倾向说，在陈淳与戴震之间，他还是偏向后者。他在给俞樾的信中说自己年轻时"喜观宋儒书，又病其离经谈道，多无当于圣学，甚且自知已说之不合于经，遂取隐陋孔圣，显斥孟子，心窃鄙之，于是有《经义通诂》之作（即《经训比义》——引者按）"，又在指导唐文治时说："戴东原《孟子字义疏证》，立说俱是，而近于毁骂。"见唐文治．黄元同先生学案；茹经堂文集：第一编：卷2［M］//民国丛书：第五编．上海：上海书店出版社影印，1989：11；赵椿年．覃研斋师友小记［M］//中和月刊史料选集．沈云龙，编．台湾：文海出版社，1970：287．

②黄以周．经训比义［M］//四库未收书辑刊：第7辑．北京：北京出版社，2000：660．

③阮元．性命古训；揅经室集：一集卷10［M］．邓经元，点校．北京：中华书局，1993：235．

偏据，以诸经之相类者融贯之。经以类纂，如丝之纶，同异既别，是非自明。所谓叛惭疑枝、邪离遁穷之情形毕著矣。不揆梼昧，采掇成书，道必宗经，训亦式古，而区区之意尤在使知族类、行比义焉，庶或心知古意，不惑歧途也。①

作为一名虔诚的儒家学者，黄以周勤奋治经的目的就是要“闻道”，而不是像一些“专求乎训诂之通”的汉学家那样，虽高悬圣人之道的鹄的，但根本不敢谈“性命之精”“仁义之大”。当然他求道的方法依然沿袭了乾嘉学者的做法，即由训诂以通义理。但不同的是，在训诂方法上他有所创新，即将诸经中经训之相类者融贯之。用黄氏的话来说，即其“区区之意尤在使知族类、行比义”。“行比义”出自《国语·楚语上》，三国韦昭释为“义之与比也”，但王引之认为“比义”当作“比仪”，即“比之度之也”。②黄以周在《经训比义》中所采取的方法正是依此而行。《经训比义》书后有黄以周自跋，专释“比义”二字。他说：

比之言次也、合也，义之言仪也、度也。……凡事之淆杂吾前，必比而次之，义而度之，而后异同以别，是非乃明。“圣人有以见天下之动，而观其会通，以行其典礼”，此比之之说也。“圣人有以见天下之赜，而拟其形容，象其物宜”，此义之之说也。③

可见，黄以周在裁断前，对于典籍中材料的排比，考虑要更加审慎。这与宋儒不同，也与乾嘉诸老有异。故刘芬评价其书是“详引诸经各注，异于陈、戴之自立一帜。以此说经，经由是明；以此应世，庶不执臆见为理义，败坏天下事矣”④。这其实正体现出黄以周对汉宋之争的思考。他在咸丰五年（1855）所作《周易故训订》的序中说：“学者必广搜古注，互证得失，务求其是。若夫舍古求是，讵有独是？多见其不自量也。然学必

①黄以周. 经训比义［M］//四库未收书辑刊：第7辑. 北京：北京出版社，2000：663.

②王引之. “比义”条；经义述闻：卷21［M］. 南京：江苏古籍出版社，2000：511.

③黄以周. 经训比义［M］//四库未收书辑刊：第7辑. 北京：北京出版社，2000：755.

④黄以周. 经训比义［M］//四库未收书辑刊：第7辑. 北京：北京出版社，2000：662.

求古，而古亦未必尽是矣。……愿学者执是而从，毋矫异，毋阿同，斯为善求古、善求是也已。”[①]“求古”是“求是”的必由之路，所以必须“广搜古注，互证得失”。这种观念可以说贯穿在黄以周的所有著作之中。

据《经训比义》黄以周所作“叙目”，可知此书作于咸丰四年（1854），至光绪二十一年（1895）刊刻时，已过四十年，正合黄氏在“弁言”中所说“秘藏家塾垂四十年”。而被认为是黄以周著作中最大部头的《礼书通故》作于1860年，到1878年完成。可以想见，《礼书通故》的撰作应当也遵循了《经训比义》的宗旨。对于两书之间的关系，以周堂兄以恭在所作《经训比义序》中记录了他与以周的关于此一问题的问答，是一篇非常重要的文献。学者对此未加注意，今不惮其烦，引之如下：

> 元同自幼好深湛之思，口讷于辞，心锐于学，闭户读书如贾景伯，无人事于外，足不踏省闱已十有五年。所著《经训比义》，自汉至宋及近儒之说理义者，必详考有据而后已。以恭读其书，喜其原原本本，不同臆说，馆课时尝举以撤门弟子之幪。今元同又著《礼书通故》，于古礼之至纤至悉，剖之极详，一若考据之中有理义存焉。以恭就而问其故，元同答曰：小德川流，大德敦化。其谓大德既厚，小德自通与？抑谓小德如川之流，脉络分明，而后大德之化愈出不穷与？礼者理也，考礼即穷理也，优优大哉，赞道之无小非大也。以恭闻是言，愈知考据、理义之不可分。抑窃有感焉。孟子言经正则庶民兴，庶民兴斯无邪慝。方今盗贼横行，邪说充塞，得非经中之义、礼有未明乎？不示之以经义，民乌知圣道？不晓之以经礼，民乌知天秩？元同作《比义》，复作《通故》，谈义理于举世不谈之日，实药石之言也。韩子曰寻坠绪之茫茫，独旁搜而远绍，障百川而东之，回狂澜于既倒，元同其勉为之。而考据以理义为归，理义亦以考据而精。读其书者自知焉。[②]

黄以恭读《礼书通故》，感到在其细密的考据中好像有义理存在，故以此相问。黄以周用《中庸》“小德川流，大德敦化”作喻，在陆王倾向

①黄以周．序；周易故训订［M］//续修四库全书：第35册．上海：上海古籍出版社，2002：579.

②黄以周．经训比义［M］//四库未收书辑刊：第7辑．北京：北京出版社，2000：754–755.

的“大德既厚，小德自通”与朱子倾向的“小德如川之流，脉络分明，而后大德之化愈出不穷”之间，他选择了后者，认为“道之无小非大也”。黄以恭称赞以周“谈义理于举世不谈之日，实药石之言也”，实在道出了以周毕生考礼以求圣人义理的苦心。今之学者仅以总结古代礼制视《礼书通故》①，而没有看到其中所蕴含的黄氏的义理观，不能不说是一种偏失。

二、黄以周论礼与理

从战国中期开始，诸子开始用“理”来阐释“礼”。《礼记·乐记》：“礼也者，理之不可易者也。”同样的表述也出现在《荀子·乐论》中。这里的“理”，基本上相当于《孟子·告子上》“心之所同然者何也？谓理也、义也。圣人先得我心之所同然耳。故理义之悦我心，犹刍豢之悦我口”中的“理”，是指伦理道德而言。②但郑玄注的解释有所不同，他说：“理，犹事也。”孔疏：“礼见于貌，行之则恭敬。理，事也，言事之不可改易也。……礼在于貌，故云‘礼’也，变易改换也。”③貌似不同，但所谓“事”，也是体现伦理之事。《礼记·仲尼燕居》：“礼也者，理也。乐也者，节也。君子无礼不动，无节不作。”孔颖达《正义》云：“理，谓道理。言礼者，使万事合于道理也。……言古之君子，若无礼之道理，不妄兴动。”④所说也是一样。这种对礼的界定是在春秋宗法秩序解体的背景下，在战国的秩序重整中提出的。不过，它却为宋

①如王文锦先生就说：“黄氏通过这部巨著，将两千年来的古代礼制研究成果，做了出色的总结。”见王文锦．点校前言［M］//黄以周．礼书通故．北京：中华书局，2007：3．

②理与义是密切相关的。《论语·卫灵公》：“君子义以为质，礼以行之。”《礼记·礼运》：“礼也者，义之实也，协诸义而协。”《管子·心术上》：“义者，谓各处其宜也。礼者，因人之情，缘义之理，而为之节文者也。故礼者谓有理也，理也者，明分以谕义之意也。故礼出乎义，义出乎理，理因乎宜者也。”礼与义本为一体之两面，无义则礼为虚文，无礼则义无体现，故礼乃有理。

③孔颖达．仪礼正义：卷58［M］．吕友仁，整理．上海：上海古籍出版社，2008：1517．

④孔颖达．仪礼正义：卷58［M］．吕友仁，整理．上海：上海古籍出版社，2008：1935．

明理学及清代汉学论礼与理的关系奠定了基础。

北宋时期，学者将理抬高成为最高范畴，出现了“以理补礼”的现象。如程颐解《论语·颜渊》“克己复礼”云：“视听言动，非礼不为，即是礼。礼即理也，不是天理，便是私欲。入于私欲，虽有意于为善，亦是非礼。无人欲即皆天理。”这样礼就不再只是伦理规范，而具有了本体的地位。朱子在《答曾择之》中说：“礼即理也，但谓之理，则疑若未有形迹之可言。制而为礼，则有品节文章之可见矣。”[①]朱子认为礼即是理，但若仅表述为理，则会抹杀礼的具体表现。可见，在朱子那里，礼是有体有用的，其体的地位来自宋儒对“天理”的重新解读。[②]

清代戴震不满宋儒对“理”的解释所带来“以理杀人”的后果，而用《诗经》中的“有物有则”将“理”释为具体事物中的规则[③]，即“分理”“条理”“文理”。这样的诠释要求“求情而得理”，不再执着于超越的“天理”，对于普通民众的“达情遂欲”有积极的作用，但也引起了现代新儒家的批评。如刘述先先生就说：“强调达情遂欲而不爽失，表面

①朱熹．答曾择之；朱文公文集：卷60；朱子全书：第23册［M］．上海：上海古籍出版社；合肥：安徽教育出版社，2002：2893．钱穆先生对此说：“朱子以理学大儒晚年以大力修礼，观此，其用意大可见。清儒挟门户之见，力排宋学，谓宋儒好言理，不如古人之重礼。然清儒考礼，一意古籍修订，曾于当代政治制度民生日用好不厝意。较之朱子，度量相越，洵不可以道里计矣。”钱穆．朱子新学案：卷4［M］．北京：九州岛出版社，2011：151-152．

②万人杰曾问朱子曰：“程子曰：‘礼即理也。不是天理，便是人欲。’尹氏曰：‘礼者，理也。去人欲，则复天理。’《或问》不取尹说，以为失程子之意，何也？”曰：“某之意不欲其只说复理而不说‘礼’字。盖说复礼，即说得着实；若说作理，则悬空，是个甚物事？”黎靖德．论语二十三·颜渊篇上；朱子语类：卷41［M］．王星贤，点校．北京：中华书局，1986：1065．

③顾炎武在《答友人论学书》说：“圣人之道，下学上达之方，其行在孝弟忠信；其职在洒扫应对进退；其文在《诗》《书》、三《礼》《周易》《春秋》；其用之身，在出处、辞受、取与；其施之天下，在政令、教化、刑法；其所著之书，皆以为拨乱反正，移风易俗，以驯致乎治平之用，而无益者不谈。一切诗、赋、铭、颂、赞、诔、序、记之文，皆谓之巧言而不以措笔。其于世儒尽性至命之说，必归之有物有则，五行、五事之常，而不入于空虚之论。仆之所以为学者如此，以质诸大方之家。”将“尽性至命之说”归之“有物有则”，开清学之先。顾炎武．顾亭林诗文集［M］．华忱之，点校．北京：中华书局，1983：135．

上看好像肯定人的情欲本能不受桎梏，但其实价值主体不立，遂结果不免要求准则于外在的礼。后来凌廷堪索性‘以礼代理’决非偶然。以之与宋明儒相比，宋明儒言礼仍有道德心性作为基础，故礼仍是活活泼泼的。如今东原之重礼却已失掉了心性之基础，到头来只剩下外在的规范，用孔子的话来说即只是徒具礼之末而无礼之本。这样看来，东原斥宋明儒以理杀人，但恐怕他自己才是真的下开了以礼杀人的传统。”这样的评价虽然新奇，但其实不能成立。吴根友先生已指出戴震的学说根本没有进入官方的意识形态层面，刘先生所说恐怕只是出于想象而非历史的事实。[①]另一方面，清人其实也并未只是将礼视作外在的规范，而同样重视礼的心性基础与“天”的关系。

清儒凌廷堪在其《复礼上》《复礼中》中说明他复性靠礼、道德实践靠礼的主张，在凌氏之后，黄式三、黄以周父子也对戴震、凌廷堪之说作出了积极的响应。黄式三在《崇礼说》中说：

> 君子崇礼，以凝道者也。知礼之为德性而尊之，知礼之宜问学也而道之。道问学，所以尊德性也。……后世君子外礼而内德性，所尊或入于虚无；去礼而滥问学，所道或流于支离，此未知崇礼之为要也。不崇礼，即非至德，何以能凝至道？[②]

他强调礼兼有尊德性与道问学两个面向，而“道问学所以尊德性也”，因此批评“后世君子外礼而内德性，所尊或入于虚无；去礼而滥问学，所道或流于支离”。在《复礼说》中，他指出：

> 礼也者制之圣人，而秩之自天。当民之初生，礼仪未备，而本于性之所自然，发于情之所不容已，礼遂行于其间。何则？蜂蚁有君臣，豺狼有父子，鸿雁有行列之序，岂圣人教之而然哉？物不受教于圣人，而物自能之。安得谓圣人未教人，而人尽无礼乎？恭敬辞让，此心为礼之端，无是心，非人也。

“礼”并非后天强加的规范，而是“秩之自天”的。蜂蚁豺狼乃宋儒

①刘述先．从道德形上学到达情遂欲——清初儒学新典范论析；儒家思想意涵之现代阐释论集［M］．台北：台湾“中研院”中国文哲研究所，2000：103．

②徐世昌，等．清儒学案［M］．沈芝盈，梁运华，点校．北京：中华书局，2008：5944-5945．

旧喻，朱子曾举之以证父子君臣之伦皆得自理。[①]式三之意，与朱子无异。

宋儒周敦颐《通书》中说颜子乐贫，是因为其"见其大则心泰"。程颐说颜子之乐"自有其乐"，但所乐为何，亦未说明。对此，黄以周认为，颜子所乐乃天，而乐天之学要从好礼做起：

> 《虞书》曰："天秩有礼，自我五礼有庸哉。"礼者，体也，体之于心，知其理之不可易实出于性之乌可已，则手舞足蹈有不自知者矣。理不可易，故曰"秩"；性乌可已，故曰"天"。礼秩自天，故好礼即以乐天理。《中庸》曰："大哉，圣人之道！洋洋乎！发育万物，峻极于天。优优大哉！礼仪三百，威仪三千。"言圣道峻天之大，由于修礼之大也。颜子所见大，虽无容轻拟，要不越《中庸》所谓"优优之礼"矣。由博文以约礼，既竭一生之才；能克己以复礼，遂安三月之仁。[②]

将礼与天、理、性相联系，看起来是宋儒旧说，但若放在明清学术思想史的背景下，便会发现其独特的意义。

明末清初时学者强调"天"的重要性，在观念上有助于对"礼"的重视。吕留良以天作为批判异端的标准，日本学者伊东贵之说："如果（辨别异端与正学）依据的是'天'，那么必然就要归结到'一定之理'，而且必然从哲学层面上保证了作为儒家'秩序'观之核心的、作为天意之具体客观表现的'礼'的重要性。"与吕留良同时的陆世仪、黄宗羲、张尔

---

①见朱熹．中庸或问［M］//朱子全书：第6册．上海：上海古籍出版社，2002：551．

②黄以周．颜子见大说；儆季文钞：卷1［M］．首都图书馆藏定海黄氏所著书本。黄以周又在《德性问学说》中说："荀卿力劝人学，而并诋德性为恶，谓礼义出于圣人之心，常人学而后能明礼义。是问学取诸外，而德性无诸内矣。宋儒谢上蔡，后有陆象山，大反荀卿之说，则又谓此心虚灵不昧，万理毕具，而不待外求。是德性求诸内，而问学又遗诸外矣。"又黄以周在《礼书通故》中说："夫礼秩自天出，于性之乌可已。雁有行列，蜂知君臣，鸟兽昆虫，不教而成，人之有礼，岂非性哉？《记》曰：'礼本于大一，分而为天地，转而为阴阳，其降曰命，其官于天也。'降谓赋畀，官谓职掌。《传》曰'民受天地之中以生，以定命也'，所谓'其降曰命'也。又曰'是以有动作礼义威仪之则，能者养以之福，不能者败以取祸'，所谓'其官于天也'。礼官于天，故曰'天秩有礼'，二帝三王无异教也。荀子外礼以言性，不知性者也。老子离道德仁义以言礼，不知礼者也。"黄以周．礼书通故［M］．王文锦，点校．北京：中华书局，2007：20-21．此两例也是同样的意思。

岐等人也有类似的强调“天”的倾向。[①]如清初陆世仪（1611—1672）说：“先儒有言，天即理也。予曰理即天也。识得此意，敬字工夫方透。”[②]即意在提高天之地位，否则人之敬将无法持续。黄以周极钦佩的胡培翚，曾驳贾公彦《周礼》乃统心、《仪礼》是践履之说：“不知践履必本于心，外之有揖拜辞让之文，内之必有恭敬谦逊之实。故魏氏了翁以为《仪礼》一经，非由外心以生，凡皆人性之固有，天秩之自然。则以二礼分别外内，非矣。”[③]

因此黄以周对礼、理关系的诠释其实与宋儒并不相同，最明显的表现就是他对“理”的解释。黄以周通过归纳《礼记·中庸》《孟子》中“理”的含义，认为“理者分也，谓道之分明者也。故理以有别言，此古训也”。[④]他举任启运（1670—1744）《礼记章句》之语为证：

> 理乃玉文细密之名，孟子言始终条理，子思言文理密察，孔子言穷理尽性以至于命，皆就分别细密处言之，非大本大原之名也。朱子言天即理，性即理，与《易》言“性命之理”同，言浑然中即具此秩然之理耳。或乃谓先有此理，乃有是天，谬之谬矣。[⑤]

理非大本大原之名，而是依物而存在的。由此黄以周提出了他的“理气说”：“凡气之具于身者皆物也，而各有则焉其理也。有物即有则，有气即有理也。故逞气而灭理者非也，求理于气外者亦非也。”[⑥]此外，理指分理，曾是戴震重点强调的[⑦]，但黄以周却未提及，而是引用任启运的观点，这是有他的用意的。黄氏虽同意戴震对“理”的解释，但却不赞成其

---

①伊东贵之．“秩序”化的诸相［M］．沟口雄三，小岛毅．中国的思维世界［M］．南京：江苏人民出版社，2006：252．在此文中，他提出：“在清初时期……出现了各种‘秩序’化思潮，这些思潮试图解决当时社会中的混乱局面。在我看来，作为标识清初时期思想序列的关键词，可以认为是‘秩序化’。”同书，第248页。

②陆世仪．居敬类；思辨录辑要：卷2［M］．清文渊阁《四库全书》本．

③胡培翚．仪礼正义［M］．段熙仲，点校．南京：江苏古籍出版社，1993：5．

④黄以周．经训比义：卷中［M］//四库未收书辑刊：第7辑．北京：北京出版社，2000：701．

⑤任启运．礼记章句：卷1［M］．清乾隆刻本．

⑥黄以周．经训比义：卷上［M］//四库未收书辑刊：第7辑．北京：北京出版社，2000：685．

⑦戴震．孟子字义疏证：卷上［M］．1．

过激的态度及引发的汉宋之争。[①]任启运生于戴震之前，学宗朱子，精于三礼，黄氏引他的释理之语，更可见汉宋两派对理有共识。

理既然以分别言，则不免会被宋学家视为外在，对此，黄以周则将理与义联系起来，说明理并非“外理”。《礼记·丧服四制》曰：“理者，义也。”黄氏据此指出：

> 理与义浑言相通。理者，条分缕析，使事物一无紊乱而各得义之所宜也。或者疑此为外理，非也。有条有缕，属外之物；分之析之，由内之心。是犹长者非义，长之者为义也。理岂偏属之外物哉？[②]

浑言之，理与义相通，而义非外在，则理亦非外理。[③]“理”既然有内在的根据，那就人人都可以求得，在这里，黄以周加以了严格的限定，只有圣人才能完全地了解理义，凡人则只能“悦”圣人之理义。他说：

> 理者，圣心所分之条理。义者，圣心所断之事宜也。圣人神明之至，能先得理，能先得义，所谓先智先觉是也。凡人不能尽得理义，未有不悦理义者也。……后世恣睢之徒，辄以意见当理义，是一人之私心也，非人心之同然也。先得人心之同然者，惟圣人。[④]

戴震也强调《孟子》的“心之所同然”，认为“凡一人以为然，天下万世皆曰‘是不可易也’，此之谓同然”。[⑤]戴氏虽然也说“圣人始能得理”，但重点却在人之情：“惟以情絜情，故其于事也，非心出一意见以处之，苟舍情求理，其所谓理，无非意见也。”[⑥]而黄以周虽然不反对情，

---

①以周之父黄式三对戴震之说非常推崇，这对黄以周有很大的影响。但黄以周也曾对弟子说：“戴东原《孟子字义疏证》，立说俱是，而近于毁骂。”见赵椿年．覃研斋师友小记［M］//沈云龙，编．中和月刊史料选集．台湾：文海出版社，1970：286.

②黄以周．经训比义：卷中［M］//四库未收书辑刊：第7辑．北京：北京出版社，2000：701.

③俞樾在《礼理说》（宾萌集：卷2［M］//春在堂全书．光绪二十三年重订本）中则提出要将礼、理分开，治天下以礼不以理，乃“无弊之道”。他认为“以理”则“有是非曲直在”，而君臣父子之间是不应论是非曲直的，如果君臣父子之间不遵循礼，而据“理”以论是非曲直，那便是“大乱之道”。这还是将伦理道德置于客观标准之上，不如黄以周的礼理说富有弹性。

④黄以周．经训比义：卷中［M］．701.

⑤戴震．孟子字义疏证：卷上［M］．3.

⑥戴震．孟子字义疏证：卷上［M］．5.

但在此处，他却害怕凡人以一人之私心当理，故强调只有圣人才能尽得理义。如果只有圣人能尽得“心之所同然”之“理”，那么圣人已亡，其理当于何处求得？答案就只有向圣人所传之经中去寻找。这样，戴震强调情到了黄以周这里，就转向了经，尤其是礼。

三、黄以周论礼与情

黄以周对于情也是很重视的，他非常反对佛家的灭情复性之说，而以圣人有情说来对抗。他说：

> 气之秩然者理，情之当然者性。理不可见，见之于气。性不可见，见之于情。自佛氏有灭情复性之说，而或者遂谓圣人无情，天地无情，非也。天地圣人不能无情，读《易传》自知。①

《易·文言传》云：“乾元者，始而亨者也。利贞者，情性也。……大哉乾乎，刚健中正，纯粹精也。六爻发挥，旁通情也。”黄以周据此阐述了他的性情观。他认为：

> 利者，乾元之情。贞者，乾元之性。刚健中正，纯粹精者也，贞之性也。……六爻发挥，旁通情也，利之情也。……以己之情，旁通乎人，《传》所谓“利以合义”，《乐记》所谓“反躬”也。②

对于情与性之间的关系，黄氏与宋儒不同。宋儒一般认为性是体，情是用③；性属静，情属动。而黄以周由于要据经典以立说，根据《易·文言传》“利贞者，情性也”，将情性与坤乾相联系，强调经典中都是“情性”，这样就抬高了情的地位。黄以周非常重视“六爻发挥，旁通情也”，认为这合于“反躬”。这类似于戴震所主张的“以情絜情”，不过他用《易传》来证成其说。

此外，他还引《说文》《白虎通》性为阳气、情为阴气的记载，反

①黄以周．经训比义：卷上［M］//四库未收书辑刊：第7辑．北京：北京出版社，2000：683.

②黄以周．经训比义：卷上［M］//四库未收书辑刊：第7辑．北京：北京出版社，2000：683-684.

③见黎靖德，编．朱子语类：卷5［M］．王星贤，点校．北京：中华书局，1986：91.

对性静情动之说："《白虎通》：'情者，静也。'静函于心气中，而有自然智觉也。……或又谓性属静，情属动，与《说文》性阳气、情阴气相反。此各据大判言之，亦未可泥。"[①]因此他赞同朱子《仁说》中所说的"性情者，虽其分域之不同，然其脉络之通，各有攸属，曷尝判然离绝而不相贯"。

在此基础上，他反对"情恶"说。他说："情者，人之良知。……情可以为善，是情非恶也。情非恶即可见性之善也。性之欲为情，而情之善即性善。"[②]他赞成朱子性情贯通之说，力排禅家灭情以复性，认为如果没有了情，那么仁义礼智的善端也不能存在。对于此可以为善之情，黄以周认为要用礼治之。他说："治情之道，必节己之所有余，而勉其所不足，以审乎中正之则而已。"[③]而这"中正之则"就是礼。

先秦典籍中，就有关于情礼关系的记载。《礼记·乐记》："合情饰貌，礼乐之事也。""乐章德，礼报情。"对此，黄以周说：

> 礼也者，报其情也。欲报情而饰貌，貌根于心也。而浇情者往往专于饰貌，非礼之罪也。故浇情饰貌者，非恶其饰貌，恶其浇情，恶其浇情而专于饰貌，不能报情耳。后儒谓礼不足以防伪，伪之招也。礼不足以讲信，信之薄也。众言淆乱，宜折诸圣。[④]

有后儒认为礼不仅不足以防伪讲信，还是招致虚伪无信的原因，这是黄以周无法接受的。他引《乐记》"礼报情"就是要说明礼是为报情才用外在的器物仪节来修饰，是根于心的。那些只会专注外在礼仪修饰的人往往会损害情，但这不是礼的问题。《礼记·乐记》云"著诚去伪，礼之经也"。孔疏："言显著诚信，退去诈伪，是礼之常也。若人内心虚诈，则外貌敖狠，唯礼知之，故云'礼之经也'。"可见礼乃检验人是否诚正的

---

①黄以周. 经训比义：卷上［M］//四库未收书辑刊：第7辑. 北京：北京出版社，2000：683.

②黄以周. 经训比义：卷上［M］//四库未收书辑刊：第7辑. 北京：北京出版社，2000：684.

③黄以周. 经训比义：卷上［M］//四库未收书辑刊：第7辑. 北京：北京出版社，2000：685.

④黄以周. 经训比义：卷中［M］//四库未收书辑刊：第7辑. 北京：北京出版社，2000：714.

标准，而非只是外在的规范。

黄以周并不主张礼要排除情、欲，同时也反对那种不循礼的放荡行为。《论语·学而》："有子曰：'礼之用，和为贵。先王之道，斯为美。小大由之，有所不行。知和而和，不以礼节之，亦不可行也。'"黄式三对此解释说：

> 此为放荡者戒。……好放荡者其意以礼为不和耳，视为繁琐拘苦，以旧坊无用而坏之，好脱略简率之为，卒生悖逆欺陵之衅。其人非特不循礼，并不得谓之能和。有子特揭礼中之和以示之，见礼由和用，所以能范围小大之事，而外礼者之和失其和矣。[①]

此乃式三借有子之言而对当时社会现实所发的不满之辞。视礼为烦琐拘苦之人，认为礼会导致不和。但在黄式三看来，这些人虽然抛弃了礼，但仍然得不到和，只有遵守礼，才能将各种事物安排好，没有礼的和就失去了和的灵魂。在其父的基础上，黄以周进一步将礼和情联系起来，他说："礼以报情，故其用和。先王之道斯为美，即优优大哉之意。大而礼义三百，小而威仪三千，无非将以和意，可谓先王之礼乃束缚斯人之具乎？"[②]他将有子的"礼之用，和为贵"与《乐记》的"礼报情"联系起来解释，认为礼回报人情就会达到和。这样，先王的"礼义三百，威仪三千"就都是为了求得和，不能像有些人说的是束缚人的工具。可见，黄以周是在调和礼的外在形式与情之间的关系，努力为礼争取正当性。

四、经曲之辨：礼仪与礼义

1788年，章学诚作《礼教》一文，文章起首即辨经礼与曲礼。他说："经礼之学，开端先辨经曲。经曲之义未明，是出入不由户也，而学者往往昧之。"[③]章氏认为《礼记·礼器》"经礼三百，曲礼三千"中的"经礼""曲礼"应当依刘向之说，分别指《周官》与《仪礼》，前者为"经"，后者为"曲"。他的看法依然与其"六经皆史"说一样，核心是

---

①黄式三．论语后案［M］．张涅，韩岚，点校．南京：凤凰出版社，2008：17．

②黄以周．经训比义：卷中［M］//四库未收书辑刊：第7辑．北京：北京出版社，2000：717-718．

③仓修良．文史通义新编新注［M］．杭州：浙江古籍出版社，2005：69．

强调王朝典章的重要性。但到黄以周，虽然在《礼书通故》的开头也先分辨经、曲，但出发点与章学诚完全不一样。

黄以周是从礼仪与礼义的角度来论述这一问题的。他既不同意孔颖达说“《周礼》为本，《仪礼》为末”，也不同意贾公彦“《周礼》为末，《仪礼》为本”，而是根据其父黄式三的意见，将《仪礼》《周礼》《礼记》三书中都分出经礼与曲礼两部分。[①]他著《礼书通故》的第一件事就是要正名，而这也是继承了其父的思路。黄式三曾撰《经礼曲礼说》一文，文中小注云：“稆生弟曰：《中庸》‘礼义’讹‘仪’，二千余年不校正，三百三千，各以意说。《五礼通考》卷首集诸儒说，无定论，赖此纠正。”[②]黄以周详细地分析了《礼经》名称的演变，指出在汉代郑玄及其弟子并不称《礼经》为《仪礼》，《仪礼》之名乃东晋人所加。[③]对于此种变化，他分析说：

> 自东汉“三礼”之名出，礼为《周官》《礼》《礼记》之总名，而西汉五十六篇之专名，反为《周官》《礼记》所溷。自魏晋号四十九篇为《礼记》，亦谓之《小戴礼》，而东汉十七篇之名“礼记”、名“小戴礼”者，又为四十九篇《戴记》所夺，于是别号之为“仪礼”，此与郑君以十七篇为“曲礼”同意。然“曲礼”虽不足当十七篇，而名犹见于经；谓之《仪礼》，实为不典。[④]

《礼经》在汉代有《礼》《礼记》《小戴礼》等名称，但这些名称在后世却被《周官》《礼记》所混淆，于是《礼经》被别号为“仪礼”。这与郑玄视《仪礼》十七篇为“曲礼”类似，都是降低了礼经的地位，在以周看来，“实为不典”，“经义既缪，经名亦因之不正矣”。[⑤]

需要指出的是，黄以周对《周礼》与《仪礼》的看法，也是《仪礼》重于《周礼》。黄氏反对后人对于《周礼》乃周公所作的怀疑，他从古书的注释体例出发，根据“古人经传分行，后世多比附之”，认为“《周官传》不见，其羼入经中亦必不少，故《周官》间有可疑，特不可如后人之

①黄以周．礼书通故［M］．王文锦，点校．北京：中华书局，2007：3.

②黄式三．儆居集·经说一·经礼曲礼说［M］．清光绪十四年刻本．

③黄以周．礼书通故［M］．王文锦，点校．北京：中华书局，2007：4.

④黄以周．礼书通故［M］．王文锦，点校．北京：中华书局，2007：4–5.

⑤黄以周．礼书通故［M］．王文锦，点校．北京：中华书局，2007：2.

掊击”。也就是说，《周礼》中的可疑之处，都是因为后人将解释之语羼入的结果。他的辩护当然是无力的，只不过表现了他对经书权威的维护，同意将《周礼》视作周公之遗典。但对于《仪礼》与《周礼》，他还是说：“二书无本末可分，《汉艺文志》依刘歆《七略·礼类》，《礼经》先，《周官》后，极当。”①也就是认为《礼经》重于《周官》，从他的《礼书通故》一书的整体来看，也是主要在讨论《仪礼》的内容。这其中的考虑其实都是要提高《仪礼》的地位，纠正前人以“曲礼”、礼之末节来看待《仪礼》的倾向。

黄以周区别经礼与曲礼，其实是要分别“礼仪”与“礼义”。《礼器》“经礼三百”，在《中庸》作“礼仪三百”，《春秋说》作“礼义三百”。以周与其父式三，对此进行了细密的考证，认为“礼仪三百”当作“礼义三百”。黄以周将《诗经·大雅·抑》“敬慎威仪，维民之则”和《左传·成公十三年》“民受天地之中以生，所谓命也。是以有动作礼义威仪之则，以定命也”相联系，他说：

> 礼为天地之中，而民受之以生，是以有礼义。有礼义，故动作有威仪。威仪所以定命，故勤礼。礼无不敬，故莫如致敬。……后人每视动作威仪为末节，宜读此，悚然自悟矣。程子云：洒扫应对与尽性至命亦是一统事，无有本末，无有精粗。②

东汉贾逵云：“取法阴阳之中，春为阳中，万物以生；秋为阴中，万物以成。欲使人君动作不失中也。”③唐孔颖达疏解释说：“‘天地之中’，谓中和之气也。民者，人也。言人受此天地中和之气以得生育，所谓命也。”但黄以周在此却别出新解，释“天地之中”为礼，而“民受之以生”，这样，礼之动作威仪就不再是外在的规范，而具有了形上的根据。

因此，黄以周对于容礼非常重视，认为其直接反映了礼义。《乐记》云：“致礼以治躬，则庄敬，庄敬则严威。……外貌斯须不庄不敬，而易慢之心入之矣。”黄以周把“礼以治躬”释为遵守外在的“规矩”“度

---

①黄以周. 礼书通故［M］. 王文锦，点校. 北京：中华书局，2007：3.

②黄以周. 经训比义：卷中［M］//四库未收书辑刊：第7辑. 北京：北京出版社，2000：714.

③李贻德. 春秋左氏传贾服注辑述：卷1［M］. 清同治五年朱兰刻本.

数”，又进一步将此“治躬”建基于“心”：“礼之规矩森严，度数详明，存诸心则易慢不入，足以杜人之非心逸志也。饬诸躬则庄敬日强，足以固人之肌肤筋骸也。”[①]不过，在黄氏的眼中，容礼不能做作，而必须是对于“礼义”真正有得后的自然而然的体现。他说：“容貌不须矜持而自庄，颜色不须严厉而自威，语言不须令申而自信，其有得礼义之学乎！”[②]他还将《表记》中孔子的“君子不失足于人，不失色于人，不失口于人”与《冠义》的“礼义之始，在于正容体，齐颜色，顺辞令”联系起来，得出“修此三者，是谓礼义备”的结论。黄氏的这一论断并非曲解，而是有依据的。《论语·泰伯》：“曾子言曰：‘君子所贵乎道者三：动容貌，斯远暴慢矣；正颜色，斯近信矣；出辞气，斯远鄙倍矣。笾豆之事，则有司存。’”黄以周对此有精辟的解释：

> 君子所贵乎道者，贵其能行礼义也。笾豆存，有司陈其数也。君子所贵乎道，贵乎能知其义也。能知其义，斯远暴慢鄙倍而近信矣。动容貌以四体言，故亦曰容体。曾子此言，即本《表记》夫子语不失足、不失色、不失口之意。合读两节，自知礼义之不可轻，而学者每视此为粗迹，而忽之于为人之道，其远矣！[③]

可见他认为对容体、颜色、辞令的重视就是对道、礼义的重视。

为了提高容礼的地位，黄以周还特别考证了“礼义”与“礼仪”的内涵及互相的关系。《冠义》曰：“凡人之所以为人者，礼义也。礼义之始，在于正容体，齐颜色，顺辞令”，“容体正，颜色齐，辞令顺，而后礼义备”，“君臣正，父子亲，长幼和，而后礼义立”。黄以周认为这里的“礼义”还没有被人改为“礼仪”，故保存了先秦时容体、颜色、辞令为礼义表现的古义。他说：“礼义也者，兼内外、上下，赅始终，故君子

①黄以周．经训比义：卷中［M］//四库未收书辑刊：第7辑．北京：北京出版社，2000：714.

②黄以周．经训比义：卷中［M］//四库未收书辑刊：第7辑．北京：北京出版社，2000：715.

③黄以周．经训比义：卷中［M］//四库未收书辑刊：第7辑．北京：北京出版社，2000：715.

所贵乎道者，亦不越此三者也。”[①]他详细地分析了古代典籍中“义”字被改为“仪”字的现象，指出《中庸》“礼仪三百，威仪三千”中的“礼仪”当作“礼义”，其所依据的是《周礼·肆师》郑注“故书‘仪’为‘义’。郑司农云‘义’读为‘仪’。古者书‘仪’但为‘义’，今时所谓‘义’为‘谊’”。在黄氏之前，徐养原已根据《说文》指出：“义”的本义是“己之威仪也”，“仪”的本义是“仪度”，“谊”的本义是“人所宜也”。王引之在其《经义述闻》中也数次指出，先秦典籍中，“礼义”当作“礼仪”[②]，黄氏更进一步区分了义与仪的不同：

第一，义为礼之纲，仪为礼之委曲。他说：“礼义之则有三百，威仪之则有三千，则义为礼之大经，故礼义亦曰经礼。仪为礼之委屈，故威仪亦曰曲礼。”[③]

第二，义为自己之礼义，仪为仪度他人之义。他说：“就我大义而言，字当作‘义’，‘仪’者假借。……就人仪象而言，字当作‘仪’，‘义’者假借。”[④]

第三，义、仪、谊三字在汉代发生混淆，本义尽失。他说：“凡人容止有礼谓之义，有义而可象谓之仪。……义以仪象为本义，威仪乃仪之引申。礼义者，礼之大义，义本而仪末。”[⑤]

礼义为本，而礼仪为末，此一点本为常识。其特别之处在于，黄氏将礼义解释为“容体正，颜色齐，辞令顺”，即“义以仪象为本义”，而礼仪是他人有仪象而仿效之。不过黄氏同时也非常重视威仪，他说：“礼以辨上下，在礼义，亦在威仪，义质而仪文。文之重犹质，质之重犹文，见

①黄以周．经训比义：卷中［M］//四库未收书辑刊：第7辑．北京：北京出版社，2000：715.

②见王引之．“别之以礼义”条；经义述闻：卷15［M］．“礼义”条；同上：卷20［M］．“比义”条；同上：卷21［M］．南京：江苏古籍出版社，361–362；481；511.

③黄以周．经训比义：卷中［M］//四库未收书辑刊：第7辑．北京：北京出版社，2000：716.

④黄以周．经训比义：卷中［M］//四库未收书辑刊：第7辑．北京：北京出版社，2000：716.

⑤黄以周．经训比义：卷中［M］//四库未收书辑刊：第7辑．北京：北京出版社，2000：716.

文质彬彬，不可偏废也。”[①]总之，黄以周通过对礼义的诠释与对礼义、礼仪的区分，极大地提高了礼容的地位，而这与黄氏重视外在形式规范是直接相关的。

黄以周不仅认为礼或礼容这种行为规范与天、命有关，而且和性有着密切的关系。《左传·成公十三年》：“民受天地之中以生，所谓命也，是以有礼义动作威仪之则，以定命也。”他对此解释说：

> 礼义可以定命，是不在性之外矣。荀子外礼义以言性，谓人之性恶，圣人为之起礼义以矫之。若顺其自然，则生争夺，是以礼义为明于其必然，所以制其性之自然也。不知必然乃自然之极则，礼义所以保定性命也。荀子重礼义而轻言性，失之。[②]

黄以周一方面要为礼仪、礼义找到天、命、性的超越源头，另一方面又要避免宋明空谈心性的弊端。明代王阳明就曾在《博约说》中提出“约以微而难见之理曰礼”的观点，这在黄氏父子看来，无疑是对圣人之教的曲解。黄式三说：

> 《论语》重言“博文”“约礼”，圣训章矣。礼，即先王之《礼经》也。王阳明《博约说》，博其显而可见之礼曰文，约以微而难见之理曰礼。岂圣人之教必待王氏斡补而后明乎？礼，一也，分显、微而二之。文与礼，二也，以礼之显者为文而一之，其所谓“理”，谁能明之乎？夫明心见性之学以心为理，自以为是者也。君子博文约礼，存不敢自是之心，而笃于求是者也。此心患其误用，必博学于古人之文。……此心因博而易杂，必约以先王之礼。所行或不及，礼以文之。所行或太过，礼以节之。博约如此其难，庶几不畔于理矣。且古之所谓理者何耶？《礼器》曰：“义理，礼之文也。”《乐记》曰：“礼也者，理之不可易者也。”然则礼之三百、三千，先王所条分缕析，灿然显著，别仁义，明是非，君子不敢紊而畔之者，此理也。王氏（王守仁）所谓“微而难见之理”，则自信本心之光明洞彻，万理毕备，己知其是，人莫能见耳。何所据而言之？由来渐矣。《论语》言心，自“从心所欲，

①黄以周．经训比义：卷中［M］//四库未收书辑刊：第7辑．北京：北京出版社，2000：717.

②黄以周．经训比义：卷中［M］//四库未收书辑刊：第7辑．北京：北京出版社，2000：705.

不逾矩”始。圣人心与矩一，犹以矩自印，虽曰不勉而中抑，亦圣心不敢自是也，况下者，可无矩乎？胡氏致堂注则曰：“人心一疵不存，万理明尽。日用之间，本心莹然。随所意欲，莫非至理。”则以臆见为圣心矣。《论语·八佾》篇详言礼，不空言理。胡氏于“媚灶”章注曰：“天即理也。理无不在，在人，则人心之昭昭者是也。”心即“理”，即“天理”说，起于谢氏显道，胡氏喜道谢说，于是先王之礼不言，直言心已矣，直言本心之天理，为天秩之礼已矣。陆氏象山言本心，祖谢、胡二氏也，王氏祖陆氏而张惶言之也。以心之臆见为理，而理已诬。以本心之天理言礼，而礼又诬。

在这篇《经礼说》中，黄式三清理了宋明以来的“心即理”之说，他认为如果以阳明所说“约以微而难见之理曰礼”为是，那么势必要将明白可见的外在规范又转向难见之理，这会造成人人“自信本心之光明洞彻，万理毕备，已知其是，人莫能见耳”的后果，会使人“以臆见为圣心”，可不必再下“博文约礼”的工夫，到最后既诬理又诬礼。式三此说是发挥凌廷堪的《复礼下》，但凌氏在文中说“圣学，礼也，不云理也”，有点过激，所以阮元当年刻凌书时删掉了这篇。黄式三认为《复礼下》不该删掉，而应“驳而存之”，故作《经礼说》以救之。式三始作此文在道光十四年（1834），至咸丰八年（1858）才最后改定，此时式三已七十岁了。可以说《经礼说》是他的晚年定论。以周从文字、训诂、校勘上又对此说进行了严格的证明，也得到了同时人的认可。①清儒皮锡瑞在其《论礼所以复性节情经十七篇于人心世道大有关系》一文中也赞同凌廷堪《复礼篇》中的观点，他说：

汉以十七篇立学，灼见本原。后人以《周礼》为本，《仪礼》为末，本末倒乱，朱子已驳正其失矣。又引陈振叔说《仪礼》云：“此乃仪，更有礼书。《仪礼》只载行礼之威仪，所谓‘威仪三千’是也。礼书如天子七庙之类，说大经处，这是礼，须更有个文字。”则犹未知《礼经》关系之重，更在制度之上也。（《仪礼经传通解》有“王朝礼”，即是说大经之文字、制度虽不可略，然不如冠昏丧祭之

①以周再传弟子沈文倬先生对黄氏的礼仪、礼义之说也有解释，但只是从谈周代制礼之原入手，而并未看到其说的学术思想史特征。见菿闇述礼·曲礼考叙论；菿闇文存［M］. 北京：商务印书馆，2006：627.

礼，可以通行。）[①]

皮锡瑞是著名的今文经学家，早年笃信宋学。但他也同意凌廷堪的看法，并认为《礼经》更在《周官》（王朝礼/典章制度）之上，其礼仪可在民间通行[②]，与黄氏父子之说相桴应，都带有明显的时代特征。

五、余论

清代学术思想史的一个最重要主题无疑是汉宋之争，当时著名的学者几乎都要面对此一问题。乾嘉考据“训诂明则义理明”的方法有其内在的局限，学者们所提出的求义理于典章制度、史学、礼学，固然都有一定的理据。但由于心存汉宋之分，其所求义理实在难以与宋学相比。至黄以周著《经训比义》，形式上虽借鉴阮元，但在理念上还是能比较公允地看待汉学与宋学，基本上做到汉宋兼采。可是另一方面也要看到，黄氏父子的“君子博文约礼，存不敢自是之心，而笃于求是者也。此心患其误用，必博学于古人之文”，虽然给自己的行事提供了“古礼”作为准则，但也与时代脱离。

古礼在黄以周心中，已经成为了信仰，他的一举一动，都要以古礼为准则。他对礼之具体节文的重视也体现在日常生活中。同治元年（1862），式三卒后，黄以周“居丧尽礼，不徇时俗”[③]。与黄氏同时稍后有虞景璜，为人清峻，非礼不动，“后生有效其行者，人辄目之曰‘黄、虞礼法’”[④]。光绪十二年（1886）秋，他赴处州遂昌县任训导，曾购买两

①皮锡瑞．经学通论·三礼［M］．北京：中华书局，1954：13.

②这种观点在明末清初的学者中就形成了，后来更影响到了清廷。乾隆就说：“五经乃政教之源，而《礼经》更切于人伦日用。”（《清高宗实录》卷10“乾隆元年丙辰六月乙卯”条）陈居渊先生说，“这种由独尊程朱理学到崇尚礼学的变化，表明了官方将原来以理学治国的理念，开始转向提倡以礼来维系社会人心。这一理念变化的直接社会效应，便是引发了学界对‘三礼’之学的更大关注”，是可以成立的。陈居渊．倡复古典礼学的凌廷堪［M］//姜广辉．中国经学思想史：第4卷．北京：中国社会科学出版社，2003：400–401.

③缪荃孙．艺风堂文续集：卷一//续修四库全书：第1574册．170.

④徐世昌，等．儆居学案下；清儒学案：卷154［M］．沈芝盈，梁运华，点校．6022.

个当地黄石所做寿星，并给两个寿星取名长公与次公，其中长公右杖，次公左杖。当时他59岁，快要用杖了，但因“执杖之法，或左或右，经无见文”，乃命其高徒丹徒陈庆年考证。陈庆年据《仪礼·少仪》认为应当是左手执杖，他不同意，举《说文》等为例，证明应当是右手执杖为古礼，并说这是“礼以体人心”的表现，还特别作文以记此事。①

黄以周父子的这种礼仪主义并非仅仅是个人偏好，而是有着深长的思想史背景。清初颜元即要求在每一视听言动上都必须与古礼相符，在其《年谱》中此类事例极多。王泛森先生就从邓潜谷、陈瑚、颜元等人的礼容之学中，看到“由内本论向礼的转变，从内在看不见的心灵的状态到外在看得见的行为仪节的谨守”的趋势。②这是很精辟的观察，可以解释清代礼学研究的兴起与学者个人的礼仪实践。

但在个人的学术研究与礼仪实践之外，他们恢复古礼的努力，在某种程度上是限制了民间社会根据实际环境进行调节的空间，因而难以实施。清代民间的活力较前已有减弱，无法做到与学界进行良好的互动。礼学最后发展到黄以周、孙诒让，在考订古礼上已达到极限，而这些考订出的古礼却无法很好地适应时代需求，难免遭遇冷落。叶国良先生就说：

> 到了近代，新式学校把“曲礼”教学纳入公民或社会课程中，但分量稀少，范畴有限，逐渐式微，又由于中小学教师往往缺乏国际经验，未适当地教导国民最基本的西方礼仪，遂使国人在待人接物方面普遍不够成熟或显得粗糙，与拥有两千余年“曲礼”教育的传统极不相称，委实辜负“礼仪之邦”的美名，考古思今，令人叹息。③

清人的礼学研究不可不谓博大精深，但由于旨在恢复“古礼”，使得“以礼经世”的良好愿望反而造成学界与社会的脱节，“以待后王”的政治期许和“礼乐教化”的社会关怀都落空了。

---

①见《儆季文钞·黄石公记》，首都图书馆藏定海黄氏所著书本。

②王泛森．日谱与明末清初思想家——以颜李学派为例；晚明清初思想十论［M］．上海：复旦大学出版社，2008：173.

③叶国良．《论语》中的“曲礼”论述及其影响；礼学研究的诸面向［M］．台湾：“清华大学”出版社，2010：147.

严复对中国传统思维方式和知识结构的评判与改造

孙汉生

青年严复在英国留学时学的是海军，但他更为用心和着力的是对英国社会和政治文化的观察，他发现“西洋胜处，在事事有条理”，“寻常日用皆寓至理，深求其故，而知其用之无穷，其微妙处不可端倪”。①严复的观察、思考，触及思维方式问题。

回国之后十几年，少见严复有文字问世，直到甲午战争中国惨败，国家民族的危机激起严复对传统文化、政治制度、国民素质和科举教育的思考，其中有大量言论关涉中国传统思维方式问题。带着异文化的参照，严复对中国文化和生活中所蕴含的思维方式特征的认识非常清晰，其深度前无古人。基于深刻认知，他决意“陶铸国民，使之利行新制”②。后来人对中国国民性的认识和批判，大体肇端于此。“五四”所昌明的科学精神、共产党人和当代中国实事求是的思维范式，严复可谓道夫先路。

一、严复归纳中国传统思维方式的几个特征

（一）严复认为，在中国文化传统中，就思维方法而言，演绎法（外籀）多于归纳法（内籀）。演绎法与归纳法本身并无高下之分，皆是重要的科学研究和思考问题的方法，但是偏重于外籀而疏于内籀，重推理，轻

①严复．严复留学英国期间的相关言行［M］//严复全集：卷五．福州：福建教育出版社，2014：485；484．“相关言行”摘自《郭嵩焘日记》。

②严复．宪法大义［M］//严复全集：卷七．福州：福建教育出版社，2014：287．

实验，则流于空疏。此为中国传统思维方式的严重缺陷，阻碍了科学进步。

《名学浅说》论内籀术云："中国由来论辩常法，每欲求申一说，必先引用古书，诗云子曰，而后以当前之事体语言，与之校勘离合，而此事体语言之是非遂定。此术西名为deductive，而吾译作外籀。……古人以其阅历，传为公例，吾用之以断决事理。此似人人所能，然往往有不如法，遂成谬见。欲其无差，必精外籀之术，庶不至所据者是，而所断者非也。然而外籀术重矣，而内籀之术乃更重……吾国向来为学，偏于外籀，而内籀能事极微。"①

《教授新法》演说中国教育方法，其中涉及思维方式的训练问题："自内外籀之分言，则外籀甚多，内籀绝少，而因事前既无观察之术，事后于古人所垂成例，又无印证之勤，故公例多疏，而外籀亦多漏。"②

类似以上对中国思维偏重演绎法的判断，严复在演说和译文按语中时常提到，并且多有批评。严复所批评的，并不是演绎法本身，只是说，演绎推理所依据的论据，常常是以前人的阅历为公例（公理、原理），而对这个公例未加省察和验证。严复依据《穆勒名学》的逻辑学原理，认为演绎法所依据的论据，应该来自归纳法，而不是凭前人成说，或者凭空臆断。严译《穆勒名学》"论科学何以不皆外籀而有试验科学"指出："天下之至赜，皆可由其例以通之，而例之成，则内籀之术为之也。故格物之学，其始莫不本于分试。分试而内籀，斯其学之公例成焉。特诸科之学，其试验者各有专端，其实测者各从其类。"严复按语指出："穆勒言成学程途，虽由实测而趋外籀，然不得以既成外籀，遂与内籀无涉……西学之所以翔实，天函日启，民智滋开，而一切皆归于有用者，正以此耳。旧学之所以多无补者，其外籀非不为也，为之又未尝不如法也……非实测之所会通（归纳、概括）故也。"③

严复认为，造成中国人思维方式重演绎轻归纳这一特征的原因之一

①严复．严复全集：卷五［M］．福州：福建教育出版社，2014：399．说明：《名学浅说》虽曰译自英人，实是严复以英人著作为本，编译以为授课教材，完全化为己意，所以本文作为严复观点引用。

②严复．严复全集：卷七［M］．福州：福建教育出版社，2014：237；238．

③严复．严复全集：卷五［M］．福州：福建教育出版社，2014：162-164．

是，中国教育，“专重读书，而不识俯察仰观学于自然之尤重”[①]。这种思维方式实际上是缺乏科学实证精神，其危害是“人才因之以稀，社会由之以陋。……尚有极重之弊焉，使不改良，将吾人无进化之望者”[②]。所以，严复呼吁：“固当舍古从今，而人道乃有进化。故曰：生今为学，内籀之术，乃更重业。”[③]“所冀教育改良，学者之鉴别力日进，于旧学能存其是而去其非。物理（指自然科学）一科，公例既立之余，随地随时可以实验。”[④]

（二）中国旧学，言事说理，充满丐问智词，囿于心成之学，往往“逞臆为谈，不咨其实”[⑤]；设意为因，本因求果，从而导致虚妄。严复透过《穆勒名学》讨论几何学中“推于界说”的假设方法和心理学中“意相守例”，清晰地认识到中国传统思维方式中的外籀之法落于虚妄，因为推理的前提往往是虚妄的丐问智词。

《名学浅说》论丐问智词（fallacy of begging the question）：“先主一定之成见，而后发议证其为然者，其于名学，皆为丐问之智。”[⑥]此即现在逻辑学的概念“假设性谬误”，指在论证或者推理过程中暗中利用了某些不当的假定、预设，只有依赖它们才能得出错误的结论；这种谬误常常出现在前提与结论的逻辑关系上，貌似正确，具有某种心理的说服力，但经仔细分析之后却发现其为无效的推理或论证形式。[⑦]严复译《穆勒名学》加按语指出此类逻辑错误，“第其所本者，大抵心成之说，持之似有故，言之似成理”[⑧]。

于此逻辑错误，严复指出：“中国旧学，无论哲俗诸家，犯者尤众。

---

①严复．丙午十二月念三日上海华童学堂散学演说［M］//严复全集：卷七．福州：福建教育出版社，2014：291.

②严复．教授新法［M］//严复全集：卷七．福州：福建教育出版社，2014：237；238.

③严复．严复全集：卷五［M］．福州：福建教育出版社，2014：399.

④严复．教授新法［M］//严复全集：卷七．福州：福建教育出版社，2014：239.

⑤严复全集：卷一［M］．福州：福建教育出版社，2014：77.

⑥严复．严复全集：卷五［M］．福州：福建教育出版社，2014：449.

⑦陈波．逻辑学十五讲［M］．北京：北京大学出版社，2008：343；344；339.

⑧严复．严复全集：卷五［M］．福州：福建教育出版社，2014：163.

顾此智不祛，将一切穷理，皆同自欺。虽貌极精微，于真理实用，毫无有当。……常见世人，每以己意，先与物以定名，后乃从名说理，不知当为名时，吾意已有定属。后来说理，仍是吾意之理，与物何涉。……若以名学法例，绳吾国九流之学，则十八九皆丐问智词。而谬学相传，犹自以为微妙。此中国穷理之术，所以无可言也。试问星学占验，则星象昭回，某为句陈，某为帝座，某为王良，某为旄头。此为天之所自名，抑人之所命耶？既以意妄命之矣，乃又以意为之推，谓某星乃主朝廷，某星乃主胡虏，某主马匹，某主兵戎。……又如医药治疗之术，凡用阴阳五行，皆真呓语。乃至谓白色之药，宜于人肺，酸味之品，足以敛肝。……吾非好为訾古，顾幸生今之世，大梦差醒，有灼然了然，知其说不摧陷廓清，犹将误人于无已者。故垂涕泣而为吾党一及之耳。……此等智词，其常见于世俗者，如于人物事义，先加恶名，而后从而议之。秦桧欲杀岳飞，先谓其谋还兵柄，而不待证据，又谓其事必须有也。"①

《穆勒名学》从几何的假设，研究逻辑学中的假设，严复受到启发，认识了心成之学（a priori science，现在通译先验论）的成因。原来，"形数诸学之所言，非真物也。智学家曰：几何之所由推，推于界说（定义）。……几何之所界者，世间必无是物也。世间之点必有度（magnitude，即大小），而几何之点则无度矣。世间之线必有阔狭，而几何之线则无阔狭矣。……将谓此非云其效实（actual，现实的），特言其储能（possible，可能的）者乎？……凡形学之所有事者，皆非自然之所有，而独存于人意之间。故形学设意为因，本因求果，特心成之学耳，与一切外物，固无与也。此其说虽出大方之家，而自不佞观之，则于人心之理，又未合也"。严复加按语，谈几何学点线之虚设和心成之学，举一案例——晚清人士设意为因、本因求果，得出西人非富强的结论："吾往年闻一学人争西人非富强，而其语皆与联珠暗合。曰：富者不远适异国以求利，今西人远适异国以求利，则非富也。又曰：强者无事人之保护，今西人立约以求保护，则非强也。此其联珠，虽以至精之例勘之，不得谓非合法也。顾其言如此，其谬安所属乎？"西人用于科学假设，国人在现实中设意为因。其思维方式与几何学是同一类，路径相同，"原（前提）"建立在抽象的预设之上。以抽象预设为当然，而不必经验证，习惯成自然，

①严复．严复全集：卷五［M］．福州：福建教育出版社，2014：446；447；448．

当成永恒真理。几何学作为科学，可以抽象预设，因为其研究对象本非真物，而是抽象原理。“物具一德（特征、特性）而亡其余者，特科学之便事，权焉，而非其真实也。……必曰假如。”①

严复还从《穆勒名学》研究意相守例（the law of association）受到启发，对中国传统思维之心习之成有所省察。《穆勒名学》指出：“夫吾思之所能，所不能，本于所遭而定者也，依乎心习者也。使心习之既成，而一旦欲反乎其习，于吾心必形至难。此心学之一大例，而能违之者寡矣。今有两物焉，于吾见则联及，于吾思则相依，自有生以还，未尝一见其分处，亦未尝各出而为思，则将见此例之行（此例于心学为意相守例），二意相守，久而弥固，其卒也乃欲孤举其一而不能。此于不学之人，最易见也，故二意必连结而不可解。惟姱心缮性之人，以其见闻之多异，又能好学深思，以穷事物之变，夫而后二意分形，不相胶结，而向者之心习，无由成也。”严复按语解释：“意相守例，发于洛克，其有关于心学甚巨，而为言存养省察者所不可不知者也。心习之成，其端在此。拘虚束教，囿习笃时，皆此例所成之果。……中国人士，经三千年之文教，其心习之成至多，习矣而未尝一考其理之诚妄。乃今者洞牖开关，而以与群伦相见，所谓变革心习之事理，纷至沓来，于是相与骇愕，而以为不可思议。夫西学之言物理，其所以胜吾学者，亦正以见闻多异，而能尽事物之变者，多于我耳。”②

意相守例，今心理学称为联想律，意指人的思维常常联想到过去所经历、所熟知、所习惯的事物，并受其影响和拘束，遂生成心和成见。严复呼吁，为学“初不设成心于其间，但实事求是，考其变相因果相生而谨记之”③。

（三）崇圣信古，重前人古训而不重当今现实；重书本知识而轻实践，重知识积累而无心灵与思维开拓；轻信流言，习惯于听话和从众，不善于独立思考；不容求异思维，压制创新思维。

严复在《天演论》自序中指出，中国传统思维“无独辟之虑”④——没

①严复．严复全集：卷五［M］．福州：福建教育出版社，2014：167；169；168.

②严复．严复全集：卷五［M］．福州：福建教育出版社，2014：175；176.

③严复．政治讲义［M］//严复全集：卷六．福州：福建教育出版社，2014：12.

④严复．严复全集：卷一［M］．福州：福建教育出版社，2014：76.

有独立独到的思致，无创新思维。其他文章和译著按语有大量文字对其表现和深层原因及危害作了透彻分析。

《教授新法》谈教育方法，实际上所言也是一种认识方法，关乎盲目崇古还是崇尚实证问题：课经学，“其理诚然，顾其理之所以诚然，吾不能使小儿自求证。凡皆枯骨朽肉之定论，主张我辈之信心”；“皇帝所折中，昔贤所论断，则惟有俯首受教，不敢有违，违者或为荒经，或为蔑古，皆大罪”；“古人之成说，即今同呈讹谬，累百盈千，误而犹信，常为大害”。“尚有极重之弊焉，使不改良，将吾人无进化之望者，则莫若所考求而争论者，皆在文字楮素之间，而不知求诸事实。一切皆资于耳食，但服膺于古人之成训，或同时流俗所传言，而未尝亲为视察调查，使自得也。少日就傅读书，其心习已成牢锢，及其长而听言办事，亦以如是心习行之。是以社会之中常有一哄之谈，牢不可破，虽所言与事实背驰，而一犬吠影，百犬吠声之余，群情汹汹，驯至大乱，国之受害，此为厉阶。”[①]又云：“吾国人言，除六经外无书，即云除六经外无事理也。”[②]

严复总是在中西对比、参照中认识中国思维方式存在的问题。“尝谓欧人之富强，由于欧人之学问与政治。”其学问（与科学）“其始一童子之劳，锲而不舍，积渐扩充，遂以贯天人之奥，究造化之原焉。以若所为，若行之中国，必群目之曰呆子”。此为科学探索、求异创新方面。在欧洲，“天下之善政，自民权议院之大，以至洒扫起卧之细，当其初，均一二人托诸空言，以为天理人心必当如此，不避利害，不畏艰难，言之不已，其言渐著，从者渐多，而世事遂不能不随空言而变。以若所为，若移之中国，又必群议之曰病狂”。此为社会科学和政治方面。严复认为，在中国“仅用呆狂二子，已足丧天下古今人材之进境矣”[③]。

严复还能从世人司空见惯、习以为常的现象中看到国人思维方式的隐性问题——麻木、庸常、怠惰、趋同、守旧停滞、死气沉沉：“士林无横议，布帛黍粟之谈，远近若一，即有佻达，亦其小小。朝士彬彬，从容文貌，威仪繁缛，逾于古初。听天下之言，无疾言也；观天下之色，无遽色

①严复. 严复全集：卷七［M］. 福州：福建教育出版社，2014：239；237.

②严复. 名学浅说［M］//严复全集：卷五. 福州：福建教育出版社，2014：399.

③严复. 论中国之阻力与离心力［M］//严复全集：卷七. 福州：福建教育出版社，2014：364.

也；察天下之行事，无轻举妄动也。而二万里之地，四百兆之人，遂如云物之从风，夕阳之西下，熟视不见其变迁，逾时即泯其踪迹，其为惨栗，无以复逾。”①

《群学肄言·物蔽第五》：“泰东人士，于无稽诞幻之言，受之如饥人之得食，而馋讹谣诼，虽于己无所利而犹为之。……支那染工赋色不成，谓因布一讹言，不能动众之故……支那所有教案，皆坐士民笃信流言，乃至放火杀人，不复恤耳。”②此虽为斯宾塞之言，严复显然是认同的，从其译注“此俗吾闽正尔”可知。

严复对古代中国长期强调大一统和独尊、压抑求异思维的状况进行了深刻揭露。《论世变之亟》说，中国专制政治一味追求“《春秋》大一统”的稳定局面，“一统者，平争之大局也”，防止人们产生竞争意识，“于是举天下之圣智豪杰，至凡有思虑之伦，吾顿八纮之网以收之”。③

严复以一己之力努力改变压抑创新的社会惯性，有一生动例证：做安徽高等学堂监督（校长）时，一学生作文《张巡论》一改庸常论调，批判杀妾飨军为野蛮和歧视妇女行为，大喜过望，自掏腰包奖赏此生十元，并给外甥女写信说，“可惜吾女尚小，不然，真可妻也”④。鼓励学生独立思考、求异创新，在那个时代难能可贵。

（四）价值思维混乱，以一己之私为价值尺度。

价值思维是指在现实社会关系和实践活动中，思维者依照主体自身的尺度，选择、对待和评价客体，使客体主体化从而产生价值的运思活动。崇圣信古、轻信流言，则主体自身价值判断所持的尺度与现实社会和客观真实必不对应，必然造成价值思维的混乱。如果用严复翻译《群学肄言》的概念，可以称之为“情瞀”。

严复《救亡决论》曰：“公等从事西学之后，平心察理，然后知中国从来政教之少是而多非。”又言：“当其做秀才之日，务必使之习为剿窃

①严复．论中国之阻力与离心力［M］//严复全集：卷七．福州：福建教育出版社，2014：364.

②严复．严复全集：卷三［M］．福州：福建教育出版社，2014：78.

③严复．严复全集：卷七［M］．福州：福建教育出版社，2014：11.

④严复．与甥女何纫兰书［M］//严复全集：卷八［M］．福州：福建教育出版社，2014：456.

诡随之事，致令羞恶是非之心，旦暮梏亡，所存濯濯；又何怪委贽通籍之后，以巧宦为宗风，以趋时为秘诀，否塞晦盲，真若一丘之貉，苟利一身而已矣，遑惜民生国计也哉！”[①]以一己之私为价值尺度。

《法意》对人类价值观的扭曲有所分析：“天下古今，固有甚美之意，至良之法，以其民心德之不逮，而克不施……虽有自由，然使其民奴性既成，必且以其说为至不道。清风霁宇者，诚生类之所欣欣，顾使习处窟穴幽秽之中，则将缩项颦眉，以遇之为不快。”[②]

严复对价值思维混乱的认识，理论上应是受到斯宾塞《群学肄言》之《情瞀》等篇的启发。《政治讲义》云，“考求事实，则一切如《群学肄言》之所戒”[③]。

《群学肄言·情瞀第七》：“是故当人情之瞀也，往往于小不仁严，于大不仁恕。……无他，以人情之悚权慕势而已。”严复理解、概括“情瞀”的大意如下：民伏于积威权势日久，用此成其心习，难与言一群之是非；此种情瞀古今所同，古所崇信者，专制之君主，今所崇信者，代表之议院，然而皆过。又明其惑，为党人所通病，守旧尊王者，其惑固然，即言维新革命者，亦同此惑。尊上忠主之民，不知重法而重立法之权，不知懔度而懔制度之人，种种情瞀，缘是以生。然使民德未优之日，猝然去其如是之心习，则其群有立散之忧。是故如此之惑，常为治群学者之大梗，而又难祛也。史家所以独详君公而不及民生者，亦缘尊尚权力之情瞀。[④]

避免“情瞀”，唯有排除外在干扰，独立思想，所以严复呼吁思想言论自由：平实地说实话求真理，不为古人所欺，不为权势所屈。[⑤]一切事理“由愚而得贫弱，虽出于父祖之亲，君师之严，犹将弃之”；“足以愈愚矣，且由是而疗贫起弱焉，虽出于夷狄禽兽，犹将师之”。[⑥]正是宣言以独

---

①严复．严复全集：卷七［M］．福州：福建教育出版社，2014：52；46.

②严复．严复全集：卷四［M］．福州：福建教育出版社，2014：320.

③严复．严复全集：卷六［M］．福州：福建教育出版社，2014：13.

④严复．严复全集：卷三［M］．福州：福建教育出版社，2014：99；104；108.

⑤严复．群己权界论译凡例［M］//严复全集：卷三．福州：福建教育出版社，2014：256.

⑥严复．与外交报主人书［M］//严复全集：卷八．福州：福建教育出版社，2014：20.

立自由的主体姿态进行价值判断。

《法意》第十九卷第二章按语："人生于群，是非固亦有定，盖其义必主于养生，而求其是非之所在，则为术不出于因明"；"欲辨其理之是非"，不得以古先和经典"以较其离合也，亦不得以公言私言为断，必将即其理而推其究竟，使其终有益而无害于人群。斯其理必是，是者何？是于此世界之人道也"；"居是世界，以人言人，不得不以此为程准也。呜呼！不自用其思想，而徒则古称先，而以同于古人者为是非，抑异于古人者为是非，则不幸往往而妄。即有时偶合而不妄，亦不足贵也"。①严复在此揭示了价值判断的目标是有益于社会人生的幸福，其标准是人道主义，是善，而不是古先和经典，其方法是运用理性思维，进行逻辑推理（因明术）。

二、以知识重构改铸国人思维方式

严复在1898年1月2日发表《论中国之阻力与离心力》认为，"欧人之富强，由于欧人之学问与政治"；"中国之不可救者，不在大端，而在细事，不在显见，而在隐蔽。故有可见之弊，有不可见之弊，有可思及之弊，并有不可思及之弊"。此在细事、在隐蔽处者，正是本文开头所论及，欧洲人寻常日用中不可端倪之微妙——思维方式。"此病中于古初，发于今日，积之既久，疗之实难。"②

严复开出的治疗之方，不是革命，而是教育。"是故陶铸国民，使之利行新制者，教育之大责。"③严复认为，中国教育是有所偏废、不完整的教育——舍士无学，学古入官④，由此造成中国人知识结构的失衡，带来思维方式的缺陷。严复通过译著所建构的、作为教育者所设置的课程，其知识体系和结构是物理科学（自然科学）、群学（社会学）、名学（逻辑学）和外语，当然还有中国传统旧学，尤其是晚年，以旧学为先。但是在早期，戊戌变法前后，特别重视西方科学（含自然科学和社会科学）的引进，意在以科学改进国人气质，变其心习。《教授新法》演说："欲变吾

①严复．严复全集：卷四［M］．福州：福建教育出版社，2014：320.

②严复．严复全集：卷七［M］．福州：福建教育出版社，2014：364.

③严复．宪法大义［M］//严复全集：卷七．福州：福建教育出版社，2014：287.

④严复．严复全集：卷七［M］．福州：福建教育出版社，2014：235；237.

人心习，则一事最宜勤治：物理科学是已。”[①]

（一）提倡研究群学，开浚思维智慧

严复最重要的思想资源是斯宾塞的思想。他首次介绍斯宾，应该是1895年3月发表于《直报》的《原强》：“（斯宾塞）《明民论》者，言教人之术也，《劝学篇》者，勉人治群学之书也。其教人也，以浚智慧、练体力、厉德行三者为之纲。其勉人治群学者，意则谓天下沿流讨源、执因责果之事，惟群学为最难，非不素讲之者所得与。”斯宾塞群学“精深微妙，繁当奥殚。其论一事，持一说，必根据理极，引其端于至真之原，穷其极于不遁之效”[②]。所以严复认为，“学问之事，以群学为要归，惟群学明，而后知治乱盛衰之故，而能有修齐治平之功”[③]。故而提倡中国学人学习群学。

（二）提倡科学，改变国民心习

在斯宾塞的学说体系里，物理科学是群学的基础，其《劝学篇》云：“智之开也，物理为先，群理为后。未有物理不明而群理了然者，何则？物理简而群理繁也。”[④]“天下沿流讨源、执因责果之事”，以群学所含之事理为最繁难，必以以下诸多学科为基础：数学名学察不遁之理、必然之数；力学质学（物理、化学）审因果之相生、功效之互待；天地二学（天文、地理）见物化之成迹，知成物之悠久、杂物之博大、化物之蕃变；生学（生物学）明生生之机；心学（心理学）知感应之妙。[⑤]以上皆属自然科学，而群学，即社会学，以自然科学为基础和前提。

严复强调民智对于国家和民族兴亡的重要性，“民智者，富强之原”。提高民智的途径，主要在科学，包括社会科学。“（西洋）言学则先物理（科学）而后文词，重达用而薄藻饰”；“所以审核物理，辨析是非”；“欲开民智，非讲西学不可，欲讲实学，非另立选举之法，别开用人之途，而废八股试帖策论诸制科不可”。[⑥]

---

①严复．严复全集：卷七［M］．福州：福建教育出版社，2014：238.

②严复．严复全集：卷七［M］．福州：福建教育出版社，2014：24.

③严复．严复全集：卷七［M］．福州：福建教育出版社，2014：25.

④严复．严复全集：卷五［M］．福州：福建教育出版社，2014：492.

⑤严复．严复全集：卷七［M］．福州：福建教育出版社，2014：24；25.

⑥严复．严复全集：卷七［M］．福州：福建教育出版社，2014：34；35.

《教授新法》云："以中国前此智育之事，未得其方，是以民智不蒸，而国亦因之贫弱。欲救此弊，必假物理科学为之。"因为"物理科学，其于开瀹心灵，有陶炼特别心能之功"，又利于增广知识，卫生保种，大进事业，"为吾国所最缺乏而宜讲求者"；"一切物理科学，使教之学之得其术，则人人尚实心习成矣"。[①]

斯宾塞有个教育命题影响深远：科学（含社会科学）是最有价值的知识。"什么知识最有价值，一致的答案就是科学"；"为了智慧、道德、宗教训练的目的，最有效的学习还是科学"。[②]

晚清时期西方近代科学介绍到中国，并非自严复开始，达尔文和斯宾塞的学说，早在严复翻译《天演论》之前十几年就有人介绍了，李鸿章在1889年的春季特课中要求参加课艺的考生解释达尔文和斯宾塞的著作，但是，当时译介西方近代科学的主要是西方传教士，他们的目的是借科学以传教，"宗教为体，科学为用"，西方科学译作中充斥着自然神学意味，缺少完整的新科学理念，以致晚清官员和士大夫对科学还是相当无知，对达尔文和斯宾塞的学说懵懵懂懂。只有严复的译介才真正让科学概念、科学思维、进化论等进入社会的知识视野，在晚清知识界和思想界引起震动。[③]

（三）重视逻辑学，为科学研究厘清名词

严复认为，中国落后挨打的重要原因之一是学术落后。《与长子严璩书》云："中国今日之事，正坐平日学问之非。"[④]《与五弟观衍书》云："虽有圣者，无救灭亡也。中国不治之疾尚是在学问上，民智既下，所以不足自立于物竞之际。"[⑤]而名学，"义兼夫术与学者也，乃思之学，本于学而得思之术者也"；严复按语引培根之言，"是学为一切法之法，一切

---

①严复．严复全集：卷七［M］．福州：福建教育出版社，2014：240；238.

②斯宾塞．斯宾塞教育论著选［M］．胡毅，王承绪，译．北京：人民教育出版社，2005：44；45.

③本杰明·艾尔曼．从教科书到达尔文：现代科学的到来［M］//中国近代科学的文化史：第五章．王红霞，等译．上海：上海古籍出版社，2009：127–149.

④严复．严复全集：卷八［M］．福州：福建教育出版社，2014：437.

⑤严复．严复全集：卷八［M］．福州：福建教育出版社，2014：451.

学之学”。[①]

严复认为，名学是关于思维的学问，是学问的学问、科学的科学。“智识有待于思辨。思而精，辨而明，又有待于习名学。……名学者思辨之学也。必通名学，夫而后能决思理之无差，而有以照天下之事实，察夫辨言之妄，而不至日陷于过失与危机也。”[②]所以名学引进是当务之急。严复在晚清孜孜矻矻翻译名学著作，并成立名学会，讲习名学，可谓用心良苦，学问救国之心赤诚可感。

严复认为：“科学入手，第一层工夫便是正名。所恨中国文字，经词章家遣用败坏，多含混闪烁之词，此乃学问发达之大阻力。”[③]语言文字跟不上科学技术进步与社会发展，中西皆然，中国尤甚。

《名学浅说》指出：“近取一身而言，一筋一骨，一官一络，皆有专名，而中文虽尽《灵枢》《素问》与一切医书之所有，不足于译。……乃滥制新名……夫名者器也，以如此不精之器，以求通专精之学，呜呼难已。”[④]“上自《五雅》《三仓》《说文》《方言》，直至今之《经籍纂诂》，便知中国文字，中有歧义者，十居七八，特相去远近异耳。……有时所用之名之字，有虽欲求其定义，万万无从者。即如中国老儒先生之言气字……邪气、元气、间气、湿气、厉气、正气、淫气、余气。……试问先生所云气者，究竟是何名物……必茫然不知所对。然则凡先生所一无所知者，皆谓之气而已。指物说理如是，与梦呓又何以异乎？出言用字如此，欲使治精深严确之科学哲学，庸有当乎？今请与吾党约，嗣后谈理说事，再不得乱用气字，以祛障蔽，庶几物情有可通之一日。他若心字、天字、道字、仁字、义字，诸如此等，虽皆古书中极大极重要之立名，而意义歧混百出，廓清指实，皆有待于后贤。”[⑤]

严复认为，日常生活语境中这些含混的词语，尚且无妨，而用于科学、哲学，则须廓清指实。“语言文字，思辨之器，求思审而辨明，则必自无所苟于其言始。（因概念含糊）至于今日党派滋多，虽人人皆言爱

①严复．穆勒名学［M］//严复全集：卷五．福州：福建教育出版社，2014：15；14.

②严复．名学浅说［M］//严复全集：卷五．福州：福建教育出版社，2014：333.

③严复．政治讲义［M］//严复全集：卷六．福州：福建教育出版社，2014：11.

④严复．严复全集：卷五［M］．福州：福建教育出版社，2014：352.

⑤严复．严复全集：卷五［M］．福州：福建教育出版社，2014：350-351.

国，而其意中所爱之国各异。是以言论纷淆，虽终日谈辨，实无相合之处也。”①

（四）以外语教育打开思维的全球视野

严复非常重视西学和外语教育，认为只有学习了另外一种语言和文化，才更能认识自己母语和本土文化，严复称之为“自他之耀，回照故林”。《教授新法》演说：“居今言学，断无不先治旧学之理，经史词章，国律伦理，皆不可废，谓教授旧法当改良。诸公既治新学之后，以自他之耀，回照故林，正好为此。”②《丙午十二月念三日上海华童学堂散学演说》：“所读者，尤必为本国之书。但读矣而仅囿于此，则往往生害。故必博参之以他国之书，而广证之以真实见闻。”③精通群学理论，才能更加理解中国古训（如：言必有信、见利思义、饿死事小失节事大），明所以然。④前文论及之“惟群学明，而后知治乱盛衰之故，而能有修齐治平之功”，亦同此理。“是以生今日者，乃转于西学，得识古之用焉。”⑤

严复甚至认为，欲真正学好中文，须精通外文。“中文必求进步，与欲读中国古书，知其微言大义者，往往待西文通达之后而能之。且西文既通，无异入新世界，前此教育虽有缺憾，皆可得此为之补苴。”⑥

以西文弥补中国教育缺陷，非徒语言，乃变心习，这是严复经验之谈。1894年11月8日，《与长子严璩书》：“西人笃实，不尚夸张，而中国人非深通其文字者，又欲知无由，所以莫复尚之也。”⑦

严复强调要学习原汁原味的西学，必须精通西文。他瞧不起从日本转来的西学，称为“东学”，是稗贩之学，所以一向瞧不起留日学生。《〈英文汉诂〉卮言》云：“使西学而不可不治，西史而不可不读，则术之最简而径者，固莫若先通其语言文字，而为之始基。假道于移译，借助于东文（日文），其为辛苦难至正同，而所得乃至不足道。”“故今日东

①严复．严复全集：卷五［M］．福州：福建教育出版社，2014：348-349.

②严复．严复全集：卷七［M］．福州：福建教育出版社，2014：240.

③严复．严复全集：卷七［M］．福州：福建教育出版社，2014：293.

④严复．严复全集：卷七［M］．福州：福建教育出版社，2014：240.

⑤严复．译天演论自序［M］//严复全集：卷一．福州：福建教育出版社，2014：76.

⑥严复．严复全集：卷七［M］．福州：福建教育出版社，2014：241.

⑦严复．严复全集：卷八［M］．福州：福建教育出版社，2014：437.

西诸国之君若臣，无独知其国语者。”甚至英法各国的将军，都通他国语言。①

在严复眼里，外语不仅仅是一种语言工具，而是思维的全球视野和异质文化参照；与其说严复重视外语，不如说他在倡导全球视野、比较思维。他说西人靠译文无法领会传《易》、作《春秋》的微言大义，《离骚》《史记》的款曲和吊诡；反之亦然，西学也难以译求。其理同于南民不可与语冰，生瞽不可以喻日。②只有通晓西方语言，才能真正领会西学；只有真正领会西学，才能真正认识中学的价值。

严复对外语的重视，建立在对思维规律的认识之上，是对思维规律的运用：“人心之思，历异始觉……假使世间仅此一物，则其别既泯，其觉遂亡，觉且不能，何从思议？故曰天下无无对独立者也。”③“凡一种人民，未与他类异种相见之时，往往无自呼之种名。”④

戊戌变法以后，严复的激进思想有所改变，不再如前之偏激，对中国旧学有了更多的温情和敬意，主张兼容并包：“必将阔视远想，统新故而视其通，苞中外而计其全。”“凡可以愈愚者，将竭力尽气皲手茧足以求之。惟求之得，不暇问其中若西也，不必计其新若旧也。”⑤显示了严复在思维上广阔的视野，开放的胸襟，不凡的气度。

余论：从鲁迅、胡适、李大钊看严复的影响

此处所言影响，仅就国民性、思维方式和科学精神方面而言。

天演论和进化论思想在晚清后的中国风行一时，成为知识界和社会上

①严复．严复全集：卷六［M］．福州：福建教育出版社，2014：86.

②严复．严复全集：卷六［M］．福州：福建教育出版社，2014：84；83.

③严复．《穆勒名学》案语［M］//严复全集：卷五．福州：福建教育出版社，2014：42.

④严复．政治讲义［M］//严复全集：卷六．福州：福建教育出版社，2014：36.

⑤严复．与外交报主人书［M］//严复全集：卷八．福州：福建教育出版社，2014：202.

层中的主流信仰。[①]严复的启蒙思想对“五四”一代思想家的影响，学界应有全面系统的阐述和论证，本文仅以鲁迅、胡适、李大钊在国民性、思维方式和科学精神方面的有关文字和言论，作为个案，展示一下严复的流风余韵。

（一）严复的《道学外传》生动地刻画了科举制度和八股取士对中国知识分子的塑造，其形象：“面带大圆眼镜，头蓄半寸之发，颈积不沐之泥，徐行偻背，阔颔扁鼻，欲言不言，时复冷笑”；其知识和思维：“四五十年间，日日均可读书，质虽驽下，无一得之智，无远略之怀，但能循途守辙”。[②]此形象也许正是鲁迅的孔乙己形象的前身。孔乙己与“道学先生”如此形神毕肖，应非偶然。鲁迅对国民奴隶性的揭示，与严复一脉相承。严复《辟韩》认为皇权专制让人民成为奴隶，“我中国之民，其卑且贱，皆奴产子也”。[③]与鲁迅一样，哀其不幸。而长期的高压，习惯成自然，变成天性的奴性，表现在思维方式上的盲从和惰性。《法意》按语云：“吾国固无真自由，而约略皆奴隶。……责其所以盲从驯服者尤深……垢污懒贱，习为常故。”严复深深为其叹惋，鲁迅则怒其不争。[④]冷漠、麻木、迟钝、僵化、守旧、奴性、盲从，是严复和鲁迅对中国社会没落时期国民性和思维方式特征的共同认识。

据《鲁迅年谱》，鲁迅于1898年到南京读书求学，1901年沉迷于阅读《天演论》，甚至能够背诵；进化论成为鲁迅早期观察社会问题的思想武器和路标。“严复每出一书，鲁迅一定设法买来。”《道学外传》刊于1898年6月的《国闻报》；《辟韩》1895年发表于天津《直报》，1897年转载于《时务报》，此报在鲁迅就读的南京路矿学校很流行。严复以上言论，鲁迅或许都读过，并且深深刻印于脑际。[⑤]

（二）胡适少年时代就深受《天演论》的影响，“胡适”之名就是

---

①张鸣：民国的三个面相［M］．刘建军，等．李大钊思想评传．福州：福建人民出版社，2011：200.

②严复．严复全集：卷七［M］．福州：福建教育出版社，2014：378.

③严复．严复全集：卷七［M］．福州：福建教育出版社，2014：40.

④严复．严复全集：卷四［M］．福州：福建教育出版社，2014：36.

⑤鲁迅博物馆鲁迅研究室．鲁迅年谱（增订版）：第一卷［M］．北京：人民文学出版社，2000：79.

“读《大演论》，做物竞天择的文章”“这种风气底下的纪念品”。他15岁在上海澄衷学堂读书，国文教员杨千里先生“教我们班上买吴汝纶删节的严复译本《天演论》来做读本”，并以“物竞天择，适者生存”为作文题。①

胡适的科学主义精神和实验主义思想方法，无疑受到严复提倡实验主义的内籀之法和批判心成之学的影响。胡适作《红楼梦考证》，用意就是做一个科学实验的案例，“处处想撇开一切先入的成见，处处存一个搜求证据的目的，处处尊重证据，让证据做向导”②。胡适提倡“不要拿耳朵当眼睛！睁开眼看看自己，再看看世界”③；胡适认为，“凡是有价值的思想，都是从这个那个具体的问题下手的”④；“一切主义、一切学理都该研究，但只可认作假设的（待证的）见解，不可认作天经地义的信条”⑤；“撇开成见，搁起感情，只认得事实，只跟着证据走”；“我这里千言万语，也只是要教人一个不受人惑的方法，被孔丘、朱熹牵着鼻子走，固然不算高明”⑥。最后这段话，不能不让人想起严复的话：“须知言论自由，只是平实地说实话求真理，一不为古人所欺，二不为权势所屈而已。使理真事实，虽出之仇敌，不可废也；使理谬事诬，虽以君父，不可从也。”⑦胡适无疑是接着严复的思路讲下去的。

（三）无独有偶，李大钊的真理观亦有类似言论：“孔子之道有几分合于此真理者，我则取之；否者，斥之。”⑧李大钊《东西文明根本之异

---

①鲁迅．朝花夕拾·琐记［M］．

②胡适．四十自述［M］//胡适的自传．福州：福建教育出版社，2014：54–55.

③胡适．红楼梦考证［M］//胡适文集：第一卷．广州：花城出版社，2013：277.

④胡适．介绍我自己的思想［M］//胡适文集：第三卷．广州：花城出版社，2013：112.

⑤胡适．多研究些问题，少谈些主义［M］//胡适文集：第一卷．广州：花城出版社，2013：120．原载《每周评论》第31号，1919年7月20日。

⑥胡适．介绍我自己的思想［M］//胡适文集：第三卷．广州：花城出版社，2013：107.

⑦胡适．介绍我自己的思想［M］//胡适文集：第三卷．广州：花城出版社，2013：116.

⑧严复．群己权界论译凡例［M］//严复全集：卷三．福州：福建教育出版社，2014：256.

点》谈中国国民性特征：消极的、苟安的、因袭的、保守的、惰性太重、不尊重个性、缺乏同情心[①]，与严复《论世变之亟》《论中国之阻力与离心力》《道学外传》等文所言极其类似。

据今人研究，李大钊“早期的进化论思想主要来自严复的重大影响，主要接受的是达尔文、斯宾塞、赫胥黎等人的观念”[②]。有文为证——李大钊谈宇宙观的名文《青春》有一段文字：“唐生维廉与铁特二家，邃研物理，知天地必有终极，盖天之行也以其动，其动也以不均，犹水之有高下而后流也。今太阳本热常耗，以彗星来往度之递差，知地外有最轻之罔气，为能阻物，既能阻物，斯能耗热耗力。故大宇积热力，每散趋均平，及其均平，天地乃毁。”[③]一百三四十字，除“邃研物理”四字外，全录自严复《天演论》手稿《自序》，一字不差。[④]

①李大钊．真理（二）［M］．青春．北京：高等教育出版社，2010：98．原载《甲寅》日刊，1917年2月2日。

②李大钊．青春［M］．北京：高等教育出版社，2010：123；126．原载《言治》季刊第3册，1918年7月1日。

③刘建军，等．李大钊思想评传［M］．福州：福建人民出版社，2011：200.

④李大钊．青春［M］．北京：高等教育出版社，2010：83．原载《新青年》第2卷第1号，1916年9月1日。

清末革命派对王船山政治思想的采借与转化[①]

彭传华

一、前言

在中国近代史上，革命派是一支非常重要的政治力量，其发动的辛亥革命运动是中国近代史上一次影响深远的政治运动。享誉全球的《全球通史》的作者斯塔夫里阿诺斯将革命派在1911年发动的辛亥革命视为根本上改变中国的政治和社会结构的大革命[②]，辛亥革命在中国历史上的作用和地位由此可见一斑。革命派的主要理论观点是为推翻满清的统治、创立民国服务的，因此他们的立论，主要放在反对民族压迫上。因此，王船山很多基于反对异族统治而立论的思想，自然会被立志排满的革命派看中，当作最为犀利的理论武器加以运用了。

本文按照革命理论家、革命宣传家、革命实践家三个层次进行论述，也就是从发生学的角度按照革命理论的产生、革命理论的宣传、革命理论

①基金项目：中国博士后科学基金项目“王船山政治思想的历史地位与历史贡献研究”（2014M551767）；中国博士后科学基金特别资助项目“王船山与近代政治思想的转型研究”（2015T80633）。

②“在中国长达数千年的历史上，有过三次从根本上改变了中国的政治和社会结构的大革命。第一次发生于公元前221年，它结束了领主封建制，创立了实行中央集权制的帝国；第二次发生于1911年，它结束了帝国，建立了共和国；第三次发生在1949年，建立了共产党领导的政权。”参见（美）斯塔夫里阿诺斯．全球通史：从史前史到21世纪：上册［M］．北京：北京大学出版社，2006：160.

的实践的逻辑顺序进行阐发。[①]当然，革命理论家、革命宣传家、革命实践家三者之间的划分并不是泾渭分明的，很多革命派是集革命理论家、革命宣传家、革命实践家三者于一身，这里之所以以三个不同的称谓称之，是以其在中国近代史之中所扮演的主要角色而言的，那么，可以这么说，章太炎、刘师培主要是以革命理论家的身份显赫于当时，陈天华、杨毓麟等则以革命宣传家的耀眼身份闪耀于历史的长空中，而孙中山、陶成章等则以其推翻满清、缔造民国的革命实践而永垂青史。[②]本文所言之清末革命派对王船山政治思想的采借与转化包括“采借”与“转化”两个重要环节，其中“采借”是“转化”的前提和基础，“转化”是“采借”的目的和体现。“采借”之所以可能是因为中国传统文化自身尤其是明清之际的思想有其近代性因素，可以为革命派所援引和采用；“转化”之所以必要是因为社会历史条件和时代主题不同，需要将传统文化自身尤其是明清之际的思想与西方的某些思想相接榫、融合，并转化为与晚清特定历史条件和时代主题相一致的思想。

二、革命理论家对王船山政治思想的采借与转化

章太炎“常持船山《黄书》相角” 章太炎是革命派中接受船山思想影响最突出者。[③]1906年，章太炎在东京留学生欢迎会上的演讲强调自己从小深受王船山民族思想的影响：“兄弟少年时候，因读蒋氏《东华录》，其

①另外，革命理论的产生、宣传、实践也并不是秩序井然的时间先后顺序，而是一个复杂的互动过程，革命理论指导革命实践，革命实践的经验催生新的革命理论的产生。逻辑上，革命理论产生之后才有革命宣传的可能，然而，革命宣传家在宣传革命理论的同时也是革命理论的创造过程。说明这一点，即是为了说明三种活动的互动关系，以避免以单一的直线运动的方式理解复杂的历史活动。

②就其一生观之，孙中山固然也是一位伟大的革命理论家，然考察其思想对于王船山政治思想之采借与转化而言，则与章、刘相比显然不足，就此意义言之，孙中山更是一推翻满清、缔造民国之实践家无疑也。

③萧公权认为：“章氏之民族革命主义远承吕晚村、王船山之坠绪，而益之以近代之学说及浓挚之情感，其精警或过之。章氏同意船山，认血统为区分民族之根据，一扫纯据文化以辨民族之旧说。”参见萧公权. 中国政治思想史［M］//刘梦溪. 中国现代学术经典：萧公权卷. 石家庄：河北教育出版社，1999：725.

中有戴名世、查嗣庭诸人的案件，便就胸中发愤，觉得异种乱华，是我们心中第一恨事。后来读郑所南、王船山两先生的书，全是那些保卫汉种的话，民族思想渐渐发达。”[①]1913年，章炳麟在《光复军志序》中对自己反清排满思想的形成有一个描述：“余年十三四，始读蒋氏（良骐，笔者注）《东华录》，见吕留良、曾静事，怅然不怡，辄言‘以清代明，宁与张（献忠）、李（自成）也’。弱冠睹全祖望文，所述南田、台湾诸事甚详，益奋然，欲为浙父老雪耻。次又得王夫之《黄书》，志行愈定。而光复会初立，实余与蔡元培为之尸，陶成章、李燮和继之。总之，不离吕、全、王、曾之旧域也。”[②]描述了受船山《黄书》之影响，走上革命道路的心路历程，又说明了光复会的成立实乃以船山为代表的晚明民族思想的激发所致。

戊戌变法失败后，章太炎清醒地认识到了排满革命的重要性，遂成为革命派的中坚力量，乃不断以王船山的政治思想为武器与维新派作坚决的斗争。《年谱》记载章太炎三十岁时（1897年）有言：“康氏之门，又多持《明夷待访录》，余常持船山《黄书》相角，以为不去满洲，则改政变法为虚语，宗旨渐分。”[③]清楚地说明了维新派与革命派的根本分歧在于是否排满。维新派采借的理论武器是《明夷待访录》，主张兴民权、实行君主立宪；革命派采借的理论武器是《黄书》，主张排满革命，驱除鞑虏、恢复中华。萧公权高度肯定章氏采借与转化王船山之论阐发民族革命的重要历史贡献：“章氏对于革命最大之贡献在阐发民族革命之精义。《检论》定民族之区别，‘以多数之同一血统者为主体’，以有史以来之种姓为限断，足以破康党满汉同源之说。又谓种姓为文化之基础，则引申王船山之论，一扫传统之文化民族观念。”[④]

王船山曾在《宋论》中强调：“无不失之天步，无不毁之宗祧，而

①章念驰．章太炎演讲集［M］．上海：上海人民出版社，2011：1.

②章太炎．检论·卷九·大过［M］//章太炎全集：第3册．上海：上海人民出版社，1985：623.

③王云五，章太炎．民国太炎先生炳麟自定年谱［M］．台北：台湾商务印书馆，1980：6.

④王云五，章太炎．民国太炎先生炳麟自定年谱［M］．台北：台湾商务印书馆，1980：6.

无可晦昧之人心，无可阴幽之日月。夏商之授于圣人，贤于周之强国；周之授于强国，贤于汉之奸臣；汉之授于奸臣，贤于唐之盗贼；唐之授于盗贼，贤于宋之夷狄”[①]，强调政权即使是被奸臣、盗贼篡夺，也强于异族的统治。1900年，章太炎采借这一论点来论证建立独立的民族国家的必要性。其曰：

> 凡大逆无道者，莫剧篡窃。篡窃三世以后，民皆其民，壤皆其壤，苟无大害于其黔首，则从雅俗而后辟之，亦可矣。异种者，虽传铜瑁至于万亿世，而不得抚有其民。何者？位虫兽于屏扆之前，居虽崇，令虽行，其君实安在？虎而冠之，猿狙而衣之，虽设醮醴，非士冠礼也。[②]

章太炎采借船山民族思想，将之转化为激烈的种族民族主义思想，认为篡窃无大害于其黔首，但是异族却没有任何权利统治文明的民族，即使统治了万亿世，也不能承认这种统治为合理。[③]

1902年4月，章炳麟、秦力山、马君武、冯自由等十人， 在日本东京发起召开“支那亡国二百四十二年纪念会”。这次活动，受到孙中山的支持和赞助。章太炎为这次集会写了篇题为《中夏亡国二百四十二年纪念会书》的文告，其中可见章太炎受王船山夷夏观的深刻影响，其曰：

> 民今方殆，寐而占梦，非我族类，而忧其不祀。觉寤思之，毁我室者，宁待欧美？自顷邦人诸友，倏然自谋，作书告哀，持之有故。有言立宪君主者矣，有言市府分治者矣，有言专制警保者矣，有言法治持护者矣，岂不以吁谟定命，国有与立，抑其第次，无乃陵躐？衡阳王而农有言：“民之初生，统建维君，义以自制其伦，仁以自爱其类，强干善辅，所以凝黄中之絪緼也。今族类之不能自固，而何他仁

①王夫之．周易外传：卷二［M］//船山全书：第2册．长沙：岳麓书社，1996：900-901．

②章太炎：《原人》《訄书》初刻本，见：章太炎全集：第3册［M］．上海：上海人民出版社，1985：22．

③萧公权肯定了章氏之说之价值：“准此义以言之，则凡夷狄入据中国，其政权根本不能成立。驱逐胡虏，光复河山。遂为逻辑上无可避免之结论。”参见萧公权．中国政治思想史［M］//刘梦溪．中国现代学术经典：萧公权卷．石家庄：河北教育出版社，1999：727．

义云云？”悲乎！言固可以若是。[①]

在此，章太炎采借船山“今族类之不能自固，而何他仁义云云”的理论观点，将之转化为最重要的救国理论——民族主义，以对抗形形色色的各种政治主张（如立宪君主论、市府分治论、专制警保论、法治持护论等等）。不过，章太炎赋予船山的民族思想以新的时代内容，即将船山所言之异类扩大至西方列强，作为反对欧美等帝国主义侵略的理论武器。

1905年，《国粹学报》创刊，章太炎在《国粹学报祝辞》表达了“种族自卫，无滋蛮貉，是而农所长也”[②]的观点，强调的也是《黄书》中保类卫群的民族主义学说。1908年7月10日，太炎先生在《王夫之从祀与杨度参机要》中说：“衡阳者民族主义之师；余姚为立宪政体之师”[③]，明确强调王船山是民族主义的理论先师，黄宗羲是立宪政体的理论先师。1936年，章太炎在《书曾刻船山遗书后》中说“王而农著书，一意以攘胡为本”[④]，认为船山著作之本旨即是攘胡。无论是种族自卫，还是民族主义之师，抑或攘胡为本，章太炎注意到了船山政治思想中的最适合当时社会历史需要的、最可促进中国政治思想近代转型的思想内核，将之采借、改造、转化成革命派强有力的政治思想和理论武器，以对付立宪派和保皇党的攻击。

在章太炎看来，明末三大儒中唯有王船山的民族思想可成光复[⑤]之迹，其《重刻船山遗书序》批评黄宗羲著述不关注民族废兴、喜树朋党、欲以学校干政等弊病，宣称：“当清之季，卓然能兴起顽傻，以成光复之迹

---

①章太炎．中夏亡国二百四十二年纪念会书［M］//章太炎全集：第4册．上海：上海人民出版社，1985：188．

②章太炎．国粹学报祝辞［M］//章太炎全集：第4册．上海：上海人民出版社，1985：208．

③章太炎．王夫之从祀与杨度参机要［M］//汤志钧．章太炎政论选集：上卷．北京：中华书局，1977：427．

④章太炎．太炎文录续编：卷二之上［M］//章太炎全集：第5册．上海：上海人民出版社，1985：123．

⑤应该注意的是章炳麟将“革命”与“光复”作了区分，他说：“抑吾闻之，同族相代，谓之革命；异族攘窃，谓之灭亡。改制同族，谓之革命，驱除异族，谓之光复。今中国既灭亡于逆胡，所当谋者，光复也，非革命云尔。”参见章太炎．革命军序［M］//汤志钧．章太炎政论选集：上卷．北京：中华书局，1977：193．

章太炎．章太炎全集：第4册［M］．上海：上海人民出版社，1985：123．

者，独赖而农一家言而已矣。”[①]重点表彰船山民族思想作为完成光复任务的助力，肯定船山著作做出的巨大历史功绩。事实上，章太炎一直肯定船山政治思想对于完成光复任务所做出的巨大历史功绩，认为辛亥革命的成功实拜晚明“内诸夏外夷狄”的民族思想之所赐。[②]辛亥革命胜利后，章太炎饮水思源，强调采借与转化王船山的政治思想作为革命派的理论武器是光复运动成功的关键：“船山学术为汉族光复之源，近代倡义诸公，皆闻风而起者，水源木本，端在于斯。”[③]对王船山政治思想的历史功绩进行了高度地赞扬。

刘师培“续王氏《黄书》而作《攘书》” 刘师培（1884—1919），江苏仪征人，字申叔，别号左盦。刘师培受章太炎、蔡元培等人影响，加入了革命的行列，成为中国教育会的一员。后改名光汉，取“攘除清廷、光复汉族”之意。随即完成《中国民约精义》（与林獬合著）和《攘书》两本书。对于这两本书创作的缘由，钱玄同有个很好的说明：“自庚子以后，爱国志士愤清廷之辱国，汉族之无权，而南朝巨儒黄梨洲先生抵排君主之论，王船山先生攘斥异族之文，蕴埋已二百余年，至是复活。爱国志士读之，大受刺激。故颠覆清廷以建立民国之运动，实为彼时代最重要之时代思潮。刘君于癸卯年（1903）至上海，适值此思潮澎湃汹涌之时，刘君亦即加入此运动。于是续黄氏《明夷待访录》而作《中国民约精义》，续王氏《黄书》而作《攘书》。”[④]明确说明了《中国民约精义》一书是刘师培采借与转化《明夷待访录》的结果，而《攘书》则是采借与转化《黄书》的结果。

正如钱玄同所揭示的那样，《攘书》是刘师培采借与转化船山民族思想的重要代表著作。《攘书》主要阐发王船山《黄书》中所宣传的民族观点，也引用黄宗羲与唐甄的见解去否定封建社会的三纲说。刘师培著《攘书》一书的目的在于攘夷，也就是排满：“攘，《说文》云，推也，段注以为即退让之义。吾谓攘字从襄得声，辟土怀远为襄，故攘字即为攘夷之

①章念驰. 章太炎演讲集［M］. 上海：上海人民出版社，2011：407-408.

②汤志钧. 章太炎年谱长编［M］. 北京：中华书局，1979：757.

③钱玄同. 《刘申叔先生遗书》序［M］//钱玄同文集：卷4. 北京：中国人民大学，1999：321.

④刘师培. 攘书［M］//李妙根. 刘师培文选. 上海：上海远东出版社，2011：61.

攘，今《攘书》之义取此。"[①]刘师培抓住了时代的心声，以"攘夷"为宗旨的《攘书》，体现了革命派的客观要求。刘师培在《攘书·夷种篇》说："王船山先生有言，夷狄之于中国，厥类均也，中国不自畛绝夷则地维裂矣（《黄书·原极篇》）。大哉言乎！可谓识华夷之别矣。"[②]此处乃对《黄书·原极》中的话作了概括后，对王船山夷夏观的肯认和赞许。他又采借援引船山《思问录·外篇》之意，曰："大抵秦汉之世华夷之分在长城，魏晋以来华夷之分在大河，女直以降华夷之分在江淮（此古代文物所由北胜于南，近代文物所由南胜于北也），使神州之民仍偷息苟生，日与夷族相杂处，吾恐百年之后必陵夷至于无文而蔑不夷矣，千年以降将生理殄绝，反之太古之初而蔑不兽矣。汉唐区宇，黄炎子孙，惓言顾之，潸然出涕矣。"[③]（《攘书·变夏篇》）可以窥见刘师培受船山《思问录·外篇》"食非其食，衣非其衣，食异而血气改，衣异而形仪殊，又返乎太昊以前而蔑不兽矣"[④]思想之影响，认为汉族再与满族"相杂处"，时间一长，不仅汉族原有的文化要消亡，而且连华夏也要沦为夷狄了，排满之情溢于言表。

除了受《黄书》《思问录》影响之外，刘师培还受船山《读通鉴论》"中国之与夷狄，所生异地，其地异，其气异矣；气异而习异，习异而所知所行蔑不异焉"[⑤]思想之影响，提出"乾坤定位，万汇蕃滋，风土异宜，戎夏殊性，而人种区别，遂各不同"[⑥]的主张，将船山的地形论和习气说[⑦]与近代人种说融合转化，从而论证汉族与满族分属不同人种以质疑满清统治的合法性，达到排满之目的。

---

①刘师培．攘书［M］//李妙根．刘师培文选．上海：上海远东出版社，2011：66.

②刘师培．攘书［M］//李妙根．刘师培文选．上海：上海远东出版社，2011：88.

③王云五，章太炎．民国太炎先生炳麟自定年谱［M］．台北：台湾商务印书馆，1980：6.

④王夫之．思问录：外篇［M］//船山全书：第12册．长沙：岳麓书社，1996：467.

⑤王夫之．读通鉴论：卷十四［M］//船山全书：第10册．长沙：岳麓书社，1996：502.

⑥刘师培．攘书［M］//李妙根．刘师培文选．上海：上海远东出版社，2011：62.

⑦杜维运将船山"中国之与夷狄，所生异地，其地异，其气异矣；气异而习异，习异而所知所行蔑不异焉"的这种观点称为地形论和习气说。参见杜维运．清代史学与史家［M］．北京：中华书局，1988：45-48.

三、革命宣传家对王船山政治思想的采借与转化

陈天华《狮子吼》《警世钟》中的船山之意　清末革命派中著名的宣传家陈天华的革命思想中也有不少采借与转化船山政治思想以进行革命宣传的思想印记。陈天华的著作中最悲壮感人的是反帝爱国思想。他以血泪斑斑的文字揭露列强侵略和瓜分中国的惨祸，号召人民勇于斗争，奋起反抗，坚信"各国纵有精兵百万，也不足畏"，"只要我人心不死，这中国万无可亡之理"。①正是基于反帝爱国思想，他认为清政府丧权辱国，已成为"洋人的守土长官"，所以要拒洋人，要爱国，"只有讲革命独立"。其激烈的思想其实也是渊源有自，船山的民族思想就是其重要的思想来源，陈天华也是主动采借船山政治思想并将之转化为符合当时革命发展需要的革命理论的。陈天华的名著《狮子吼》中有一段话可以说明这一点：

> 肖祖奋臂起道："以后咱们总要实行黎洲先生所言！"文明种道："现在仅据黎洲先生所言的，还有些不对，何故呢？黎洲先生仅伸倡民权，没讲到民族上来。施之于明以前的中国，恰为对症之药，如今又为第二层工夫了。"必攘于是起身出席问道："请问民族的主义为何？"文明种道："大凡人之常情，对于同族的人相亲爱，对于外族的相残杀，这是一定的道理。慈父爱奴仆，必不如爱其子孙，所以家主必要本家的人做，断不能让别人来做家主；族长必要本族的人当，不能听外族来当族长，怎么国家倒可容外族人来执掌主权呢？即不幸为异族所占，虽千百年之久，也必要设法恢复转来，这就叫做民族主义。"必攘点头称是。②

陈天华虚构了上面一段对话，其表达逻辑首先强调黄宗羲思想的超前性和现代性，可与《民约论》相媲美。随后话锋一转，认为黄宗羲思想依然有些不足之处，因为不符合时代之要求，只能施行于明代以前的中国。

---

①陈天华．警世钟［M］//刘清波，彭国兴，编校．陈天华集．长沙：湖南人民出版社，1958：72．

②陈天华．警世钟［M］//刘清波，彭国兴，编校．陈天华集．长沙：湖南人民出版社，1958：76．

最后指出在当时那个特定的社会历史条件下能够救国救民的政治思想只有民族主义，革命的首要任务是要解决外族当政的问题，而这恰恰是船山民族主义思想的题中应有之义。可见，陈天华采借船山"仁以自爱其类"的观点，将之转化为"大凡人之常情，对于同族的人相亲爱"的人道主义思想；采借船山"可禅可继可革，不可使异类间之"的思想，将之转化为"族长必要本族的人当，不能听外族来当族长，怎么国家倒可容外族人来执掌主权呢"的思想，从中可见陈天华著作受船山政治思想影响的深刻痕迹。

陈天华指出，满清政府一味讨好于列强并压制汉人，是由于担心自己的统治受到威胁，因而它才"只图苟全一己，不顾汉人永世翻不得身，件件依了洋人的"[①]。陈天华认为造成这种政治状况的根源在于满汉之间在种族上的差异。依赖于近代人种学的知识，陈天华指出满族和汉族属于两个不同的种族。其《猛回头·人种略述》认为，汉族的始祖是黄帝，于四千二百余年前，"自西北方面来，战胜了苗族，一统中国。今虽为外族所征服，其人口共四万万有余，居世界人口四分之一"。而满人则属于通古斯种，"从前都是汉种的对头，无一刻不提防他。其人皆是野蛮，凶如虎狼，不知礼义"[②]。因此，陈天华认为作为汉族的每一个子民，都有权利、有责任推翻异族的统治，以雪亡国之耻。《陈天华评传》认为陈天华借助于传统的思想资源，尤其是反映明末清初满汉之间矛盾与仇杀的历史资料的描述与加工，指出满汉之间长期以来就已经存在敌视、抗拒与杀戮，以此来唤起民众对历史的记忆，报"累世的国仇"[③]。《陈天华评传》所说的明末清初知识分子的反满言论当然包括船山激烈的民族思想，进一步证明《评传》作者也注意到了船山民族思想也是陈天华思想的来源之一这一理论事实。陈天华正是借助王船山政治思想的理论影响力和感染力，将其融合到《狮子吼》《猛回头》等著作中，转化成适应于当时的脍炙人

---

①陈天华．狮子吼［M］//刘清波，彭国兴，编校．陈天华集．长沙：湖南人民出版社，1958：127–128.

②陈天华．猛回头［M］//刘清波，彭国兴，编校．陈天华集．长沙：湖南人民出版社，1958：30–31.

③陈天华．猛回头［M］//刘清波，彭国兴，编校．陈天华集．长沙：湖南人民出版社，1958：28.

口的革命宣传著作，从而有力地推动了光复运动的进展。

杨毓麟《新湖南》中的船山之意　杨毓麟（1872—1911），后改名守仁，字笃生，湖南长沙人，辛亥革命时期杰出的民主革命家、宣传家。一生追随孙中山、黄兴奔走革命，以务实、勤勉、激进著称于世。《新湖南》是其代表作，其观点深受船山政治思想之影响。《新湖南》首先肯定船山学术的贡献："胜国以来，船山王氏以其坚贞刻苦之身，进退宋儒，自立宗主。当时阳明学说遍天下，而湘学独奋然自异焉。"[①]认为船山学术进退宋儒，自立宗主，因而能奋然自异。杨毓麟尤其称赞船山学术中的民族思想："王船山氏平生所著书，自经义、史论以至稗官小说，于种族之戚、家国之痛，呻吟呜咽，举笔不忘，如盲者之思视也，如痿者之思起也，如喑者之思言也，如饮食男女之欲一日不能离其侧，朝愁暮思，梦寐以之。"[②]认为民族思想是船山毕生归根立命之所，可以时时刻刻激起人们的爱国、种族之恨，虽梨洲不能及。他更引王船山为湖南人中"有特别独立之根性"的杰出代表，以船山学术为范导，以期建设一个独立的"新湖南"，最终实现"存湖南以存中国"的理想。

杨毓麟所处的时代，正是内外交困的危难时期，因此之故，他非常重视民族主义的重要作用，其曰："民族主义者，生人之公理也，天下之正义也。有阻遏此主义使不得达者，卧薪尝胆，炊矛折剑，冀得一当而已矣，公理然也，正义然也。欲起国民之痿痹者，此其一事矣。"[③]认为民族主义是"起国民之痿痹"的重要一事。因此他采借船山"中国之与夷狄，所生异地，其地异，其气异矣；气异而习异，习异而所知所行蔑不异焉"的思想，转化为近代的民族主义思想，其曰："凡种族不同、言语不同、习惯不同、宗教不同之民，皆必有特别之性质。有特别之性质，则必有特别之思想。而人类者，自营之动物也，以特别之性质与特别之思想，各试其自营之手段，则一种人得有特别之权力者，必对于他一种人生不平等之妨害；受不平等之妨害者，必对于他一种人生自存之竞争。"[④]杨毓麟又采

①朱庆葆，牛力．邹容、陈天华评传［M］．南京：南京大学出版社，2006：178.

②杨毓麟．新湖南［M］//杨毓麟集．长沙：岳麓书社，2008：32.

③杨毓麟．新湖南［M］//杨毓麟集．长沙：岳麓书社，2008：31．《新湖南》于1903年刊于东京，风行一时，影响极大。

④杨毓麟．新湖南［M］//杨毓麟集．长沙：岳麓书社，2008：49.

借船山“可禅可继可革，不可使异类间之”思想作为其“故异类之民集于一政府之下者，实人类之危辆仄轨也”[①]之观点的理论依据，从中可见杨毓麟将船山民族思想与西方民族主义糅合改造，作为其宣扬革命的重要思想武器的致思趋向。

不仅如此，杨毓麟还将船山民权思想与西方民主主义对接、融合，其曰：

> 是故国家之土地，乃人民所根着之基址也，非政府之私产也；国家之政务，乃人民所共同之期向也，非政府之私职也；国家之区域，乃此民族与彼民族相别白之标识也，非政府之所得随意收缩裂弃也；国家之政治机关，乃吾国民建设大社会之完全秩序，非政府之所得薮逋逃而凭狐鼠也。于是以全国之观念为观念，以全国之感情为感情，以全国之思议为思议，以全国之运动为运动，人人知其身为国家之一份子，为共同社会之一质点，而公德发达，如晓日之升于天，公权牢固，如盘石之根于地，形式益完，势力益盛，虽欲不突飞于地球之上，不可得矣。是故个人权利主义者，非个人权利主义，实公德之建筑场也。故天赋人权者，生人之公理也，天下之正义也。有遏抑此主义使不得伸者，卧薪尝胆，炊矛折剑，冀得一当而已矣，公理然也，正义然也。[②]

其中，清晰可见杨毓麟采借和转化船山政治思想进行革命宣传的理论策略。采借船山“民自有其恒畴，不待王者授之”[③]观点，将其转化为“是故国家之土地，乃人民所根着之基址也，非政府之私产也”的思想；采借“循天下之公”[④]、“公天下而私存，因天下用而用天下”[⑤]、“不以一人疑天下，不以天下私一人”[⑥]等思想，转化为“公德”“公权”思想。也即认为国家之土地、政务、区域、政治机关均不应有政府私有，全国应形

①杨毓麟．新湖南［M］//杨毓麟集．长沙：岳麓书社，2008：48．

②杨毓麟．新湖南［M］//杨毓麟集．长沙：岳麓书社，2008：48．

③杨毓麟．新湖南［M］//杨毓麟集．长沙：岳麓书社，2008：50．

④王夫之．噩梦［M］//船山全书：第12册．长沙：岳麓书社，1996：551．

⑤王夫之．读通鉴论：卷末［M］//船山全书：第10册．长沙：岳麓书社，1996：1175．

⑥王夫之．黄书：宰制［M］//船山全书：第12册．长沙：岳麓书社，1996：508．

成“以全国之观念为观念，以全国之感情为感情，以全国之思议为思议，以全国之运动为运动，人人知其身为国家之一份子，为共同社会之一质点”[①]这样的公德、公权观念。杨毓麟把实现“天赋人权”的民主主义与实现民族独立的民族主义提到同样的高度，认为都是“生人之公理，天下之正义”，都是必须用“卧薪尝胆、炊矛折剑”的斗争精神去为之奋斗的目标，把民主主义与民族主义同样视为“起国民之痿痹”的重要之事。

四、革命实践家对王船山政治思想的采借与转化

陶成章与王船山的政治思想　陶成章（1878—1912），字焕卿，曾用名汉思、会稽先生等，浙江绍兴人，光复会的创始人与实际领导者。陶成章曾在其表达革命思想的论述中主动采借与转化王船山政治思想。例如，曾赞卿等人在大吡呖组织积莪营育群书报社时，陶成章专门为此写了序言，其中可见陶成章对于王船山政治思想的采借与转化。陶成章《积莪营育群书报社序》云：

> 昔王船山先生有言“仁以自爱其类，义以自育其群，今族类之不能自固，而何仁义之足云”，由是观之，舍合群主义外，固别无人道主义；舍民族主义外，亦别无合群主义。虽然，欲求合群，非可徒托空言，必有机关以联络之，然后有过足以相规，有失足以相救，有疾病足以相扶持，有灾祸足以相补助。退而守之，可以保一隅，使不受外侮；扩而充之，可以联万方，谋光复神州。如是则合群之道，乃称实践。……余愿曾君等抱此宗旨，益励不懈，慎始敬终，终以无困，勿恃众盛而凌异党，勿以细故而乱大谋，庶几事可久大，人无间言，则船山先生之志也。[②]

此处陶成章采借《黄书》中“仁以自爱其类，义以自育其群”的思想，将之转化为人道主义和合群主义思想，以说明“舍合群主义外，固别无人道主义；舍民族主义外，亦别无合群主义”的道理，作为“联万方，谋光复神州”的思想武器。另外，陶成章于1904年的《中国民族权力消长史》也明显有受船山政治思想影响的痕迹，其曰：

①王夫之．黄书：宰制［M］//船山全书：第12册．长沙：岳麓书社，1996：508．

②杨毓麟．新湖南［M］//杨毓麟集．长沙：岳麓书社，2008：50．

会稽先生曰：民族主义者，近世立国之要素也。虽然，岂自今日始哉！盖自原人之世已然，今吾观于尧、舜、禹三世行政之区划而益信，盖民族主义之发生，出于人类之自爱心、自卫心，本于天，根于性，而要非可以强致也。使人而不能自爱、自卫，则又何贵其为人类哉！昔王船山先生有言曰：民之初生，自纪其群，远其沴，摈其异类，建统惟君，故仁以自爱其类，义以自育其群，强干自辅，所以凝黄中之絪缊也。今族类之不能自固，而何仁义之云云也哉！……盖异族者，欺之而不为不信，杀之而不为不仁，夺之而不为不义者也。旨哉是言，旨哉是言。①

陶成章此处引用船山《黄书》中“今族类之不能自固，何仁义之云云也哉”之语以说明自固族类的重要性，将船山自固其类的民族思想转化为近世立国之要素的民族主义思想。而陶成章有关“异族者，欺之而不为不信，杀之而不为不仁，夺之而不为不义者也”的言论也显然受到王船山《读通鉴论》有关思想的影响②，只是将船山所说之夷狄转化为当时特定历史条件下的包括帝国主义的异族而已。

革命实践家陶成章正是在西方政治思想的影响下，融合、改造、转化王船山的政治思想，形成自己的革命理论，并在其革命理论的指导下从事革命实践的。

孙中山与王船山的政治思想　正如笔者上文所言，孙中山先生固然是伟大的革命实践家，然而也是辛亥革命时期政治思想家的典型代表，其伟大的革命实践正是得益于其伟大的革命理论的指导，因此，本文论述孙中山的革命理论、革命实践与王船山政治思想之关系，从而说明孙中山是如何采借与转化王船山政治思想的。

萧公权认为，辛亥革命时期的政治思想是中国政治思想成熟时期的代表：“中国政治思想之转变，至辛亥革命已达最后之地步。孙中山先生之

---

①陶成章．积莪营育群书报社序［M］//汤志钧．陶成章集．北京：中华书局，1986：200.

②船山《读通鉴论》有言：“夷狄者，歼之不为不仁，夺之不为不义，诱之不为不信。何也？信义者，人与人相于之道，非以施之非人者也。”参见王夫之．读通鉴论：卷四［M］//船山全书：第10册．长沙：岳麓书社，1996：155.

思想系统，亦在此时代中发展完成，而成为革命与建国之理论基础。"[①]孙中山先生自述其思想之来源，曰："有因袭吾国固有之思想者，有规模欧洲之学说事迹者，有吾所独见而创获者。"[②]他特别肯认中国传统民族思想是其民族主义思想的重要思想来源之一。1923年，孙中山回顾自己的革命历程时亦曰："盖民族思想，实吾先民所遗留，初无待于外铄者也。余之民族主义，特就先民所遗留者，发挥光大之；且改良其缺点，对于满洲，不以复仇为事，而务与之平等共处于中国之内，此为以民族主义对国内之诸民族也。"[③]孙中山强调中国具有自发内生的近代性因素，民族主义就是其中的典型，明确肯认民族主义的内生说，否定外铄说。而且认为中国民族主义的一个重要资源就是晚明的民族思想，包括王船山民族思想的影响。1911年12月24日孙中山在《中国同盟会本部宣言》中宣称：

> 故老遗民如史可法、黄道周、倪元璐、顾炎武、黄宗羲、王夫之诸人，严春秋夷夏之防，抱冠带沉沦之隐，孤军一旅，修戈矛于同仇，下笔千言，传楮墨于来世，或遭屠杀，或被焚毁，中心未遂，先后陨落。而义声激越，流播人间，父老遗传，简在耳目。[④]

重点说明了以王船山为代表的晚明思想家的民族思想"义声激越，流播人间"的历史影响，从中可以窥见中国近代民族主义的思想来源，船山的民族思想无疑是其重要的思想来源之一。

具体而言，船山民族思想中的"可禅可继可革，不可使异类间之"的民族自决思想对孙中山产生了深刻的影响。1897年，孙中山在与宫崎寅藏的问答中直陈"排满复汉""国皆自主，人尽独立"的责任感和紧迫感："清虏执政于兹三百年矣，以愚弄汉人为治世第一义……方今世界文明日

---

①萧公权．中国政治思想史［M］//刘梦溪．中国现代学术经典：萧公权卷．石家庄：河北教育出版社，1999：809.

②萧公权．中国政治思想史［M］//刘梦溪．中国现代学术经典：萧公权卷．石家庄：河北教育出版社，1999：809.

③孙中山．孙中山全集：第7卷［M］．中国社会科学院近代史研究所中华民国史研究室等编．北京：中华书局，2006：60.

④孙中山．中国同盟会本部宣言［M］//船山全书：第16册．长沙：岳麓书社，1996：858.

益增进，国皆自主，人尽独立，独我汉种每况愈下，濒于死亡。”[①]在驳斥保皇党的言论时，孙中山严厉地质疑清朝统治的合法性：“夫满洲以东北一游牧之野番贱种，亦可享有皇帝之权，吾汉人以四千年文明之种族，则民权尚不能享，此又何说？”[②]直到1906年，在同盟会的革命方略中，他依然强调“覆彼政府，还我主权”，他说：“今之满洲，本塞外东胡。……我汉人为亡国之民者二百六十年于斯。满清政府穷凶极恶，今已贯盈。义师所指，覆彼政府，还我主权。……中国者，中国人之中国；中国之政治，中国人任之。驱除鞑虏之后，光复我民族的国家。”[③]清晰可见孙中山采借船山“可禅可继可革，不可使异类间之”的思想，将之转化为“中国者，中国人之中国；中国之政治，中国人任之”的民族主义思想。同年，孙中山《在东京〈民报〉创刊周年庆祝大会的演说》：“但是有最要紧一层不可不知：民族主义，并非是遇着不同族的人便要排斥他，是不许那不同族的人来夺我民族的政权。因为我汉人有政权才是有国，假如政权被不同族的人所把持，那就虽是有国，却已经不是我汉人的国了。”[④]与船山强调的“可禅可继可革，不可使异类间之”的民族自决思想依然是一脉相承的。当然，孙中山的民族思想与船山相比具有强烈的现代意识，其政治民族主义思想倾向更为明显，具有强烈的建立现代民族国家的政治认同感，这是船山所欠缺的。所以，1910年孙中山在旧金山的演说中强调建立汉族国家的必要性，这已经发展为现代政治民族主义的思想高度了，他说：“故今日欲保身家性命，非实行革命，废灭鞑虏清朝，光复我中华祖国，建立汉人民族的国家不可也。”[⑤]

尽管孙中山深受船山民族思想的影响，但孙中山提出“驱除鞑虏，恢

①孙中山．中国同盟会本部宣言［M］//船山全书：第16册．长沙：岳麓书社，1996：858．

②孙中山．孙中山全集：第1卷［M］．中国社会科学院近代史研究所中华民国史研究室等编．北京：中华书局，2006：232．

③孙中山．孙中山全集：第1卷［M］．中国社会科学院近代史研究所中华民国史研究室等编．北京：中华书局，2006：296-297．

④孙中山．孙中山全集：第1卷［M］．中国社会科学院近代史研究所中华民国史研究室等编．北京：中华书局，2006：325．

⑤孙中山．孙中山全集：第1卷［M］．中国社会科学院近代史研究所中华民国史研究室等编．北京：中华书局，2006：325．

复中华”，不只是传统的“排满兴汉”的内容，他一开始就突破了传统民族主义的局限，认为民族革命并不是要“尽灭满洲民族”，而是“恨害汉人的满洲人”[①]。这种把排满与建立民主共和的“合众政府”结合起来的思想在当时是一个很大的突破，不仅远高于王船山也高于洪秀全与会党的思想境界，即使从世界范围来看，这种政治思想也居于世界潮流的前列。

五、结语

梁启超曾对清初义理思想与晚清义理思想之间的关系作过如下总结：“总而言之，最近三十年思想界之变迁，虽波澜一日比一日壮阔，内容一日比一日复杂，而最初的原动力，我敢用一句话来包举它，是残明遗老思想之复活。”[②]笔者上文关于晚清革命派对于王船山政治思想的采借和转化的论述正好印证了这一点。上文引述的大量的理论事实说明晚清革命派对于王船山政治思想的采借与转化是多方面多层次的，主要可以分为以下几个方面：采借船山的地形说和习气说与西方人种说结合，转化为近代人种说；采借船山“仁者自爱其类”的仁爱学说，转化为人道主义学说；受西方民族主义思想影响，采借船山自固其类、严夷夏之防的学说，转化为中国近代民族主义思想；采借船山“循天下之公”“不以一人疑天下，不以天下私一人”思想，转化为近代民主主义思想等等。林毓生曾对“文化传统的创造性转化”作出如下解释：“简单地说，是把一些中国文化传统中的符号与价值系统加以改造，使经过创造地转化的符号和价值系统，变成有利于变迁的种子，同时在变迁过程中，继续保持文化的认同。这里所说的改造，当然是指传统中有东西可以改造、值得改造，这种改造可以受外来文化的影响，却不是硬把外国东西移植过来。”[③]本文关于晚清革命派对于王船山政治思想的采借与转化的论述说明，晚清革命派对于王船山政治

---

①孙中山．孙中山全集：第1卷［M］．中国社会科学院近代史研究所中华民国史研究室等编．北京：中华书局，1982：325．

②梁启超．中国近三百年学术史［M］//梁启超全集．北京：北京出版社，1999：4469．

③林毓生．中国传统的创造性转化［M］．北京：生活·读书·新知三联书店，2011：328．

思想的转化完全符合林毓生视域中的“文化传统的创造性转化”这一深刻内涵的。

当然本文只是对“清代义理思想之转化”这个深刻主题作一初步探讨和论证而已，进一步研究有俟来日。日后笔者将以《黄书》作为个案，具体阐述维新派和革命派是如何采借和转化王船山政治思想的，敬请读者关注。

文化民族主义者的文化认同

——章太炎文化民族主义思想探析

崔海亮

20世纪初中国的民族主义实际上是一种文化民族主义。对此，美国学者费正清有这样的论述："当一个世纪前近代压力促使中国广泛的民族主义上升时，它可能是建立在一种强烈的认同感和暂时的文化优越感基础之上的，我们应当把它称之为文化民族主义，以把它与我们在其他地方所看到的通常的政治民族主义相区别。"①费正清这种看法的前提预设是：传统中国是一个文化共同体而非政治共同体。这种看法并不否认中国文化民族主义的政治诉求，而是强调当时中国民族主义突出的文化特点。实际上，中国民族主义的兴起也确实是由文化认同危机而推动的。有学者认为，20世纪初中国的民族主义主要是由"国粹派"掀起的，与日本的"保存国粹"运动以及国内的欧化主义思潮存在密切关系。②20世纪初的中国，面临着"两千年未有之大变局"，自由主义、无政府主义、社会主义、民族主义、进化论以及声、光、电、化等西方社会思潮与自然科学知识涌入中国，对中国传统文化及其价值观念产生巨大冲击。西方文化随着帝国主义侵略的加深也不断深入中国人的日常生活，面对步步紧逼的欧化浪潮，欧洲文明中心论被一些中国学人所接受，民族虚无主义和民族悲观主义进一步盛行，中国文化的优越感与中国人的民族自尊心和自信心日益丧失，中国人面临着严重的文化认同危机。在中西文化冲突的背景下，面对西方帝

①费正清．剑桥中华人民共和国史（1949-1965）［M］．上海：上海人民出版社，1990：15．

②王玉华．多元视野与传统的合理化——章太炎思想的阐释［M］．北京：中国社会科学出版社，2004：69-82．

国主义的军事侵略与文化侵略，如何挽救民族危亡？以什么样的文化为本位建立中国的民族国家？这些都成为当时先进中国人所思考的需要迫切解决的问题。章太炎就是在我国建立民族国家过程中做出突出贡献的革命家和思想家。

“章太炎是中国现代思想史上最不预设立场的学者之一。”①其思想兼收中、西、印多种文明成果，而且一生思想多变，早期与晚年思想又有很大不同。很难给他贴上一个固定的人为的标签。对于章太炎能不能称为“文化民族主义者”，学者们的认识是不一样的。有学者因为章太炎激烈的“排满”立场而认为他是“种族民族主义思想的代表人物”。②不过，从章太炎的一生来看，早期虽然主张排满的种族革命，但辛亥革命后则一直坚持“五族共和”，而且从1906年到1936年持续不断地宣讲“国学”，主张“以国粹激动种姓”，终生以弘扬中华传统文化为职志，强调保持中华文化的独立性，增强国民对中华文化的认同。因此，笔者倾向认为章太炎是个“文化民族主义者”。

本文以“章太炎的民族主义思想”为研究对象，尝试说明作为文化民族主义者的章太炎是如何通过国学研究来增强对中华文化的认同的，在中国走向现代化的过程中，章太炎的文化民族主义思想对现代民族国家的建构有什么样的启示与借鉴意义。

一、章太炎文化民族主义思想的来源

如同章太炎复杂的人生经历和宽广的学术领域，其文化民族主义思想的来源也是复杂的。概括来讲，他的文化民族主义思想是特殊时代下特殊环境的产物，与他的家世、人生经历和复杂的国内外环境密切相关。

（一）“严夷夏之防”的家庭教育

章太炎出生于书香世家，学有根本。其父章濬，曾任杭州诂经精舍监院。屡试不第，致力于学，并以学问品节训勉子孙，“精研经训，博通史

①戴明玺．章太炎与二十世纪初中国思想裂变［J］．南京社会科学，2003（4）：33．

②胡涤非．晚清时期的种族民族主义、文化民族主义和政治民族主义［J］．中华文化论坛，2005（2）：48．

书，学有成就，乃为名士”[①]。在其父影响下，章太炎走上精通经史之学的“名士”道路，终生未食清朝官禄。其外祖父朱有虔对他民族主义思想的产生有重大启蒙作用。章太炎十一二岁时，朱有虔教他读《东华录》，其中戴名世、曾静案对章太炎刺激很大。朱氏讲授给他“夷夏之防，同于君臣之义”的道理，并给他讲了王夫之、顾炎武反清的事迹。后来他在东京留学生欢迎会上的演讲中这样讲：“兄弟少小的时候，因读蒋氏《东华录》，其中有戴名世、曾静、查嗣庭诸人的案件，便就胸中发愤，觉得异种乱华，是我们心里第一恨事。后来，读郑所南、王船山两先生的书，全是那些保卫汉种的话，民族思想渐渐发达。”[②]可见，家庭教育对章太炎的种族革命思想影响至深。后来，章太炎虽然放弃了“排满”的民族主义思想，但是坚持民族平等，保持中华民族的独立性，反抗外敌入侵的民族革命思想仍然根深蒂固并贯穿始终。1935年，日本侵略进一步加深，华北危急，平津危急！章太炎坚持抗日救亡的民族主义立场，认为“有民族主义在其胸中，故天下沛然响应也”。而民族主义寄托于历史典籍之中，只要保存国粹，民族主义思想即可传承下去，国家就有希望。因此，晚年章太炎极力倡导国学，虽病不辍。“卒前数日，虽喘甚不食，勉为讲论。夫人止之，则谓‘饭可不食，书仍要讲’。”1936年6月14日，章太炎因病去世，曾留下遗嘱“设有异族入主中夏，世世子孙毋食其官禄”[③]。章太炎的墓志铭上留下这样的文字：“外祖朱氏，尝授以《春秋》大义，谓夷夏之辨，严于君臣，服膺片言，以至没齿。”[④]章太炎家庭教育中所孕育的民族主义思想不断发展和成熟，并在民族革命和国学研究的实践活动中贯彻始终。

（二）“革命家”与“学问家”相结合的特殊人生经历

在中国近代史上，集革命家与学问家为一身的人物并不少见，但是像章太炎一样，有着“七被追捕，三入牢狱，而革命之志终不屈挠”经历的革命家，“并世无第二人”。能继承乾嘉朴学血脉精神，融通涵化中、西、印学术精华，卓然自成一家的学术大师，在近代也罕见其匹。在革命

①汤志钧．章太炎年谱长编（增订本上）［M］．北京：中华书局，2013：2.

②汤志钧．章太炎年谱长编（增订本上）［M］．北京：中华书局，2013：4.

③汤志钧．章太炎年谱长编（增订本上）［M］．北京：中华书局，2013：563.

④汤志钧．章太炎年谱长编（增订本上）［M］．北京：中华书局，2013：4.

经历与学术生涯中，章太炎勇于批评自己，修正错误，其民族主义思想也不断发展和深化。

章太炎少年时就有“反满”的思想，但当时对清政府还抱有幻想，并不是一开始就有种族革命的观念，并不主张暴力革命。康有为发起维新运动时，章太炎积极参与，并曾经上书李鸿章，加入张之洞幕僚，希望清王朝能通过自身改革实现自强。维新变法的失败，使章太炎丢掉了对清政府的幻想，《辛丑条约》的签订，使章太炎进一步认清了清政府腐朽的本质，严酷的现实使他认识到，只有通过暴力革命推翻清政府的腐朽统治，建立民族国家，中国才能挽救灭亡的命运。紧接着，章太炎发表了一系列文章，正式向清政府宣战，和维新派分道扬镳。《解辫发说》《正仇满论》《驳康有为论革命书》比较系统地表明了章太炎的民族革命思想。“然则公理之未明，即以革命明之；旧俗之俱在，即以革命去之。革命非天雄、大黄之猛剂，而实补泻兼备之良药矣！”[①]在流亡日本期间，章太炎又比较系统地阅读了大量的西方哲学、政治学、社会学、文化人类学著作，同时修订《訄书》，在《客帝匡谬》和《分镇匡谬》里对自己的改良思想进行了彻底清算。苏报案后，章太炎在狱中潜心研究佛学，树立了民族平等的观念。出狱后，再次流亡日本，执掌《民报》主编职务。以《民报》为阵地，章太炎同立宪派和无政府主义进行反复论战，系统地阐述了他的民族主义思想。章太炎以“历史民族”“政治民族”概念超越了以往对“天然民族”和“文化民族”的理解。在“齐物平等”的思想成熟后，章太炎以“无生主义”作为构建民族关系的最高理想，“排满”只不过是手段，而民族主义也是权宜之计。在光复汉民族主权的同时，也要帮助其他被压迫的弱小民族恢复主权。经过不断地反思与自我否定，“章太炎的‘汉民族主义’经由‘排满’的环节而最终超越了‘排满’的狭隘性，实现了自我突破和自我圆满”[②]。这种以通过光复主权的民族革命，以实现各民族的解放和平等的民族主义也就成了具有道德感通性的“伦理民族主义”，从而具有世界意义。

（三）民族危机的日益加深

---

①章太炎．章太炎全集（四）［M］．上海：上海人民出版社，1985：181.

②张志强．一种伦理民族主义是否可能——论章太炎的民族主义［J］．哲学动态，2015（3）：12.

章太炎的文化民族主义思想与当时国内、国际环境密切相关，日益深重的民族危机最终使章太炎走上了民族革命道路。

20世纪初，西方发达资本主义国家进入了帝国主义阶段，抢占了世界市场，瓜分了殖民地，宗主国与殖民地之间的矛盾日益激化，许多殖民地国家开始了争取民族独立的民族革命。自由主义、民族主义思潮盛极一时。走出国门的留学生深受当时民族主义思潮的影响，他们认为："今日者，民族主义发达之时代也，而中国当其冲，故今日而再不以民族主义提倡于吾中国，则吾中国乃真亡矣！"[①]1902年，章太炎到日本后，接触了西方大量的社会学、政治学著作，并翻译了斯宾塞的《社会学原理》，初步受到西方民族主义思想的影响。不过，直接刺激章太炎产生民族革命思想的，当是国内民族危机的不断加深。"其言种族革命，以满人为巨敌者，乃因庚子事变足证满洲无以救中国之亡。"[②]1898年，维新运动遭清政府的镇压而失败，1900年，义和团运动遭中外反动势力联合绞杀，1901年，清政府签订了丧权辱国的《辛丑条约》，满族统治者彻底成了洋人的朝廷。中华民族处于生死存亡的关头。腐败软弱的清政府激起了章太炎心中原有"反满"的种族意识，发表了《正仇满论》，批驳了资产阶级改良派的谬论，论述了民族革命不得不行。随后以"排满"为口号的民族革命逐渐为革命党人所接受。

（四）日本"保存国粹"运动的影响

20世纪初，日本的国粹主义思潮对章太炎的文化民族主义思想影响很大。

日本明治维新以后，开始了全面西化运动。不过这种西化运动遭到了日本民族主义者的抵制。1888年，志贺重昂、三宅雪岭等人成立政教社，提倡弘扬国粹，反对西化。日本是当时中国留学生最集中的地区，日本的"保存国粹"运动对中国国粹派的兴起产生直接影响。邓实、黄节等国粹派创始人的思想均受其影响。[③]汪荣祖认为"太炎的文化观点即与政教社颇

---

①余一．民族主义论［A］//张枬，王忍之编．辛亥革命前十年间时论选集（第一卷）．北京：生活·读书·新知三联书店，1960：485.

②汪荣祖．康章合论［M］．北京：新星出版社，2006：43–44.

③王玉华．多元视野与传统的合理化——章太炎思想的阐释［M］．北京：中国社会科学出版社，2004：74.

为相似”，“太炎用‘国粹’一词，很可能借自志贺”，不过，他同时认为章太炎的思想有独创性，“但受到政教社思想的鼓舞，应无可置疑”。[①]志贺重昂将“国粹”理解为大和民族传承至今的民族性格或民族精神，而以章太炎为精神领袖的国粹派也把“国粹”看作是寄托中华民族精神的“国魂”。章太炎曾一度接受了日本国粹派“亚洲一体”“中日亲善”等观念，设想联合日本来抵抗西方帝国主义国家的入侵。《民报》被日本当局封禁后，章太炎对日本帝国主义侵华的本质有了更清醒的认识。“在武昌起义之后，直到章炳麟的晚年，他对日本侵华权谋一直抱有高度警惕之心。”[②]后来，他对印度的民族革命给予十分同情的关注，并选择印度作为保存国粹的参照对象，体现了章太炎高尚的爱国情操和支持殖民地国家争取民族独立的民族革命思想。

二、章太炎文化民族主义思想的主要内容

总结章太炎的文化民族主义思想是比较困难的，因为他一生的思想变化很大。不过，笔者认为，可以通过1906年章太炎在东京留学生欢迎会上的演讲词来把握他的文化民族主义思想。在这篇热情洋溢的讲话中，他认为当时最要紧的是要办两件事：“第一，是用宗教发起信心，增进国民的道德；第二，是用国粹激动种姓，增进爱国的热肠。”[③]根据他讲话的主旨以及他一生的革命活动和国学研究，其文化民族主义思想可以概括为以下五个方面：

（一）考证民族源流

“章太炎民族主义思想的基点在于，他所希望的，是在中国建立一个现代的民族国家，这也正是民族主义的一个基本特征，即要求某种种族文化共同体与主权政治共同体的合一。”[④]要想建立一个现代民族国家，首先就要让国民清楚民族的起源与演变。《訄书》重订本有《原人》《序种

---

①汪荣祖．康章合论［M］．北京：新星出版社，2006：116.

②姜义华．章炳麟评传［M］．南京：南京大学出版社，2002：108.

③汤志钧．章太炎年谱长编（增订本上）［M］．北京：中华书局，2013：123.

④马骍．章太炎的民族主义：天下、世界与民族国家［J］．云南民族大学学报，2011（5）：200.

姓上》《序种姓下》《原变》四篇文章来说明中华民族的起源与演变，在《检论》中，这四篇文章被编为卷一，放在该书的首位。由此可见章太炎对此问题的重视。

《原人》主要说明人都是动物进化而来的，但不同的部族进化有早晚，文明程度因“文”“犷”的不同而产生了华夏与戎狄的区别。华夏与欧美国家虽然人种不同但文明程度相仿。戎狄进化较晚，还处于兽类的阶段，因此没有资格统治华夏。那么，与中国文明程度相近的欧美国家能否统治中国呢？章太炎对此明确作出了否定的回答。他说：“是何言也！其贵同，其部族不同。观于《黄书》，知吾民之皆出于轩辕。……以葛天之宅，而使他人制之，是则祭寝庙者亡其大宗，而以异姓为主后也，安论其戎狄与贵种哉？其拒之一矣。”[①]章太炎不仅接受了中国传统的“华夷之辨”的观念，同时也吸收了西方的进化论和人类学理论，以文明和人种作为区分部族优劣的标准，不仅“反满”，也反帝。《序种姓》上下篇主要依据顾炎武的《姓氏书》和西方的民族学和文化人类学理论，对中华民族的复杂演变过程进行了非常具体的说明。他认为，民族是历史形成的，而不是天然生成的。中华民族的演变也经过了复杂的过程，其间经过多次的民族融合，中国境内民族在血缘上已经很难划分清楚。只有满族与蒙古族“犹自为妃耦，不问名于华夏”，因此，应当“攘斥之”。由此可见，《序种姓》上下篇是为“排满”和最终建立民族国家提供理论依据。章太炎强调中华民族有着共同的祖先，中国境内各民族血脉相连，这些观念在当时的民族革命过程中还是起到了团结人心、凝聚力量的作用，为推翻清政府的专制统治进行了思想动员。不过，我们也要看到，当时章太炎的民族思想存在着历史的局限性，不久以后，他就抛弃了狭隘的“排满”立场和“中国人种西来说”的理论，主张“五族共和”和国家统一，则又反映了章太炎勇于修正错误、坚持真理的思想家品质。

（二）梳理语言流变

20世纪初，受西化思潮影响，以吴稚晖为代表的“新世纪同人”认为汉语是落后文字，认读、书写、理解都颇为困难，不利于开启民智，也不利于同世界文化的交流，主张废除汉语，用万国新语来取代。这一思路直接威胁着汉语的合法性存在。用万国新语取代汉语，最终将会使中国文化

①章太炎．章太炎全集［M］．上海：上海出版集团，2014：168-169．

被西方文化所同化。在章太炎看来，汉语文字是中国区别于外国的最基本特征，传承着中华民族的文化信息和血脉精神，是中华民族文化心理认同的精神纽带，汉语亡则国亡。他这样说："国与天地，必有与立，非独政教饬治而已，所以卫国性、类种族者，惟语言历史为亟。"[①]章太炎将语言看作是国家和民族的象征，把保全中国的语言文字看作是自己的神圣使命。他说："清末妄人，欲以罗马字易汉字，谓为易从，不知文字亡而种姓失，暴者乘之，举族胥为奴虏而不复也。……尊信国史，保全中国语言文字，此余之志也。"[②]另外章太炎还从俄罗斯灭波兰先灭其语言的事实认识到，同化语言文字已经成了"文化帝国主义"的"灭国新法"。鉴于波兰、印度、中国语言文字被同化的现状，章太炎萌发了强烈的民族危机意识和文化自觉意识，"他急于从本国文化传统中找到确认本民族'文化身份'的标志，建构一种现代民族国家的'文化认同'"[③]。这个"标志"就是中国的文字。在《驳中国用万国新语说》《规新世纪》等文章中，章太炎对"新世纪同人"的观点进行了坚决、彻底、有力的批判。他认为各国的语言文字因地理环境、风俗人情不同而各具特点，欧洲语音及字母不能表达汉语语音及文字的复杂性。在《规新世纪》一文中，章太炎揭示了废除汉字的极大危害性，"彼欲以万国新语剿绝国文者犹是，况挟其功利之心，歆羡纷华……令己一朝堕藩溷，不得蜕化为大秦晳白文明之俗，其欲以中国为远西藩地者久，则欲绝其文字，杜其语言，令历史不燔烧而自断灭，斯民无感怀邦族之心亦宜"[④]。废除汉字，将不可避免被西方文化同化，中国将沦为西方的殖民地，而中国历史将自此断绝。章太炎对"新世纪同人"的批判可谓一针见血。

同时，章太炎也认识到中国地域广阔，风俗各异，各地方言存在很大差异。这种状况不利于语言的交流与发展，也不利于建立一个统一的民族国家。中华民国成立后，统一语言已经成为迫在眉睫的一个重要问题。为此章太炎深入思考了这个关系国运存亡的问题，写下了《方言》《正名

①章太炎．章太炎全集［M］．上海：上海出版集团，2014：168-169.

②傅杰．章太炎学术史论集［M］．昆明：云南人民出版社，2008：483.

③李群，王成．章太炎的东方语言文化观与日本［J］．湖南大学学报，2015（2）：83.

④汤志钧．章太炎年谱长编（增订本上）［M］．北京：中华书局，2013：163.

杂义》《新方言》《语言缘起说》《正言论》《转注假借说》等一系列文章，非常全面地考证了中国语言文字的起源及各地方言的演变，在音韵学方面用功尤深，对汉语语音的统一提出了改造的方案。他认为应该把“正音”作为标准语通行全国，同时，不废方言。他创制了58个“切音字母”作为标注“正音”的符号。经过增减，成为全国统一语言的标准注音符号，后来一直沿用多年。章太炎通过对汉语流变的梳理，其目的是为了说明华夏大地上的所有中国人都有着共同的语言载体、共同的精神命脉。他提出的统一汉语读音的改造方案，则体现了他对建立统一民族国家的深刻思考。

（三）彪炳历史人物

在东京留学生欢迎会上的演讲中，章太炎对他所理解的“国粹”进行了说明，“为甚提倡国粹？不是要人尊信孔教，只是要人爱惜我们汉种的历史。这个历史，是就广义说的，其中可以分为三项：一是语言文字，二是典章制度，三是人物事迹。……若要增进爱国的热肠，一切功业学问上的人物，须选择几个出来，时常放在心里，这是最紧要的”[①]。章太炎把历史人物的光辉典范作为增强爱国心和民族凝聚力的一个主要途径。通过历史典籍所载的人物事迹来培育，民族主义才能蔚然以兴。他在《答铁铮》一文中说：“民族主义如稼穑然，要以史籍所载人物制度、地理风俗之类为之灌溉，则蔚然以兴矣。不然，徒知主义之可贵，而不知民族之可爱，吾恐其渐就萎黄也。”[②]章太炎因倾慕顾炎武、刘歆的人品与学问，号“太炎”“刘子骏私淑弟子”。他的著作当中，颂扬了顾炎武、王夫之、黄宗羲等具有高尚民族气节的历史人物。在《检论》的卷八有《杨颜钱别录》《杂志》《哀清史》《对二宋》四篇文章，彪炳了历史上易代改姓时忠于旧主的节烈忠臣，评判了清朝的历史人物，对杨雄、颜之推、宋恕、宋教仁等历史人物进行褒扬与赞美。通过颂扬这些历史人物的民族气节来培育热爱祖国的民族主义精神。章太炎自己也是身体力行的文化民族主义者，一生不仕清廷，坚持“反满”反帝。临死留下遗嘱，“设有异族入主中夏，世世子孙毋食其官禄”，表现出了一个民族主义者高尚的爱国情操。

（四）建立无神宗教

①汤志钧．章太炎年谱长编（增订本上）［M］．北京：中华书局，2013：123.

②章太炎．章太炎全集（四）［M］．上海：上海人民出版社，1985：371.

“用宗教发起信心，增进国民的道德”也是章太炎所致力的民族革命的重要任务。章太炎早年接受了西方进化论和自然科学的观点，并不相信有上帝鬼神的存在。对于康有为建立的孔教，也激烈反对。那么，章太炎为什么还主张要建立宗教呢？章太炎主张建立宗教，并不是关注宗教本身，而是为了增进国民的道德。章太炎曾经直接参加了同盟会的革命活动，深刻体会到革命党人缺乏道德和组织纪律是革命失败的一个重要原因。他认为通过建立宗教可以增进国民的道德。

章太炎所主张的宗教不同于以往的宗教。1906年，章太炎发表了《革命道德说》《无神论》《建立宗教论》《人无我论》等一系列文章，来阐明他所建立的宗教的宗旨。章太炎主张众生平等，反对唯神论的宗教，因为崇敬神必然贬低人，从而远离平等。章太炎所要建立的宗教是“以自识为宗”的无神的宗教，以“自性”“真如”为本体，“自贵其心”，“依自不依他”，反对任何人造的所谓“公理”来压制人。建立这样的一种宗教，必须破除我执，圆成自性，达到“无我”的境界才能实现。章太炎借助佛教唯识学的概念建立起来的无神宗教理论，“其根本点，就是摆脱神权和一切世俗权威观念的束缚，超越各种名誉的、物质利益的局限，以众生平等为出发点，以利益众生为归宿。它实际上是想给正在进行中的革命，从终极关怀上提供哲学的基础”①。不过，由于其理论“暗昧难解”，并没有产生多大实际影响。

（五）举办国学讲习

“用国粹激动种姓，增进爱国的热肠”是当时民族革命的重要任务，也是章太炎终生努力的方向。“上天以国粹付余”，他的使命就是弘扬国学，传承中华民族的精神命脉。从他一生的革命活动和学术研究来看，他也在终生践行着以弘扬国粹为己任的宗旨。章太炎的《国故论衡》《国学概论》《国学讲演录》等著作在今天仍然是我们研究国学的重要参考文献，发挥着重大作用。

“国学”是一个很难被界定的概念。根据当时“国粹派”的论述，国学可以理解为“一国所有之学”（邓实语）或“中国学术”（曹聚仁语）。根据蒋国保的研究，章太炎所理解的国学不是我们今天所理解的“泛国学”，也“决不是指中国古代的一切学术，而是特指中国固有的

①姜义华．章炳麟评传［M］．南京：南京大学出版社，2002：423.

'四部'之学"，主要包括小学、经学、史学、诸子学和文学[①]。另外，章太炎著作中还涉及"国粹""国故"等概念，这些概念都可包含在"国学"的内涵之中。

根据蒋国保的研究，章太炎从1906年开始，到1936年去世，总共举行了4次国学讲习活动。第一次是1906年东渡日本到1911年回国，前后6年，章太炎在日本东京成立"国学讲习会"，公开讲授"国学"。在《国学讲习会序》中，章太炎说明了弘扬国学的极端重要性，"徒恃国学固不足以立国矣，而吾未闻国学不兴而国能自立者也。吾闻有国亡而国学不亡者矣，而吾未闻国学先亡而国仍立者也。故今日国学之无人兴起，即将影响于国家之存灭"[②]。1910年在日本出版的《国故论衡》大概涵盖了这次讲国学的内容。第二次讲国学从1913年到1916年。1913年12月，章太炎在北京开讲国学，讲授科目为经学、史学、玄学、子学。1914年春季后，章太炎被袁世凯软禁，其弟子吴承仕经常前去问学，后师生二人讲论国学的内容编为《菿汉微言》一书。第三次讲国学从1916年到1922年，主要在上海讲授，所讲内容汇编为《国学概论》一书。第四次讲国学从1932年一直到1936年章太炎去世，主要是在苏州讲学。这次讲学的规模最大，影响也最大。所讲内容有《国学略说》和《国学讲演录》二书流传。[③]从1906年到1936年，章太炎有30年的时间都在持续地讲国学，一直在他去世的前几天，还在坚持讲学。由此可见，国学在章太炎心目中的地位。他不仅把国学看作是维系国运的精神命脉，而且也把国学与他内在的精神生命融为一体。

章太炎的文化民族主义思想大体包括以上五个方面。另外需要说明的是章太炎的"排满"和"诋孔"思想。这些都是章太炎早期的思想，后来"排满"变为"五族共和"，"诋孔"变为"尊孔"。对于章太炎而言，"排满"只是反对满清政府，而不针对满族所有人。"排满"只是手段，而不是目的。目的不仅是推翻满清政府，建立中华民国，而且还要光复世界上所有被压迫的弱小民族，实现世界各民族平等。至于说"诋孔"，只是因反对康有为立"孔教"，反对神化孔子的一时激愤之词。因此，我们

①蒋国保．章太炎国学观述评［J］．孔子研究，2012（4）：84.

②汤志钧．章太炎年谱长编（增订本上）［M］．北京：中华书局，2013：125.

③蒋国保．章太炎国学观述评［J］．孔子研究，2012（4）：81-84.

绝不能认为章太炎是种族民族主义者，是反儒家的。

三、章太炎文化民族主义思想的“现代性”意义

通过以上对章太炎文化民族主义思想的分析，基本可以得出这样一个结论。在由传统国家向现代民族国家转型的过程中，章太炎试图以“保存国粹”作为建立现代民族国家的文化根基，“他对国学内涵的重新发掘就是意在建构国人对现代中国认同所必需的稳定而持久的价值体系、社会制度和行为规范。这既是文化民族主义的自觉，又是在外在危机压迫下的文化寻根”①。通过他自己的国学研究与宣讲国学活动，试图激起国民对中华文化的认同，产生“存学、保种、爱国”的爱国主义情怀。那么章太炎建构民族国家的理论对当今中华民族的国家认同建构有什么启发意义呢？或者说，章太炎的文化民族主义思想是否具有“现代性”的意义？

对于这个问题，可以作出肯定的回答。

首先，在章太炎那个时代建构民族国家时面临的问题在今天仍然存在。当时，传统的“天下观”被打破，民族主义兴起，现代民族国家观念逐渐取代“天下”观。同时欧化主义盛行，西方文化与中国文化进行激烈的交锋，西化派与国粹派展开全面的论战。今天，传统与现代、中国与西方这两个问题依然存在，而且呈现出比以往更复杂的多个面向。当今世界范围内思想文化交流、交融、交锋日益频繁，国内思想文化领域多元、多样、多变的特征日益明显，不同价值观念相互激荡碰撞。特别是受第三次民族主义浪潮的冲击，民族分裂主义、极端民族主义势力抬头，国内民族宗教问题日益复杂，在中国走向现代化的过程中，仍然面临着如何增强文化认同与国家认同的难题。既然今天的文化认同问题仍然存在，那么章太炎的文化民族主义思想自然也有借鉴意义。

其次，章太炎并不排斥现代性。相当长的一段时期，章太炎都被看作是文化保守的、维护传统的代表人物。如鲁迅先生在《关于太炎先生二三事》一文中说：“太炎先生虽先前也以革命家现身，后来却退居于宁静的学者，用自己所手造的和别人所帮造的墙，和时代隔绝了”，认为晚年的

---

①谢亮．文化寻根与章太炎对现代国家认同的建构［J］．兰州交通大学学报，2009（5）：87.

章太炎“既离民众，渐入颓唐”，“先生的业绩，留在革命史上的，实在比在学术史上还要大”。[①]鲁迅先生主要是表彰章太炎作为“有学问的革命家”的一面，才有如此评论。今天看来，鲁迅先生的评论未必准确。但鲁迅对章太炎盖棺论定的评价却影响很深远。章太炎的确可以称为“文化保守主义者”。但文化保守主义者并不是维护传统专制制度的顽固派，他们并不排斥现代性。相反，章太炎是具有世界眼光的，通过吸收涵化中、西、印文化，比较不同国家民族革命的道路后，才更深刻理解持守中国文化的重要性。他不仅弘扬国粹，而且借助西方文化对“国学”进行了改造。他晚年的著作都是他思想成熟后的代表作，其中许多观点都包含了“现代性”内涵，从而成为建构民族国家的重要思想资源。

比如，他的《明独》《国家论》《四惑论》等文章就主张国民应该具备独立自主的精神，“人本独生，非为他生”，反对以“公理”压制个人。《齐物论释》主张自由平等和多元文化观，反对“文化帝国主义”的文化侵略。《俱分进化论》主张“善亦进化，恶亦进化”，反对单向进化论的盲目乐观主义和对科技的迷信。当然，其根本目的可能还是为了反对弱肉强食的“社会达尔文主义”。《代议然否论》则对西方的议会制进行反思，认为如果不能真正实现经济地位上的平等，则“代议政体必不如专制为善”。这些观点涉及国民个体的独立性问题、公德与私德的关系问题、个人与国家的关系问题、代议民主的合法性问题、科技的负面作用等问题，而这些问题也正是我们今天需要解决的问题。结合当今面临的现实问题来反观章太炎的这些观点，会理解作为思想家的章太炎的睿智和深刻洞见。其中章太炎对西方现代性弊端的揭示，提示我们西方的现代性并不具有普世价值，对于今天中国现代化道路的选择无疑具有警示作用。

第三，章太炎以国学为根基建构民族国家的理论与实践对于增强中华民族的国家认同仍然具有借鉴意义。章太炎以弘扬国学为己任，一生大部分时间都在进行国学研究和宣讲活动，革命活动尚在其次。“在现实威胁和‘西学’参照客观存在的情况下，章太炎因建构对现代中国的认同的需要而对‘国学’赋予的新内涵所体现的文化寻根就成了文化自觉式的民族主义的外在表达，其动机是要建构现代中国应有的历史、文化的传承性，

①鲁迅．鲁迅全集：第6卷［M］．上海：人民文学出版社，1981：546-550.

并意图通过保存本民族的历史、语言、风俗以保持民族文化的独立性。”① 章太炎认为中国的语言文字、典章制度、历史风俗才是中国区别于外国的“国粹”，大力弘扬国粹，才能保持中国文化的主体性，才能增强国民对中华民族的文化认同，从而建构一个现代民族国家。

从章太炎对当今的影响来看，恐怕是“留在学术史上的比留在革命史上的要大”，而非鲁迅当年的预言。章太炎的国学研究成为现代学术史上的一座丰碑。他的国学研究通过其弟子得到传承，其著作也得到越来越多的关注和研究。值得欣慰的是，近年出现了国学研究热。一些高校设立了国学院，许多机构（包括一些民间机构）举办了国学讲习班，传统文化得到了中央和民间的普遍重视和弘扬，在传承国学、培育民族精神、树立民族文化的主体性、增强中华民族的文化认同和国家认同方面普遍达成共识。而这一切，也都是一百年前的章太炎所提倡的。在当今文化软势力竞争日益激烈的文化多元的时代，非常有必要重新认识和评价章太炎的民族主义思想。我们要不断深化对章太炎思想的研究，从中挖掘出有助于构建现代民族国家的新的思想资源，增强对中华民族的文化认同。

①谢亮．文化寻根与章太炎对现代国家认同的建构［J］．兰州交通大学学报，2009（5）：91.

近代中国的知识进化论及其反思

黄燕强

19世纪中后期，进化论占据了西方学界的主流，不仅是查尔斯·达尔文系统地阐述了生物界的进行规律，奥古斯特·孔德也提出社会与人类理智发展阶段论，赫伯特·斯宾塞则引入“优胜劣败，适者生存”的自然法则，建构了社会进化论和社会有机体论，即社会达尔文主义。这些学说在19世纪末、20世纪初传入中国，从而改变了中国知识分子的社会观、历史观、道德观、文化观和知识论等。[①]就文化与知识方面而言，晚清的“中体西用”论者还坚信传统文化（知识）含有普遍的、确定的常道，其发展是在常中求变，在变中守常。但在20世纪初，随着各种进化理论的东渐及其迅速地深入人心[②]，这时无论是所谓的文化保守主义者，还是激进的西化论者，抑或科学主义者，都或多或少地接受了知识进化的观念，并据此来开展其东西、古今文化之争的议题。

然而，知识（文化）必然是单线进化的吗？知识只在求变求新而没

①关于文化或知识进化理论，参见：凯特·迪斯汀．文化的进化［M］．李冬梅，何自然译．卓新贤，刘录山审校．北京：世界图书出版公司，2015。关于进化论在中国的传播与影响，参见吴丕．进化论与中国激进主义1859-1924［M］．北京：北京大学出版社，2005；王中江．进化主义在中国的兴起——一个新的全能式世界观［M］．北京：中国人民大学出版社，2010.

②梁启超《天演学初祖达尔文之学说及其略传》：“近四十年来，无论政治界、学术界、宗教界、思想界、人事界，皆生一绝大之变迁，视此前数千年若别有天地者然，竞争也，进化也，务要优强，勿为劣弱也。”杜亚泉《静的文明与动的文明》（1916年10月）：“生存竞争之学说，输入吾国以后，其流行速于置邮传命，十余年来，社会事物之变迁，几无一不受此学说之影响。”（杜亚泉．杜亚泉文存［M］．许纪霖，田建业，编．上海：上海教育出版社，2003：343．）

有普遍的、确定的常道？进一步追问，知识必然遵循“优胜劣败，适者生存”的自然法则，那么，古与今、传统与现代之间是否存在连续性，彼此可否沟通？当我们尝试超越东西、古今的文化之争时，又该如何来反思知识（文化）进化论？带着这些问题意识，本文旨在探讨近代中国学界的知识进化论及人们对此提出的相关反思。

一、“中体西用”论与文化的常和变

经与权（常与变）是中国古代哲学的一对重要范畴。经者，常也，指亘古不易、普遍永恒的常驻性；权者，变也，指因时义之所宜的变通性。经（常）是自然和人事所遵循的必然之则，权（变）则是实现经（常）的方式，二者既相反，又相济。中国哲人很早就用这对范畴来描述文化发展的辩证法。《诗经》讲“周虽旧邦，其命维新”，其中就包含经与权、常与变的文化观，而经和常是“本”，权和变不是彻底地、全盘地否定这个“本”，乃是根据、立足于“本”来实现文化在新环境、新时代的“新命”，从而维持文化的连续性和累积性，即返本开新。孔子说：“殷因于夏礼，所损益，可知也；周因于殷礼，所损益，可知也。其或继周者，虽百世，可知也。”（《论语·为政》）所谓的“因”，指文化思想中具有普遍性和确定性的常道，而“损益”就是因应社会存在、时代精神的变化，对原有文化进行减损或增益，以实现文化的创造性转化。董仲舒《举贤良对策》引用孔子的“殷因于夏礼”章，说：“道之大原出于天，天不变，道亦不变。”（《汉书·董仲舒传》）在董氏看来，天亘古不变，道也永恒确定，而载道之书即为常经，故汉儒提出“经为常道”的命题。古代经学家虽奉儒经为常道，但从五经到七经、九经、十三经的演变中，仍然显露了经学家在追求确定性之常道时，既有因循的继承，也有维新式的变革。

常与变相统一的文化观表现为晚清的“中体西用”论。[①]“体”与“用”的哲学范畴见于《易传》，但并不连在一起，《荀子·富国》篇始将“体用”并举。魏晋玄学家把“体用”与有无、本末之辩相联系，唐宋

①参见：李存山．中国文化的“变”与“常”［J］．中国高校社会科学，2014（3）：36-45.

学者进而以“体用不二”来表述道与器、理与气的关系。故在近代以前，“体用之辩”更多地呈现形而上的意义；而在近代，“体用”则与古今、中西的文化之争等问题相结合①，向文化观、知识论的领域扩展。1861年，冯桂芬的《校邠庐抗议·采西学议》篇提出“以中国之伦常名教为本，辅以诸国富强之术”，所谓“本”即是“体”，“术”属于“用”，这已隐含“中体西用”的观念。1895年4月，南溪赘叟在《万国公报》发表《救时策》一文，首次明确地表述了“中学为体，西学为用”的概念。次年，孙家鼐的《议复开办京师大学堂折》重申“自应以中学为主，西学为辅；中学为体，西学为用”说。1898年，张之洞的《劝学篇·设学》篇详细论述了“中体西用”的内涵。另如李鸿章、郭嵩焘、郑观应、王韬及早期的康有为、梁启超等洋务派和维新派学者，都表达过类似的文化观。②

近代中国的“中体西用”论主要表述一种文化理念，其内在含义有：第一，文化具有连续性的常道，也有阶段性的权变，故文化的发展要在常中求变，在变中守常。“中体西用”的“体”即是恒常的道，指儒家内圣的道德伦理学，属观念上的价值体系；“用”则是变化的器，指西方近代的科学技术知识，属物质上的工具层面。③邵作舟说：“以中国之道，用泰西之器。”④王韬曰：“形而上者，中国也，以道胜；形而下者，西人也，以器胜。”⑤作为“体”的中学是形而上之道，作为“用”的西学则是形而下之器，“中体”与“西用”的结合，就是道与器的统一，道不变而器日新，故“中体西用”论蕴含常与变的文化观，是在谨守常道而求其变通。正如代表传统价值观念的“中体”是主导之维，指称物质器技层面的“西

①杨国荣. 体用之辩与古今中西之争［J］. 哲学研究，2014（2）：36–42.

②关于“中体西用”说的历史，参见薛化元. 晚清中体西用思想论（1861–1900）：官定意识形态的西化理论［M］. 台北：稻乡出版社，1991；丁伟志，陈崧. 中西体用之间［M］. 北京：中国社会科学出版社，1995.

③张之洞说：“中学为内学，西学为外学；中学治身心，西学应世事。”（张之洞. 劝学篇［M］. 李忠兴，评注. 郑州：中州古籍出版社，1998：161. ）“内学”与“治身心”指儒家的道德伦常，“外学”与“应世事”指西方的技艺之术。

④邵作舟. 邵氏危言：纲纪［M］//戊戌变法：第1册. 翦伯赞，等编. 上海：上海人民出版社，1961：182.

⑤王韬. 弢园尺牍［M］. 台北：文海出版社，1984：156. 类似的话语，李鸿章、薛福成、张之洞等都曾说过。

用”是从属之维，则“中体西用”论所蕴含的文化发展之常与变的关系，是以普遍的、确定的恒常之道为主导，而以特殊的、不确定的变化之器为辅助，前者保证文化发展的连续性，后者实现文化发展的创新性。这与孔子的“因与损益”文化观相一致。

第二，从比较文化的角度来观照，一种文化既有优点，也存在盲点。“中体西用”论就预设了这种观念，前引王韬的话便含此意。李鸿章亦有类似话语，他说：“中国所尚者，道为重；而西方所精者，器为多。”[①]又如汤震说：“盖中国所守者，形上之道；西人所专者，形下之器。中国自以为道，而渐失其所谓器；西人毕力于器，而有时暗合于道。”[②]他们都认为，中学之所长在“道体”，其所短在“器用”，而西学之所长在“器用”，其所短在“道体”，要“求形下之器，以卫形上之道”[③]，即“取西人器数之学，以卫吾尧舜禹汤文武周孔之道”[④]，使中学与西学在体用模式中互补互通。这反映了他们承认中西文化皆存在盲点，故在信守儒经为常道的同时，也认识到诠释经书的经学和儒学，在工具性的技艺之学方面不如西学。当然，说中学以道胜而西学以器胜，这明显带有中学本位主义的立场，那是尊经时代所必不可免的，是传统士大夫受儒经信仰之心灵积习的影响而使然。但与民国西化论者的彻底的、全盘的否定性思维相比，“中体西用”论者是较为理性和包容的，并表现出自觉的文化反思意识，也体现了中国文化的自我更新能力。

第三，以传统经学和儒学为主体来吸取西方文化，在一定程度上沟通中学与西学。尽管严复曾指出，“中体西用”模式背离了“体用不二”的原则，片面地以道体来定义中学及以器用来规范西学，忽略了中学与

---

①薛福成代书，薛福成．庸庵全集·文编：卷2［M］．

②汤震．危言［M］//邹振环，整理．郑观应，汤震，邵作舟，等撰．危言三种．上海：上海古籍出版社，2013：273.

③汤震．危言［M］//邹振环，整理．郑观应，汤震，邵作舟，等撰．危言三种．上海：上海古籍出版社，2013：274.

④薛福成．筹洋刍议［M］//翦伯赞，等编．戊戌变法：第1册．上海：上海人民出版社，1961：160.

西学均有体有用的特质。[①]但并不尽然，晚清的开明学者如郭嵩焘就强调“西洋立国，有本有末”，张树声的《奏议》提倡“采西人之体，以行其用”，郑观应在《盛世危言初刊自序》征引其言而发挥其说，详细列举了西学之体与用所指称的知识对象。可见，“中体西用”有时只是一种态度的宣称，表明持论者的文化本位观念而已，其在实事求是的文化研究上，已然突破了体用分离的思维，承认西学有体有用、有本有末，且基于中西文化的一致性与共通性的前提，致思于中学与西学的融会贯通。这具体表现为“以西释中”，在“体”的方面有康有为的孔教和大同理论、谭嗣同的“仁学”，在“用”的方面有“西学中源”“西学墨源”说，均旨在沟通中体与西体、中用与西用。而“中体西用”在融合中学与西学时，隐然地表达了一种世界文化结构的设想。但一“体”一“用”、一“主”一“辅”的设定，表明中学与西学处在不对称的地位，后来的“西体中用”论也是如此。因所有的体用模式，其结果都可能由体用之二元，走向“体”之独尊的一元论，令世界文化结构因而失去对称与均衡，故要超越体用的框架来描述世界文化的多元普遍性。

“中体西用”论的常变结构虽以常为主变为次，然近现代中国正处于“三千年未有之变局”中，开眼看世界的国人发现，整个世界的社会存在在变，思想、知识也在变，世界的一切都在日新月异地变化发展着，“变”成为历史与文化的主题，具有了本体论的意义。道器关系的转向体现了这一点。谭嗣同说：“故道，用也；器，体也。体立而用行，器存而道不亡。……器既变，道安得独不变？”[②]作为形而上之体的“器”是变化的，作为形而下之用的“道”必然随之而变，故道不是普遍的、恒常的，载道之书也非常经，“经为常道”的信念因而动摇，至民国则渐趋瓦解。

---

①参见严复《与外交报主人论教育书》一文。严复在文中说：“中学有中学之体用，西学有西学之体用。”根据“体用不二”原则，他在《原强》篇提出“以自由为体，以民主为用”的文化观。然民国三年，他发表《民约平议》，认为自由、民主、平等之说非中国所宜适用。其后，他在《学衡》刊登的多篇《与熊纯如书札》，均在揭露自由、民主、平等之观念的弊端。由此可见，严复早年受进化论影响而否定中国文化，晚年则超越文化进化观而回归传统。

②谭嗣同．报贝元征［M］//谭嗣同全集：下册．蔡尚思，方行，编．北京：中华书局，1981：196-197．

严复说："吾党生于今日，所可知者，世道必进，后胜于今而已。"①这预示了近代中国思想界将要兴起一种崇尚"苟日新，又日新"的进化主义，从而将古代"变中有常"的文化观，修改为"变中求变"。求变求新的观念与晚清东渐的进化论相结合，形成一种进化的文化观，可称之为"知识（文化）进化论"。②其最显著的例证，是民国初年于文化教育领域的废除读经。当时主持制定中小学教育学制的官员，以进化的眼光来看待文化与知识，自然就不再尊儒经为常道，也不再以中学为不变之"体"。故"废除读经"所反映的求新求变的文化观，其实内含知识（文化）进化的逻辑，其必然结果就是否定"中体西用"论。这使20世纪初的文化论争，从体用模式转向了东西、古今之争。

二、东西、古今之争中的知识进化论

体用模式包含空间上的东西之争问题，今人将持守"中体西用"的东方文化本位者称为保守派，而将主张"西体中用"的西化论者称为激进派。如上所述，前者的文化观是在常中求变，在变中守常，把常与变辩证地相统一，追求文化发展的连续性与创新性相结合；后者引入进化理论，把认识过程描述成单线直进的现象，文化和知识则在不断地向前进化。这是一种认识进化论或知识进化论的观点，其不仅受生物进化论的启发，更深受社会达尔文主义的影响。人们接受孔德、斯宾塞等人的社会与文化发展阶段论，视中国为封建的、专制的社会，中国文化是落后的、半开化的，故中国不仅要在社会形态上走向现代化，在文化形态上也要放弃传统而拥抱西方现代的精神文化。因西方文化代表了先进与文明，中国文化就

---

①严复．天演论［M］．北京：科学出版社，1971：69．1895年，严复先后在天津《直报》上发表《论世变之亟》《原强》《救亡决论》《辟韩》等文章，宣扬进化论而抨击旧文化之弊。

②"文化"与"知识"固然不是完全相同的概念，本文之所以没有明晰地界定这两个概念的内涵，且在不甚严格的意义上将二者并列互用，是因文章既考察东西古今的文化之争，又论述科学主义者的知识论，这就涉及文化与知识的两个领域。而且，20世纪初的中国学者在使用文化与知识的概念时，常常未加区别而将其等同。基于这样的考虑，本文将文化与知识的概念交互并用，主要是为了契合研究对象的学术语境。

要接受“优胜劣败，适者生存”的法则，被当作糟粕而淘汰掉，至多美其名曰“国粹”“国故”，而作为历史材料来研究。①

陈序经的全盘西化论和胡适的充分世界化论，就显示了进化的文化观与知识论倾向。陈序经宣称：“欧洲近代文化的确比我们进化得多。”②胡适说：“在这个优胜劣败的文化变动的历程之中，没有一种完全可靠的标准，可以指导整个文化的各方面的选择去取。”③他们在比较东西文化时，明确地引入了“进化”概念，以此来界定东西文化的优劣。他们曾列举过许多缺点，来证明中国文化是过时的、退化的，必须接受“劣败”的命运；他们也曾反复地申述，欧洲文化是现代的、进化的，因其“不断地创新与发展，而成为现代化和世界化”④，而其“之所以成为和趋向为世界文化，是因为她是日新月异、比较优高的文化”⑤。即是说，欧洲文化不断地向前进化，中国文化则长期停止不前，而文化前进的动力则源自“竞争”。根据“优胜劣败，适者生存”的法则，高级的、现代的欧洲文化应普适为世界性文化，低级的、落后的中国文化则要被彻底地放弃，接受全盘的或充分的西化。所以，“全盘西化”又译作“wholehearted modernization”⑥，即“一心一意的现代化”或“全力的现代化”⑦，表示要与传统“决裂”，故西化论思

①蔡元培在1922年撰写《五十年来中国之哲学》就指出进化论对当时思想哲学研究的影响。

②陈序经．陈序经卷［M］．田彤，编．北京：中国人民大学出版社，2015：85.

③胡适．试评所谓中国本位的文化建设［N］//大公报，1935-3-31．胡适在《实验主义》一文说：“这种进化的观念，自从达尔文以来，各种学问都受了他的影响。但是哲学是最守旧的东西，这六十年来，哲学家所用的‘进化’观念仍旧是海智尔（Hegel）的进化观念，不是达尔文的《物种进化》的进化观念（这话说来很长，将来再说罢）。到了实验主义一派的哲学家，方才把达尔文一派的进化观念拿到哲学上来应用，拿来批评哲学上的问题，拿来讨论真理，拿来研究道德。进化观念在哲学上应用的结果，便发生了一种‘历史的态度’（the genetic method）。”他要应用进化观念来研究一切哲学问题，这包括文化问题和知识问题。

④陈序经．陈序经卷［M］．田彤，编．北京：中国人民大学出版社，2015：95.

⑤陈序经．陈序经卷［M］．田彤，编．北京：中国人民大学出版社，2015：131.

⑥胡适．中国今日的文化冲突（原题：*The Cultural Conflict in China*），中国基督教年鉴：1929［M］//胡适全集：第36卷．合肥：安徽教育出版社，2003：383-393.

⑦潘光旦语，胡适．充分世界化与全盘西化［N］//大公报，1935-6-23.

想内含知识进化的逻辑，主张“重估一切价值”。

陈序经等人的知识进化论与卡尔·波普尔、托马斯·库恩等基于科学哲学而建构的知识进化理论有所不同。一方面，陈序经等接受西方的社会达尔文主义与文明发展阶段论，把文化（知识）形态与社会形态简单地对等起来，认为现代社会对应于现代文化，传统文化（知识）只适应于传统社会，不能进行创造地转化。陈序经说：

> 文化是由人类所创造，过去的文化，只是前人努力得来的结果。现代和将来的文化，还要今日的我们善继善承地不歇地去发展与创造。①

过去的文化属于过去的时代，现代社会需要与之相应的文化，这要求我们去重新创造，而非继承传统。张岱年表达过类似的观点，他说：

> 当然，中国文化与西洋文化，除地域的不同外，尚有时间上阶段上的不同。中国文化是落后的，西洋文化实优于中国的，因而中国文化中应保持而发展者少，西洋文化应介绍而吸收者多。②

这里的“时间”指过去、现代与将来，“阶段”指神学、形而上学与科学。中国文化属于过去的时间维度和形而上学的阶级层次，因而是落后的、不可持续的，从而将文化形态与社会形态简单地对等起来。但我们应该认识到，孔德把人类理智与人类社会的发展各划分成三个阶段，并将二者互相对等起来，这是有问题的。正如卡尔·波普尔指出的，人类历史的未来进程是不可预测的，孔德和密尔设想的动态的共存规律与连续规律也是不可能存在的，所谓的历史决定论亦非科学的假说。③因此，知识进化论者简单地应用文化与社会发展阶段论，把中国秦汉至清代的社会形态定义为前现代社会，说中国文化处于形而上学阶段，这既忽略了明清以降中国社会的资本主义经济之萌芽，也忽略了与此相应而起的具有现代性的价值观念之生长，所以才会认为传统文化是陈旧的、无用的、惰性的，而看不到其与现代性相契之处。

---

①陈序经．陈序经卷［M］．田彤，编．北京：中国人民大学出版社，2015：95.

②张岱年．西化与创造——答沈昌晔先生［M］//张岱年全集：第1卷．石家庄：河北人民出版社，1996：243.

③卡尔·波普尔．历史决定论的贫困［M］．杜汝楫，等译．北京：华夏出版社，1987：83-94.

另一方面，知识进化论者认为，知识是单线直进的，其随着时间的前行而不断地发展、创造，现在的知识一定超越过去的，将来的知识又必然优胜于现在的，一切知识都是历史性的，没有常道的确定性，所以他们不注重新与旧、传统与现代之间的连续性与继承性，只崇尚知识的变化与增长。如前所述，“中体西用”内含常与变相统一的辩证文化观，相信中国的道德伦常具有普遍性与恒常性。陈序经反驳了这一点，他说：

> 中国固有的道德，是一般人所称道为国魂所在。他们忘记了道德上的信条，并非施诸万世而皆准，放诸四海而可用。他们忘记了道德也不外是文化的一方面。旧的道德只能适用于旧时境。时境变了，道德的标准也随之而变。①

陈独秀更进一步说：

> 孔子生长封建时代，所提倡之道德，封建时代之道德也；所垂示之礼教，即生活状态，封建时代之礼教，封建时代之生活状态也；所主张之政治，封建时代之政治也。②

在他们看来，属于价值观念的道德、礼教、生活、政治等，都不具有普遍性和确定性，不再适应于新时代，必须随时代之变而变。他们似乎没有思考过，以“封建社会”来界定传统社会的性质是否可信③，而简单地套

---

①陈序经．陈序经卷［M］．田彤，编．北京：中国人民大学出版社，2015：87.

②陈独秀．独秀文存［M］．北京：外文出版社，2013：121．冯友兰批评了这种观点，他说：“在有些地方，道德是无所谓新旧底。……大部分底道德是因为社会之有而有底。只要有社会，就需有这些道德，无论其社会，是哪一种底社会。这种道德中国人名之曰‘常’，常者，不变也。照中国传统底说法，有五常，即仁、义、礼、智、信。……这是不变底道德，无所谓新旧，无所谓古今，无所谓中外。……我们是提倡所谓现代化底。但在基本道德这一方面是无所谓现代化底，或不现代化底。有些人常把某种社会制度与基本道德混为一谈，这是很不对底。某种社会制度是可变底，而基本道德则是不可变底。可变者有现代化或不现代化的问题，不可变者则无此问题。”（冯友兰．贞元六书：上册［M］．北京：中华书局，2014：394；399．）他认为道德伦理蕴含常道，不可与社会发展阶段论对等相谈。张岱年有类似观点，参见其《道德之“变”与“常”》一文（张岱年全集：第1卷［M］．石家庄：河北人民出版社，1996：159-162）。

③冯天瑜《“封建”考论》一书对中国古代为“封建社会”的观点，提出了严正的挑战。

用社会发展阶段论，又根据社会形态来定义文化的性质，宣判封建社会的“封建文化”是毫无价值，是“丑恶病态的东方文明”（吴稚晖语），要拥抱日新月异的西方文化。这是只见文化之变而不见文化之常的单线直进式思维。然卡尔·波普尔重视知识进化中的因果连续性，强调新知识与原知识存在密切联系，新知识是在继承原知识的基础上发展起来的，必须遵循原知识的理论范式。托马斯·库恩在探讨科学革命结构时，尽管他使用了“不可通约性”这个词，但他同样强调新旧范式之间的因果关系，并承认旧范式的价值，是为新范式提供了理论的、实验的基础。①这与近现代中国知识进化论者的单线直进观是很不同的。

东西之争是从空间维度来谈文化之进化，与此相对的古今之争，则从时间维度来论文化之共殊。冯友兰较早地提出要“打破所谓东西的界限”，他指明“所谓东西文化的差别，实际上就是中古和近代的差别”。②他用类型与个体（共与殊）的理论来区分古、今文化，说西洋文化指近代的或现代的文化（今），中国文化指中古的或传统的文化（古），而西洋传统文化与中国传统文化属同一类型，故中西文化均非完全独特的个体，彼此存在共通性，中国学习西方文化也就不是把传统彻底地抛弃，而是像西方那样由传统开出文化的现代性，实现自身的创造性转化。③“十教授”的《中国本位的文化建设宣言》也从共殊的角度指出，中国文化既有特殊性，也有时代性，有适合现代社会之所需要的文化内容。他们试图说明文化是共性与特殊性、时代性与民族性相结合的，世界文化的多元性发展要尊重各种独特的民族文化。

然而，古与今是一对时间性范畴，用此来区别定义东西文化的性质，多少显示了知识进化的观念。如前引冯友兰的话，他把中西文化分别归结为“中古底”与“现代底”类型，便显露了文明发展阶段论和历史进化论

①参见卡尔·波普尔．猜想与反驳：科学知识的增长［M］．傅季重，纪树立，周昌忠，蒋弋为，译．上海：上海译文出版社，2005：310–360；托马斯·库恩．科学革命的结构［M］．金吾伦，胡新和，译．北京：北京大学出版社，2012：134–145.

②冯友兰．在接受哥伦比亚大学授予名誉博士学位的仪式上的答词［M］//三松堂全集：第1卷．郑州：河南人民出版社，2001：308.

③参见陈来．传统与现代：人文主义的视界［M］．北京：生活·读书·新知三联书店，2009：151–190.

的影响，就像常乃悳宣称的那样："一切文化都是含有地域性和时代性的。"[①]又如张岱年说："文化以生产力及社会关系的发展为基础，生产力发展到一新形态，社会关系改变，则文化必然变化。"[②]这是把文化发展与社会发展阶段论相结合的观点。事实上，在那个生物进化论、社会达尔文主义及科学主义流行的年代，无论是主张西化者，抑或持守传统者，都或多或少地接受了进化思维，并将其引入文化论辩中，形成或激进、或保守的文化（知识）进化观。梁漱溟《东西文化及其哲学》一书把人类社会的文化路向与生活态度之发展描述为：西学—中学—印度佛学，这就显示了单线进化的文化观念，而梁著曾引用孔德的人类理智发展阶段论，故其说深受孔德之影响，也深受柏格森的生命进化论的影响。

但又不像西化论者主张知识单线直进那般，保守主义者讲文化的时代性，把文化区别为古与今、传统与现代，主要说明文化发展是常与变的统一，现代文化是传统文化在坚守常道基础上的新变之结果。冯友兰说："我国家以世界之古国，居东亚之天府，本应绍汉唐之遗烈，作并世之先进。……盖并世列强，虽新而不古；希腊、罗马，有古而无今。惟我国家，亘古亘今，亦新亦旧，斯所谓'周虽旧邦，其命维新'者也。"[③]又说："就现在来说，中国就是旧邦而有新命，新命就是现代化。我的努力是保持旧邦的同一性和个性，而又同时促进实现新命。"[④]用现在常用的表述是，实现传统文化的创造性转化，冯友兰用了一生来思考和解决此问题，而其前提是承认传统文化含有不变的常道，在常之中求变。张岱年表达了类似观点，他说："文化在发展的历程中必然有变革，而且有飞跃的变革。但是文化不仅是屡屡变革的历程，其发展亦有连续性和累积性。在文化变革之时，新的虽然否定了旧的，而新旧之间仍有一定的连续

---

①常乃悳．中国民族与中国新文化之创造［J］//东方杂志，1927（24）：24.

②张岱年．世界文化与中国文化［M］//张岱年全集：第1卷．石家庄：河北人民出版社，1996：155.

③冯友兰．国立西南联合大学纪念碑碑文［M］//三松堂全集：第1卷．郑州：河南人民出版社，2001：300–301.

④冯友兰．在接受哥伦比亚大学授予名誉博士学位的仪式上的答词［M］//三松堂全集：第1卷．郑州：河南人民出版社，2001：311.

性。……文化的发展可以说是一贯的发展。”[①]新与旧的统一即是在常中求变、在变中守常。这与孔子及“中体西用”论者的文化观有相同之处。

因进化的观念而令文化有新旧之别，然后演化为古今东西之争。论古今者，以为东西文化是两种“不同时代的文化样式”，东方属中古的类型，西方属现代的类型，它们的差别映现在时间坐标轴上。争东西者，执持静与动、消极与积极、保守与进步、直觉与理智、艺术与科学等对立范畴，以为文化价值之衡准，如主静的、保守的东方文化是无意义的，主动的、积极的西方文化才有价值，前者属于过去，后者主导现在与未来。然则，无论是古今之争，抑或是东西之辩，都蕴含一种“优胜劣败，适者生存”的进化理念，其最终的问题是：中古的、东方的文化应否存在和如何存在？激进的西化论者给予了否定的回答，他们根本不认为东方文化还有存在的必要，诸如传统文化的现代性转型或中国现代文化形态的探讨等议题，自然不会成为他们思考的对象。文化保守者虽带有进化的观念，却不认为文化的衰老是最终性的、整体性的，故相信传统文化还有确定的常道，要以常道为基础来求文化之变。

可以说，西化论者是彻底地接受知识进化论，并以整体观的思维方式，将传统界定为有机的统一整体，全盘地否定之。[②]他们认为，一种文化如同一个有机体，在自然的生长过程中，从幼壮走向衰落是一切生命故事的必然过程，所有文化都会在一定时间之后走向终结。而且，文化的再生是不可能的，因文化的衰老现象源自其内在精神的衰老，这种衰老是最终性的，也是整体性的，既无法恢复生机，又不能与异质文化相融，便只有将西方现代文化这一完整的统一体，全盘地移入中国，“让那个世界文化充分和我们的老文化自由接触，自由切磋琢磨，借它的朝气锐气来打掉一点我们的老文化的惰性和暮气”[③]。西化论者的目的不限于“打掉一点惰性和暮气”，就像他们相信生物世界的进步必然表现为新老交替，他们也

---

①张岱年．世界文化与中国文化［M］//张岱年全集：第1卷．石家庄：河北人民出版社，1996：153.

②参见林毓生．中国意识的危机——“五四”时期激烈的反传统主义［M］．穆善培译，苏国勋，崔之元校．贵阳：贵州人民出版社，1986：115-132.

③胡适．试评所谓“中国本位的文化建设”［M］//胡适文集：第5册．欧阳哲生，编．北京：北京大学出版社，1998：452.

坚定地主张，知识的进化必定是新文化革命性地取代旧文化。在文化（知识）革命的运动中，不歆羡乐观主义的连续性，而追求末日式的断裂性。在此意义上，“新文化运动”本质上是一场“优胜劣败，适者生存”的知识进化运动，其核心理念就是知识进化主义。

三、科学：知识进化的完美形态

科学是“五四”新文化运动的旗帜之一，科学观念获得了当时人的普遍认同，乃至成了部分学者的价值—信仰体系。正如胡适所描述的，无论懂与不懂，无论守旧和维新，人们都不敢公然地表示其对科学轻视或戏侮的态度。①人们赋予科学无上尊严的地位和权威，这使科学从纯粹知识转变为一种意识形态实体，深入至人们的思维与思想中，从而影响到人们对一切事物的理解和认知。这个时期的人热衷地讨论着科学与政治、科学与教育、科学与道德、科学与人生观等关系问题，就是要把科学引入社会、生活的各个领域，用科学来改造整个世界，包括文化与知识。②

当时人之所以如此崇拜科学，因其相信“科学为正确智识之源”③，科学知识是确定性的真理，是知识进化的完美形态。1907年7月，吴稚晖和李石曾在巴黎创办了《新世纪》，周刊的第1期刊登了《新世纪之革命》一文，文章有云：

> 科学公理之发明，革命风潮之澎涨，实十九世纪、二十世纪人类之特色也。此二者相乘相因，以行社会进化之公理。……昔之所谓革命，一时表面之更革而已……若新世纪之革命则不然。凡不合于公理者皆革之，且革之不已，愈进愈归正当。故此乃刻刻进化之革命，乃图众人幸福之革命。④

①胡适．科学与人生观序［M］//张君劢，丁文江，等．科学与人生观．长沙：岳麓书社，2012：9.

②关于20世纪中国学界的科学主义思潮，参见郭颖颐．中国现代思想中的唯科学主义（1900–1950）［M］．雷颐，译．南京：江苏人民出版社，2010；杨国荣．科学的形上之维——中国近代科学主义的形成与衍化［M］．上海：华东师范大学出版社，2009.

③任鸿隽．吾国学术思想之未来［J］//科学，1916（2）：12.

④吴稚晖，李石曾．新世纪之革命［J］//新世纪，1907（1）.

革命推动社会的进化，科学则推动文化、思想、知识的进化，而且是比社会进化更为根本的进化。陈独秀说："人类将来之进化，应随今日方始萌芽之科学，日渐发达，改正一切人为法则，使与自然法则有同等之效力，然后宇宙人生，真正契合。"①他和吴稚晖一般，视科学为人类社会、知识进化的动力因和目的因。这些观点是在传述孔德的人类理智发展阶段论，任鸿隽的《吾国学术思想之未来》就明确引用孔德"三个时代"说，即迷信时代、经验时代与科学时代，称科学代表了所有现代的、先进的知识。这不仅指自然科学领域的客观知识，也包括与主观心性相关的人生、道德等领域的价值观念。如蔡元培说："科学发达以后，一切知识道德问题，皆得由科学证明。"②求真的科学取代求善的伦理而成为现代性价值观念谱系的基础，一切知识与道德唯有经过科学的证明，才具有现代性，才能在"优胜劣败，适者生存"的思想进化链中继续挺立。

基于这种认识，科学主义者宣称，一切文化与知识都要接受科学的洗礼或改造，以科学为其前进的目的。丁文江概述了科学在知识论领域占据统领地位的演变史：17世纪时，天文学家伽利略证明了"日心说"，"从此向来属于玄学的宇宙就被科学抢去"；19世纪中期，达尔文撰写《物种由来》，使"生物学又变做科学了"；到了后期，"心理学也宣告了独立。玄学于是从根本哲学，退避到本体论"；最后，"在知识界内，科学方法是万能，不怕玄学终久不投降"③。丁文江的意思，胡适一言蔽之曰："将来只有一种知识，科学知识。"④如此自信的"预见"，因他们把"优胜劣败，适者生存"的法则应用到知识论，科学是知识进化链上的完美者，其余的总难免被"淘汰"的命运。胡明复更进一步说："科学之范围大矣：若质，若能，若生命，若性，若心理，若社会，若政治，若历史，

---

①陈独秀．再论孔教问题［J］//新青年，1917（2）：5.

②蔡元培．致新青年记者函［J］//新青年，1917（3）：1.

③张君劢，丁文江，等．科学与人生观［M］．长沙：岳麓书社，2012：17.

④胡适1929年6月3日的日记［M］//胡适日记全编：第5卷．曹伯言，整理．合肥：安徽教育出版社，2001：430.

举凡一切之事变，孰非科学应及之范围？虽谓之尽宇宙可也。”[①]他们表达了一种共识，即杨国荣指出的：“知识之域的每一进展，都意味着科学领地的扩展，科学在此似乎构成了知识发展的极限：知识的任何增长，都无法超越科学的界域。”[②]因科学是知识进化的完美的、最终的形态。

丁文江还提出了“科学的知识论”一词，他要应用生理学、解剖学的结果来讨论认识发展的问题。[③]但知识必然以科学为归趋吗？科学代表了真，却不一定指向美和善。那么，唯有真的知识才是合法、合理的吗？假使美和善的知识是未经实证而非真的，那就不是知识了吗？[④]当科学主义者怀着一种信仰心理来崇拜科学时，自然相信科学知识是绝对的、确定的真理，而未曾如波普尔那样地认识到：“科学史也像人类思想史一样，只不过是一些靠不住的梦幻史、顽固不化史、错误史。”[⑤]库恩指出，任何科学范式都会经由革命而重建，故科学知识也有时代性，而非永恒的、确定的常道。又当科学主义者宣扬“科学方法万能”“哲学科学化”时，波普尔则批评了“归纳万能”说，且指出任何一种科学方法都有其哲学的根据，哲学是认识的基础和源泉。正如他说“第三世界”是客观的、实在的，它明明是超乎人类的，却又是人造的，是人通过想象、猜测和批判的方法来建构的，这一心理过程中的情感因素帮助人有效地理解了第三世界客体。又如继承托马斯·库恩历史主义科学观的后现代科学哲学家保罗·费耶阿

---

①胡明复．科学方法论一［J］//科学，1916（2）：7．《在创刊号底卷头》说：“一切社会活动，一切精神作用，无不成为科学底对象，科学底疆土。”诸如此类的话语，在那个时代是常见的。贺麟《文化的体与用》说：“我承认中国一切学术文化工作，都应该科学化，受科学的洗礼，但全盘科学化，不得谓为全盘西化，一则科学乃人类的公产，二则科学仅是西洋文化之一部分。”即便是主张中国文化本位者如贺麟，也追求一切知识的科学化。

②杨国荣．科学的形上之维——中国近代科学主义的形成与衍化［M］．上海：华东师范大学出版社，2009：97.

③张君劢，丁文江，等．科学与人生观［M］．长沙：岳麓书社，2012：12–16.

④孙中山说：“凡真知特识，必从科学而来也，舍科学而外之所谓知识者，多非真知识也。”（孙中山全集：第6卷［M］．北京：中华书局，1986：200．）这种见解流行于那个科学至上的年代。

⑤卡尔·波普尔．猜想与反驳：科学知识的增长［M］．傅季重，纪树立，等译．上海：上海译文出版社，1986：312.

本德（Feyerabend，Paul）指出，科学与非科学的划界是人为的、无谓的，不存在区分科学与非科学、科学与宗教、科学与神话的绝对普遍的标准。[①]所以，把科学精神、科学知识还原为方法，以方法为追求知识的目的，又以客观、实在为知识的最终本质，那是对知识发生方式及其增长机制的误解。

同时，知识在进化中累积，这不是线性的过程，而是一个否定之否定的运动，表现出革命性的倾向，故知识与真理具有过程性和历史性。当波普尔说“知识的增长是一个……‘自然选择’的过程的结果”时[②]，他一方面揭示科学不能提供绝对确定的、可证明的知识，一方面又强调选择前后的知识之间的连续性，他论述三个世界之间错综复杂的关系，就在说明知识的“进化”绝非断裂性的飞跃。反观科学主义者，他们是那样坚定地信仰科学，又如此斩截地在新文化与旧文化之间划下不可逾越的鸿沟，从而把传统与现代悬隔起来，宣称中国文化形态在现在和未来都不需要、也不可能进行根本性的改造与重建。这样的自信源于“单线直进”的进化论，崇尚断裂性的飞跃，不关心新旧间是否存在连续性。比较而言，波普尔是谨慎的，他对“进化”与“进步”作了恰当的区分，而未把两者等同起来；他虽然提出了科学知识进化论，却在知识的确定与不确定之间显得有些犹豫，故不愿意向左转而拥抱激进。

近现代中国的科学主义者与西化论者一般，把科学知识、科学方法与社会发展阶段相联系，认为人类历史进程受了知识增长的强烈影响，相信某种形式的历史决定论。然历史不存在必然的因果律或决定论，没有什么真理（科学知识）可赋予人们预见未来的能力，未来不是一个定数，世界本来就是非决定性的。科学主义者则不然，他们信仰科学，相信科学方法在一切领域都展示出无与伦比的有效性，因而是普遍必然的，是确定性的，可用来定义生命与历史的本质。盖“一切动机（意志）都不是自由的，而是有所联系的；一切历史现象都是必然的。所谓历史的偶然，仅仅

---

①参见赵克．论“划界”何以可能，六十年哲学的反思与六十年的哲学反思［M］．潘德荣，童世俊，付长珍，编．上海：上海人民出版社，2012：259.

②卡尔·波普尔．客观知识：一个进化论的研究［M］．舒炜光，卓如飞，周柏桥，曾聪明，等译．上海：上海译文出版社，2015：295.

因为人类还不能完全探悉其中的因果，所以纯粹是主观的说法"[①]。历史遵循着必然的、普遍的社会学规律，人们只要把握到这些规律的内容，根据确定的因果律，"由因求果，由果推因"，便可大规模地"解释过去，预测未来"[②]，科学也由此成了"社会进化的必要条件"[③]。但是，不仅波普尔详细地分析了历史决定论的错误，当代英国社会学家安东尼·吉登斯在其《社会的构成》一书，同样拒绝所谓的"决定机制"，即任何特殊形式的历史决定论。吉登斯指出，进化论思想会招致四种危险：（1）单线压缩，指将历史发展压缩成单线式的进化过程；（2）对应压缩，指某些作者想象在社会进化的各个阶段与个体人格的各个发展阶段之间，存在一种对应关系；（3）规范错觉，如默认"强权即公理"，从而导致种族中心主义；（4）时间歪曲，即认定"历史"只能撰写为社会的变迁，而时间的流逝和变迁又成了一回事，从而将"历史"（history）与历史性（historicity）混为一谈。[④]这四种危险在近代中国的知识进化论中，基本上都有所体现。

科学主义者还认为，唯有经过科学洗礼的知识才是现代的，而所谓现代知识就是与现代社会相适应，并表现出解决现代社会与人生问题的有效性。如此说来，科学知识进化论的一个特点，就是崇尚知识的有用性，把功利效果作为判断知识和价值的准则，故科学主义者往往将科学知识、科学精神与功利原则相结合。陈独秀说："总之，人生真相如何，求之古说，恒觉其难通。征之科学，差谓其近是。……此精神磅礴无所不至，见之伦理道德者，为乐利主义。"[⑤]他之所以主张用科学来解决人生中的伦理道德问题，因科学人生观所体现的乐利主义，可作为评判人生之幸福、成功与否的准则。约翰·杜威建立实用主义的真理观，他把实用主义定义为

①瞿秋白. 自由世界与必然世界［M］//瞿秋白选集. 北京：人民出版社，1985：116.

②胡适. 科学与人生观序［M］//张君劢，丁文江，等. 科学与人生观［M］. 长沙：岳麓书社，2012：24.

③陈独秀. 新青年宣言［J］//新青年，1919（7）：1.

④安东尼·吉登斯. 社会的构成［M］. 李康，李猛，译. 北京：生活·读书·新知三联书店，1998：355-359.

⑤陈独秀. 今日之教育方针［J］//新青年，1915（1）：2.

“对科学的方法与最好的科学知识之结论的运用”①，即科学方法与科学知识的目的指向其实际应用之价值。在中国传播实用主义的胡适、张东荪等，他们的科学观和真理观都打上了实用主义的烙印，而根据实用主义或功利主义来评价知识之价值，属于中古的类型的中国文化已不再适应现代社会，自然成了无用的东西——仅供研究的国故学而已，必须从西方引进“新文化”。新与旧相对，在倡导“新文化”的科学主义者那里，“新”不只是一个时间状语，“新”更是一种实用的标准，代表文化的有用性，“旧”所指称的文化是没有用的、与现代社会绝缘的。

四、俱分进化的反思

20世纪初的中国学者大多相信，进化与进步、优越、美善、积极等关联②，象征着现代性与实用性。然而，进化必然会导向真、美、善吗？进化真的是万能公式，可以毫无保留地应用于文化与知识领域？这是值得反思的问题。当年的科玄论辩中，梁启超、张君劢等已对科学主义发表了中肯的批评，但论题主要在科学与人生观的领域，较少涉及文化观与知识论方面的进化论。而且，玄学派多少还是受了进化论的影响，如梁启超的《论中国学术思想变迁之大势》《清代学术概论》等著作，就根据“人类德慧智术进化”之“公例”③，并采用文化有机体理论，把学术思想的发展进程划分为：胚胎、全盛、衰落、复兴等时期，这隐含着一种知识进化的观念。当时能对知识进化论提出反思的学者，大概要算章太炎了，以下就主

①约翰·杜威．新旧个人主义——杜威文选［M］．孙有中，蓝克林，裴雯，译．上海：上海社会科学院出版社，1996：231．

②吴丕说：“进化一词作为生物学名词，本来并没有进步之意。由于斯宾塞的努力，这个词汇具有了现代含义，成为进步的代名词。进入中国以后，进化一词既有原意上的进化，也有进步的意思。凡是发展、展开、变化、进步，都可以用‘进化’一词来表示。”（吴丕．进化论与中国激进主义1859-1924［M］．北京：北京大学出版社，2005：88．）但在20世纪初，绝大多数的中国学者是把“进化”等同于“进步”来理解的。

③梁启超．梁启超论清学史二种：清代学术概论［M］．朱维铮，校注．上海：复旦大学出版社，1985：6．不过，梁启超晚年在批评科学主义时，对进化论有所反思。

要介绍章氏的观点。[①]

针对时人崇信进化论的现象，章太炎曾直下针砭地说："望进化者，其迷与求神仙无异。"[②]"进化"虽合理，但如尊其为普遍必然的公理，那就等于迷信。1906年，章太炎撰写《俱分进化论》一文，指出进化的终极未必能达于"尽美醇善之区"，因就道德而言，"善亦进化，恶亦进化"；就生计而言，"乐亦进化，苦亦进化"，故进化"非由一方直进，而必由双方并进"。[③]这就是说，进化也与退步、差劣、丑恶、消极等关联，"进化之乐，又曷足欣羡"[④]。章太炎提醒人们，不可仅从正面角度单向地表彰"进化"，要知道"进化"也有负面效应，就其趋向苦、恶、丑的倾向言，名义上说是进化，本质上乃为退化，故进化与退化并存，进化不是万能公式。虽然，章太炎在文中说："惟言智识进化可尔"[⑤]，他承认进化论适用于知识领域，赞成知识在选择、积累中趋向进步、臻于智慧。但在1910年，章太炎撰写《辨性下》一文，修正了那种知识"单线直进"的看法，他说："我见者与我痴俱生。……意识用之，由见即为智，由痴即为愚。……痴与见不相离，故愚与智亦不相离。……痴与见固相依，其见愈长，而其痴亦愈长。"[⑥]随顺语义，由末句可衍伸为：其智愈长，而其

①关于章太炎的"反进化主义"思想，可参见王中江．进化主义在中国的兴起——一个新的全能式世界观［M］．北京：中国人民大学出版社，2010：188-197.

②章太炎．五无论［M］//章太炎全集：第4册．上海：上海人民出版社，1985：442．在《四惑论》一文中，章太炎说："昔之愚者，责人以不安命；今之妄者，责人以不求进化。"（章太炎．五无论［M］//章太炎全集：第4册．上海：上海人民出版社，1985：456．）他强烈批判那种"你不进化，我强迫你进化"的主张。

③章太炎．俱分进化论［M］//章太炎全集：第4册．上海：上海人民出版社，1985：386.

④章太炎．俱分进化论［M］//章太炎全集：第4册．上海：上海人民出版社，1985：393.

⑤章太炎．俱分进化论［M］//章太炎全集：第4册．上海：上海人民出版社，1985：386．章太炎《五无论》说："今自微生以至人类，进化惟在知识，而道德乃日见其反。"（章太炎．五无论［M］//章太炎全集：第4册．上海：上海人民出版社，1985：442．）文章以知识为进化、道德为俱分进化的意思与《俱分进化论》一致。

⑥章太炎．辨性下［M］//国故论衡：下卷．北京：商务印书馆，2010：197；198；202.

愚亦愈长。因知识的积累固然提升了人对物的认识，并用名言以陈述之，然物皆为空而非实有，名与物似相一致，实则相离，故语言所陈述的关于名与物之关系的命题，根本地是非真的，又何来知与物相符合的真理（知识）？[①]可是，人们常常执着于物的表象和名言自身，视其为道、天理或真如本体，落入遍计所执性或依他起自性的迷妄中而不自知。这便是愚，它因智而起，与智相依而相长。故章太炎说："凡人类思想，固由闭塞而渐进于开明，然有时亦未见其然，竟有先进步而后却退者。"[②]思想、文化与知识在其历史发展过程中，是进步与退步并存的。

既然知识是进化与退化并存，胡适所谓"将来只有科学知识"的宣称，章太炎自然不会同意。在章氏看来，科学固然是一种知识形态，但科学不可能成为全部人类知识的唯一形态或最终形态，一切合理性的知识并非只在归纳与演绎相互为用的科学方法中才能实现。如科学主义者批评传统的人生观、道德伦理是非理性的、非科学的，也就是非知识性的，他们要运用科学方法来造就一种科学的、唯物的、自然主义的，可称之为真知识的人生观与道德伦理。章太炎非常反对这种观点，他说：

> 近人谓："道德由于科学"，与晦庵穷知事物之理而后能正心诚意者何异？必谓致知格物，然后方可诚意正心，则势必反诸禽兽而后已。……科学之影响，使人类道德沦亡，不仅托之空言，抑且见之实行，则所谓"洪水猛兽"者，不在晦庵，在今日谈科学而不得其道者也。……如云以自己之旧民，作现在之新民，则弃旧道德而倡新道德，真"洪水猛兽"矣！[③]

又云：

> 今若讲论性天之学，更将有取于西洋，西洋哲学但究名理，不

---

①章太炎以"真如"为本体，真如在心，心之意识自证真如本体，因是而有知识，故谓："识者以自证而知。"（章太炎．辨性下［M］//国故论衡：下卷．北京：商务印书馆，2010：198．）这种说法与黑格尔讲"真理就是思想的内容与其自身的符合"（黑格尔．小逻辑［M］．贺麟，译．北京：商务印书馆，2009：86）之意思相近，都认为知识或真理在观念与观念自身、思想与思想自身的一致中成立。这是客观唯心的真理符合论。

②章太炎．国学概论［M］．长沙：岳麓书社，2010：220．

③章太炎．大学大义［M］//章太炎演讲集．章念驰，编订．上海：上海人民出版社，2011：330–331．

尚亲证，则其学与躬行无涉。科学者流，乃谓道德礼俗，皆须合于科学，此其流弊，使人玩物而丧志，纵欲以败度。[①]

首先要说明，章太炎理解的“科学”指“诊察物形，加以齐一，而施统系之谓”的系统学问[②]，即系统地研究物或器之形态及其内在联系的知识。这未免稍有偏颇，忽略了科学的精神层面。其次，章太炎反对有神论、唯我论、唯理论和唯物论等本体论思想，谓其或以虚幻的神与上帝，或以主观的自我意志，或以虚构的绝对精神，或以具体的物质粒子，来作为万物之所以存在的本体，说它们错误地以主观代客观、以精神代实在或以局部赅全体。再次，章太炎欣赏主观唯心主义，又批评感觉论、唯理论和先验论等在认识论方面的不足，他称自己的哲学体系为“惟心论”，宣扬“万法惟心”“追寻原始，惟一真心”的理念，心、真心是“真如”或“阿赖耶识”，为万物本体，是全部物质世界与精神世界的根源。[③]

结合章太炎的科学观与认识论等，然后我们能更好地领会前引两段话的意思。应该说，章太炎没有完全地排斥科学和西洋哲学，他也“有取于西洋”，对康德、黑格尔、叔本华、尼采等人的哲学，在批判之余亦取材于是，但西洋哲学偏向概念分析和逻辑推理，而不注重道德实践，即重本体而轻工夫，这在接受阳明心学的章氏看来（晚年认同心学），离开工夫别无本体，如不内证于心而付之于行，又何来知识，怎么能达到知行合一的道德境界。章太炎说，仅从训诂（科学方法）中求得的哲理，即使人人都能给予经验性的证明，但只要“未证之于心”，那便是外在的、与己无关的东西，“必须直观自得，才是真正的功夫”，如“王阳明辈内证于心”，将工夫转化为本体。因心是“吾人的精神界”，本体之心在工夫之展开过程中证得。[④]基于阳明心学传统，章太炎认为本体无内外，心、性与良知皆是本体，故精神本体不待外求，无须“致知格物，然后方可诚意

①章太炎．适宜今日之理学［M］//章太炎演讲集．章念驰，编订．上海：上海人民出版社，2011：336.

②章太炎．规新世纪［J］//民报，1908（24）：43.

③此段论述参见姜义华．章太炎思想研究［M］．上海：上海人民出版社，1985：288–290.

④章太炎．国学十讲［M］//章太炎演讲集．章念驰，编订．上海：上海人民出版社，2011：270.

正心”，道德的修持虽然不是完全地与关于物的知识无涉，但心体、性体与良知本体的呈现绝不依赖于物或物的知识。因此，章太炎批评“科学者流”，若以心性合物，以物的知识规范心性，那与禽兽之以性逐物全无分别，这种所谓合于科学的新道德，必然“使人玩物而丧志，纵欲以败度”，最终令人类道德沦亡。

概括言之，章太炎的“俱分进化论”修正了单向度的知识进化论，批评了那种宣称“将来只有科学知识”的科学主义论调，也否定了科学的人生观与道德观。章太炎之所以如此，除了看到进化与退化辩证统一的原理，原因还有：其一，由章太炎的《自述学术次第》可见，他一生的学术研究与哲学创作均以继承和转化中国文化为职志，尽管他也在求文化之变，但那是奠基于文化之常，是在常之中求变。其二，章太炎不赞同把文化形态与社会形态相对等的说法，并反驳了西方的文明发展阶段论，指出那是西方进行文化侵略的悖论，西方列强借此来“扩张兽性——是则进化之恶，有甚于未进化也”[①]。他深刻地揭露了“进化”的消极性及知识（文化）进化论所隐含的侵略性。其三，章太炎认识到文化的共殊，主张文化多元论。他说：“盖凡百学术，如哲学、如政治、如科学，无不可与人相通，而中国历史（除魏、周、辽、金、元五史），断然为我华夏民族之历史，无可以与人相通之理。”[②]“可相通”指文化的普遍共性，“不可相通”指文化的特殊性，“此乃对‘文化多元论’之认知——文化既各各相异，各有其特性，唯有相互尊重，而不能也不必要求甲文化臣服于乙文化”[③]。由此，章太炎批判“文化帝国主义”——以外国制度强加于本国，及“文化通性论”——承认公理、法则与永久模式，也反对西化论者的文化激进主义。

一些与章太炎同时或稍后的学者，如蔡元培、梁漱溟、钱穆、杜亚泉等，曾撰文反思过进化论。如蔡氏的《五十年来中国之哲学》纠正“强权即公理”说，梁漱溟批评单线直进的“独系演进论（unilinear

①章太炎．四惑论［M］//章太炎全集：第4册．上海：上海人民出版社，1985：450.

②章太炎．论经史儒之分合［M］//章太炎演讲集．章念驰，编订．上海：上海人民出版社，2011：431.

③关于章太炎的文化多元论，参见汪荣祖．康章合论［M］．北京：新星出版社，2006：44-58；单世联．进步论与多元论：章太炎的文化思想［J］．上海交通大学学报（哲学社会科学版），2011（2）.

development）”，钱穆称人类历史发展既有强力与斗争，也有仁慈与和平，杜亚泉则批评了进化论偏重物质层面而忽略了精神层面。[①]只是，这些反思仅就进化论而立论，并未深入涉及知识（文化）进化论的本质问题，故略而不谈。要强调的是，进化论——无论是生物进化论，还是社会（历史）进化论，抑或人类理智发展阶段论——确实存在局限性。严复翻译的《天演论》中，赫胥黎就已批判性地修正了社会达尔文主义。近百年来，诸如物竞天择、适者生存、优胜劣败等进化论口号与观念，中外学者都已提出质疑和反思，且用“民主、自由、平等、博爱、人权”等理念将其取而代之，希望建构一个和而不同、多元共荣的文明世界。章太炎之所以要反对进化主义、反对公理主义，就是意识到文化或知识进化论必然要导向独断的、一元的文化霸权主义，造成世界文明之间的冲突，而庄子“齐物”的平等主义，才真正蕴含对人权、人道和多元性文化的深重敬意。

结　语

现在，我们已经认识到要超越体用模式与东西古今文化之争的思维；此外，我们还应超越知识单线进化的观念，用“齐物”的平等眼界来通观世界文化。这不是要否定人类知识随人类社会的发展而增长，“超越”是如文章所论述的：第一，要认识到文化发展有常有变，应在常中求变，在变中守常；第二，要反思文化与社会发展阶段论，不能把文化形态与社会形态简单地对等起来；第三，求真的科学知识并非完美知识的唯一形态，可爱的、美和善的知识不一定是真的或可信的，却也可能是完美的、确定性的；第四，知识既进化，也可能退化，进化的不一定就是好的，退化的也不一定就是差的，在评价知识的价值时，应放弃“优胜劣败，适者生存”的思维方式，走出彻底否定与全盘西化的逻辑。唯有这样，我们才能心平气和地思考传统与现代的关系问题，才能合理地解决科学之真与人生之善的矛盾困惑，实现真知与美善、可信与可爱的统一。

---

①参见吴丕．进化论与中国激进主义［M］．北京：北京大学出版社，2005：167–173；181–183．梁漱溟早年的成名作《东西文化及其哲学》一书，受柏格森生命进化哲学的影响，表现出一种乐观的进化观，而在后来的《儒学复兴之路》等文章中，则对单线进化论做了修正。

图书在版编目（CIP）数据

知识的视野与思想的视野：明清哲学高端论集/吴根友主编.
—长沙：岳麓书社，2017.12（2024.9重印）
ISBN 978-7-5538-0839-0

Ⅰ.①知… Ⅱ.①吴… Ⅲ.①古典哲学—中国—明清时代
—文集 Ⅳ.①B248-53②B249-53

中国版本图书馆CIP数据核字（2017）第274950号

ZHISHI DE SHIYE YU SIXIANG DE SHIYE
MINGQING ZHEXUE GAODUAN LUNJI
知识的视野与思想的视野：明清哲学高端论集
主　　编：吴根友
责任编辑：刘　文
责任校对：舒　舍
封面设计：罗志义
岳麓书社出版发行
地址：湖南省长沙市爱民路47号
直销电话：0731-88804152　0731-88885616
邮编：410006
岳麓书社网址：www.yueluhistory.com
2017年12月第1版　　2024年9月第2次印刷
开本：710mm×1000mm　1/16
印张：23.25
字数：367千字
ISBN 978-7-5538-0839-0
定价：88.00元
承印：唐山楠萍印务有限公司

如有印装质量问题，请与本社印务部联系
电话：0731-88884129